安徽省志

Chorography of Anhui Province

劳动保障志

Labor and Security

（1986—2005）

安徽省地方志编纂委员会办公室
Compilatory Commission of Anhui Chorography

方志出版社
Publishing House of Local Records

图书在版编目（CIP）数据

安徽省志.劳动保障志：1986—2005/安徽省地方志编纂委员会办公室编. — 北京：方志出版社，2018.8
ISBN 978－7－5144－2001－2

Ⅰ.①安…　Ⅱ.①安…　Ⅲ.①安徽省 — 地方志②劳动就业— 社会保障 — 概况 — 安徽省 — 1986~2005　Ⅳ.①K295.4

中国版本图书馆CIP数据核字（2016）第102667号

安徽省志·劳动保障志（1986—2005）

编　　者：安徽省地方志编纂委员会办公室编
责任编辑：李静

出 版 人：冀祥德
出 版 者：方志出版社
地址　北京市朝阳区潘家园东里9号（国家方志馆4层）
邮编　100021
网址　http://www.fzph.org
发　　行：方志出版社发行中心
电话（010）67110500
经　　销：各地新华书店
印　　刷：安徽新华印刷股份有限公司

开　　本：889×1194　　1/16
印　　张：26.5
字　　数：619千字
版　　次：2018年8月第1版　　2018年8月第1次印刷
印　　数：0001~1500册

ISBN 978－7－5144－2001－2　　定价：300.00元

安徽省地方志编纂委员会

主　任：王翠凤

副主任：傅　博　史涤云　吴　行　江刘伍　雷起平　郭德成

委　员：刘玉杰　沈小平　范荣晖　陈昌虎　李国庆　周　勤
胡再生　金　燕　夏　辑　柯文斌　王俊贵　陈超英
朱艾勇　林　海　潘海滨　刘少为　徐敬启　朱永东
黄　英　何长风　高俊文　张　健　项小龙　王大军
董恒康　程　胤　朱训义　李孝全　陈一胜　程潜龙
吴　静　施立业　樊忠厚　单　强　孙传琴　安润斌
佘方勇

曾任安徽省地方志编纂委员会成员

（按姓氏笔画为序）

马新民　王　信　王　洵　王守亚　王宇铭　王佛生　王金山
王林建　王学银　王宜斌　方志华　邓顺华　叶如强　田唯谦
毕美家　吕振凡　朱　宁　朱文根　仲建成　任兆祥　刘　泉
刘成典　刘志祥　刘战平　江明安　孙永吉　孙亚军　李　明
李　斌　李玉华　李迎春　李抗美　李明阳　李维勇　杨本清
杨绿章　肖桂兰　吴　浩　吴韦人　吴世平　吴桂和　余　群
汪华东　汪建国　汪炳瑜　沈　毅　张　永　张少国　张正耀
张华建　张武扬　张岳峰　陈　平　陈亚萍　陈运才　陈素伟
林　红　罗　宏　罗建国　罗曙生　周　庆　周建春　郎　涛
郑　宏　赵卫弘　胡　冰　俞凤翔　洪治社　洪禹侯　秦亚东
聂庆义　聂皖辉　莫　欣　夏邦文　夏育才　徐礼国　徐家声
高　莉　高维岭　郭　敏　郭本纯　黄发友　黄玉明　黄红文
黄家华　曹承锋　崔海燕　董　庆　董介林　蒋传华　蒋福亮
谢广祥　楚建平　蔡建平　樊　勇

《安徽省志》总编室

主　　任：郭德成

副 主 任：吴　静　吴良琴

成　　员：（按姓氏笔画为序）

王富宏　计媛媛　史五一　朱海滨　孙　平　苏爱梅

杜中文　李宇涵　杨永成　余祖本　张　军　周小平

胡　利　胡卫星　黄志军　章慧丽

《安徽省志·劳动保障志》审稿组

初　　审：吴良琴　朱方晴

复　　审：吴　静　盛孝文

核　　审：郭德成　潘亚群

审查验收

安徽省人民政府

《安徽省志·劳动保障志》编纂委员会

主　任：刘　莉　白金明　徐　建

副主任：刘志祥　邱　诚　戴　毅　王国华　刘少华　马学明
吴　健　刘光明　刘效华

委　　员：（按姓氏笔划为序）

丁茗芳　孙立群　白鸿志　刘良骅　吕　泉　刘晓燕
吴方林　宋书岭　陈志刚　陈益年　张大鸣　张正发
周滨峡　祖朝光　唐正亮　桂成旺　徐尚振　徐增开
盛孝文　崔　伟　崔贤好　陶贤海　彭家海

《安徽省志·劳动保障志》编辑室

主　　编：刘志祥

副 主 编：马学明　潘亚群

编　　辑：郑兴法　金亚洙　唐照全　盛孝文

工作人员：朱方晴

2005 年 4 月，中共中央政治局常委、国务院副总理黄菊（前排右二）在安徽检查指导就业创业工作

2001 年 4 月，国家劳动和社会保障部副部长李其炎（右三）在安徽调研社会保障工作

2002 年 8 月，国家劳动和社会保障部副部长步正发（右七）在安徽检查指导技能培训工作

2005 年 4 月，国家劳动和社会保障部副部长王东进（ 右四 ）在合肥市政务中心调研工作

2005年4月，国家劳动和社会保障部副部长华福周（右四）在安徽检查金保工程建设情况

2003年3月，省长王金山（左一）在全省再就业工作表彰大会上为优秀代表颁奖

2005 年 10 月，省委副书记杨多良（左二）、副省长黄海嵩（左四）检查指导创业工作

2003 年 9 月，省人大常委会副主任黄岳忠（右二）在淮北检查指导再就业工作

1998 年 10 月，劳动监察人员在企业检查用工合同签订情况

2000 年 5 月，全省各地广泛开展医疗保险政策宣传活动

2001 年 3 月,《安徽省劳动力市场管理条例》(修订)专家论证会

2001 年 4 月,农民工朋友排队领取维权扑克牌

2001 年 5 月，全省养老保险工作会议

2001 年 9 月，全省国有企业下岗职工出中心和再就业工作座谈会

2001 年 10 月，全省国有企业经营者年薪制工作座谈会

2002 年 4 月，安徽省社会保障就业和再就业洽谈活动现场

2002 年 6 月，全省劳动保障知识电视大奖赛现场

2002 年 7 月，全省劳动保障系统办公室工作视频会议

2002 年 7 月，劳动监察人员在企业生产车间向工人宣传劳动合同法

2002 年 8 月，服务大厅工作人员挂牌上岗接受群众监督

2003 年 5 月,全省劳动和社会保障工作座谈会暨再就业工作表彰大会

2003 年 6 月,全省劳动保障信息化工作座谈会

2003 年 6 月，省厅机关廉政勤政主题教育活动党课报告会

2003 年 6 月，安徽省劳动保障系统学习《劳动合同法》专题视频讲座

2003 年 8 月，安徽省大型专业技能人员专场招聘会现场

2004 年 5 月，省厅第十三、十四期劳动保障政策法规讲座

2004 年 7 月，省劳动保障厅开通电子查询系统方便群众办事

2004 年 7 月，省厅 组织收看效能办暗访录像

2004 年 8 月，全省劳动保障局长座谈会

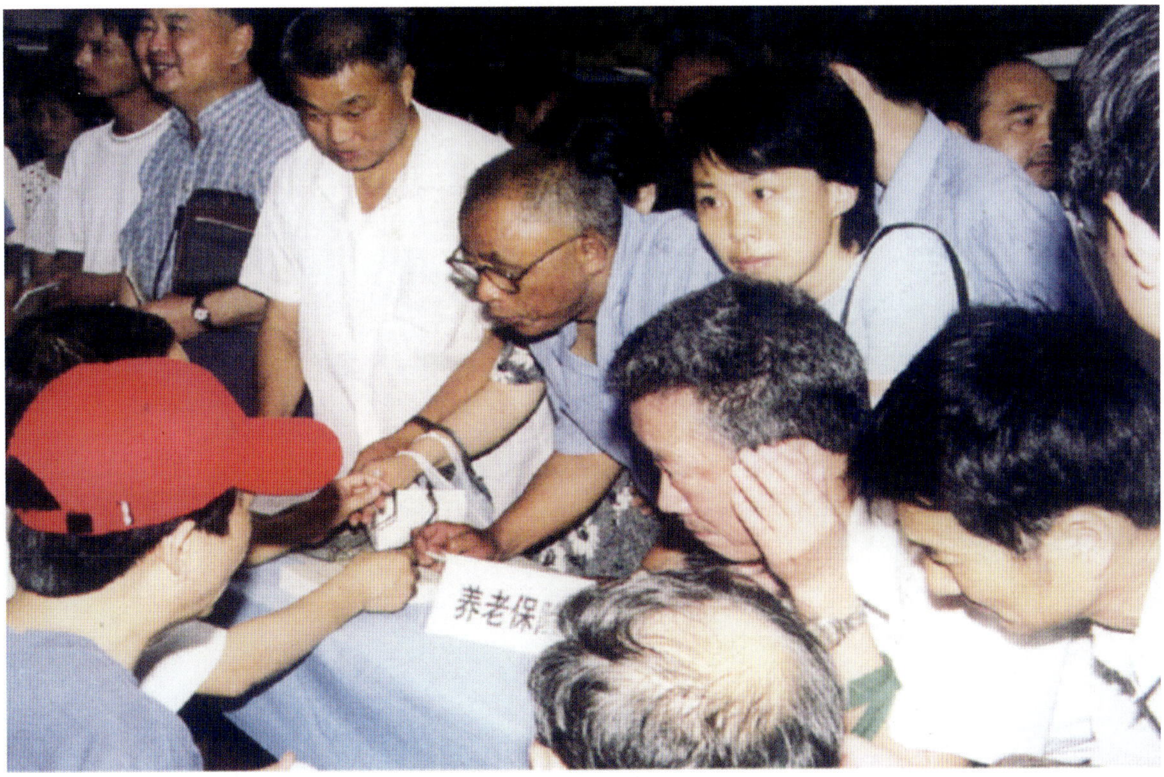

2004 年 8 月，社会保险政策咨询日活动现场

2005 年 6 月,全省协调劳动关系工作会议暨表彰大会

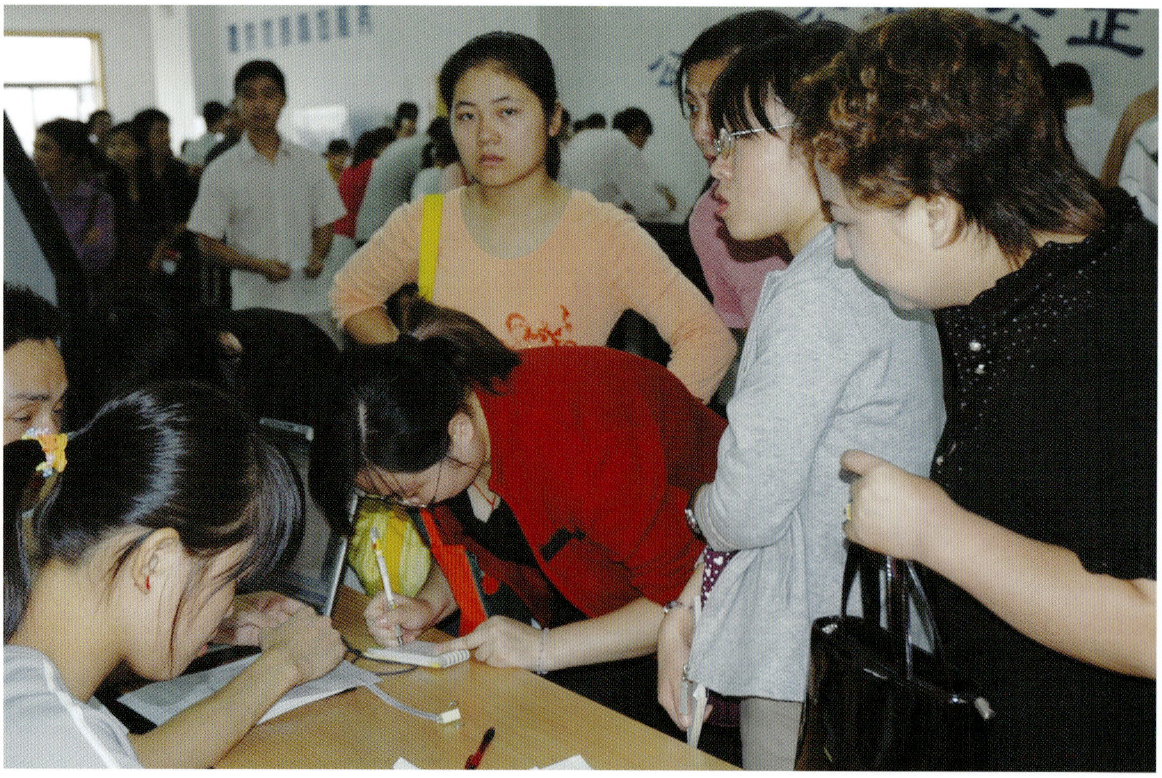

2005 年 8 月,大学生专场招聘会现场

2005年8月，省厅召开下岗失业人员个体经营户就业援助座谈会

2005年10月，全省农村社会养老保险培训班

2005年10月,京津皖劳务输出合作签字仪式

2005年11月,全省贯彻全国职业教育工作会议精神视频会

总 凡 例

一、编纂《安徽省志（1986—2005）》，坚持以马克思列宁主义、毛泽东思想、邓小平理论、“三个代表”重要思想、科学发展观、习近平新时代中国特色社会主义思想为指导，坚持辩证唯物主义和历史唯物主义的立场、观点和方法，全面、客观、系统地记述1986—2005年间安徽省自然、政治、经济、文化、社会等方面的情况。

二、本志贯彻国务院《地方志工作条例》《安徽省地方志工作条例》，依法修志。

三、本志遵循中国地方志指导小组《地方志书质量规定》，力求存真求实、客观公正、全面系统，寓观点于记述之中。

四、本志各分志名称为《安徽省志·××志（1986—2005）》。

五、本志记述的地域范围为2005年的安徽省行政区域；时间上限为1986年，下限为2005年，少数分志的时限根据情况作适当上溯或下延，特色分志不设时限。

六、本志采用述、记、志、传、图、表、录等体裁，以志为主。各分志一般为篇章节条目体，部分为章节条目体，个别分志根据实际需要采用条目体。

七、入志人物坚持生不立传的原则。除人物志外，各分志坚持以事系人、人随事出的原则，不设人物录、人物简介。

八、本志采用规范书面语体文、记述体。表述力求严谨、朴实、简洁、流畅。语言文字、标点符号、计量单位等使用规范，按国家规定执行。

九、本志资料由各承编单位搜集整理，文中不注明出处。

十、本志采用省统计部门公布的法定数据，没有列入统计范围的，采用业务主管部门的统计数据。

十一、本志所涉组织、机构、法律法规、文件、会议等专有名称，第一次使用时用全称，简称括注于全称之后。各类译名以新华通讯社译文为准。

十二、本志所用地图均以安徽省测绘部门和有关部门绘制或审定的为准。

十三、本志设总凡例，各分志设凡例。

凡　例

一、本志上限1986年，下限2005年。为保证志书断限内内容完整性，部分章节的内容有追溯和延伸。

二、本志按照安徽省劳动保障工作的发展历程、工作内容、重大政策等确立编写提纲，客观记述断限内20年安徽省劳动保障工作的历史与现状。

三、本志为篇章节与条目结合体，采用述、记、志、表、图等体裁。

四、本志资料来源于各地和各类档案、图片、报刊、旧志等以及调查研究的口碑资料，一般不注明出处。

五、本志附录集中编录安徽省劳动保障工作有关政策法规、规章和重要文件等。

目　录

Main Contents

概　述

安徽省是一个人口数量多、密度大，劳动力丰富的人力资源大省。1986—2005年是安徽省劳动保障事业发展的重要时期，在改革开放的大背景下，初步建立了适应社会主义市场经济体制要求的劳动和社会保障制度体系框架。

一

20年间，自实行“在国家统筹指导下，劳动部门介绍就业、自愿组织起来就业和自谋职业相结合”的就业方针后，计划经济时代实行的国家“统包统分”逐渐被“双向选择”模式取代，积极的就业政策得到充实和完善，就业人数成倍增加，安徽省劳动就业工作实现了良好发展。1986—1995年，经济发展和城市建设对农村劳动力需求量增大，家庭联产承包责任制带来了大量农村剩余劳动力的释放，政府连续出台鼓励农村劳动力地区交流、城乡交流和贫困地区劳务输出政策，农村青年就业观念逐渐走向开放，在就业选择上走出了“赚钱糊口”的初衷，外出务工也不再以“赚钱”为第一原则，而把寻求发展放在第一位。政府对城镇青年特别是高校毕业生就业制度实行了改革，首次将竞争机制引入高校，毕业生就业逐渐走向市场化，薪资福利成为城镇青年择业优先考虑因素，城镇青年就业也走向了“自主择业”“自谋职业”甚至自己创业。1995年，安徽省八届人代会第二十次会议通过并颁发了《安徽省劳动力市场管理条例》，规定劳动力市场必须遵循“自主用人，自由择业，平等竞争，公正服务”原则，作为市场经济主体的企业用工自主权和作为劳动力市场主体的劳动者择业自主权被确认，用人单位和劳动者实现了双向选择与合理流动，传统的劳动力资源的计划配置体制开始向适应社会主义市场经济体制要求的劳动力资源市场配置体制过渡。1998年，安徽省在国有企业建立再就业服务中心，通过“三三制”筹资办法，保障了79万名国有企业下岗职工基本生活。2002年以来，安徽省把扩大就业放在经济社会发展的突出位置，坚持实施积极就业政策，省委、省政府陆续下发了一系列针对特殊群体的就业帮扶措施，对就业政策进一步调整和完善，就业工作朝着更加科学的方向推进。

二

20年间，社会保障工作走过了从无到有、从小到大、从不完善到逐步完善的历史进程。1987年开始，安徽省各地市先后实行了养老保险费用社会统筹；1996年，全省统一了城镇企业职工基本养老保险制度，实行社会统筹和个人账户相结合，基本养老保险覆盖面由起步时以国有企业职工为主，逐步扩大到国有、集体、三资、私营企业、个体工商户和灵活就业人员等城镇各类人员；1997年，合肥、安庆、阜阳等市开展了事业单位养老保险试点工作；1998年，基本养老保险基金征收移交地税部门后，各级社保经办机构工作职能由“促征收、保发放”向“确保发放、规范管理、优质服务”转变，支付手段由开始时的企业发放到后来100%社会化发放，企业退休人员基本养老保险待遇水平逐年提高。1997年，安徽省城镇职工基本医疗保险制度在淮北、铜陵、芜湖市开始试点，并于两年后全面推开，其间出台了《安徽省实施城镇职工基本医疗保险制度改革若干意见》《安徽省建立城镇职工医疗救助基金的意见》《关于国家公务员医疗补助的意见》等政策文件，参保对象覆盖全省机关、企事业单位、社会团体、民办非企业单位及其职工，基本构筑起社会统筹基金与个人账户相结合的医疗保险制度和运行机制。1986年，安徽省失业保险制度开始建立。20年间，失业保险制度逐步完善，覆盖范围不断扩大，从制度实施时的国营企业扩大到企事业单位、社会团体、民办非企业单位及其职工，基本形成了保障水平适度、保障基本生活和促进失业人员再就业并重的保障机制。1996年，淮北等市开始试点工伤保险制度。1988年，安徽省生育保险工作开始启动试点，至2005年，全省生育保险参保人数达到53.5万人。1991年，安徽省芜湖市繁昌县、滁县地区滁州市（现南谯区、琅琊区）、安庆市怀宁县被纳入全国首批试点县，参加农村社会养老保险试点工作，此后在各地陆续展开，安徽省农村社会保障制度框架初步形成。

三

20年间，是改革开放以来全国经济社会发展的重要时期，全国工业建设急需专业技能人才做支撑，中央就加强职业能力建设作出了一系列部署，安徽省按照市场化、社会化的改革方向，加快推进职业技术培训鉴定工作改革步伐。20世纪80年代，安徽省深入贯彻中共中央和国务院加强教育培训工作的决定，广泛开展在职工人技术培训工作。1986年，省劳动局、省机械工业厅采取脱产、半脱产、系统联办、企业自办或委托培养等形式，在机械系统组织开展在职职工培训，并联合下发《关于开展高级工技术（业务）培训的有关事项》，有步骤的开展了高级工技术培训。1987年，开始在高级技术工人中设置技师职务，完善了工人技术结构和技术培训体系。1990年以后，贯彻执行国务院《工人考核条例》，企业逐步建立培训、考核与使用、待遇相结合的工人考核制度。

1993年，安徽省开始实行国家职业技能鉴定制度，省劳动部门着手研究建立鉴定机构，制定实施办法和进行实施鉴定相关的基础工作，县以上工人考核机构逐步完成了企业内工人考核向职业技能鉴定社会化管理的过渡；同年，技工学校招生计划由指令性计划转为指导性计划，实施技工学校自主招生和毕业生自主择业政策，基本确立了面向市场、自主办学、自我发展、自我完善、自我约束的机制和灵活开放、多种功能、多种层次相结合的市场化办学路子。2000年以来，全省工业化进程加快，经济持续发展，工业建设突飞猛进，急需大量的专业技能人才，这也是技工学校发展史上最辉煌的时期，办学条件大为改善，招生人数大量增加，教学质量大幅提高。截至2005年年底，安徽省技工学校增加至109所，其中国家级重点技工学校9所，在校生86431人，全年办学经费27.85亿元，毕业生中达到中级以上技术等级所占比例为83.5%；全省有11个市建立了市级鉴定中心，已建立职业技能鉴定所（站）352个，具备职业技能鉴定资格的考评员共有5950人，年鉴定考核人数从1996年的60272人增加到2005年的263093人。

四

20年间，安徽省改革原有企业职工“八级工资制”的分配体制，坚持按劳分配为主体，多种方式并存以及效益优先、兼顾公平的原则，逐步建立了科学合理的企业工资收入宏观调控体系。1986—1991年，安徽省国有企业普遍实行承包经营责任制，工资分配突出了对企业经济效益的考核，推行了企业工资总额同经济效益挂钩办法。1992年，在全省推行了以岗位技能工资为主要内容的企业内部分配改革。1994年，省政府发布《安徽省最低工资规定》，并于次年1月份发布最低工资标准。1995年《中华人民共和国劳动法》实施后，逐步建立“市场机制调节、企业自主分配、职工民主参与、国家监控指导”的企业工资分配体制。2000年，出台《安徽省企业工资指导线试行办法》，发布年度企业工资水平增长基准线、上线、下线，引导企业合理确定工资水平和工资增长幅度，为企业合理确定工资水平和工资增长幅度；同年，安徽省制定《关于建立劳动力市场工资指导价位制度的工作规划》，并在合肥、蚌埠、芜湖、马鞍山市开始试行市场工资指导价位制度，次年逐步扩大到地级以上中心城市，对调节劳动力市场价格，指导企业合理确定职工工资水平和各类人员工资关系起到了重要作用。2003年，建立非全日制用工小时最低工资制度，每年随月最低工资标准同时调整。2004年，出台《关于建立长效机制防止拖欠工程款和农民工工资的通知》，随后陆续与省建设厅、省交通厅、省水利厅下发了建设领域、高速公路、水利建设工程农民工工资支付保障暂行办法等文件，预防并制止拖欠农民工工资行为。

五

20年间，劳务用工管理方式方法不断创新，劳务用工逐渐由单一模式向多种组合用工模式发展，建立健全了集体协商、集体合同制度和劳动关系三方协调等一系列重要机制。1995年，安徽省出台《关于在我省企业开展签订集体合同试点工作的意见》，将试点工作的重点放在外商投资企业、私营企业等非国有企业。1996年，出台《安徽省劳动工作"九五"规划和2010年规划》，提出在各类企业逐步推行集体合同制度，通过集体协商签订集体合同确定各项基本劳动标准，规范企业经营者和职工的劳动行为；同年10月，在总结试点经验的基础上，出台《安徽省集体协商和集体合同暂行办法》，就集体协商应遵循的原则、法定程序、协商内容等作出了明确规定。2000年以来，先后组织各地市认真贯彻落实《工资集体协商试行办法》《集体合同规定》等政策规定，劳务双方合法权益得到保护，劳动关系保持和谐稳定发展。2002年，安徽省下发《关于建立劳动关系协调会议制度的通知》，就劳动关系协调会议的组成部门及人数、会议职责、工作原则等作出了详细规定，并于同年8月底前在全省各级建立了劳动关系协调制度。截至2005年年底，全省17个地市，105个县（市、区）全部建立三方协调机制，基本形成"主体协商、三方指导、政府调控、依法规范"的工作格局。

六

20年间，劳动保障法制建设经历了计划经济向市场经济的转轨，逐步走向成熟。1988—1995年，安徽省政府陆续颁布《安徽省实施<国营企业劳动争议处理暂行规定>细则》《安徽省国营企业劳动争议调解委员会工作规则》《安徽省企业劳动争议处理办法》，规定企业应设立调解委员会，负责调解本企业发生的劳动争议，劳动行政部门设立的劳动争议处理机构为仲裁办事机构，至此，全省劳动争议仲裁调解工作大格局基本形成。自1994年起，劳动监察部门不定期与建设、交通、水利等部门联合开展劳动用工专项执法检查和农民工工资清欠工作，对农民工数量最大、用工最为集中的建筑、水利施工、高速公路建设三大领域建立农民工工资支付保障制度。1996年，安徽省劳动厅设立劳动监察处，成为安徽省省级专门从事劳动监察工作的机构。1997年，《安徽省劳动保护条例》出台，在《安徽省劳动保护监察暂行条例》的基础上进一步扩大了适用范围；此后，《安徽省劳动力市场管理条例》《安徽省工资支付规定》《安徽省劳动监察规定》等符合省情实际的地方性法规和政府规章相继出台，为建立劳动保障事业的长效机制提供了法制保障。2003年，全省各地级市全部建立农民工工资支付保障金专户，累计清欠农民工工资14.7亿元。截至2005年年底，全省有14个地级市成立劳动保障监察支（大）队，县（市、区）有40个为行政专门机构，9个为合署行政机构，

50个独立监察大队，共配备专职监察员567人；全省共建立劳动争议调解委员会3065个，职工、企业和工会代表总人数近1.45万人；设立劳动争议仲裁委员会机构125个，仲裁员总数达到978人，其中专职仲裁员341人、兼职仲裁员637人；各级劳动争议仲裁机构处理案件的结案率始终保持在90%以上，有力维护了劳务双方合法权益。

七

20年间，劳动保障部门着眼自身建设，坚持谋长远、打基础，完成了各时期机构改革任务。1988年8月，安徽省成立省劳动争议仲裁委员会，办公室设在省劳动局，编制5名。1988年3月，省人民政府批准省安全生产委员会单独设立办公室，办公室挂靠在省劳动局，编制10名。1990年，省劳动局内设机构12个，编制数118名。1994年，省劳动局更名为省劳动厅，为省政府组成部门，根据职能的调整，内设处室增至14个，编制92名。2000年，在原省劳动厅基础上正式组建省劳动和社会保障厅，为主管劳动和社会保障工作的省人民政府组成部门，新划入了机关、事业单位工作人员社会保险、公费医疗管理、医疗保险制度改革试点、农村社会保险等职能，增加了承担国务院下放并批准实行养老保险行业统筹的10个部门和单位所属企业的养老保险管理职能；同时，划出了安全生产综合管理、职业安全监察、矿山安全监察、职业卫生监察、特种设备安全监察等职能。根据职能的调整，省劳动和社会保障厅内设12个处室，分别为办公室、政策法规处、劳动保障监察处、综合计划和基金监督处、劳动工资与仲裁处、就业处、培训处、养老保险处、失业保险处、医疗保险处、农村社会保险处、人事教育处，同时设立离退休工作处和机关党委、纪检（监察）机构。2004年，增设工伤保险处，负责研究拟定全省工伤保险政策和发展规划、全省工伤保险定点医疗机构、定点药店、定点康复机构的管理办法，指导全省工伤保险制度建设工作，内设处室增加至13个，工作基础进一步夯实，全省劳动和社会保障工作水平得到提高。

劳动和社会保障工作是经济社会发展的重要组成部分，直接关系着广大群众的切身利益。做好劳动和社会保障工作，是深入落实科学发展观、促进经济社会全面协调可持续发展的必然要求，是构建社会主义和谐社会、实现国家长治久安的基本保证，是履行全心全意为人民服务宗旨、让人民群众更多享有发展成果的具体体现。尽管劳动和社会保障领域仍面临一些问题，但只要在中央和省委、省政府的正确领导下，开拓创新、锐意进取，就一定能克服前进道路上的困难，为安徽省经济社会全面、协调、可持续发展作出新的更大贡献。

第一篇　就　业

第一章 城镇就业

第一节 劳动部门介绍就业

劳动工资计划 劳动工资计划是国民经济和社会发展计划的重要组成部分，主要包括城镇社会劳动力资源和分配平衡计划、职工人数计划、工资总额计划、工业企业全员劳动生产率计划和技术工人培训计划。其中，城镇社会劳动社会平衡计划，按照规定只上报劳动部和国家计划委员会备案。劳动工资计划管理的范围是全民所有制、城镇集体所有制性质的企业、事业、机关和社会团体，主要以全民所有制单位为主。

安徽省劳动计划是在国家统一计划前提下，实行分级管理的计划制度。中央负责管理工资总额、职工总数和全国范围内的科学技术力量、劳动力的培训和调配以及原有人员的工资水平的提高、新增人员工资水平的确定。省级负责在确保完成国家劳动计划和技术力量调配任务的条件下，对本省范围内的劳动力和技术力量进行统筹安排。

安徽省全民所有制单位职工工资总额，随着职工增加和工资水平的提高，总体上是不断增加的，但不同时期职工人数有增有减，工资总额也相应增减。1986—1990 年第七个五年计划时期，1990 年职工工资总额 66.76 亿元，比 1985 年增长 1.3 倍，年平均递增 18.10%。这 5 年，职工平均人数增长 16.56%；在工资水平方面，由于工资计划体制和工资制度改革不断深入，工资水平有大幅度提高。5 年工资水平增长 97.41%，年平均递增 14.60%。

1992 年安徽省全民所有制单位职工人数和工资总额计划表

表 1-1-1

<table>
<tr><th rowspan="3">类别</th><th colspan="7">职工人数（人）</th><th colspan="5">工资总额（万元）</th></tr>
<tr><th colspan="3">1991 年实际</th><th colspan="3">1992 年计划增加</th><th rowspan="2">1992 年计划到达数</th><th rowspan="2">1991 年实际</th><th colspan="3">1992 年计划增加</th><th rowspan="2">1992 年计划到达数</th></tr>
<tr><th>合计</th><th>临时职工</th><th>计划外用工</th><th>合计</th><th>企业</th><th>机关事业</th><th>合计</th><th>企业</th><th>机关事业</th></tr>
<tr><td>总计</td><td>2674465</td><td>45645</td><td>364076</td><td>65000</td><td>35000</td><td>30000</td><td>2739465</td><td>516937.5</td><td>31073</td><td>21042</td><td>10031</td><td>548010.5</td></tr>
</table>

全民单位招工 20 世纪 80 年代，国家实行“三结合”就业方针，初步解决多年积累的城镇待业问题，打破过去就业主要靠劳动部门统包统配和全民所有制企业招工的模式，就业格局发生根本变化，就业形势出现明显好转。1986 年，省政府出台规定，从

当年10月1日起，新招工人必须全部实行劳动合同制。企业在国家劳动计划指标内招用常年性工作岗位上的工人，除国家另有特别规定者外，统一实行劳动合同制。企业招用工人应在当地劳动行政主管部门指导下，坚持“公开招收、自愿报名、德智体全面考核、择优录用”原则，但招工对象仍限于城镇户籍、吃商品粮的人员。由企业向当地劳动行政主管部门办理录用手续，企业不得以任何形式进行内部招工，废除退休工人“子女顶替”的办法；但对1957年年底前参加工作的退休工人和在职病亡职工，允许其1名16至25周岁的未婚子女到父母单位的城镇、35周岁以下因工死亡职工配偶到配偶工作单位的城镇参加招工考试或考核，在同等条件下优先录用。

特殊行业内招 1986年，安徽省决定从当年10月1日起，企业不得以任何形式进行内部招工，废除退休工人“子女顶替”办法。但对1957年年底前参加工作、家居农村的老工人，在办理退休手续后，允许其一名农村的适龄未婚子女到父母原工作单位的城镇，参加招工考试，在同等条件下优先录用到全民或集体单位。1987年，照顾范围扩大到1958年和1959年参加工作、家居农村老工人，因工死亡和因工致残完全丧失劳动能力职工，1942年年底前参加革命工作老干部。1992年，安徽省劳动局、人事局发出关于解决安徽省高级知识分子子女就业问题通知，取得副高以上专业技术职务（职称）知识分子，属于多子女（含独生子女）无一人就业的，可以照顾招收其一名符合条件待业子女为全民劳动合同制工人。

外商投资企业招工 1986年12月，安徽省明确外商投资企业可根据生产经营需要，自行确定机构设置和人员编制，在所在地区劳动人事部门的协助下，自行招收、招聘职工，通过考核，择优录用。外商投资企业需要的工程技术人员和经营管理人员，在当地无法解决的，经省级劳动人事部门商得有关地区劳动人事部门同意，可到外地招招聘。外商投资企业对经试用或者培训而不合格的人员，因企业生产技术条件发生变化而富余的人员，可以辞退；对违反企业规章制度，造成一定后果的职工，可以根据情节轻重，给予不同处分，直至开除。外商投资企业职工的工资水平，由董事会按照不低于所在地区同行业条件相近的国营企业平均工资百分之一百二十的原则加以确定，并根据企业经济效益好坏逐步调整。外商投资企业按照所在地区人民政府规定，缴纳中方职工退休养老保险金和待业保险金，按照中国政府对国营企业的有关规定执行在职职工保险福利待遇。同时还要按照外商投资企业所在地区人民政府规定，支付住房补助金。

农林四场招工 1986年底，安徽省共有国营农林四场530个，职工15万人，总人口30万人。1987年，根据劳动人事部、国家计委、农牧渔业部、林业部《关于在安徽省国营农林牧渔场进行劳动计划管理体制改革和实行劳动合同制试点的通知》，安徽省劳动、计委、农牧渔业、林业、农垦总公司等部门分别向省政府和国家四部委上报改革试点意见，确定不同地域、类型的9个县和省农垦总公司直属的2个农场，正式启动农林四场劳动制度改革试点。至此，农林四场职工子女就业由过去的“统包统配”改为“三结合”，进人机制由“自然增长”改为“按生产需要有计划增长”，过去的固定工制度改为新招工人实行劳动合同制，职工占指标调动改为按其他全民所有制单位职工调动统一规定执行，离退休人员由农林四场负担改为实行社会统筹。

1988年3月，安徽省规定试点的农林四场招工应按照国家和省级有关政策规定执行，实行面向社会，公开招收，全面考核，择优录用；农林四场招工时，社会上城镇户口、吃商品粮的待业青年（限本县、市境内）和1968年10月1日以前粮户关系在场的农林四场职工子女均可报考；试点农林四场少数工种从城镇招收确有困难，需从农村招收常年性农民工时，须按劳动计划审批程序，报省劳动局批准，实行农民合同制，户粮关系不转，口粮自理。1990年，国营农林牧渔场劳动计划管理体制和劳动制度改革在安徽省国营农林牧渔场全面铺开。1991年，安徽省劳动局下达全省农林四场5000人计划指标。

1991年安徽省国营农林四场增人计划表

表1-1-2　　单位：人

地区	合计	其中：			说 明
		农业	林业	水产	
总计	5000	2200	2200	600	
合肥市	350	110	75	165	农业指标含牛奶公司、水产指标含畜牧系统
芜湖市	160	60	85	15	
蚌埠市	310	150	90	70	
马鞍山市	85	50	35		农业指标含水产系统
铜陵市	80	50	35		
淮南市	180	100	80		
淮北市	105	90	15		
安庆市	310	100	150	60	
黄山市	180	50	130		
阜阳地区	450	300	150		
宿县地区	475	340	135		
滁县地区	960	330	570	60	
巢湖地区	385	200	130	55	
宣城地区	240	100	125	15	
六安地区	390	100	250	40	水产指标含畜牧系统
池州地区	340	70	150	120	

征地农民招工　从国家制定第一个征地安置办法开始，政府一直强调征地农民安置问题，安置的主要方式仍以农业为主。20世纪80年代后，又增加发展社队工副业生

产，迁队或并队，集体所有制企业吸收，用地单位吸收，农转非后招工安置等多项安置途径。1986 年征用农民土地，必需由市政府向省政府申报征地农民招工指标，经省政府审定同意后，由省劳动局下达集体所有制招工指标。1987 年，安徽省下达合肥市征地农民大集体招工指标 2000 名，规定招工对象必须是市郊征地后人均占有土地较少（人均农田三分、菜地一分以下）的生产队农民，每户只限招收一人次。

1988 年 3 月 1 日，《安徽省实施 < 土地管理法 > 办法》正式施行，省劳动局向各行署、市、县劳动局下发《关于征地农民招工问题的通知》。规定城市郊区（含县城）因国家建设征地以及郊区以远的农村因国家兴建厂矿企业而征地后，被征地生产队人均菜地一分、农田三分以下的，经过批准可以招收部分符合条件的农民当工人。兴修水利、修建铁路、公路等设施，除修建铁路编组站、大型车站成片征用土地外，不采取招工办法安置多余劳动力，但经国家和省批准招工时，可以招收一部分征地农民，征地单位不招工的，则可以用大集体指标招收部分上述范围内的征地农民，由市、县统筹安置到集体所有制企业当工人，同时将相应的安置补助费转拨给安置吸收劳动力的单位。招收征地农民所需的全民或大集体指标，以市、县为单位按年度经地、市汇总报省局，审查批准后，由有关市、县劳动局组织招收。全民指标招收的征地农民按国家和省有关规定实行劳动合同制。

第二节 特殊群体就业

残疾人就业 1988 年，《中国残疾人事业五年工作纲要（1988–1992）》出台，集中就业是这一时期残疾人就业的主要模式。1990 年《中华人民共和国残疾人保障法》明确提出国家保障残疾人的就业权利，并定义残疾人的就业形式，其中“集中安排”被排列在这些就业形式之首。这一时期，安徽省残疾人就业主要是靠计划安排，由政府部门组织将残疾青年安排到聋哑学校、盲哑企业、按摩诊所或民政系统所属单位等，招为全民所有制工人。

1991 年，安徽省城镇残疾青年就业逐步实行劳动部门介绍就业、自愿组织起来就业和自谋职业相结合的办法，由劳动、民政部门共同安排和指导。劳动部门积极协助有关部门，组织推动残疾青年的就业培训和在职培训。

1993 年 3 月，安徽省劳动部门下发《关于安徽省残疾人招工有关问题的通知》，不再对地、市（部门）下达指令性残疾人专项招工指标。自此，安徽省残疾人就业，开始转向用工单位根据生产及工作需要，按照面向社会、公开招收、全面考核、择优录用的原则进行，残疾人招工实行劳动合同制。

1996 年 3 月，安徽省政府规定凡有本省常住户口、符合国务院规定的残疾标准、已到法定就业年龄、本人有就业要求、有一定劳动能力、生活能自理的无业残疾人，作为按比例安排就业的对象。自同年 10 月 1 日起，安徽省行政区域内的机关、团体、企业（包括国有企业、集体企业、合资企业、外资企业、乡镇企业、私营企业）事业组织、城乡集体经济组织按不低于本单位上一年度在职职工（含合同制工、临时工）总数的 1. 5 %的比例安排残疾人就业（一名盲人按两名残疾人计算）。对于安排残疾人就业未达到规定比例的单位，按年度交纳残疾人就业保障金。每少安排一名残疾人，按当地统计部门公布的上一年度职工年平均工资标准交纳残疾人就业保障金。

1996 年 8 月，省劳动厅、省残联印发“九五”期间残疾人就业工作通知，提出将残疾人就业纳入劳动就业的整体规划，并要求各级残联尽快建立健全残疾人劳动就业服务机构；鼓励残疾人自谋职业，帮助个体开业的残疾人选择项目，安排技术培训，并在申办执照、确定场地等方面落实优惠政策，逐步形成国家扶助，个人自立就业新机制。

1985—2000 年安徽省社会福利企业基本情况表

表 1–1–3

年份	国有和集体		
	单位（个）	职工（人）	残疾职工（人）
1985	141	4764	1250
1990	585	15718	9074
1995	1300	31738	13906
1996	1223	29788	13767
1997	1138	26885	12476
1998	1053	23992	10889
1999	647	16219	7145
2000	824	17637	8136

2003 年 1 月，安徽省明确残疾人就业实行集中就业与分散就业相结合，采取优惠政策和扶持保护措施，通过多渠道、多层次、多种形式，使残疾人劳动就业逐步普及、稳定、合理，并出台一系列促进残疾人就业的优惠政策。

2004 年 5 月 24 日，省政府第十三次常务会议通过《安徽省按比例安排残疾人就业办法》，规定凡有本省常住户口、符合中国残疾人实用评定标准、符合法定就业年龄、本人有就业要求、有一定劳动能力、生活能自理的无业残疾人，为按比例安排就业的对象。规定自同年 7 月 1 日起，本省行政区域内的国家机关、社会团体、企业、事业单位和其他社会组织按不低于本单位上一年度从业人员总数的 1.5% 的比例安排残疾人就业。已在用人单位从业的伤残职工，经认定，计入本单位按比例就业安排残疾人就业比例。用人单位录用残疾人，在同等条件下，优先录用本单位职工的残疾人亲属。用人单位安排残疾人就业，应根据其知识、能力和生理、心理障碍等情况，安排适当岗位和工种，在晋升、培训等各方面不得歧视残疾人。对未安排残疾人就业和安排残疾人就业未达到规定比例的用人单位，规定其按年度缴纳残疾人就业保障金。每少安排一名残疾人，按上一年度本地区从业人员平均劳动报酬标准缴纳残疾人就业保障金。用人单位未按时缴纳或未足额缴纳保障金的，税务机关和残联给予警告，依法处以 500 元至 1000 元罚款、并加收滞纳金等处罚，拒不执行的，做出处罚决定的机关可申请法院强制执行。

港、澳、台人员就业 1987 年，安徽省劳动局、省委对台办下发《关于安排城镇台胞青年就业的通知》，要求调查核实符合招工条件的适龄城镇台胞青年，协助落实需要增人的接收单位。1993 年 7 月，安徽省出台规定，华侨、港、澳、台同胞到安徽省就业（包括在“三资”企业中就业）必须经省劳动局批准，并领取就业许可证，不得随意为以探亲、旅游、访问等名义入境的境外人员安排就业。1994 年 5 月，安徽省实行台、港、澳人员就业证制度。1996 年 11 月，安徽省属单位和中央驻皖单位使用台、港、澳人员直接报省厅办理手续，在外商投资企业和台、港、澳投资企业中担任总经理、副总经理职务的台、港、澳人员入境前免办就业审批手续，入境后到劳动部门直接办理“台港澳人员就业证”。2005 年 12 月，安徽省劳动和社会保障厅下发《关于加强台湾香港澳门居民来皖就业管理工作的通知》，规定由各市劳动保障行政部门按照《台湾香港澳门居民在内地就业管理规定》要求负责办理。

外国人就业 1992 年 11 月，安徽省办理登记，签发外国人就业证件 5 人。1993 年 7 月，安徽省规定外国（籍）人来本省就业必须经省劳动局批准，并领取就业许可证，不得随意为以探亲、旅游、访问等名义入境的境外人员安排就业。1996 年 1 月，国务院明确对外国人就业较多的地级及以上城市，省级劳动部门可授权当地劳动部门直接办理手续，并向用人单位签发就业许可证书和就业证。合肥、芜湖、马鞍山等市经省政府授权后直接办理外国人就业事宜。1999 年 12 月，安徽省明确外国人到皖就业范围，包括有特殊需要、国内暂缺适当人选，且不违反国家有关规定岗位。指出凡是国内能够招聘到应聘人员的岗位一律不得聘用外国人，凡是可聘可不聘外国人的岗位一律不得聘用外国人，个体经济组织及公民个人禁止聘用外国人。“外国人就业证”同年实行年检制度。

第三节 再就业工程

再就业工程 安徽省从 1994 年开始组织实施“再就业工程”，帮助国有企业富余人员、下岗职工需要实现社会分流安置和再就业。1995 年，安徽省再就业工程的重点工作是帮助 6 个月以上有求职要求的失业职工和 6 个月以上基本生活无保障的企业富余职工以及企业破产或产权转让后需要安置的职工尽快实现再就业，并提出实施的三项任务和七条政策措施。要求各地各部门抓紧制定实施再就业工程计划、任务目标和扶持政策措施，企业和社会各方面对失业职工、企业富余职工和城镇待业人员进行开发性安置，深化失业保险改革与实施再就业工程有机结合；提出支持社会各有关方面大力兴办第三产业、劳动就业服务企业和生产自救基地，多渠道筹集实施再就业工程基金，支持失业职工、企业富余职工和城镇待业人员组织起来就业和自谋职业，鼓励用人单位招用失业职工和企业富余职工，允许距法定退休时间不足2年的已领完失业救济金的参加失业保险的失业职工延长享受失业救济金期限到退休年龄，允许距退休年龄不足5年的破产企业失业职工提前办理离、退休手续，并享受养老保险待遇，对失业职工、企业富余职工和城镇待业人员提供就业培训（包括转业训练和转岗培训）、职业介绍等服务，凡是适合安置失业职工、企业富余职工和城镇待业人员的工种和岗位，企业和用人单位优先予以招用。

1994—1995年，安徽省各级劳动部门共动用4035.6万元失业保险金救济了失业职工生活，支付3884万元用于转业训练和生产自救，通过政策扶持和综合服务，6.7万名企业富余人员和失业职工得到妥善安置，到1995年年底，全省城镇结转失业人员17万人。

1996年，安徽省委、省政府下发《关于进一步解决部分企业职工生活困难问题的通知》，从进一步落实解困政策、多渠道筹集帮困资金、全面实施再就业工程、完善养老保险制度等方面提出具体要求，并成立由分管副省长任组长、有关部门负责人为成员的解困工作领导小组。为加大对解困和再就业工作的投入，按照企业谁主管、谁负责的原则，省政府批转省劳动厅和省财政厅《关于建立省级帮困资金有关问题的报告》，规定从1997年起，每年由省财政一次性安排一部分；省直各行业主管部门筹措一部分；接受社会的捐赠，建立省级解困资金，用于解决省属企业中因发不出工资、基本生活得不到保障的特困企业职工的生活救济。当年，省劳动厅安排生活保障、生产自救、转岗培训资金3260万元，全省城镇安排就业14万人，失业职工重新安置就业5万人。

1997年，安徽省成立以省政府主要负责人任组长的再就业工程领导小组。6月，省政府下发《关于深入开展再就业工作的通知》，制定实施再就业工程的政策措施，提出解决安徽省失业、下岗职工再就业的10条渠道，并明确要求建立再就业专项资金。7月，省劳动、地税、工商等部门联合下发《关于进一步做好再就业工作的通知》，提出建立失业、下岗职工登记、管理制度；对国有、集体等经济组织为安置失业、下岗职工兴办产业，当年接受失业、下岗职工超过企业从业人员总数50%，免征企业所得税3年；就业训练中心要积极开展对失业、下岗职工的转岗、转业培训；建立完善企业职工社会保险制度等。各地结合当地实际情况，相继出台不少政策措施，安庆、马鞍山、合肥等市为鼓励失业和下岗职工自谋职业，开辟下岗职工再就业一条街和小商品市场；淮南、淮北、铜陵等市还组织困难企业职工成建制的劳务输出。

截至1997年年底，安徽省当年安排城镇待业青年14万人，其中劳服企业安置近3万人；全省42.76万失业下岗职工中有25.9万人实现再就业，当年失业下岗职工再就业率达60.57%，其中经转业转岗培训的再就业率达到80%以上。

再就业服务中心　1998年7月，安徽省委、省政府下发关于做好国有企业下岗职工基本生活保障和大力推进再就业工程通知。要求凡有下岗职工的国有企业都必须建立再就业服务中心或类似机构。再就业服务中心主要任务是向下岗职工发放基本生活费;代下岗职工缴纳养老、失业和医疗等社会保险费用;组织下岗职工参加职业指导和再就业培训,引导和帮助他们实现再就业。进入再就业服务中心的对象,主要是实行劳动合同制度以前参加工作的国有企业正式职工和实行劳动合同制度以后国家政策性安置固定工身份的下岗人员,不包括从农村招收的农民合同制工人和临时合同工;对于实行劳动合同制以后参加工作合同期未满的下岗人员,也可安排进入再就业服务中心至合同期满。下岗职工在再就业服务中心的期限不超过3年。

安徽省委、省政府要求国有企业下岗职工基本生活保障包括基本生活费和应缴纳的社会保险费用。下岗职工基本生活费发放标准原则上按当地企业在职职工最低工资标准的70%、65%、60%逐年递减(低于当地失业救济标准的按失业救济标准支付)。3年期满仍未再就业的,应与企业解除劳动关系,按规定享受失业救济或社会救济。3年期未满已再就业的,应与企业解除劳动关系。下岗职工的养老、失业保险费缴费基数按全省上年末职工月平均工资60%计算。并且对国有企业下岗职工基本生活保障所需资金,根据企业不同情况明确资金筹集渠道。

按照要求,省劳动、经贸、税务等部门印发8个配套文件,进一步落实下岗职工再就业优惠政策。截至1998年年底,全省有下岗职工的国有企业全部建立再就业服务中心,共建中心4085个,国有企业下岗职工进入再就业服务中心最高达到32.1万人。累计筹集下岗职工基本生活保障资金4.28亿元,95.68%下岗职工足额或部分拿到基本生活费。全省25.58万名国有企业下岗职工实现分流安置和再就业,再就业率达50.69%。

1999年,各地集中精力抓企业再就业服务中心规范化建设,着重在规范职工下岗程序、进中心签协议、落实资金保生活和再就业培训等方面加大工作力度,在落实各项政策、保障基本生活的前提下,积极促进国有企业下岗职工再就业。截至1999年底,下岗职工进中心30.6万人,进中心签协议达98.7%,支付下岗职工基本生活费8.3亿元,99%以上的下岗职工足额或部分领到基本生活费,14.4万下岗职工出中心再就业。

下岗职工再就业 2000年,安徽各地着重规范国有企业职工下岗行为,控制下岗职工总量,加快下岗职工出中心步伐。同时,加快下岗职工基本生活保障向失业保险并轨,确定合肥、芜湖两市作为“三条保障线转入两条保障线”试点城市。通过实施多种有效措施,当年两市共1万多名国有企业下岗职工提前出中心。截至2000年底,全省在再就业服务中心的国有企业下岗职工25.24万人,全年新增国有企业下岗职工6.56万人,出中心11.95万人,净减5.42万人。

2001年4月,安徽省政府下发《关于大力促进就业工作若干问题的通知》,明确把促进就业作为社会经济发展优先目标。同年10月,省政府下发《关于切实做好国有企业下岗职工出“中心”和再就业工作的通知》,明确要求“在巩固‘两个确保’基础上实现国有企业下岗职工平稳出‘中心’”“集中力量抓好国有企业下岗职工再就业”。针对大量下岗职工出“中心”后面临的实际困难,各地普遍集中开展以“促就业、接保险、保生活”再就业援助行动，宣传国家关于大力促进就业、再就业的政策，多渠道开发就业岗位，特别把开发社区岗位作为重点，省政府拨专款500万元，用于支持各地发展社区就业，促进下岗职工实现多形式再就业。截至2001年年底，全省在再就业服务中心的国有企业下岗职工16.45万人，全年新增国有企业下岗职工1.34万人，出中心10.13万人，其中再就业7.18万人。

2002年，安徽省直有关部门陆续出台税费减免等20多个配套政策和具体实施办法，各地各部门出台一系列配套政策和实施意见，全省基本形成较为完整的再就业政策体系。各地贯彻全国和全省再就业工作会议精神，层层建立了就业目标责任管理体系，并细化任务，明确责任，严格奖惩。开展再就业援助活动，多形式举办专场招聘会，免费培训，帮助就业困难群体实现就业。加大社区就业工作力度，努力开发社区就业岗位。进一步完善下岗职工出中心政策，加快出中心工作步伐。2002年，全省在中心的国企下岗职工由年初的16.45万人减少到年底的7.07万人，平稳出中心9.38万人，其中5.94万人实现再就业。

2003年12月，《安徽省就业再就业工作目标责任制及责任追究暂行办法》出台，各级政府进一步健全完善就业再就业目标责任管理制度，调整充实各级就业再就业工作领导小组及办事机构，制定和实施一系列再就业配套政策和具体办法，继续开发就业岗位，开展再就业援助活动。到年底，全省下岗失业人员再就业27.57万人，其中领取《再就业优惠证》下岗失业人员再就业15.11万人；“4050（指处于劳动年龄段中女40岁以上、男50岁以上的，本人就业愿望迫切、但因自身就业条件较差、技能单一等原因，难以在劳动力市场竞争就业的劳动者）”人员实现再就业5.41万人，其中领取“再就业优惠证”“4050”人员实现再就业4.11万人。同时，全省下岗职工出中心工作和“转轨并线”工作进一步加快，12个市的国企下岗职工全部出中心，在中心的国企下岗职工由7.07万人减少到3.15万人，平稳出中心3.91万人，其中2.27万人实现再就业。

2004年5月，安徽省政府转发《省劳动保障厅、财政厅、建设厅、工商局、国税局、地税局等6部门关于大力推动下岗失业人员组织起来就业的意见》，明确规定各类组织起来就业的实体可以享受国家和省促进就业再就业岗位补贴、培训补贴、社保补贴、税费减免、小额担保贷款、资金支持等一系列政策。截至2004年6月底，自1998年以来安徽省累计进中心的78.87万名国企下岗职工全部出中心，33.5万人进入失业保险，45.6万人实现再就业。

第四节　市场就业

劳动力市场条例　1995年11月，安徽省第八届人民代表大会常务委员会第二十次会议通过并颁发《安徽省劳动力市场管理条例》（以下简称条例）。条例规定，劳动力市场必须遵循自主用人，自由择业，平等竞争，公正服务的原则，促进用人单位和劳动者双向选择与合理流动。明确县以上劳动部门是本行政区域内劳动力市场的主管部门，负责制定本行政区域劳动力市场发展规划和管理办法，监督、检查有关劳动力市场法律、法规的施行；建立劳动力市场统计监测系统，对劳动力市场进行动态监测；审批职业介绍机构，并对其业务活动进行政策指导和监督检查；依法处理劳动争议和进行劳动监察等职责。《条例》规定，凡年满十六周岁、有劳动能力和求职要求的城乡劳动者，均可进入劳动力市场择业求职；并规定劳动者择业求职，不因民族，种族、性别宗教信仰不同而受歧视；对残疾人等特殊群体求职提供帮助，保障其合法就业权利。《条例》还对用人单位招用人员作出规范，如用人单位招用人员，应制作招用人员简章，经所在地县级以上劳动行政部门审批，并张榜公布。招用人员简章应包括用工数量、岗位工种、工作期限、招用条件、劳动报酬、社会保险、录用办法等内容。同时还规定，招用人员实行劳动合同制，在平等自愿、协商一致的基础上，依法签订劳动合同。《条例》还明确职业介绍机构、用人单位以及工作人员违反法律、法规规定的法律责任。

2001 年 11 月，安徽省第九届人民代表大会常务委员会第二十六次会议修订通过《安徽省劳动力市场管理条例》。修订后的《条例》，将劳动力市场遵循的原则改为：平等竞争、双向选择、公开公正、诚实信用。对于未能就业的失业人员，提出应当到当地县级以上人民政府劳动保障行政部门举办的职业介绍机构办理失业登记，以便为他们提供更多的就业服务。对于录用手续提出更加具体的规定，用人单位录用人员后，应当自录用之日起与被录用人员依法签订劳动合同，30 日内到当地劳动保障行政部门办理录用备案手续和就业登记。明确规定劳动合同可以约定试用期，试用期包括在劳动合同期限内。劳动合同期限在 6 个月以下的，试用期不超过 15 日；在 6 个月以上 1 年以下的，试用期不超过 30 日；在 1 年以上 2 年以下的，试用期不超过 60 日；在 2 年以上的，试用期最长不超过 6 个月。并且规定合同期间支付劳动者的工资不得低于当地最低工资标准。有效地保护了劳动者的合法权益。

对于职业介绍机构明确界定非营利性职业介绍机构和营利性职业介绍机构。非营利性职业介绍机构包括公共职业介绍机构和其他非营利性职业介绍机构。公共职业介绍机构，是指劳动保障行政部门举办的，承办公共就业服务职能的公益性服务机构。其他非营利性职业介绍机构，是指由劳动保障行政部门以外的其他政府部门、社会团体和其他社会力量举办的，从事非营利性职业介绍活动的服务机构。营利性职业介绍机构是指由法人、其他组织和公民举办的，从事营利性职业介绍活动的服务机构。并明确职业介绍实行行政许可制度。对于开办营利性职业介绍机构，除了要有县级以上劳动保障行政部门颁发的职业介绍许可证外，还必须到工商行政管理机关办理注册登记。

修订后的《条例》，更加强化公共就业服务。公共就业服务机构提供的公益性免费就业服务，包括职业介绍、职业指导、就业训练、社区就业岗位开发服务和其他服务。并把免费服务所需的费用，劳动力市场信息网络建设和运行维护费用，以及对失业人员免费培训的补贴费用，纳入同级财政就业经费年度预算。同时，公共职业介绍机构经县级以上人民政府劳动保障行政部门批准,可以接受劳动者和用人单位的委托,从事劳动保障事务代理业务。对法律责任更加细化,首次提出对违规职业介绍机构和用人单位可处1000元至30000元的罚款。2004年6月,安徽省第十届人民代表大会常务委员会第十次会议决定对《安徽省劳动力市场管理条例》进行修改。

劳动力市场建设 劳动力市场是根据中共十二大报告要求所建立的。1986年4月,省劳动局经请示省政府同意后,专门组织有关人员赴西安学习开办劳务市场经验。之后,铜陵、马鞍山也积极筹备开办劳务市场。据当年蚌埠、铜陵、马鞍山、淮南四市统计,自开办劳务市场以来,安置城乡劳动力有14300人（包括招工1000多人）,技术交流的有773人,为社会服务的有264人（包括介绍家庭教师和保姆）,调剂企业富余人员有500人,介绍离退休技工到企业去的有550人。由于开展技工交流、劳务市场活动,起到劳动力调节作用,促进劳动力合理流动,适应了“两个选择”的需要,淡化了依靠国家统包统配就业观念,解决企业生产上急需,受到企业和群众普遍欢迎。

1992年7月,安徽省劳动局制定《安徽省职业介绍试行办法》。同年12月,安徽省政府办公厅转发《省劳动局关于加快全省劳务市场建设的报告的通知》,明确劳务市场是社会主义市场体系重要组成部分,是加速发展社会主义市场经济一项重要措施,要求各级政府高度重视劳务市场建设。

1993年9月,在全省劳务输出工作会议上,各地介绍了职业介绍机构开办情况,会议对尚未开办的,当场签订“军令状”,限期开办。省级劳动力市场于当年11月3日正式开业。至12月底,全省地、市、县共有职业介绍机构504所,其中民办职业介绍机构420所,安徽省县以上劳动部门举办的劳动力市场已全部开业,初步形成省、地（市）、县三级职业介绍网络。1993年,到职业介绍机构求职登记的有38万人次,成交31万人次。全省共组织劳务输出达237万人次,其中由各级劳动部门直接组织的32万人次。各地还积极拓宽境外就业渠道,向俄罗斯、日本等境外输出500多人次。

1997年10月,安徽省计划委员会、省劳动厅联合下达《关于下达“一十百”工程第一批劳动力市场试点项目的通知》,确定阜阳、蚌埠、马鞍山、合肥市为“一十百”工程第一批劳动力市场试点项目城市。1998年11月,又将淮南、滁州、芜湖、六安、宿县、阜南和金寨县列为“一十百”工程第二批劳动力市场试点项目城市。

1998年,安徽省在全省清理整顿职业介绍机构,共检查1205个,其中劳动保障部门办的245个、其他部门办的295个,企业及其他经济组织办的125个,个人办的540个。在清理整顿中,发现利用虚假信息或进行欺诈的179个,收费不规范的432个,出租、出借、转让、涂改“职业介绍许可证”2个,查出非法职业中介机构351个,超范围非法从事职业中介的组织186个,吊销“职业介绍许可证”41个,责令停业或限期整改333个。清理整顿以后,全省合格的职业介绍机构共有710个。

1999年3月,安徽省确定合肥、芜湖、蚌埠、淮南和马鞍山五个城市作为国家劳动力市场“三化”建设的试点城市,上报部里。同年7月,劳动保障部批准安徽省合肥、芜湖、蚌埠和马鞍山四市为国家劳动力市场“三化”建设的试点城市。同时,省厅专门成立全省劳动力市场“三化”建设领导小组。

1999年7月,为加快实施“一十百工程”,促进要素市场体系建设,按照省计划委员会《关于认真实施“一十百工程”的意见》的要求,省计委和劳动部门联合下文,将淮北、黄山、安庆和铜陵四市列为省劳动力市场试点项目。至此,全省已有阜阳、蚌埠、马鞍山、合肥、淮南、滁州、芜湖、六安、淮北、黄山、安庆、铜陵等12个地市,及宿县、阜南和金寨县等3个县成为劳动力市场试点城市,其中合肥、芜湖、蚌埠和马鞍山四个城市为国家劳动力市场“三化”建设的试点城市,淮南、淮北两市作为安徽试点城市。

1999年,《安徽省劳动力市场建设总体规划》出台。该规划紧紧围绕着经济体制改革特别是国有企业改革这一中心任务和促进就业的战略任务,立足于建立完善的市场就业新机制,争取用五年时间,加快安徽省劳动力市场建设的科学化、规范化、现代化的步伐,逐步全面形成新型的市场就业机制,并通过比较充分地发挥市场机制配置劳动力资源的基础性作用,初步实现全部就业市场化。到2003年,建成一个覆盖全省城乡、以大中城市为中心,广泛连接用人单位与求职者的职业介绍网络。全省形成数十个各具特色的劳动力专业市场。实现省、市、县三级信息联网。

1999年7月,安徽省劳动厅转发《劳动保障部关于劳动力市场管理和服务工作主要业务流程规范(试行)的通知》。指导各地在劳动力市场“三化”建设中,按照统一的业务流程,加强就业服务、职业培训和失业保险各项业务衔接,搞好“一条龙”服务。

1999年11月,省计划委员会和劳动厅下文,决定将六安地区和池州地区劳动力市场列为省劳动力市场试点项目。

2000年9月,安徽省派出检查评估组,对合肥等10个申报检查评估的劳动力市场进行检查评估,蚌埠、合肥、马鞍山、芜湖、淮北、淮南6个城市被评为优秀等次;安庆、黄山、巢湖3个城市被评为良好等次。该9个城市的劳动力市场经过新建和装修改造后,有7个达到500平方米以上,其中蚌埠、淮南、芜湖三市面积达到1000平米以上。市级劳动力市场均配置电子显示屏、触摸屏等先进设备,前台服务均使用计算机服务,开设多个对外服务窗口,场地布局合理,设施完善,基本满足当地劳动力市场实际需要。

2001年3月,安徽省推荐蚌埠市和马鞍山市为安徽省劳动力市场“三化”建设试点先进城市,合肥市、芜湖市、淮北市和淮南市职业介绍中心为优秀公共职业介绍机构,上报劳动和社会保障部。

从1999年开展劳动力市场“三化”建设试点工作以来的两年时间里,全省共投入2452万元用于劳动力市场建设,其中财政拨款1104万元,用于信息网络建设费用为935万元。仅2000年,安徽省4个试点城市合肥市、蚌埠市、马鞍山市和芜湖市分别投入劳动力市场建设经费是250万元、160万元、280万元、75万元。

2002年5月,省劳动和社会保障厅《转发劳动保障部<关于进一步加强劳动力市场建设完善就业服务体系的意见>的通知》,强调各地要进一步完善全省就业服务体系，增强市场内在功能，同时要加强信息网络建设，充分发挥信息导向作用，加强制度建设，规范劳动力市场有序发展。

2002年10月，安徽省劳动和社会保障厅下发《关于组织开展劳动力市场“三化”建设推进试点工作的通知》，确定合肥、蚌埠、芜湖、马鞍山、淮南、淮北、阜阳、六安市为劳动力市场“三化”建设推进试点城市，上报部里。最后部里将安徽省合肥、蚌埠、芜湖、马鞍山、淮南、淮北六市列为劳动力市场“三化”建设推进试点城市。推进试点的主要目标是：通过2~3年的努力，使试点城市在完善公共就业服务制度和失业保险制度、建立街道社区就业服务网络、强化就业服务功能、提高就业服务信息化水平，使就业服务朝着制度化、专业化、社会化（业内称新三化）方向健康发展。

企业自主用工 1992年，安徽省政府明确规定企业14项自主经营权，其中包括劳动用工权，人事管理权，工资奖金分配权。企业实行职工能进能出、能上能下、收入能高能低。企业可自主决定招工时间、条件、方式和数量，可以解除劳动合同、辞退、开除职工。实行定员定额制度和劳动组合，对富余人员实行下岗安置。企业自主决定职工的晋级增薪、降级、减薪的条件和办法。从1993年起，省劳动部门不再下达招工计划，完全由企业自主招工；但企业从农村招工，仍然要经过劳动行政主管部门批准。其间，学习徐州市“砸三铁”的经验，启动劳动、人事、分配三项制度改革。在用工制度上，改国家用工为企业用工，变国家职工为企业职工。推行全员劳动合同化管理，优化劳动组合，按照“满负荷工作法”的要求，实行“层层招聘、分级组合、点兵点将、自由组合，考试考核、择优组合”等办法。在企业干部制度上，打破企业干部终身制，实行岗位管理，平等竞争，择优配置，能上能下，取消企业行政级别。在工资分配制度改革上，实行企业工资总额与经济效益挂钩上下浮动，建立以岗位效益工资为主要形式的内部分配制度，使职工的劳动报酬与劳动数量、质量紧密挂钩。

1996年，结合国有企业改革，转换企业经营机制，落实企业经营自主权，以实行劳动合同制为主线的企业用工制度改革，从局部试行到全面实行，从只限国有企业新招职工到所有企业的全部职工，从签订劳动合同到各项配套政策的逐步到位，从完全依靠行政手段推行到逐步变成企业和职工内在要求，从劳动部门统一招工到企业自主用工，彻底打破了长期实行的统包统配的就业制度和固定工的用工制度，作为市场经济主体的企业用工自主权和作为劳动力市场主体的劳动者择业自主权被确认，传统的劳动力资源计划配置体制开始向适应社会主义市场经济体制要求的劳动力资源市场配置体制过渡。

第二章 农村劳动力转移就业

第一节 外出就业

自发外出就业 中共十一届三中全会以后，农村经济体制改革，促使乡镇企业迅猛发展，尤其是凤阳县小岗村率先在全国实行农村家庭联产承包责任制，极大地促进农村经济发展，大量农村富余劳动力从土地束缚中解放出来寻求新的就业门路。乡镇企业异军突起，促使大量农村富余劳动力离开土地进入乡镇企业就业，开创了“离土不离乡、进厂不进城”的农村劳动力转移就业模式。但是乡镇企业发展远远满足不了日益增长的农村富余劳动力需求，一些乡镇企业不发达的偏僻农村富余劳动力，纷纷走出大山，离开农村，来到城市寻求新的就业门路。20世纪80年代初期，农民外出务工，处于自发、盲目、无序状态。

有组织劳务输出 1988年8月，国家提出要大力组织劳务输出，各地劳动部门、开发办和各类劳动服务公司要在牵线搭桥、提供信息、疏通渠道及建立健全信息网、协作网方面积极工作。1992年1月，经省编办批准，省劳动局设立“安徽省劳务输出中心”。据1992年6月底统计，全省88个地市县中已有73个组织开展对外劳务输出工作，由各级劳动部门牵线搭桥和直接组织输出的劳动力近50万人，占全省输出总数的51%，遍及全国20多个省、市、自治区。劳务输出年总收入高达17.36亿元。

1993年9月，安徽省召开首次劳务输出工作会议，安徽省劳务输出走上有序轨道。

2003年1月，为进一步加快推动安徽省劳务输出工作，中共安徽省委、省政府决定把劳务输出作为全省经济发展一大支柱产业，并成立由省委副书记、副省长牵头，省直23个单位参加的“安徽省劳务输出工作领导小组”，负责统筹协调全省劳务输出工作，领导小组办公室设在省劳动和社会保障厅。

2003年3月29日，安徽省政府召开全省劳务输出工作会议，总结安徽省10多年来劳务输出工作取得的成就和经验，分析当前形势，提出今后努力方向。会上授予66个单位“安徽省劳务输出工作先进单位”荣誉称号，授予112人“安徽省劳务输出先进个人”荣誉称号。

2002 年安徽省农村劳动力新增劳务输出目标分解表

表 1-2-1　　单位:万人

地　市	2001 年实际输出数	2002 年输出目标总量
总　计	563.37	593.38
合肥市	32.1	33.81
淮北市	3.1	3.27
亳州市	45.6	48.03
宿州市	34.1	35.92
蚌埠市	14.4	15.17
阜阳市	117.3	123.55
淮南市	4.1	4.32
滁州市	26.4	27.81
六安市	115.4	121.55
马鞍山市	1.27	1.34
巢湖市	55.8	58.77
芜湖市	20.4	21.49
宣城市	19.8	20.85
铜陵市	1.5	1.58
池州市	13.2	13.90
安庆市	49.5	52.14
黄山市	9.4	9.90

2003 年 8 月,安徽省委、省政府办公厅下发文件,明确今后一个时期,安徽省劳务输出工作要坚持“扩大规模、提高质量、培育主体、搞好服务、引导创业”的方针,并把劳务输出工作纳入各级政府的目标考核范围,从 2003 年起,全省每年新增外出务工人员 35 万人。同时,要求在劳务输出工作任务重的乡镇设立或确定负责劳动保障事务的机构,明确专人负责劳务输出和劳动保障等工作。鼓励和扶持外出务工人员返乡创业,对外出务工人员返乡创办服务型企业的,凡当年新招用城镇下岗失业人员达到企业职工总数 30% 以上的,3 年内免征企业营业税、城市维护建设税、教育费附加和企业所得税;当年新招下岗失业人员不足 30% 的,3 年内可按计算的减征比例减征企业所得税。要求各地成立党政负责同志牵头的农村劳务输出工作领导小组,并明确办事机构,统一负责劳务输出工作的组织指导和统筹协调工作。

2005 年 3 月,安徽省劳动和社会保障部门提出按照“政府引导、社会推动、市场化运作”的新路子,进一步推动安徽省劳务输出工作,努力打造安徽劳务品牌,完成全年新增劳务输出40万人的目标任务。进一步改善农民进城就业环境，建立健全乡镇劳动服务机构，建立全省统一的劳动力市场信息资源库，加快劳动力市场信息网络建设，尽快实现省、市、县、乡镇四级联网。进一步扩大区域性劳务协作，继续加强与华东、华南、华北劳务协作区的合作，积极拓展向西部地区和东北老工业基地的输出渠道。

2004年安徽省农村劳动力流动就业情况表

表1-2-2 单位：人

城市	本年外出流动就业人数												
	总计	本省流动就业人数				跨省外出流动就业人数							外省市来皖就业人数
		小计	本县	本市外县	外市	小计	北京	上海	广东福建	江苏	浙江	其他省市	
合肥	516300					401940	39885	92352	49719	79978	68628	58250	15023
淮北	234833	45069	15927	10659	18483	189764	19030	33378	29352	32576	37308	38120	5294
亳州	735600	209600	69860	89620	50120	526000	92000	64000	129500	57000	98500	85000	3949
宿州	872100					776080	69847	139694	70800	186259	178498	99939	21500
蚌埠	467620	20108	3901	6535	9672	447512	24613	92187	93082	85474	107851	44305	1172
阜阳	1805462					1506231	177706	311012	369760	195230	190891	167117	34831
淮南	158208					119464	8840	21824	25840	23629	19965	13776	13500
滁州	715000	180000	121000	19000	40000	535000	30000	100000	75000	160000	100000	70000	15000
六安	1519317	9879	2382	1652	5845	57674	6063	16845	7665	13343	9549	4209	2132
马鞍山	153010	62414	9753	22577	30084	90596	3987	7312	4233	51854	8836	14374	27541
巢湖	921069					788998	201877	176660	74960	130751	84922	81576	13265
芜湖	274890	65956	12128	28518	24680	208934	20879	73360	24155	34864	48210	7466	764
宣城	466400	1920	902	118	900	20386	2221	5992	1358	3523	6901	391	28712
铜陵	31766	12825	5570	2171	17136	28675	3382	5920	7038	3716	3633	3188	612
池州	281036	67141	29210	19258	18673	213895	21329	45853	21853	48653	56352	19855	4285
安庆	1188711					1075280	159770	207720	168699	143484	218244	104733	4547
黄山	121535	14782			7692	106753	7725	11596	29876	18986	30788	7782	6416
总计	10462857					7093182	88915	1405705	1182890	1269320	1269076	820081	198543

第二节　有序流动工程

组织管理　1994年12月,安徽省劳动部门转发《劳动部关于颁布<农村劳动力跨省流动就业管理暂行规定>的通知》,这是中国首个指导农村劳动力跨省流动就业规范性文件。首次提出“证卡合一”的流动就业管理制度,农村劳动力外出之前,须持身份证和其他必要证明,在本人户口所在地的劳动就业服务机构进行登记并领取外出人员就业登记卡,到达用人单位后,须凭出省就业登记卡领取当地劳动部门颁发的外来人员就业证。

1995年2月,安徽省物价、财政部门联合下文,同意对本省务工人员跨省流动就业收取跟踪服务费,并要求各级劳动部门必须严格按照国家赋予的职责提供全程服务。主要包括:对跨省流动务工人员在外务工基本情况,逐人登记、建档;开展专项业务培训;对使用务工人员较多的单位,派驻带队人员,协助用工单位做好务工人员思想工作,安排好生活等;协助用工单位和用工所在地劳动部门,及时调解务工人员和用工单位劳务纠纷,以及工伤亡事故,维护务工人员、用工单位双方的合法权益;切实做好春节期间的“民工疏导”工作等。跟踪服务费的收费标准核定为每人每月4元,工本费2元。

1995年8月,安徽省劳动部门下发《关于抓紧落实流动就业凭证管理制度的通知》,对具体发放工作和时间进度提出要求,并严禁“乱收费”、超标准收费。

2004年6月30日,安徽省劳动部门下发《关于暂缓办理就业证卡的通知》。根据安徽省第十届人民代表大会常务委员会《关于修改<安徽省劳动力市场管理条例>的决定》,并经请示劳动保障部培训就业司同意,从即日起至国家新规定出台前,暂缓签发“安徽省外出人员就业登记卡”和“安徽省外来人员就业证”。

2005年1月,《安徽省政府办公厅转发国务院办公厅关于<进一步做好改善农民进城就业环境工作的通知>》文件,明确规定清理和取消针对农民进城就业等方面歧视性规定及不合理限制,取消对农民就业工种限制,允许企业自主合法使用农村劳动者,取消外出人员就业“证卡”制度,为进城农民提供便捷就业服务,切实维护农民工的合法权益。

有序流动规模　据统计资料显示,1992年全省组织劳务输出128万人,1993年为237万人,1994年为315万人,1995年360万人,1996年全省劳务输出总量为501万人,其中输往外省市的为401.97万人(输往上海64.75万人,北京37.39万人,广东66.85万人,海南14.8万人,江苏72.88万人,浙江61.9万人,其他省市83.4万人),省内跨地市流动就业43.84万人,本地市内流动就业35.24万人,外省市来安徽省就业人数6.68万人。2001年全省劳务输出563.37人,2003年安徽省外出工人员总数达到869万人,2004年为940.2万人,2005年为980.3万人。

2004—2005 年安徽省农村劳务输出情况表

表 1-2-3 单位:人

	2004 年	2005 年
合肥市	463979	483723
淮北市	211035	220016
亳州市	661055	689185
宿州市	783723	817073
蚌埠市	420232	438114
阜阳市	1622499	1691542
淮南市	142175	148225
滁州市	642543	669885
六安市	1365352	1423452
马鞍山市	137504	143355
巢湖市	827729	862852
芜湖市	247033	257545
宣城市	419136	436971
铜陵市	28547	29762
池州市	252556	263303
安庆市	1068249	1113706
黄山市	109219	113866
总计	9402567	9802677

春运有序流动 20 世纪 80 年代,农民外出打工虽然数量上成倍增长,但仍然是以自发的、盲目外出为主,以致在 20 世纪 90 年代初的春节农民工返乡,形成声势浩大的“民工潮”,给铁路、交通造成很大压力。

1994 年春节前,安徽省政府召开疏导“民工潮”电话会议,并以省政府办公厅名义发出明传电报,要求各地确实做好春运期间民工流动疏导工作,化解“民工潮”,重点做好阜阳、合肥、蚌埠等铁路枢纽地区的民工疏导。蚌埠市劳动局通过《蚌埠日报》、市电视台、电台刊播了沿海地区春节期间不招工,劝阻农民不要盲目外出打工,在主要闹市区及火车站、长途汽车站张贴防止“民工潮”的宣传告示,向外出务工人员寄发慰问信 6000 多份,派专人赴广东、福建、上海、江浙一带劳务人员集中地区进行慰问,动员他们就地过春节,与劳务输入单位联系,为准备返乡人员提供集体乘车等服务。

1994 年 12 月 25 日省政府召开全省电话会议,会议根据国务院的部署,并结合安徽省实际,提出八条措施。省政府成立春运期间组织民工有序流动工作领导小组,由副省长任组长，副秘书长任副组长，省直有关部门负责人为成员，领导小组办公室设在省劳动厅。各地市、县、乡（镇）和各有关部门也都成立相应的领导小组，层层负责，齐抓共管，一抓到底。劳动部门建立值班信息通报制度，逐步建立起"输出有组织、输入有管理、流动有服务、调控有手段"的流动就业管理制度。对劳务人员与家属开展"三个一"活动，即发一封慰问信，打一个电话，发一封电报，宣传安徽省农村的大好形势，劝告他们尽量留在打工地就地过春节，以减轻春运期间交通运输的压力。各级劳动部门充分发挥管理劳务输出主渠道作用，做好各项跟踪服务工作，1995 年安徽省春运期间组织民工有序流动工作，形势是平稳的，基本做到"可控、有序、安全"。

1996 年 5 月，省政府发出《关于表彰 1995—1996 年春运期间组织民工有序流动工作先进单位的通报》，对阜阳市、蚌埠市、合肥市、安庆市、宿县行署、六安行署，省劳动厅、省交通厅、省公安厅、蚌埠铁路分局等 10 个单位给予通报表彰。安徽省 1995 年、1996 年、1997 年春运期间组织民工有序流动工作均受到国家劳动部门通报表彰。

1998 年 12 月，安徽省劳动部门对当年春运期间民工流动情况实行重点监控，并将沿江地区的宿松县、望江县、枞阳县、东至县和无为县作为监控点，及时了解、分析和预测劳动力流动情况，并采取有效措施，减少劳动力盲目外出；将交通枢纽地、民工流量大的中转地和集散地阜阳市、蚌埠市、合肥市、六安地区和芜湖市作为重点监控点，并制定工作预案，采取有效措施，做好民工的中转和疏散工作。

1999 年 1 月，国家确定安徽省宿松县、望江县、东至县、无为县和蚌埠市为灾区农村劳动力就地安置和组织民工有序流动重点监控地区，重点做好农村劳力输出组织管理和劝阻盲目外出、劳动力中转的疏导和分流、劳动力输入数量的调控等，并将民工流动的信息按规定时间（紧急重大情况在 24 小时之内）报到省和劳动保障部。同年 2 月，省劳动厅发出特急明传电报《转发劳动和社会保障部关于切实做好春运期间控制民工盲目外出的紧急通知》，各地要严格按照国务院办公厅和劳动保障部有关文件要求，坚决执行 3 月底前不组织新民工外出、不对新民工发放"安徽省外出人员就业登记卡"有关规定，全力做好老带新和盲目外出劝阻劝返工作，以控制民工外出数量，减轻春运压力。

1999 年 9 月，国家将安徽省临泉县、金寨县、宿松县、无为县、砀山县和阜阳市列为全国农村劳动力流动就业重点监控地区名单。1999 年春运期间，安徽省民工外出人数近 200 万人，新民工比例为 10% 左右，其中老带新的比例占 5%，盲目流动人员比例占 2%，总体比 1998 年均有所下降，外出总数下降 20% 左右，新民工外出下降 50% 左右，老带新下降 5% 左右，盲目流动人员下降 8% 左右，1999 年春运期间组织民工有序流动工作基本实现平稳、可控、有序。

2000 年，安徽省春运期间民工流动总数达 660 万人。其中，返乡的人数约 280 万人，外出人数约 380 万人；流动总量、盲目外出、老带新人数分别比 1999 年增长 32%、6%、10%；主要流向是长江三角洲的江、浙、沪一带占 40%，广东方向珠江三角洲（广州、深圳、东莞等）占 30%，北京、天津方向及东北方向占 20%，西北方向占 8%。

2005年,春运期间民工外出560万人,其中到外省农村劳动力430万人。春运期间安徽省各级劳动保障部门,其他各类职业介绍机构,各类培训机构有组织输出180万人。

第三节 劳务协作

协作组织 安徽省最早的劳务协作组织,始建于1990年8月,为贯彻省委、省政府关于“开发皖江,呼应浦东”的重大战略决策和国务院《关于做好劳动就业工作的通知》精神,在省劳动服务公司的支持下,芜湖、马鞍山、安庆、铜陵四市劳动服务公司在马鞍山市召开“皖江四市劳务开发研讨会”,围绕如何开发利用劳动力资源,为开发皖江经济当好配角,搞好服务等主要内容,并就加强四市劳动力相互合理流动,组织劳动力向浦东、沿海和国外输出,建立能够吸收劳动力资源的劳动密集型企业和成立安徽省皖江劳务开发协调联络处可行性等问题以及为实现上述目标所需要的配套措施和倾斜政策,进行深入有益的探讨。四市联合筹建“安徽省皖江劳务开发协调联络处”,并分别在四市设立分支机构。

1992年9月,广东、湖南、四川、广西、贵州、湖北、江西、安徽、河南九省(区)在湖南召开劳务协作会议,接受贵州、湖北、江西、安徽、河南五省为省际劳务协调中心成员。会议通过《省际劳务协调中心章程》和《关于进一步做好省际劳务协作工作若干问题的意见》。1993年以后,以北京为龙头的华北劳务协作区和以上海为龙头的华东劳务协作区相继成立,安徽省参加了华北、华东劳务协作区。1996年7月,华北十四省、市、自治区第二次劳务协作会议在安徽黄山举行。参加会议的有北京、河北、河南、山东、山西、甘肃、宁夏、内蒙古、黑龙江、四川、浙江、江苏、湖北和安徽等省、自治区、直辖市劳动厅分管领导和劳动就业服务机构的负责人。同年8月和9月,华东13省、市、自治区劳务协作会议和华南9省(区)劳务协作会议相继在安徽黄山市举行。

1996年7月,安徽省召开劳务协作扶贫工作座谈会,经研究确定煤炭工业部淮北矿务局的用工基地为阜南县、宿州市;煤炭工业部淮南矿务局的用工基地为霍邱县、阜南县;淮南市新集煤矿集团公司的用工基地为凤台县;安徽省建筑总公司的用工基地为临泉县;上海铁路局蚌埠铁路分局的用工基地为寿县、颍上县;安徽省煤炭工业局皖北矿务局的用工基地为颍上县、泗县;安徽省合九铁路公司的用工基地为郎溪县;铁道部第四工程局的用工基地为临泉县。要求企业在用工基地招收的农民工各种临时用工,一律要签订劳动合同,期限一般为五年,与企业其他职工享受同等工资、福利待遇,并按规定对使用的农民工办理参加养老保险手续。

协作内容 1992年9月,华南劳务协作区的九省(区)在湖南召开劳务协作会议,成立省际劳务协调中心,并形成《省际劳务协调中心章程》。

2000年,安徽省劳动保障厅分别与上海、江苏、浙江省劳动保障厅签订《关于进一步加强劳务协作,共同做好有序流动工作的协议书》。

2004 年 3 月，省劳动保障厅和广东省劳动保障厅签订《关于加强粤皖劳务合作的协议书》。协议书共分劳动力有序流动工作、共建劳务基地、劳务人员培训工作、加强劳动力市场信息网络建设和春运工作五个部分。

2005 年 7 月，安徽省劳动保障厅和北京市劳动保障局在北京安徽大夏举办“京皖两地劳务对接会”，邀请 20 家北京当地有影响力的大中型企业和安徽省 20 家有赴京就业意向的培训机构，开展劳务对接活动，其间，两省市劳动保障部门签签订《京皖两地劳务协作培训协议》，充分利用京皖两地的技工教育资源，提升皖籍到京人员整体素质和技能水平，引导用人单位、劳务基地和技工学校坚持以就业为导向的培训原则，构建招生、培训、就业一体化的劳务协作培训新形式。协议明确，双方每年应根据北京劳动力市场的需求及当地劳动力资源的实际情况，按照不同行业、不同工种对到京务工人员基本技能要求，制定培训内容，实行订单式培养，提高培训的针对性和实用性。鼓励京皖两地校企合作、校校联合开展技能培训。同时，协议还明确，要确保定向培养的毕业生就业率达到 95% 以上。

安徽省赴京就业意向毕（结）业生资源调查情况表

表 1-2-4

专　业	2005 年毕（结）业生人数		拟要求工资待遇（元）	备　注
	男（人）	女（人）		
机电一体化	1712	345	1000	包食宿
机　械	374	261	1200	包食宿
低温与制冷	21	14		包食宿
汽车维修与驾驶	381	51	1000	包食宿
应用电子技术	467	318	1000	包食宿
轧　钢	23	2		包食宿
电子电工	240	192	1000	包食宿
文　秘	30	39	1000	包食宿
数控机床	186	121	1500	包食宿
计算机技术应用	3212	4666	1200	包食宿
计算机信息管理	7	2	1100	包食宿
重港务涉外服务			1000	包食宿
商品经营（营销）	8	9	1000	包食宿
铆焊技术（焊工）	180	60	1200	包食宿
公路施工与养护	142	88	1500	包食宿
财务与旅游	425	645	1200	包食宿

续表 1-2-4

专 业	2005 年毕（结）业生人数		拟要求工资待遇（元）	备 注
	男（人）	女（人）		
机电专业	794	524	1000	包食宿
缝 纫	15	435	1200	包食宿
车 工	430	230	1500	包食宿
厨 师	300	20	1500	包食宿
电 工	415	85	1000	包食宿
外 语	35	62	1200	包食宿
模具设计与制造	49		1000	包食宿
美容美发	180	100	1300	包食宿
电脑艺术设计	110	70	1500	包食宿
工业民用建筑	37	3	1800	包食宿
金属加工	40		1000	包食宿
电子信息类		280	1000~1300	包食宿
幼 师	10	50	1000 元以上	包食宿
保 安	50		800~1000	包食宿
总 计	9784	8672		
	18456			39632

第四节 外出务工人员回乡创业

1995 年，安徽无为县在全省率先实施鼓励农民工回乡创业“凤还巢”工程，无为县委县政府在全国五个大城市设立招商办事处，动员无为外出人员成功者回乡创业，并相继出台鼓励投资的若干优惠政策。成立行政服务中心，为企业实行一站式服务，规范收费行为，及时为企业解决难题，外出务工人员纷纷回乡创业。

2000 年 12 月 18 日，安徽省劳动和社会保障厅、省农委、省城乡劳动力资源开发研究会联合召开安徽省首届“孔雀杯”农民创业之星表彰会，省委、省人大、省政府、省政协四大班子领导出席会议并向评选出的 118 名创业之星代表颁发奖杯及证书，分管副省长在会上作讲话。

2003 年 12 月 29 日，省劳动和社会保障厅、城乡劳动力资源开发研究会、省乡镇企业局、省社科联联合召开全省第二届“孔雀杯”返乡创业之星表彰大会，会上授予何帮喜等 123 人为“安徽省第二届‘孔雀杯’创业之星”。

据 2005 年年底统计显示，全省外出务工人员 980.3 万人，有 38.8 万务工人员回乡创业，创办各类经济实体 23.5 万个，吸纳 190 万农村富余劳动力实现就地就近就业。

第三章　就业服务

第一节　就业服务机构

劳动服务公司　安徽省劳动服务公司成立于1982年，与安徽省劳动局城镇就业处合署办公，内设办公室、培训科、经济科、财务科。主要担负城镇待业人员的管理教育，企业临时用工的输送和管理，推动发展集体经济，指导组织就业和自谋职业，开展职业技术培训等。1986年12月，省劳动服务公司的经济科改为劳动服务公司指导科。1989年12月，安徽省劳动局出台意见，组织开展全省劳动服务公司清理整顿工作，明确规定县以上劳动部门设置的劳动服务公司，因是承担政府行政职能的就业管理机构，不宜再称公司，要求全省各地区对劳动服务公司名称进行重新确定，并对部分不以安置就业而挂劳动服务公司牌子的予以了取缔。到1992年年底，区、乡镇、街道以上政府、劳动部门兴办的劳动服务公司比上年度减少131家，淮南、马鞍山市将市劳动服务公司更名为就业服务局，其他如机关、团体事业单位兴办的劳动服务公司承担企业经营职能，称为劳动服务企业。

截至1992年年底，安徽省共有劳动服务公司2331个。按隶属关系分，有各级劳动部门，乡镇、街道和机关、团体、企事业单位所属三种类型。全省各级劳动部门办的劳动服务公司共有135个，占总数的5.7%，主要承担劳动部门的部分行政职能。乡镇、街道办的劳动服务公司共有343个，占总数的14.7%，主要是各级劳动行政部门登记、管理待业人员、开展就业训练、组织安置就业工作的基层组织，既担负着所在地的劳动就业的协调管理，又具有直接举办和管理劳动就业服务企业的任务。全省机关、团体、企事业单位兴办的劳动服务公司共有1853个，占各类劳动服务公司总数的79.5%，主要负责为企业生产和职工生活提供服务，发展第三产业，从事多种经营，安置本单位的富余职工和待业人员。

截至2005年年底，全省各类劳动服务公司有524个，其中，各级劳动部门办的劳动服务公司共有81个，占总数的15.5%；乡镇、街道办的劳动服务公司共有315个，占总数的60%；机关、团体、企事业单位办的劳动服务公司共有128个，占劳动服务公司总数的24.5%。

1991年10月，安徽省机构编制部门印发《关于对省劳动局下属事业单位和机关附属单位机构编制清理整顿方案的批复》，1992年6月，省劳动部门下发《关于局所属事业单位机构调整的通知》,安徽省劳动服务公司作了调整。安徽省省直机关劳动服务公司并入“安徽省劳动服务公司”,撤销“省直劳动服务公司”建制,“省劳动服务公司”增挂“安徽省劳务输出中心”牌子,一个机构,两块牌子。

1992 年 12 月,根据省劳动局《关于同意成立“安徽省境外就业介绍所”的批复》,省劳动服务公司成立“安徽省境外就业介绍所”。

1986—2005 年安徽省劳动服务公司组织发展情况表

表 1-3-1

年度	已建公司到达数(个)					年末实有工作人员数(人)	供给来源			
	合计	其中					行政经费(元)	企业经费(元)	管理费(元)	公司补助费(元)
		省辖市、地区劳动服务公司	县级劳动服务公司数	区、乡镇、街道劳动服务公司数	机关、团体事业单位劳动服务公司数					
1986	1670	16	113	184	1357	15727	1693	10278	3516	240
1987	1932	16	114	260	1542	17604	1986	7125	8311	182
1988	2411	16	133	406	1856	21989	2160	10213	9452	164
1989	2294	16	129	403	1746	22251	2036	10028	9901	286
1990	2371	16	108	492	1755	23080	1751	11446	9711	172
1991	2230	16	113	480	1621	22371	1438318	2137920	4067203	1255953
1992	2331	16	119	343	1853	27822	1001300	1314554	4555398	1050926
1993	1472	16	151	503	802	14725	1028713	1478500	4840055	1205359
1994	1715	16	139	701	859	14567	928249	1686333	5633544	1416385
1995	1338	16	138	517	667	13994	1055878	1946344	6399368	2155101
1996	1373	16	179	527	651	14590	1320466	2125204	5992918	1468476
1997	1269	16	149	524	580	12482	1661917	2614579	5931833	239000
1998	1055	16	138	484	417	11638	1238936	2873682	5604043	174000
1999	1001	16	120	471	394	10818	2010190	2706449	5356192	177500
2000	814	16	83	421	294	7745	3539350	2443480	4983322	334000
2001	744	16	76	384	268	7141	4385590	2881137	7875358	934700
2002	655	16	74	383	182	6894	6011790	3110703	6874991	1090000
2003	589	16	71	339	163	6633	7282190	3506386	3618416	1041800
2004	531	16	61	317	137	6369	7964340	4228144	4178481	1292400
2005	524	17	64	315	128	6119	8383040	4314138	4011425	1310700

1993 年 5 月，根据劳动部《关于将安徽省劳动局所属境外就业介绍所作为试点单位的批复》，“安徽省境外就业介绍所”正式成为劳动部批准开展为公民个人出境就业提供服务的试点单位之一。

1995 年 7 月，根据劳动部《关于批准福建等七省市境外就业服务机构正式开展境外就业服务工作的通知》，“安徽省境外就业介绍所”被劳动部批准正式开展境外就业服务工作。截至 2005 年，通过安徽省境外就业介绍所介绍到境外就业的人数达 1487 人，介绍外国人到皖就业 766 人。

劳动就业服务局　1996 年 11 月，根据安徽省机构编制部门《关于印发安徽省劳动厅直属事业单位分类管理实施方案的通知》精神，安徽省劳动服务公司更名为安徽省劳动就业服务局，县级建制，列入自收自支事业单位管理序列。主要负责全省企业职工失业保险基金的管理、组织开展再就业的岗前培训、归口指导劳动服务企业。设置事业编制 25 名，其中领导职数 3 名（局长 1 名，副局长 2 名），专业技术人员 5 名，行政管理人员 15 名，工勤人员 2 名；内设办公室、失业保险科、就业培训科、企业管理科、省直工作科、境外就业所“五科（所）一室”。此后，全省各地市劳动服务公司相继更名为劳动就业管理局或劳动就业服务局。

1999 年 4 月，安徽省政府出台规定，要求县级以上劳动和社会保障行政部门主管本行政区域内的失业保险工作，其所属的就业服务机构承担失业保险经办机构的职责，具体经办失业保险工作，省劳动就业服务局由自收自支改为省级财政全额拨付。此后，全省各地市、县劳动部门也都相继成立劳动就业服务机构，安徽省劳动就业服务体系建设得到进一步发展。

2005 年安徽省地市以上就业服务机构名称、编制、经费、职能情况表

表 1-3-2　　　　单位：名

单　位	机构名称	编制	经费供给	职　能
省劳动保障厅	劳动就业服务局	25	全额拨款	负责全省企业职工失业保险基金的管理；组织开展再就业的岗前培训；归口指导劳动服务企业
合肥市	就业服务管理中心	30	自收自支	负责对用人单位招用人备案、境外来肥就业人员的审批备案工作；收集、发布职业用工信息；为用人单位招用人员和劳动者求职提供中介服务；指导协调农村富余劳动力有序流动；代理用人单位和劳动者劳动保障相关事务；负责全市劳服企业管理
淮北市	劳动就业管理局	25	全额拨款	负责城乡劳动就业工作；全市职业介绍机构管理；职业介绍，劳动保障事务代理；劳服企业管理；统计上报
亳州市	劳动就业服务中心	3	全额拨款	负责管理城乡劳动就业；职业介绍机构管理；职业介绍劳动代理；劳服企业管理；统计上报和技工交流工作
宿州市	劳动就业管理局	16	全额拨款	失业保险基金管理；失业职工登记；劳动事务代理；职业培训；劳务输出管理

续表 1-3-2

单 位	机构名称	编制	经费供给	职 能
蚌埠市	劳动就业管理局	45	差额拨款	失业保险基金管理;职业介绍;管理和指导就业训练中心;劳服企业管理
阜阳市	劳动就业管理局	24	全额拨款	职业介绍;劳务输出;社区就业;劳服企业管理;就业技能培训;创业培训;劳动事务代理;办理就业登记和失业登记
淮南市	就业服务管理局	36	全额拨款	扩大劳动就业;开展就业训练;劳服企业管理;失业保险征收、发放;再就业服务及企业解困;协保职工管理
滁州市	劳动就业服务管理中心	8	全额拨款	职业介绍、失业保险基金管理、就业培训
六安市	劳动服务公司	15	全额拨款	失业保险工作;社区服务信息中心;就业训练
马鞍山市	劳动就业管理局	35	差额拨款	职业介绍服务,劳动保障事务代理;失业保险基金管理;新办企业
巢湖市	劳动就业服务管理处	12	全额拨款	社会劳动力管理;再就业培训;失业保险;下岗职工基本生活保障;开发就业岗位,扩大和促进就业
芜湖市	就业管理处	20	差额拨款	就业服务管理;就业前培训;劳服企业管理;流动就业管理;劳动力市场管理;境(内)外劳务输出;劳动保障事务代理。
宣城市	劳动就业管理中心	15	全额拨款	失业保险基金管理、发放;就业培训;劳动保障事务代理、职业介绍、劳务输出
铜陵市	劳动就业服务局	18	差额拨款	劳动力市场管理;办理失业登记和就业登记;开展劳动保障事务代理;推动劳服企业发展
池州市	劳动就业管理局	7	全额拨款	失业保险基金管理、发放;失业职工登记;档案保管;人力资源市场管理;求职登记;职业介绍;劳服企业管理;再就业培训;指导和服务社区就业;劳务输出;劳动保障事务代理
安庆市	劳动就业管理局	51	全额拨款	劳动就业管理和服务,失业保障基金管理;转业训练及再就业;职业介绍;劳动保障事务代理;劳务输出;指导和服务社区就业;,劳服企业管理;社会劳动力管理
黄山市	劳动服务公司	11	差额拨款	管理社会劳动力;组织扩大劳动就业;进行职业介绍;开展就业训练;管理职工失业保险和再就业;劳服企业管理;劳动保障事务代理

2005 年安徽省各市乡镇劳动管理站(所)统计表

表 1-3-3

单 位	站(所)数量(个)	工作人员数(人)
合肥市	99	235
淮北市	24	66
亳州市	91	230
宿州市	109	248
蚌埠市	275	832

续表 1-3-3

单　位	站（所）数量（个）	工作人员数（人）
阜阳市	174	441
淮南市	31	54
滁州市	258	409
六安市	139	171
马鞍山市	19	63
巢湖市	126	286
芜湖市	46	119
宣城市	97	146
铜陵市	55	169
池州市	80	116
安庆市	163	390
黄山市	47	72
全省总计	1833	4047

第二节　乡镇劳动管理服务站

乡镇劳动管理站始建于20世纪80年代初，是伴随着劳动制度改革的深化和城乡劳动力交流规模的扩大应用而生的，在组织农村剩余劳动力流动就业、开展劳务输出、保护民工合法权益等方面发挥了重要作用。随着建立社会主义市场经济体制进程加快、城乡分割壁垒进一步打破、城乡劳动力相互流动的规模日益扩大，速度不断加快，乡镇劳动工作站的任务更加繁重，工作责任也随之加大。

1993年，安徽省劳动局主要负责人在市县劳动局长会议上强调要求，全省农村的乡、镇和城市的区、街道都要设立劳动力市场的职业介绍机构，并提出用三年时间完成在全省乡镇中建立劳动服务站的组建任务，逐步形成覆盖全省城乡的劳动力市场体系和职业介绍网络。1994年年底，全省乡镇职业介绍机构699个；1997年，安徽省乡镇劳动服务机构组建率超过90%，受到国家劳动部门高度肯定。

1998年10月，省劳动厅在六安举办全省乡镇劳动工作管理站站长培训班，省劳动厅主要负责人在培训班上强调要以开拓创新精神做好乡镇劳动服务站工作，对乡镇劳动服务站提出大力培育和发展农村劳动力市场，进一步完善农村就业服务体系，加强职业技能培训，建立社会保险制度，规范劳动力市场运行秩序等五项任务。

1998年度安徽省乡镇劳动管理服务工作先进单位和民工有序流动工作先进个人名单一览表

表 1-3-4

序号	地 市	先进单位	先进个人
1	合 肥 市	肥西县孙集乡劳动管理服务站	肥东八斗镇劳动服务站 邵 梅
2	蚌 埠 市	怀远县龙亢镇劳动服务站	固镇县磨盘乡劳动服务站 卢丽蓉
3	安 庆 市	宿松县破凉镇劳动就业服务站	安庆市就业劳动管理局 杨 震 桐城市吕亭镇劳动服务站 姚诗初
4	黄 山 市	歙县深渡镇劳务输出服务站	黄山市屯溪区就业管理局 周西林
5	滁 州 市	全椒县二郎口镇劳动管理服务所	来安县杨郢乡劳动服务站 黄友前
6	阜 阳 市	阜南县苗集镇劳动服务站	蒙城县城关镇劳动服务管理站 张文富 太和县二郎镇劳动服务管理站 徐 彬
7	宿 县 市	肖县圣泉乡劳动服务站	肖县龙城镇劳动服务站 孙 健 灵璧县灵城镇劳动服务站 戴全超
8	巢湖地区	庐江县汤池镇劳动服务站	巢湖市花集乡劳动服务站 程庭柏
9	六安地区	舒城县杭埠镇劳动服务站	寿县迎河镇劳动服务站 张成君 霍邱县三流乡劳动人才服务站 刘子云
10	宣城地区	宁国市三门镇劳动服务管理中心	郎溪县姚村乡劳动服务站 姚良顺
11	池州地区	贵池市灌口乡劳动服务站	东至县香隅镇劳动服务站 方隆乾
12	芜 湖 市	南陵县九连乡劳动服务站	
13	淮 南 市		潘集区平圩镇劳动服务公司 平庆松 凤台县朱马店镇劳动服务站 刘 波
14	马鞍山市		当涂县围屏乡劳动服务站 耿 瑞 向山区霍里镇劳动服务站 陈 敢
15	淮 北 市		濉溪县四铺乡工办 王宜亮
16	铜 陵 市		铜陵县劳动服务公司 但建强
17	亳 州 市		谯东镇劳动管理站 冀红侠
合 计		12个	22人

2003年9月,为贯彻落实安徽省委、省政府关于做好全省劳务输出工作要求,安徽省机构编制部门下发《关于乡镇劳动保障机构编制问题的通知》,要求全省各县城关镇、就业及社会保障工作任务重的乡镇,可确定一个机构负责劳动保障事务(对外加挂乡镇劳动保障事务所的牌子),配备专人负责这项工作。主要负责辖区内企事业单位事业人员登记、统计和管理,社区就业和再就业服务,组织下岗失业等困难就业人员托底安置的就业培训指导,社区退休人员的社会化管理服务,外来劳动力管理和服务,劳动力资源统计、外出人员登记等基础工作。

2004年5月，省劳动和社会保障厅下发《关于加快完善劳动保障工作平台的通知》，要求各级劳动保障部门要加强对劳动保障工作平台建设的指导，研究劳动保障工作平台建设规划。制定业务规范流程，建立健全规章制度，统筹劳动保障事业全面发展。并对劳动保障工作平台开展争先创优活动提出具体要求。

截至2005年年底，安徽省17个市1383个乡镇，先后设立的乡镇劳动保障服务站（所）1225个，其中行政性质141个，事业性质933个，企业性质14个，未明确性质的167个。共配备专（兼）职工作人员2782人，其中专职专管员1338人，兼职专管员1444人。

第三节　职业介绍

机构与职能　1992年7月，运用市场机制调节社会劳动力供求关系，进一步搞活用工制度，安徽省劳动局印发职业介绍试行办法。职业介绍工作职责主要负责对求职人员进行求职登记，对用人单位进行调查和需求登记；为用人单位提供劳动力资源信息，推荐所需的劳动者，介绍临时性劳务人员；为城镇待业人员、待业职工进行就业指导，介绍用工单位；为进城务工的农村劳动力提供用工信息，介绍用工单位，组织劳务输出；为其他人员提供劳务中介服务；在劳动力供求双方经过互相选择自愿达成协议后，按照国家有关政策和规定，帮助办理用工手续和签定劳动合同。

1993年10月，安徽省劳动局印发职业介绍中心职责范围。主要包括为城镇待业人员、待业职工和其他各类求职人员办理求职登记、提供就业服务和介绍用工单位；为用工单位提供服务，提供劳动力资源信息和咨询，推荐所需劳动者；为进城务工的农村劳动者提供用工信息，介绍用工单位，组织劳务输出，开展劳务协作活动；在劳动力供求双方相互选择达成协议后帮助办理用工手续。

1993年11月，安徽省职业介绍中心正式成立。截至1993年年底，全省16个地、市及68个县（市）全部建立劳动力市场，并相应建立职业介绍机构。全省建立各类职业介绍机构504所。到各级各类职业介绍机构求职登记38万人次，成交31万人次；通过各种渠道全省共组劳务输出237万人次，其中由劳动部门直接组织的32万人。当年共安置待业人员14.6万人。

1995年11月，《安徽省劳动力市场管理条例》（以下简称《条例》）经省人大常委会通过，颁布实施。《条例》适用于安徽省行政区域劳动者求职就业、用人单位招用人员、职业介绍机构从事职业介绍活动；所称用人单位，是指各类企业、个体经济组织及与劳动者建立劳动合同关系的国家机关、事业单位、社会团体；劳动力市场应当遵循平等竞争、双向选择、公开公正、诚实信用的原则；各级人民政府应当加强对劳动力就业工作的领导，积极培育和发展劳动力市场，建立、健全就业机制，完善就业服务体系，开展教育和职业培训，促进劳动力资源的开发、利用和合理配置；各级人民政府劳动保障行政部门应当积极组织开展公共就业服务,发展多种类型职业介绍机构,为劳动者就业和用人单位招用人员服务;县级以上人民政府劳动保障行政部门主管本行政区域内劳动力市场的管理工作。工商、公安、财政、物价、税务、民政等部门应当在各自职责范围内对劳动力市场进行监督管理。劳动保障行政部门和工会组织依法维护劳动者合法权益;对违反本条例的行为,任何组织和个人都有权检举、控告。2001 年 11 月,省人大常委会对《条例》进行修订,对有关内容作了进一步完善。

2001 年,省职介中心建成 400 平方米的劳动力市场大厅和 136 平方米的滚动式大屏幕的省级劳动力市场。市场每月逢 8(8 号、18 号、28 号)开市,为用工单位和求职者提供双向选择的标准化、规模化场所。

2003 年,省职介中心与省电信公司共同开设 1605151 用工信息咨询热线,全年共举办现场招聘会 49 场,接待用工单位 1115 个,进场应聘人数 10389 人,达成就业意向 3702 人。同年,省职业介绍中心与全省 17 个市和 48 个县建立劳务信息输送渠道。通过与学校联合办学,与 46 所职业学校建立关系,把培训与职业技能鉴定工作结合起来,先后完成培训和职业技能鉴定 836 人。省职业介绍中心经培训输往外省 1800 多人。

2004 年省职业介绍中心共举办现场招聘会 50 场,包括为下岗、失业人员以及大中专学生举办 12 场招聘会。全年进场应聘人数 17325 人次,其中免费进场的下岗失业(含 4050)人员 6001 人次,有 3400 多人签订意向性用工合同。截至 2004 年底,全省 1598 个重点乡镇建立劳动保障服务站(所),配备 3833 名专(兼)职工作人员。

2005 年省职业介绍中心共举办各种类型的招聘会 26 期,收集信息 8000 多条,进场用人单位 1484 家,进场人数 2.43 万人次。按照省委办公厅文件要求,集中管理省直机关公益性岗位,先后为 40 多个省属单位的 291 名“4050”下岗失业人员办理公益性岗位的申报和社会保险资金的审批工作,代发工资 64.3 万元。从 1993 年省职业介绍中心成立至 2005 年先后为城镇青年介绍就业 2 万余人次,组织输送农村劳动力 10 万人次。

1994—2005 年安徽省职业介绍情况表

表 1-3-5

年 份	职业介绍机构	求职登记人员数	用人单位登记数	介绍成功人员数
1994	1497	104740	58470	66580
1995	1688	179510	84950	171320
1996	1294	522024	247037	298943
1997	1987	608800	328200	243700
1998	2214	56000	332900	262900
1999	1823	436310	294475	242015

续表 1-3-5

年　份	职业介绍机构	求职登记人员数	用人单位登记数	介绍成功人员数
2000	1886	551212	239267	246585
2001	1740	467923	355427	271244
2002	1767	582000	498000	336000
2003	2136	936000	未统计	647000
2004	1894	1157000	未统计	648000
2005	1929	1324000	1173000	722000

2001—2005 年，合肥市劳动力市场累计提供就业岗位近 21 万个、办理求职人员登记近 30 万人次、推荐就业近 13 万人次、劳务输出近 55 万人次，实现人力资源的合理配置。

2001—2005 年合肥市劳动力市场供求状况一览表

表 1-3-6

1．按产业分组的需求人数（注：2001 年前没有统计数据）

产业 \ 需求人数（人） \ 年度	2001	2002	2003	2004	2005
第一产业	2645	1736	767	725	699
第二产业	4873	6945	4400	7163	9325
第三产业	12065	22898	23381	22422	27042
合　　计	19583	31579	28548	30310	37066

2．按行业分组的需求人数

产业 \ 需求人数（人） \ 年度	2001	2002	2003	2004	2005
农、林、牧、渔业	66	1736	741	642	617
采掘业	197	465	204	277	253
制造业	3412	3513	2852	3091	5265
电力、煤气及水的生产和供应业	517	1109	338	204	227
建筑业	353	1860	1192	3400	3747
地质勘查业、水利管理业	223	105	114	120	197
交通运输、仓储及邮电通信业	746	1518	1452	760	1498
批发和零售贸易、餐饮业	7046	13992	17418	16895	18702
金融业、保险业	1079	1711	964	792	532
房地产业	319	1273	1525	1854	2082

续表 1-3-6

社会服务业	1832	1413	867	1707	2055
卫生、体育和社会福利业	1175	900	208	155	356
教育文化艺术广播电影电视业	352	1201	306	190	436
科学研究和综合技术服务业	169	445	185	68	620
国家机关、政党机关和社会团体	208	338	182	155	479
其他行业	1889	0	0	0	0
合 计	19583	31579	28548	30310	37066

3. 按职业分组的供求人数

年度 / 职业类别	2001		2002		2003		2004		2005	
	需求（人）	求职（人）	需求（人）	求职（人）	需求（人）	求职（人）	需求（人）	求职（人）	需求（人）	求职（人）
单位负责人	984	2182	2249	1512	1362	2738	974	1609	1049	2324
专业技术人员	2819	7166	4357	7082	3196	8808	4440	12371	6204	16049
办事人员和有关人员	1436	8947	3964	6219	5913	8000	5221	8572	7004	9627
商业和服务业人员	8875	18482	14818	15773	11629	15301	13486	18171	16242	17481
农林牧渔水利生产人员	310	224	264	195	572	472	707	14	638	181
生产运输设备操作工	5159	7714	5876	10216	5781	19497	5411	15010	5891	14263
其他	0	0	51	0	95	0	71	5398	38	3316
无要求	0	0	0	713	0	0	0	0	0	0
合 计	19583	44716	31579	41710	28548	54816	30310	61145	37066	63241

4. 按文化程度分组的供求人数

年度 / 文化程度	2001		2002		2003		2004		2005	
	需求（人）	求职（人）	需求（人）	求职（人）	需求（人）	求职（人）	需求（人）	求职（人）	需求（人）	求职（人）
初中及以下	1838	13354	3742	14702	3243	9907	3533	10149	5676	19552
高中	8828	21876	12065	19215	10411	31015	10391	35051	14359	34043
大专	5635	7222	11067	6478	10399	11879	9610	13451	11014	6678
大本	1175	2233	2048	1315	2788	2015	3835	2449	4247	2908
硕士以上	14	31	53	0	35	0	31	45	74	60
无要求	2092	0	2604	0	1672	0	2910	0	1696	0
合 计	19583	44716	31579	41710	28548	54816	30310	61145	37066	63241

注：高中含职业高中、技校和中专

5．按技术等级分组的供求人数

年度 技术等级	2001		2002		2003		2004		2005	
	需求（人）	求职（人）	需求（人）	需求（人）	求职（人）	求职（人）	需求（人）	求职（人）	需求（人）	求职（人）
职业资格五级（初级技能）	3426	7944	5053	7720	4731	11616	2983	13809	3514	16475
职业资格四级（中级技能）	5813	6542	8203	6935	6810	8300	3363	7396	5036	10091
职业资格三级（高级技能）	4475	1062	5912	2590	3590	2925	1997	2643	2485	4316
职业资格二级（技师）	1222	343	1947	719	1457	804	1135	887	1894	1927
职业资格一级（高级技师）	488	228	982	477	725	486	542	291	703	246
初级专业技术职务	856	2789	1609	3298	557	4907	415	5418	574	9435
中级专业技术职务	671	1746	1947	2474	1325	4044	791	4458	1039	4211
高级专业技术职务	736	72	1475	82	1644	380	1004	565	1063	506
无技术等级或职称	0	23989	317	17415	67	21354	6669	25678	13397	16034
无要求	1897	0	4134	0	7642	0	11411	0	7361	0
合　　计	19583	44716	31579	41710	28548	54816	30310	61145	37066	63241

劳务输出　1993年9月，省劳动厅召开全省劳务输出工作会议。省委主要负责人发来贺信，省人大常委会负责人到会讲话。阜阳、六安、安庆、宿州、巢湖等地在会上作了经验交流发言。

2002年7月，省政府成立以省委、省政府领导为正副组长，17个有关厅局参加的省农村劳务输出工作领导小组。

2002年8月，安徽省召开农村劳务输出工作领导小组第一次会议，指出安徽省是全国劳务输出的重点省份，长年劳务输出近600万人，年创收200多亿元，已成为拉动安徽省县域经济发展一个新的增长点。

2002年，安徽省农村劳务输出工作领导小组印发《安徽省农村劳务输出工作领导小组成员单位工作职责》。省劳动保障部门主要负责研究拟定促进全省城乡就业规划和有关政策，制定劳动力市场发展规划和管理规则并监督实施；拟定农村剩余劳动力开发就业、跨地区有序流动的政策和措施；调查了解全省农村劳动力输出情况；收集发布输入地用工信息，督促、指导各地开展劳务输出工作，抓好农村劳务输出基地；指导开展外出务工人员的技能培训和技能鉴定，提高农村外出劳动力综合素质；建立省、市、县、乡（镇）劳务输出工作网络，加强安徽省驻外劳务管理机构建设，为皖籍外出民工提供服务；加强与输入地劳动保障部门的合作，依法维护安徽省外出务工人员的权益；加强对劳务输出政策的宣传;承担省农村劳务输出工作领导小组的日常工作,搞好领导小组办公室职责范围内的工作任务。安徽省农村劳务输出工作主要由省职业介绍中心承担。

2003 年 7 月,省政府办公厅以明传电报形式印发《关于组织农村富余劳动力赴新疆季节性务工的通知》,要求积极有序地组织全省农村尤其是受灾地区部分富余劳动力赴新疆建设兵团开展摘棉花季节性务工。赴新疆摘棉花人员中,阜阳市人员较多,其中:临泉县自 1999 年开始组织小规模劳动力赴新疆摘棉花,到 2003 年赴新疆摘棉花人员达到高峰,共有 8750 人。月工资平均 1800 元,时间 2 个月,计收入 3150 万元。颍东区:2003 年有 131 人赴新疆摘棉花,计收入 20.96 万元。

2003 年 8 月,省委、省政府办公厅印发《关于进一步做好全省劳务输出工作的通知》。要求从 2003 年起,全省每年新增外出务工人员 35 万,逐步增加农民外出务工收入占农民纯收入的比重,到 2007 年,全省常年在外务工人员达到 800 万以上,组织培训农村富余劳动力 120 万人以上。

2003 年 9 月,安徽洪涝灾害后,省职业介绍中心与媒体共同筹划了“政府引导、媒体搭桥、社会联动、劳务救灾”对接会活动。对接会上,全国广东、上海、天津、山东、江苏、浙江等十多个省、市自治区近 400 家企业提供 4 万多个用工岗位,当场达成意向性招聘的 8000 多人。全年新增劳务输出 40 万人,大大超过了年初省政府下达新增 35 万人的目标任务。同时还组织全省 2 万多人到新疆摘棉花,创收 2000 万元。仅 2003 年一年,全省仅从省外赚回劳务收入 380 多亿元,劳务收入占农民收入的 46.5% 左右,直接输出的劳务人员 3500 多人。

截至 2003 年 9 月,安徽省农村富余劳动力转移 859 万人,其中跨省流动就业为 714 万人。主要集中在长三角、珠三角和京津唐地区:在江苏的皖籍务工人员大约 90 万人、浙江 70 万人、上海 140 万人,江浙沪一带共 300 万人,占跨省流动就业总数的 43%;广东、福建一带 140 万人,占 21%;京津唐地区 105 万人,占 15%;其他地区 151 万人,占 21.6%。主要集中在工业、加工业如电动缝纫工、电子操作工、机械加工、电焊、针织挡车工、食品加工等行业,占 45%;餐饮服务业占 22%;建筑业占 18%;交通运输业和种养植(殖)分别占 0.5% 和 2%;其他行业占 8%。据统计,安徽省外出务工人员的文化程度高中以上占 13%,初中占 65%,小学占 22%。

2005 年,安徽省职介中心共输出跨省劳务人员 1.1 万人。为了引导安徽省农村劳动力有序向省外转移,省职介中心接受省电视台及省、市报社采访,告诉广大农民如何寻找工作,如何参加培训,如何维权,如何返乡创业,树立省级公益性职业介绍机构的形象。

2005 年,省厅驻上海办事处对来自全省各市、县在沪从事劳务输出工作的 27 人集中在合肥培训,并统一组织参加全国职业指导师技能鉴定考试,20 人获得职业指导师证书,4 人高级职业指导师证书,3 人职业指导员证书。

2005 年,安徽省劳务输出已达 1000 万人,比 1989 年的 128 万人增加了 7.8 倍。通过多年的发展,安徽省初步形成一批具有安徽特色的劳务品牌,如无为保姆、肥东建筑、六安保安、安庆家装、滁州电子、颍上缝纫、界首司机、灵璧数控、萧县防腐等著名劳务品牌。

劳务协作 1993年，成立以广东省劳动厅为中心，有九省市劳动部门参加的华南劳务协作区，安徽省参加了这一协作区，1996年在安徽黄山召开华南劳务协作区年会。1994年，成立以上海市劳动局为中心，有十个省、市劳动部门参加的华东劳务协作区，安徽省也参加了这一协作区，1995年在安徽黄山召开华东劳务协作区年会。1995年，成立以北京市劳动局为中心，有十三个省、市劳动部门参加的华北劳务协作区，安徽省又参加了这一协作区，1996年在安徽黄山召开华北劳务协作区年会。2001年参与成立西北劳务协作区。安徽省在43个县（市）建立劳务输出基地，初步形成以省、市、县、乡镇(社区)就业服务机构为基础的劳务输出网络。

跟踪服务 安徽省职业介绍中心从1993年起，先后代表省劳动局在皖籍务工人员比较集中的广东深圳、东莞、北京（兼管沈阳、大连）、上海（安徽省输出劳动力较多的阜阳、六安、安庆、宿州、巢湖和滁州也派人在省厅驻沪办下面设立劳务管理机构）、江苏、浙江宁波（兼管温州、舟山）、杭州、海南、天津、厦门等地设立安徽省劳动厅驻外劳务管理处。驻外劳务管理处主要协助所在地加强对皖籍劳动力的跟踪服务和管理，对外输出安徽劳动力。

1996年1月，省职业介绍中心印发《关于印发安徽省劳动厅驻外省市劳务管理机构工作职责工作制度的通知》。规定主要职责为：切实做好安徽省外出务工人员跨省劳动就业服务工作，经常深入到用工单位了解并掌握本省务工人员思想、工作生活等情况，协助用工单位做好思想工作，解决生活困难；协助用工单位和所在地劳动部门及时调节劳务纠纷，协助处理所发生的工伤事故，维护双方的合法权益；切实做好春节期间民工有序流动工作，协助有关方面安排好车船运送，疏导回乡和返岗民工分流，确保民工回乡和返岗的交通安全；加强与驻在地劳动部门及各有关单位联系，广泛收集准确的用工信息，不断扩大组织安徽省劳务输出规模；积极配合驻在地劳动部门落实“证卡合一”管理制度，与当地劳动部门共同负责办理流动就业证卡年审手续。

同时，各驻外机构还按照驻在地有关劳务管理的有关规定，积极开展与驻地用工单位劳务合作，配合所在地劳动部门对安徽省外出务工人员的跟踪服务和管理。其主要职责有：加强对安徽省外出务工人员的跟踪服务管理工作；积极开展与驻地用工单位劳务合作，及时向中心提供用工信息；负责对安徽省有关地、市、县劳动局驻当地劳务机构的管理和协调工作。并对使用务工人员较多的单位不定期走访、慰问，协助用工单位做好务工人员思想工作、处理生产、生活等问题；配合用工单位和用工所在地劳动部门，及时调解务工人员和用工单位劳务纠纷，以及务工人员在外地所发生的工伤亡事故。驻外劳务管理机构还对被骗、被诈的皖籍在外民工协助解决他们的生活困难和返乡路费。

1997年，江苏省劳动就业管理处与安徽省劳动保障厅驻苏劳务管理处联合发文，要求各市进一步加强对皖籍务工人员的管理和维护合法权益。

1998年9月，《安徽政办通报》67期刊登了省劳动厅驻外劳务管理机构切实做好安徽省外出民工跟踪服务工作的情况。省政府负责人对此作出批示:省劳动厅驻外劳务管理机构为安徽省外出民工跟踪服务做了大量的工作,这对于促进民工有序流动,维护外出民工和企业合法权益,促进农民素质提高,增加农民收入起了不可替代的作用。

2003年非典期间,省职业介绍中心积极做好务工人员非典型肺炎的防治工作。在报纸、电视等媒体发布了《致安徽省外出务工人员的一封公开信》,下发"加强非典防控重点人群检测工作的通知",要求各级劳动保障部门加强对返乡民工情况一日一报,并要求各驻外劳务管理处也要一日一报安徽民工在输入地的情况。疫情过后省职业介绍中心及时收集外地用工信息,为返乡农民重新外出就业提供帮助。

2004年和2005年,省职业介绍中心分别和皖籍民工务工较多的省、市,如:北京、上海、广东、浙江、山东、天津等省、市签订《劳务合作协议》,为安徽省外就业人员创造了良好的工作环境,切实保障了皖籍民工的合法权益。

从2000年至2005年,厅驻上海劳务管理处共组织输送安徽农民工3.5万人,代发工资3亿多元,协助处理工伤亡事故120多起,帮助皖籍民工追讨工资100多起,挽回经济损失共计7800多万元。

劳动事务代理和劳务派遣　2001年11月,安徽省人大常委会修订的《安徽省劳动力市场管理条例》规定,公共职业介绍机构经县级以上人民政府劳动保障行政部门批准,可以接受劳动者和用人单位的委托,从事劳动保障事务代理业务。劳动保障事务代理是根据平等自愿的原则,接受用人单位或个人的委托,为其代理人事关系、托管档案、办理户籍入户及相关劳动保障具体业务的服务。

2000年7月,安徽省职业介绍中心成立安徽省劳务输出服务中心,同时设立安徽省劳务输出服务中心驻上海办事处,为企业开展劳动事务代理和劳务派遣业务。主要负责与需要办理劳动事务代理的单位签订劳动事务代理协议,为协议单位代办社会保险,为协议单位代发工资,为协议单位和个人办理档案托管。

安徽省劳务输出服务中心开展的劳务派遣的主要工作有:与用人单位签订劳务派遣协议;为用人单位代发工资;为派遣员工建立个人档案;为用人单位和个人代缴养老、失业、工伤、生育和医疗五项保险;为用人单位和个人接续和办理社会保险手续。

2003年7月,上海远洋运输公司与安徽省职业介绍中心签订劳务合作协议,将上海远洋运输公司原来在20世纪八九十年代,通过扶贫招收并直接管理的320名皖籍船员交由安徽省劳务输出服务中心管理,重新签定劳动合同,实行劳务派遣,为这些皖籍船员在安徽20个县缴纳养老保险。同时举行了上海远洋运输公司安徽省船员基地授牌仪式,省政府副秘书长、省劳动保障厅厅长、上海远洋运输公司副总经理、上海远洋对外劳务公司总经理参加了授牌仪式。

2005年5月,安徽省职业介绍中心与中国远洋运输公司签定协议,对在中国远洋运输公司工作的100多名船员开展劳动事务代理业务,为这些皖籍船员在安徽缴纳养老保险。

2005年7月，安徽省职业介绍中心与青岛远洋运输公司签定劳动事务代理协议，对在青岛远洋运输公司工作的30多名船员开展劳动事务代理业务，为这些皖籍船员在安徽缴纳养老保险。

2004年，安徽省劳务输出服务中心本部劳动事务代理和劳务派遣878人；2005年安徽省劳务输出服务中心本部劳动事务代理和劳务派遣1112人。先后与上海力加力人力资源公司、上海申馨劳务服务有限公司、山东奥太电气有限公司、合肥TCL电器销售有限公司、中国石油天然气有限公司豫皖管理处开展劳动事务代理和劳务派遣业务。

2001年至2005年，安徽省劳务输出服务中心驻上海办事处共劳务派遣26800人，代购火车票16600张。其中，2001年劳务派遣2800人；2002年劳务派遣3900人，代购火车票3900张；2003年劳务派遣5800人，代购火车票4200张；2004年劳务派遣6500人，代购火车票4300张；2005年劳务派遣7800人，代购火车票4200张。

评先表彰　1996年5月，安徽省政府印发《关于表彰1995—1996年春运期间组织民工有序流动工作先进单位的通报》，决定对组织民工有序流动工作做出优异成绩的省劳动厅等10个单位给予通报表彰。

1998年，省劳动厅获劳动部全国流动就业先进单位提名。

1998年，国家劳动部决定选择输出地、输入地，就地安置三种类型的乡镇劳动服务站，委托中央电视台拍摄工作情况，在中央台播放并制作“乡镇劳务”实践光盘，向全国发行。安徽省舒城县杭埠镇劳动力服务站作为输出省代表，介绍典型经验。

1999年5月，省劳动厅印发《关于安徽省劳动厅开展对驻外劳务管理机构进行年度评先表彰活动的通知》。2000年1月，印发《关于召开全省民工有序流动暨先进表彰会议的通知》，通知决定表彰全省劳动部门先进职业介绍机构和先进个人。

2000年，安徽省农业委员会、劳动和社会保障厅、省城乡劳动力资源开发研究会印发《关于联合表彰安徽省首届‘孔雀杯’农民创业之星的决定》。吴君锁等118人为“安徽省首届‘孔雀杯’农民创业之星”。

安徽省首届“孔雀杯”农民创业之星名单

表1-3-7

序号	姓名	单位
1	余华川	合肥—上海城西孵化厂
2	张良锦	合肥瑶海旅游渡假村
3	李明虎	合肥银联彩色印务有限责任公司
4	周茂林	安徽省肥东县羽绒厂
5	束从轩	合肥市正旺畜禽有限责任公司
6	张俊来	肥西路桥水利建筑有限责任公司

续表 1-3-7

序　号	姓　名	单　位
7	杨松军	合肥市华安防盗门厂
8	庞明岗	长丰史院板材厂
9	沈家忠	合肥经济技术开发区金绿食品厂
10	张定斌	马鞍山市福利实业开发公司
11	陶家庆	当涂环城金属公司
12	李　进	当涂白垤采石厂
13	杜少武	当涂县龙山桥镇异型轧钢厂
14	杨培钟	界首市特尔康调味品有限公司
15	朱玉风	界首市渔具厂
16	朱玉民	界首市有色金属冶炼总厂
17	张　哲	临泉县扬桥镇养殖集团公司
18	许洪海	安徽临泉山羊（集团）公司
19	韦翠芳（女）	临泉县翠芳养殖场
20	霍存彬	临泉老龙庭综合养殖场
21	谢尚杰	临泉尚杰压缩板厂
22	宋家昌	阜阳颍东区冉庙乡希望学校
23	崔兆荣（女）	临泉艾亭镇劳动服务公司
24	蔡玉祥	上海风溪建筑二公司第一分公司
25	李东海	阜阳市威利达石英钟厂
26	杨怀林	阜阳宏评实业集团总公司
27	王　诺	颍上县黄桥镇竹制品公司
28	赵国富	颍上国富服装技校
29	邢长军	安徽省阜南县猛达家具厂
30	张洪礼	阜南县赵集姜片厂
31	甄才军	阜南县鸿昌装饰工程有限公司
32	王占良	界首良威塑化有限公司
33	谷维才	阜阳市兴华机械厂
34	谭长民	利辛县双福实业公司
35	陆爱君（女）	利辛县富园养殖股份公司
36	胡德付	利辛农业贸易服务公司
37	徐村山	涡阳县蔬菜脱水加工厂

续表 1-3-7

序　号	姓　名	单　位
38	袁 彬	涡阳广生食用菌开发试验场
39	范大鹏	芜湖鹏阳农业开发有限公司
40	束龙胜	安徽鑫龙电器股份有限公司
41	王 俊	芜湖市平安木业有限公司
42	姚官福	南陵雪苑卫生用品厂
43	胡才道	芜湖塑料制品有限公司
44	刘海龙	南陵海龙特种养殖场
45	杨玉华	固镇县自行车配件厂
46	万得宝	固镇县人民商场
47	武佩忠	五河县淮丰肥料有限责任公司
48	杨敬平	五河县易禾精米厂
49	李如林	五河县水利建筑安装公司
50	明家银	怀远县塑钢门窗厂
51	范中学	怀远滤清器厂
52	张孝兰（女）	灵璧县星源种鸡场
53	孙宏亮	萧县龙城建筑安装工程总公司
54	李建设	萧县北城造纸厂
55	张敬书	宿州汴河面粉加工厂
56	梁昌华	寿县建筑建材总厂
57	穆庆林	寿县庆丰植物油有限责任公司
58	孙家林	霍邱县龙王针灸针厂
59	郭义赋	安徽亨士达鞋业有限公司
60	朱先良	安徽省绿园食品有限责任公司
61	余本金	安徽康亚达印刷有限公司
62	吴文浩	霍山山灵公司
63	罗明武	六安市团结麻丝厂
64	刘金花（女）	江苏太仓皇后床上用品有限公司贵池分公司
65	王贤贵	安徽华绿禽业发展有限公司
66	刘忠顺	安徽省东至县南方电线电缆厂
67	王国栋	东至县华升建筑公司
68	阮南阳	东至县南阳轮窑厂

续表 1–3–7

序 号	姓 名	单 位
69	方国友	青阳县九华针灸针厂
70	胡习刚	安徽霞珍集团
71	钱桂明	桐城市乐健食品有限公司
72	陈六五	枞阳桔杆气化公司
73	胡南琴	枞阳县大地食品有限责任公司
74	史劲松	枞阳县劲松牧业技术有限责任公司
75	赵国玖	安徽省太湖县天益时装有限责任公司
76	左卫国	潜山大和纸品有限公司
77	余雪华	宿松县丰华运输机制造有限公司
78	刘微伟	宿松县裕丰实业有限公司
79	徐昌平	望江百兴花苑项目部
80	吴凯彬	安徽裕林抽纱工艺品有限公司
81	储荣生	岳西县天鹅纺织制品有限责任公司
82	王永安	安徽省岳西县养生鞋业有限公司
83	刘和志	岳西县雅梦猕猴桃有限责任公司
84	李讨饭	休宁强力化纤助剂厂
85	王光熙	休宁秀阳林茶果开发有限公司
86	马明贵	黄山天马化工厂昌盛液化气公司
87	方国强	黄山市新安源有机茶开发公司
88	吴加敏	歙县光辉橡胶有限公司
89	江长志	黄山华欣包装材料有限公司
90	彭清荣	广德县双尔玩具厂
91	姚民和	绩溪县缫丝二厂
92	陈长有	郎溪长有禽业有限公司
93	李建国	宁国市方塘乡食用菌服务站
94	刘大伟	淮北友谊二矿
95	徐成林	淮北正伟物资有限责任公司
96	马伯仁	淮北市同济芝麻有限公司
97	程仲喜	滁州市顺达鞋业有限公司
98	陈叶桃	天长天森木业有限公司
99	张仁兵	风阳兴湖第二养殖公司

续表 1-3-7

序　号	姓　名	单　位
100	王用华	全椒武岗机械配件厂
101	王瑞林	凤阳早福民食用菌有限责任公司
102	张典豹	明光金和过滤器材厂
103	刘培仁	安徽快乐防水防腐有限公司
104	杜昌胜	含山县舒乐海绵厂
105	程庭柏	巢湖捷达实业总公司
106	徐道福	庐江双福面条有限公司
107	姚家根	淮南市春申休闲娱乐中心
108	郭志保	和县长江木业有限责任公司
109	欧帮国	巢湖市原种猪场
110	缪其满	无为四海实业有限公司
111	曹中年	无为华星特种线缆厂
112	吴君锁	淮南金三角企业集团
113	缪延亮	淮南第三玻璃厂
114	程世平	铜陵中南实业有限公司
115	沈春喜	安徽皖陵珍稀动物养殖公司
116	黄琼（女）	无为新新乳品有限公司
117	左敦峰	庐江敦峰网具厂
118	王清君	萧县造纸机械厂

2002 年，劳动和社会保障厅驻京、驻沪和驻深劳务管理处配合安徽省委宣传部、安徽电视台拍摄电视理论片《中国民工潮》，此片在中央电视台播出并被评为全国“五个一工程”获奖作品。

2003 年，省职业介绍中心配合安徽电视台在安徽务工人员较多的北京、上海和广东拍摄电视专题片《人在他乡》，在安徽省电视台播出，第一次通过专题片反映安徽省在外务工人员的酸甜苦辣，引起全社会很大反响。

2003 年 3 月，以省委、省政府名义召开全省劳务输出工作会议，安徽省农村劳务输出工作领导小组印发《关于表彰全省劳务输出工作先进单位和劳务输出先进个人的决定》，授予 66 个单位“安徽省劳务输出工作先进单位”称号，授予 112 人“安徽省劳务输出先进个人”荣誉称号。

2004 年 3 月，安徽省委、省政府在北京举行在京先进务工（创业）人员表彰会暨京皖劳务合作协议签字仪式。省委、省政府有关负责人出席会议并为受表彰的人员颁奖，此次活动标志着以“建设首都、热爱家乡”为主题的系列活动正式拉开帷幕。

2004 年 3 月，安徽省农村劳务输出工作领导小组印发《关于表彰安徽省在京先进务工（创业）人员的决定》，授予魏清根等 50 人安徽省在京先进务工（创业）人员荣誉称号。

2005 年，皖籍务工人员汪宏坤、東荣华被北京市总工会评为“北京市劳动模范”，无为籍在京务工人员董学法被评为第七届北京十大杰出青年，驻京办负责人王海被团中央、劳动保障部、公安部等中央八部委授予“全国进城务工青年良师益友”的光荣称号。

第四节　劳动就业服务企业

1986 年 1 月，安徽省劳动局出台规定，城镇新办集体企业中的合格企业，其职工经劳动行政部门批准登记的，可视同老大集体正式职工一样，在县以上集体单位之间调动工作，理顺了新老集体企业之间的关系。至 1990 年年底，全省兴办各种形式的城镇新办集体企业为 14262 家，职工人数为 684876 人，其中已批准为合格企业为 7853 个，职工人数为 351173 人。

1992 年 10 月，省政府发布《安徽省劳动就业服务企业管理实施办法》（以下简称《实施办法》），规定劳动服务企业是承担安置城镇失业人员就业任务、由国家和社会扶持、进行生产经营自救性质的集体所有制经济组织。《实施办法》还规定：兴办劳动就业服务企业从业人员中 60% 以上为城镇待业人员；有企业名称、组织机构章程；有固定的生产经营场所；有明确合法的经营范围和经营方式；有与经营范围相适应的注册资金。劳动就业服务企业可以一业为主、兼营他业，允许跨行业经营。各级人民政府在每年财政预算安排的就业经费中，要有一定的数额扶持劳动就业服务企业发展生产。劳动就业服务企业所需的经营场地，各级规划、土地、房地产管理部门应当优先安排解决。全民所有制主办单位需向劳动就业服务企业安置富余职工时，应视企业生产需要和承受能力并提供安置的必要条件。主办或扶持单位在经济活动中，要遵循平等互利、等价交换、有偿扶持、有偿服务的原则。劳动就业服务企业实行民主管理和民主监督，自主决定用工形式和分配形式。经劳动就业服务机构认定的劳动就业服务企业，发给其劳动部统一印制的证书，当年新办并达到 60% 以上安置比例的，3 年免征企业所得税；继续承担安置任务达到 30% 以上安置比例的，2 年减半征收企业所得税。

《实施办法》主要适用于各级劳动就业服务机构主办或扶持的承担安置城镇待业人员就业的企业；企事业单位为安置家属及子女就业主办的企业；乡、镇、街道等为安置城镇待业人员就业主办的企业；在劳动就业服务机构管理和指导下，由城镇待业人员自愿组合、自筹资金兴办企业；各级就业训练中心的实习厂、店及其他劳动就业服务企业。

1993 年 8 月，安徽省制定下发《贯彻国家劳动部等十部委局 < 关于劳动就业服务企业发展第三产业安置富余人员若干问题的通知 > 的意见》。规定劳动就业服务企业当年安置待业人员超过企业从业人员总数60%（含60%）以上的，对商业、金融业免征所得税2年，其他行业免征所得税3年。劳动就业服务企业免税期满后，当年安置待业人员占企业从业人员总数超过30%（含30%）不到60%的，可给予减半征收所得税2年的照顾；城镇规划建设部门对于新建的开发区、商业区、车站码头设置的商业服务网点优先安排给劳动就业服务企业使用；各级金融部门对经济效益好的劳动就业服务企业给予择优扶持；国有资产管理部门及主办部门按照国家和省有关规定，根据有偿使用或投资分红的原则，支持劳动就业服务企业发展第三产业；对承担安置富余人员的劳动就业服务企业，可按省政府、省劳动局有关文件规定，从待业保险基金的生产自救费中给予适当扶持；劳动就业服务企业可实行多种形式的生产经营责任制，大力推行股份合作制形式；劳动就业服务企业要进一步深化用工、分配、社会保险等“三项制度”改革；切实保障劳动就业服务企业各项自主权，劳动就业服务企业厂长、经理罢免或调动，须经主管部门和当地劳动就业服务机构同意；派往劳动就业服务企业从事管理工作的人员和技术骨干实行聘任制，达到退休年龄时，仍可回原单位办理退休手续。1993年年末，全省共兴办劳动就业服务企业11798家。其中劳动就业服务企业兴办的第三产业6000家，当年共安置企业富余人员和待业人员5.6万人。全省劳动就业服务企业当年生产总值达92亿元，利税8.12亿元。

1994年11月，国家劳动部门决定在全国百家劳动就业服务企业中开展股份合作制试点工作，安徽省芜湖新环电力实业总公司、安徽康源电热有限公司、铜陵恒发电力实业总公司、马鞍山中兴建材有限公司、合肥市东方实业总公司、安徽明生电力发展公司、铜陵车辆厂劳动服务公司、蚌埠太阳商社等8家劳动就业服务企业被列为实行股份合作制试点单位。1996年12月，安徽省出台文件，鼓励各地可在有条件的企业开展股份合作制试点工作；各主管和主办单位要继续予以扶持；被列入劳动部劳动就业服务企业股份合作制试点单位，并开始运行的劳动就业服务企业从1997年起，享受新办劳动就业服务企业三年免征企业所得税；继续承担安置任务达到规定比例的，2年减半征收企业所得税，即“三免二减半”税收优惠政策。截至2002年年底，安徽省电力系统劳动就业服务企业，已有50多家总公司（含200多个子公司和分公司）改制成了股份合作制企业，占安徽省电力系统劳动就业服务企业总数的90%以上。改制后省电力系统劳动就业服务企业的资产总值从1994年的16亿元增长为70亿元，净资产从3.4亿元增长为31亿元，年利润从5000万元增长至3.5亿元，职工人数从2万人增加到3.4万人。

1997—2005年安徽省劳动就业服务企业实行股份合作制发展基本情况表

表1-3-8

年　份	1997	1998	1999	2000	2001	2002	2003	2004	2005
发展个数	1196	1017	781	846	803	822	813	822	836

1997—2005 年,在劳动部每年举办的全国劳动就业服务企业优秀质量管理小组成果发布活动中,安徽省共有 62 家企业质量管理小组获得一等奖, 37 家企业质量管理小组获得二等奖;115 名个人获得“质量管理推进者”称号;55 家企业获得“质量管理活动优秀企业”称号。

1997 年 9 月,安徽省出台规定,凡安徽省境内已经工商行政部门核准登记,并持有“劳动就业服务企业证书”的企业均应进行产权界定;各市县要成立联合工作小组,在当地清产核资办公室的领导下,具体负责本地区劳动就业服务企业产权界定工作;各地劳动就业服务企业开展产权界定工作前,应在当地政府清产核资办公室的统一部署下进行清产核资工作;劳动就业服务企业在进行产权界定过程中,应本着“依法确认、尊重历史、宽严适度、有利监管”的原则,既要体现“谁投资、谁所有、谁受益”,又要保证劳动就业服务企业的合法权益和有关优惠政策落到实处;对改变劳动就业服务企业性质,平调、挪用、无偿占有劳动就业服务企业资产的应按《劳动就业服务企业管理规定》、《中华人民共和国城镇集体所有制企业条例》《劳动就业服务企业产权界定规定》《城镇集体所有制企业、单位清产核资产权界定暂行办法》有关条款处理。至 1997 年 3 月 31 日止,安徽省电力系统 314 家劳动就业服务企业完成清产核资工作,清查的资产总额为 44.84 亿元,企业负债 34.98 亿元,所有者权益 9.85 亿元,界定给劳动就业服务企业的资产总量为 1.45 亿元,其中:中央国有资产 1.15 亿元,地方国有资产 0.3 亿元。

截至 2005 年年底,全省共有劳动就业服务企业 3891 家,从业人员 32.75 万人,拥有固定资产 62.4 亿元, 1993 年至 2005 年,全省劳动就业服务企业共创造利润 39.14 亿元,上缴税金 39.66 亿元。

1986—2005 年安徽省劳动就业服务企业基本情况表

表 1-3-9　　单位:家,万人,亿元

年　份	企业数	从业人数	增加值	利润	税金	固定资产
1986	15822	57.26		1.69	1.52	7.3
1987	15919	61.28		0.64	0.71	2.93
1988	16379	64.71		0.89	1.02	3.02
1989	15218	65.55		1.13	1.17	4.44
1990	14262	68.49		2.4	2.8	12.79
1991	13418	69.22		2.06	2.62	15.3
1992	12537	68.76		3.6	2.71	17.61
1993	11798	69.27		5.37	2.75	19.67
1994	10649	66.36		4.37	4.38	24.15
1995	10072	67.30		2.68	4.72	31.60

续表 1-3-9

年　份	企业数	从业人数	增加值	利润	税金	固定资产
1996	8433	71.93	39.08	1.61	4.08	33.54
1997	6724	51.79	22.57	0.88	4.41	33.72
1998	5612	45.68	17.58	0.04	3.37	38.06
1999	5146	38.08	11.09	1.87	2.53	54.41
2000	4334	38.70	13.02	4.04	2.69	59.46
2001	3607	38.52	13.99	3.81	2.19	54.59
2002	4036	38.84	21.75	3.96	2.35	62.39
2003	3569	35.92	19.03	3.25	1.88	56.31
2004	3133	32.42	18.16	3.30	1.96	52.09
2005	3891	32.75	21.75	3.96	2.35	62.40

第二篇　劳动用工管理

第一章　传统劳动用工管理

第一节　分类管理

固定工　中国传统用工的主体形式，由国家对城镇劳动力的就业实行“统包统配”。劳动者以固定工的身份与用人单位保持终身固定的劳动关系，并为单位和部门所有。截至1986年年末，全省企业职工总数343万人，其中全民所有制企业固定工163.2万人，占职工总数47.3%。

1987年10月，安徽省在前期进行试点基础上，召开全省搞活固定工制度试点工作会议，传达全国搞活固定工制度试点工作会议精神，交流部分企业试点工作经验，部署安徽省试点工作，当年试点单位达130个。到1990年年末，全省全民所有制企业固定工人数为159.8万人，约占企业职工总数的42.9%，比1986年下降4.4%。

1994年10月，省政府批转省劳动厅《关于安徽省企业全面实行劳动合同制意见的通知》，要求在1996年年底以前，全省所有企业基本实行劳动合同制。在企业内部，实行劳动合同制的对象为全体职工，即企业干部、固定工人、劳动合同制工人以及其他在职人员。对新录用、调入和统一分配到企业的人员，包括国家政策性安置的大、中专毕业生、城镇复员退伍军人、军队转业干部等，均实行劳动合同制。实行劳动合同制的企业，在内部取消所有制界限以及干部、职工身份界限，统称为企业职工。

临时工　按照省委、省政府《关于增强企业活力的若干暂行规定》要求，1986年企业可以根据生产需要自行招收计划外季节工和临时工，临时工的招用在企业全面放开。到1990年年末，全省全民所有制单位计划内临时工达到5.43万人，比1984年年末的3.34万人增长62.5%。临时工占职工总数的比重为1.64%。

1991年12月，省政府制定《安徽省全民所有制企业临时工管理实施细则》，规定企业招用临时工，必须在国家下达的劳动计划内招用，企业招用临时工应当与临时工签订劳动合同，报当地县级以上劳动行政部门备案。合同期限届满，合同即行终止。劳动合同的内容包括：合同期限；生产、工作内容及应当完成的任务；生产、工作条件；劳动报酬及保险福利待遇；劳动纪律和违纪处理办法；违反合同的责任；双方认为需规定的其他事项。实施细则对双方解除劳动合同的条件以及工资福利（包括因工、因病及死亡）待遇以及对从城镇招收的临时工实行社会养老保险制度等作出了规定。

1992年6月，省劳动局下发《关于进一步深化企业劳动用工、工资分配、社会保险制度改革若干问题的意见》规定:从当年起劳动部门不再对企业下达指令性招工计划,企业可根据生产需要,决定招收劳动合同制工人和使用临时工。

1993 年 4 月,省政府颁布《安徽省全民所有制企业转换经营机制实施办法》,同年 7 月,省劳动局《关于贯彻 <安徽省全民所有制企业转换经营机制实施办法> 的若干意见》规定,企业可以根据生产经营需要,自主决定招工的时间、条件、方式和数量,招工要按照"面向社会、公开招收、全面考核、择优录用"的原则。企业有权决定用工形式,但必须实行合同化管理或全员劳动合同制。

1996 年 11 月,劳动部办公厅在给辽宁省劳动厅《关于临时工的用工形式是否存在等问题的请示》的复函中指出,劳动法实施后,在用人单位各类职工享有的权利是一样的,因此,过去意义上相对于正式工而言的临时工已不复存在,用人单位在临时性岗位上的用工,可以在劳动合同期限上有所区别。

计划外用工　企业、事业和机关单位在国家劳动计划之外自行增加的临时工、家属工、征地农民工、"集资工" 等,统称为计划外用工。截至 1987 年年底,全省计划外用工人数 41.96 万人。

1988 年起,国家将原来在职工人数计划之外下达控制数,改为在职工人数计划之内考核,并单独表现。若计划外用工人数增加,则相应扣减计划内职工人数指标。

1989 年 2 月,省劳动局部署计划外用工清理压缩工作。同年 10 月,省劳动局会同省人事局、省计委发出《关于安徽省清理压缩计划外用工问题的通知》。11 月,国家计委、劳动部、人事部下发《关于努力完成今年劳动计划继续清理压缩计划外用工的通知》,对清理压缩计划外用工和严格从社会招工补充自然减员、减少职工人数进行部署,对加强职工的余缺调剂工作,严格控制自然减员的补充等作出明确规定。

1990 年 7 月,省政府《关于认真做好清理压缩计划外用工工作的通知》指出,根据国家下达劳动工资计划的规定, 1989 到 1990 年,安徽省应清理压缩计划外用工 11 万人,并明确清退压缩计划外用工的主要对象是未经劳动部门批准自行招用的劳动力,重点是来自农村的劳动力。基本建设单位使用的计划外农民工,生产任务不足和少数经营亏损单位的计划外用工,企业、事业、机关单位超过编制定员使用的计划外用工,以及企业生产岗位上使用的外包工,都要清退。对集体工人在全民单位混岗的,应从全民单位岗位上分离出来,实行独立核算,自负盈亏。加强对临时工和计划外用工的管理,除按国家规定,经同级劳动部门批准允许使用农村劳动力的行业、工种外,各单位一律不得招用农民工。到 1990 年年底,全省共清退 6.26 万人,使全省计划外用工的年末人数下降到 38.36 万人,比 1989 年末下降 14.78%。

1992 年 6 月,省劳动局下发《关于进一步深化企业劳动用工、工资分配、社会保险制度改革若干问题的意见》规定,从当年起劳动部门不再对企业下达指令性招工计划,企业可根据生产需要,决定招收劳动合同制工人和使用临时工,计划外用工概念不复存在。

农林四场用工 1987年5月，劳动人事部、国家计委、农牧渔业部和林业部下发《关于在安徽省国营农林牧渔场进行劳动计划管理体制改革和实行劳动合同制试点的通知》，决定在安徽省进行国营农林牧渔场劳动计划管理体制改革和劳动合同制试点。先在蒙城、宿县、固镇、来安、肥西、舒城、潜山、无为、泾县9县和龙亢农场、宣郎广农场2个省属农场进行首批劳动计划管理体制和劳动制度改革试点。

1989年省政府第33次常务会议研究决定，1990年1月起，在全省530多个国营农林牧渔场全面推行劳动计划管理体制和劳动制度改革试点。

1990年1月，省劳动局、计划委员会、公安厅、粮油食品局、财政厅、农牧渔业厅、林业厅、农垦总公司下发《关于国营农林牧渔场劳动计划管理体制和劳动制度改革全面试点问题的通知》。其主要内容，一是改农林四场职工"自然增长"为按生产需要有计划增加，纳入国家计划管理；二是改农林四场职工子女实行统包统配为实行"三结合"的就业方针；三是改固定工制度为新招工人实行劳动合同制；四是改农林四场职工占指标调动为有计划、有控制地调动；五是改离退休费用由各个农林四场负担为实行社会统筹。同年8月，省劳动局、计划委员会、公安厅、粮油食品局、财政厅、农牧渔业厅、林业厅、农垦总公司又下发《关于国营农林牧渔场劳动计划管理体制和劳动制度改革全面试点有关问题的补充通知》，规定国营农林牧渔四场招工应和其他全民所有制单位招工一样，按照国务院《国营企业招用工人的暂行规定》和省政府《国营企业招用工人实施细则》执行。

第二节　减员补充

减员指标使用 职工死亡、退休、开除等发生的"自然减员"缺额，一部分用于补充退休和死亡职工子女，一部分列入当年新增劳动指标，统一从社会招工。

1989年3月，省计委、省劳动局下发《关于暂停使用职工自然减员指标的通知》规定，1989年全省全民所有制单位职工自然减员指标暂停使用，包括省批准综合经济体制改革试点的22个县（市）和原国家劳动人事部批准劳动计划体制改革试点的7个市、县在内。

1990年4月，省劳动局在回复贵池市劳动局关于劳动合同制工人二次就业劳动指标处理的复函中提出，地直单位劳动合同制工人合同期满后到市属单位二次就业的，其劳动指标应首先在本市自然减员指标调剂，不足时请行署劳动局平衡解决。

1989年到1990年，全省停止补充自然减员2.5万人。

1992年6月，省劳动局下发《关于进一步深化企业劳动用工、工资分配、社会保险制度若干问题的意见》规定，企业自然减员指标原则不再集中使用，由企业根据生产需要自行决定。

退休、死亡职工照顾 根据1986年7月国务院《关于发布改革劳动制度四个规定的通知》和省政府同年11月《关于颁发改革劳动制度四个实施细则》的规定，1991年4月，省劳动局下发《关于矿山企业使用自然减员指标招工意见的通知》，对矿山企业职工自然减员补充职工子女问题作出规定：矿山企业发生职工因工、因病死亡和一九五九年以前参加工作的家住农村老工人以及因公致残完全丧失劳动能力（达到二级甲级以上残废的）的职工退休，照顾招收一名符合招工条件的子女。矿山企业职工当年退休、离休、退职、死亡等减员，在扣除第一条补充本人子女和按照政策补充后的空额指标，允许使用招收职工子女。上报自然减员指标，首先要考虑本单位生产是否需要补充人员。并明确需要补充人员的程序以及矿山企业使用自然减员指标的招工条件进行规定。同时明确，野外勘探单位的职工自然减员指标使用，参照上述规定执行。

1991年1月，省劳动局下发《关于省属及驻皖中央部属单位因公死亡职工子女等对象招工审批权限问题的通知》规定，省属及驻皖中央部属单位1959年以前参加工作的家住农村的老工人、因公致残完全丧失劳动能力（二等甲级以上残废）职工退休，因公、因病死亡的职工三种对象可以照顾招收一名符合条件的子女。

1991年7月，省劳动局下发《关于职工因工死亡后照顾招收子女有关问题的通知》规定，职工因公死亡和比照因公死亡的，原则上只照顾其子女招工。其子女符合招工条件的，可以招收为全民单位的劳动合同制工人；对子女年龄招过招工条件而在35周岁以内，不论婚否，只能招收为集体所有制工人，超过35周岁的，不再照顾招收当工人。对职工因公死亡和比照因公死亡的，要求照顾招收配偶的，可以照顾招收年龄不超过35周岁的配偶为大集体工人。职工因公死亡和比照因公死亡的，无子女补充，要求照顾将已是大集体单位正式工人的子女或者配偶调到全民所有制单位的，可允许调动一人次为全民所有制工人。因公死亡和比照因公死亡的职工如果是未婚，可以照顾招收符合招工条件的未婚弟（妹）为劳动合同制工人（只限照顾招收一人次）。已婚的不再照顾招收弟（妹）。

1995年1月，《中华人民共和国劳动法》正式实施，退休、死亡职工子女照顾政策停止执行。

1986—1995年安徽省企业职工人数及构成情况表

表2-1-1 单位：人

年度	合计	全民所有制企业					城镇集体所有制企业	其他所有制企业
		小计	固定工（长期）	合同制职工	临时工	计划外用工		
1986	3430620	2132714	1632378	151322	30360	318654	1293338	4568
1987	3359188	2223951	1656816	197861	30070	339196	1130553	4684
1988	3727818	2324671	1657662	267533	33314	366162	1395483	7664

续表 2-1-1

年度	合计	全民所有制企业						城镇集体所有制企业	其他所有制企业
		小计	固定工（长期）	合同制职工	临时工	计划外用工			
1989	3656750	2237628	1574348	287298	34012	341965		1419122	9855
1990	3724237	2250666	1598187	318441	39286	294752		1461222	12449
1991	3804580	2318395	1596113	377223	39914	305145		1471705	14480
1992	3901086	2388892	1582437	415706	45876	344973		1491006	21088
1993	3753838	2457591	2315486	467353	142105	—		1253551	42696
1994	3722993	2403746	2280760	508743	122986	—		1191395	127852
1995	3797778	2466728	2326650	967839	140078	—		1170901	160149

第二章　实行劳动合同制

第一节　试点

安徽省于1982年开始对固定工制度进行改革试点，先后在无为、舒城等13个县、市新扩建的纺织、轻工等企业试行劳动合同制，后扩大到蚌埠、淮南、安庆市及有关行业。

1987年11月，省劳动局下发《关于国营建材、冶金、化工等企业少数工种实行农民合同制工人有关问题的通知》规定，国营建材、冶金、化工、酿酒等企业，因常年性生产、工作岗位上少数繁重体力劳动等工种，需要招收农民合同制工人的计划，应在国家下达的增人劳动指标内，由当地劳动部门审查，逐级报省审批。企业招收农民合同制工人，应同县劳动服务公司或区、乡有关单位签订劳务合同，与农民合同制工人签订劳动合同。劳动合同的期限，一般为3~5年，也可更长一些，合同期满即行终止，如企业需要续订合同，必须经过企业主管部门会同劳动部门批准。

1990年年末，全省全民所有制单位共使用农民轮换工、农民合同制工人4.27万人，比1985年末增长79.41%。

1991年7月，国务院发布《全民所有制企业招用农民合同制工人的规定》规定：农民合同制工人是指从农民中招用的使用期限在一年以上、实行劳动合同制度的工人，包括定期轮换工。企业招用农民工必须在国家下达的劳动工资计划之内，用于国务院劳动行政主管部门确定的需要从农村中招用劳动力的生产岗位和工种，采取公开招收、自愿报名、择优录用的方式录用，并到当地劳动部门办理录用手续，农民工不转户、粮关系。企业招用农民工，应当直接与农民工本人签订劳动合同，试用期一般为3~6个月。其中，对有害身体健康的工种、岗位，必须招用定期轮换工，轮换工劳动合同期限一般为3~5年，经企业主管部门同意，劳动部门批准，合同期限最多可为8年，合同期限届满应即终止。同年10月，省劳动局、计委、煤炭厅贯彻劳动部、国家计委、能源部《关于完善煤矿农民轮换工制度若干政策性意见的通知》，对煤矿企业招用农民轮换工作了具体规定：煤矿企业跨地区招收农民轮换工，地市县煤矿报双方劳动行政部门协商决定；省、部属煤矿报省劳动局审查批准。农民轮换工合同期满后，如企业生产需要，经企业与农民轮换工协商同意，报经地、市劳动部门批准，可以续订合同，但合同期限累计不得超过8年。煤矿企业因生产、工作需要，原则上每年可将在采掘生产岗位上从事生产劳动5年以上的生产骨干转为城镇合同制工人，但比例不得超过合同期限为8年的农民轮换工人数的3%。煤矿农民轮换工合同到期后，未经地市劳动行政部门批准续订合同的，不准留转城镇合同制工人；不在采掘生产岗位上劳动的或合同期限已经超过8年的农民轮换工，不得转为城镇合同制工人。“留转”的工人，要重新签订合同，并按照国务院《国营企业实行劳动合同制暂行规定》《国营企业职工待业保险暂行规定》《国营企业辞退违纪职工暂行规定》的有关规定执行。

1993年7月，省政府批转省劳动局《关于企业招用农民工有关问题的报告》明确规定：企业招用的农民工是指从农村招用的使用期限在1年以上的农民合同制工人（包括农民轮换工）和使用期限不超过1年的临时性、季节性用工，招用的农民工不转户粮关系。企业招用农民工应根据行业、工种的特点确定。重点是矿山井下、野外勘探、建筑行业和冶金、化工、建材、纺织、航道、航运、市政施工行业中的艰苦繁重工种、岗位。矿山井下和某些特殊工种、岗位，则应招用农民轮换工。招用农民工应公开招收、自愿报名、择优录用。并规定招用农民工必须签订劳动合同，其合同可以是固定期限或以完成某一项工作为期限。农民轮换工的劳动合同期限一般为3至5年，期满如生产需要，经企业与农民轮换工协商一致，可续订劳动合同，但合同期限最多不超过8年，合同期限届满立即终止。

第二节　推开

新招工人实行劳动合同制　1986年7月，国务院发布《国营企业实行劳动合同制暂行规定》等四个规定，同年11月，省政府发布《安徽省国营企业实行劳动合同制实施细则》等四个实施细则。《安徽省国营企业实行劳动合同制实施细则》规定，本省境内的国营企业（以下简称企业）在国家劳动工资计划指标内招用常年性工作岗位上的工人，除国家另有规定者外，均按《国营企业实行劳动合同制暂行规定》和《安徽省国营企业实行劳动合同制实施细则》实行劳动合同制，企业和被招用的劳动合同制工人必须签订书面劳动合同。同年12月，省劳动局印发《安徽省劳动合同制工人跨市、县转移工作单位试行办法》《劳动合同书》《辞退工人证明书》等操作性规范，对合同制工人的转移和劳动合同书的内容作出具体规定。

1988年1月，国家劳动人事部印发《关于技工学校毕业生当工人后实行劳动合同制度的通知》规定，自1988年起，技工学校毕业生当工人实行劳动合同制。各地区、部门、单位兴办的技工学校招收的学生，在毕业后当工人的，也实行劳动合同制。1990年3月，省劳动局贯彻劳动部《私营企业劳动管理暂行规定》，提出私营企业在城镇招收职工，应事先将工人数、对象、条件等告知劳动行政部门，招收后应向劳动行政部门登记，并签订书面劳动合同。到1990年年底，全省全民所有制单位招收的城镇劳动合同制工人达31.8万人，占全民所有制单位职工总数的8.5%。城镇集体所有制单位劳动合同制工人3.79万人，占集体所有制单位职工总数的2.46%。各种合营单位劳动合同制工人0.14万人,占合营单位职工总数的11.50%。

1991年,省国家劳动局下发《关于简化招用劳动合同制工人手续的意见的通知》指出,一些地方和单位反映招收劳动合同制工人手续过于繁杂,招收合同制工人要简化和合并一些卡表手册,提高办事效率。至当年年底,全省合同制工人达38万人,占全民单位职工的11%。

1992年2月,劳动部下发《关于扩大试行全员劳动合同制度的通知》规定,重点在国营大、中型企业和新建国营企业试行全员劳动合同制,试行全员劳动合同制的范围包括企业干部、固定工人、劳动合同制工人及其他工人,包括国家统一分配的大、中专毕业生,城镇复员退伍军人,军队转业干部以及外单位流动进入企业的原固定职工等均试行全员劳动合同制。同年7月,国务院发布《全民所有制工业企业转换经营机制条例》。1993年4月,省政府颁发《安徽省全民所有制工业企业转换经营机制实施办法》。同年7月,省劳动局发布《关于贯彻〈安徽省全民所有制工业企业转换经营机制实施办法〉的若干意见》,规定企业享有劳动用工自主权,但必须根据国家和省有关规定与职工签订劳动合同。企业应逐步实行合同化管理或全员劳动合同制,通过公开考评,择优上岗,实行优化或合理劳动组合。企业所在地劳动部门应及时为新招人员办理录用、合同签证、养老保险和待业保险等有关手续。

1993年3月,国家民政部、劳动部、总参谋部制定《关于退伍义务兵安置工作随用工单位改革实行劳动合同制的意见》,对符合安排工作条件的退伍义务兵实行劳动合同制提出具体意见:随用工单位改革实行劳动合同制。凡分配到实行全员劳动合同制企事业单位的,可实行劳动合同制;对分配到尚未实行全员劳动合同制企事业单位的,仍按现行规定执行。依法保障退伍义务兵的第一次就业。符合安排工作条件的义务兵退出现役后,仍按《中华人民共和国兵役法》和《退伍义务兵安置条例》的规定,由当地政府负责安排工作,实行“按系统分配任务,包干安置”的办法,保证退伍义务兵的第一次就业。同时,对自愿到劳务市场竞争就业和自谋职业的应予支持和鼓励。在签订合同、培训等方面给予优待。分配到实行全员劳动合同制企事业单位的退伍义务兵,与用工单位签订无固定期限合同。如退伍义务兵自愿签订有期限合同,则应当允许。在合同期内,用工单位不得随意辞退。鉴于义务兵在部队服役几年,退伍后转换职业需要有一个适应过程,因此应给予一年以上熟悉业务、技术的时间。此意见得到了国务院、中央军委的同意,并于同年7月转发各省、自治区、直辖市人民政府及相关部委和部队系统贯彻执行。

1994年7月,《中华人民共和国劳动法》颁布。劳动法第十六条规定,建立劳动关系应当订立劳动合同。同年8月,国家劳动部颁发《关于全面实行劳动合同制的通知》。10月,省政府在批转省劳动厅《关于安徽省企业全面实行劳动合同制通知》指出,实行劳动合同制的范围和对象是,本省境内的国有企业、集体企业、外商投资企业、乡镇企业、股份制企业和私营企业的全体人员,还包括国家机关、事业组织和社会团体中依照国家规定应当签订劳动合同的人员。总的要求是，在1996年年底前全省所有企业基本上全面实行劳动合同制。

1995年3月，省劳动厅与省委组织部联合下发《关于企业厂长、经理、党委书记签订劳动合同问题的意见》，要求厂长、经理、党委书记应与企业主管部门签订劳动合同，其干部管理权限不变；实行公司制的企业，其经理、党委书记和有关经营管理人员，应根据劳动法有关规定与董事会签订劳动合同。当月，又与省工商局联合下发《关于加快全省私营企业实行劳动合同制有关问题的通知》，要求推进私营企业实施劳动合同制度工作，并把当年完成80%的任务分解落实到企业，确保在1996年年底全省私营企业全部完成这项工作。

全面实行劳动合同制　1995年4月，省劳动厅下发《关于组织实施安徽省企业全面实行劳动合同制度有关问题的具体意见》，就企业全面实行劳动合制度中的一些具体问题作了进一步具体明确。截至1995年年底，全省已有218.35万名职工签订劳动合同，占全省企业职工总数的62%。其中合肥市国有企业职工已全部签订劳动合同，蚌埠市、淮北市实行劳动合同的职工人数已经超过80%。

1996年3月，省劳动厅与省乡镇企业局联合下发《关于全省乡镇企业实行劳动合同制的通知》提出，全省乡镇企业实施劳动合同制工作要按照省政府所确立的方法步骤进行，在1996年年底以前，所在企业均要签订劳动合同。劳动合同需经所在地劳动行政部门鉴证备案。并于6月初在宁国县召开全省乡镇企业实行劳动合同制工作座谈会，大力推动乡镇企业实行劳动合同制工作。据统计，到1996年年底，全省城镇企业职工已有91%实施劳动合同制，全省乡镇企业有40%实施劳动合同制。到1997年年底，全省有308万职工签订劳动合同。

1997年9月，省劳动厅下发《关于进一步推动劳动合同制度的通知》指出，要加快国有商业银行、保险公司实施劳动合同制度的步伐，做好宣传动员、培训人员、制定实施方案等工作，确保劳动合同制工作的顺利进行，力争在1997年年末基本完成劳动合同制的任务。要把乡镇企业实施劳动合同制作为重点来抓，采取积极措施，做好宣传发动工作，在乡镇企业全面推行劳动合同制，在1998年年底，基本完成实施劳动合同制的任务。切实抓好私营企业和个体工商户及外商投资企业实施劳动合同制工作，到1998年12月应当全面完成私营企业和个体工商户及外商投资企业实施劳动合同制的工作。

2005年年底，全省各类企业签订劳动合同人数约320万人。

1996—2005年安徽省企业劳动合同签订人数统计表

表2-2-1　　单位：万人

年　度	劳动合同签订人数	年度	劳动合同签订人数
1996	288.8	2001	343.6
1997	308	2002	315

续表 2-2-1

年　度	劳动合同签订人数	年度	劳动合同签订人数
1998	319	2003	286
1999	334.4	2004	309
2000	350	2005	320

第三节　劳动合同管理

劳动合同鉴证　1987 年以来，随着劳动合同制度的发展，劳动合同鉴证工作在全国范围内逐步展开。同年 12 月，劳动人事部发布《关于不设仲裁员、仲裁庭和劳动合同鉴证问题的通知》指出，国务院《国营企业实行劳动合同制暂行规定》已明确规定，劳动合同一经签订，就受到法律保护。因此，劳动合同不必经过鉴证或公证。

1988 年 8 月，省劳动局转发国家劳动人事部《关于不设仲裁员、仲裁庭和劳动合同鉴证问题的通知》，对企业主动要求鉴证问题作出规定：各级劳动争议仲裁部门要深入用工单位，广泛宣传劳动合同鉴证的意义和积极作用，仲裁部门对所签订的劳动合同进行全面审查后，依法进行鉴证。劳动合同鉴证的范围：本省全民所有制企业行政与合同制工人签订的劳动合同；国营企业经劳动行政机关批准招用的临时工、季节工、农民轮换工与企业签订的劳动合同；国家机关、事业单位、社会团体的行政与合同制工人签订的劳动合同；中外合资、中外合作、外商投资企业，由企业与本企业工会组织签订的集体劳动合同和与职工签订的劳动合同；私营企业与本企业工会组织签订的集体劳动合同和与职工签订的劳动合同。本通知下发之前签订的劳动合同，已经各级劳动行政机关的劳动争议仲裁部门鉴证的，继续有效。劳动合同鉴证应收取鉴证费，按合同年限鉴证每份合同暂收 3–5 元。鉴证费由单位和工人分担，私营企业比照执行。

1989 年 2 月，省劳动局、物价局联合下发《安徽省劳动合同鉴证暂行办法》规定：劳动合同鉴证工作由劳动行政部门的劳动争议仲裁机关办理。鉴证审查内容主要包括：签订劳动合同程序及劳动合同内容是否合法；合同条款内容、手续是否完备；职工一方年龄是否达到 16 周岁等。鉴证范围是：安徽省境内的企业、事业、国家机关、人民团体等单位行政与合同制工人签订的劳动合同；国营企业经劳动行政机关批准招用的临时工、季节工、农民轮换工和农民合同制工人签订的劳动合同；外商独资企业、中外合资经营企业与合同制工人签订的劳动合同；私营企业和个体工商户与被招用的工人签订的劳动合同；乡镇企业与被招用的工人签订的劳动合同。鉴证收费标准全省统一为：合同期限 2 年以下的每份 2 元；合同期限 3 ~ 4 年内的每份 3 元；合同期限 5 年以上的每份 5 元。

1989 年 4 月，国家劳动部、财政部、物价局颁布《劳动合同鉴证和劳动争议仲裁收费及使用范围暂行办法》规定：劳动合同鉴证实行自愿原则，由劳动行政部门的劳动仲裁机构依据国家有关法律、法规和政策,对各类企业、事业、机关、人民团体和职工(包括合同工、临时工、季节工、农民轮换工)签订的劳动合同进行审查、鉴证,并予以证明。劳动合同鉴证的内容:签订劳动合同双方是否符合国家有关招收职工的规定,特别是签订劳动合同职工一方是不在16周岁以上;劳动合同内容是否符合国家的法律、法规和有关政策规定,当事人双方责任、权利、义务是否明确、可行;签订劳动合同的双方是否坚持平等、自愿、协商一致的原则;签订劳动合同手续是否完备、文字表达是否清楚。并明确规定劳动合同鉴证收费每份5元。同年7月,国家劳动部编制印发《劳动合同鉴证费和劳动争议仲裁费收支明细表》,要求各地要严格执行财务制度,遵守财经纪律,对所收取的劳动合同鉴证费和劳动争议仲裁费要节约开支,专款专用,不得挪作他用,同时接受同级财政部门的监督。劳动合同鉴证费每份5元。各地(市)、县(区)的劳动合同鉴证费上交省里的比例,由省、自治区、直辖市自定。省级劳动部门每半年按全省鉴证费总额的1%上交劳动部,且"收支明细表"应上报劳动部备案。同年8月,劳动部下发《关于劳动合同鉴证问题的通知》明确提出:对劳动合同进行鉴证,是劳动部门管理劳动合同的一项具体措施,由劳动部门的劳动仲裁机构按劳动部、财政部、国家物价局《劳动合同鉴证和劳动争议仲裁收费及使用范围暂行办法》的规定执行。劳动合同的内容,由签订劳动合同的双方依照法律规定自愿协商;已签订的劳动合同一律送劳动部门予以鉴证。1989年12月,省劳动局、省劳动争议仲裁委员会印发《安徽省劳动仲裁工作目标管理办法》,要求各行署、市、县(市)劳动局、劳动争议仲裁委员会要加强劳动合同管理,对国营企业招用的劳动合同制工人和农民合同制工人、农民轮换工以及临时工、季节工等所签订的劳动合同,凡未经劳动仲裁机关鉴证的一律要进行鉴证,于1990年一季度鉴证完毕。对其他各类企业(包括三资企业、集体所有制企业、乡镇企业、私营企业和个体工商户)招用工人签订劳动合同的鉴证,在调查研究和试点的基础上逐步展开,于1990年年底前鉴证完毕。劳动合同鉴证工作,要与招工、续订合同同步进行。对已鉴证的劳动合同,分类立档、建立台账,做到制度化、规范化管理。截至1990年4月,安徽省部分地、市已完成全民所有制企业劳动合同制工人的劳动合同鉴证工作,并开始对临时工、季节工、农民合同制工人、农民轮换工以及其他各种用工的劳动合同进行鉴证。截至1990年6月,全省共鉴证各类劳动合同28.5万份。

1992年10月,国家劳动部下发《劳动合同鉴证实施办法》《劳动仲裁费和劳动合同鉴证费管理办法》。《劳动合同鉴证实施办法》指出,劳动合同鉴证是劳动行政部门依法审查、证明劳动合同真实性和合法性的一项行政监督和服务措施。对审查合格的劳动合同,鉴证机关应予以鉴证。鉴证人员应在合同文本上签名或加盖劳动合同鉴证专用章。对审查不合格的劳动合同,应当指导当事人修改或者重新签订,然后办事鉴证手续。《劳动仲裁费和劳动合同鉴证费管理办法》规定,鉴证收费标准严格按照国家物价局、财政部《关于发布中央管理的劳动部门行政事业性收费项目和标准的通知》规定的内容执行,鉴证费每份3元,变更合同鉴证收费每份1元,续订合同鉴证不收费。

劳动合同鉴证费由招工单位和职工各承担一半，变更合同鉴证费由提出变更合同的一方负担。

1994年12月，国家劳动部下发《关于开展劳动合同鉴证工作有关问题的通知》指出，各级劳动部门要按照劳动部《劳动合同鉴证实施办法》的规定，积极、稳妥、全面、深入地开展劳动合同鉴证工作。特别是对初次实行劳动合同制度的用人单位和发生劳动争议较多的用人单位，要主动上门开展劳动合同鉴证服务工作。对私营企业和外商投资企业，要按照《私营企业劳动管理暂行规定》和《外商投资企业劳动管理规定》进一步加强劳动合同鉴证工作。据统计，1994年，全省共鉴证劳动合同11万余份。

1995年3月，省劳动厅颁布《安徽省劳动合同管理暂行办法》规定，下列情况用人单位与劳动者必须在三十日以内签订劳动合同，并办理鉴证手续：用人单位与新录用职工，自确定录用之日起；用人单位与新调入职工，自职工报到之日起；用人单位与国家政策性安置的复员退伍军人、军队转业干部、大中专、技工学校毕业生，自报到之日起。全面实行劳动合同制的企业与职工，必须自职工代表大会或职工大会通过改革方案之日起六十日内签订劳动合同，并办理鉴证手续。劳动合同鉴证必须遵循"依法鉴证，保证质量，体现服务"的原则。同年11月，省劳动厅下发《关于进一步加强劳动合同鉴证和劳动争议处理工作的通知》，进一步强调劳动合同鉴证的重要性，要求将劳动合同鉴证扩大到各类企业，使劳动关系的建立、运行和调节走上法制化、规范化、制度化的轨道，不得将劳动合同鉴证工作转移到其他机构或部门，保证劳动合同鉴证工作的连续性和严肃性。

据统计，1996年全省共审查鉴证劳动合同122.8万多份，是安徽省历年来鉴证劳动合同最多的一年。

劳动合同订立、解除、终止　1986年7月，国务院颁布《国营企业实行劳动合同制暂行规定》（以下简称《暂行规定》）指出，企业与被招用的工人签订劳动合同时，必须遵守国家政策和法规的规定，坚持平等自愿和协商一致的原则，以书面形式明确规定双方的责任、义务和权利。劳动合同一经签订，就受到法律保护，双方必须严格遵照执行。劳动合同期限由企业和工人协商确定。劳动合同期满，应即终止执行。由于生产、工作需要，在双方完全同意的条件下，可以续订合同。轮换工的劳动合同，期限界满时必须终止。同时明确规定劳动合同的内容，以及企业可以解除劳动合同、不得解除劳动合同的条件和劳动合同制工人可以解除劳动合同的条件。并规定任何一方解除劳动合同，必须提前一个月通知对方，方可办理解除劳动合同手续，并应当报请上级主管部门、当地劳动行政主管部门备案和征求本企业工会意见。《暂行规定》规范了劳动合同签订、解除和终止的内容和程序。

1986年11月，为贯彻国务院《国营企业实行劳动合同制暂行规定》，省政府颁发《安徽省国营企业实行劳动合同制实施细则》，要求企业招用劳动合同制工人必须按照《暂行规定》规定的劳动合同内容签订书面劳动合同，对不符合暂行规定和实施细则要求，或违反国家劳动政策、法规的劳动合同，劳动行政主管部门有权要求合同双方修订或认定其无效。同时，实施细则结合本省实际，规定劳动合同制工人可以解除劳动合同的条件。国家机关、事业单位和社会团体招用工人比照暂行规定和实施细则办理。

1989年9月，国家劳动部发布《私营企业劳动管理暂行规定》规定，私营企业用工必须遵照平等自愿、协商一致的原则，以书面形式签订劳动合同，确定双方的权利、义务。劳动合同签订后，须经当地劳动行政部门鉴证并备案。同时规定签订劳动合同的内容以及私营企业可解除劳动合同、不得解除劳动合同和职工解除劳动合同的条件。并明确，私营企业或职工任何一方解除劳动合同，须提前十天通知对方，并办理解除劳动合同的手续，未办理手续而中止合同关系的一方应负法律责任。企业或职工任何一方违反劳动合同，给对方造成经济损失的，应根据其后果和责任大小，予以赔偿。企业解除劳动合同，应征求本企业工会组织的意见，并报当地劳动行政管理部门备案。私营企业因破产或歇业而解除劳动合同，经营者按工作每满一年发给职工一个月标准工资的辞退费，同时还应对合同期未满的职工发给合同期内的失业补偿费。

1991年12月，省政府发布《安徽省全民所有制企业临时工管理实施细则》规定，企业招用临时工应与临时工签订劳动合同，报当地县级以上劳动行政部门备案。合同期限界满，合同即行终止。并规定劳动合同的内容以及企业、职工可以解除劳动合同的条件。

1992年2月，国家劳动部下发《关于扩大试行全员劳动合同制的通知》规定，扩大试行的企业，劳动（聘任）合同的内容要符合国家劳动合同制的有关管理规定，其内容既要明确企业、职工双方的劳动关系，又要明确不同岗位的工作责任和具体任务。劳动合同期限分为有固定期限、无固定期限和以完成一项工作为期限三种。签订无固定期限劳动合同必须规定终止和解除合同的条件，作为终止和解除合同的依据，并严格履行。

1994年12月，国家劳动部发布了《关于违反和解除劳动合同的经济补偿办法》。该办法第五条规定，经劳动合同当事人协商一致，由用人单位解除劳动合同的，用人单位应根据劳动者在本单位工作年限，每满一年发给相当于一个月工资的经济补偿金，最多不超过十二个月。工作时间不满一年的按一年的标准发给经济补偿金。第十一条规定，经济补偿金的工资计算标准是指企业正常生产情况下劳动者解除合同前十二个月的月平均工资。

1995年5月，国家劳动部下发《违反<劳动法>有关劳动合同规定的赔偿办法》。该办法第二条规定，用人单位有下列情形之一，对劳动者造成损害的，应赔偿劳动者损失：用人单位故意拖延不订立劳动合同，即招用后故意不按规定订立劳动合同以及劳动合同到期后故意不及时续订劳动合同的；由于用人单位的原因订立无效劳动合同，或订立部分无效劳动合同的；用人单位违反规定或劳动合同的约定侵害女职工或未成年工合法权益的；用人单位违反规定或劳动合同的约定解除劳动合同的。第三条规定，本办法第二条规定的赔偿，按下列规定执行：造成劳动者工资收入损失的，按劳动者本人应得工资收入支付给劳动者,并加付应得工资收入 2 5 %的赔偿费用;造成劳动者劳动保护待遇损失的,应按国家规定补足劳动者的劳动保护津贴和用品;造成劳动者工伤、医疗待遇损失的,除按国家规定为劳动者提供工伤、医疗待遇外,还应支付劳动者相当于医疗费用 25%的赔偿费用;造成女职工和未成年工身体健康损害的,除按国家规定提供治疗期间的医疗待遇外,还应支付相当于其医疗费用 25%的赔偿费用;劳动合同约定的其他赔偿费用。

1995 年 3 月,省劳动厅发布《安徽省劳动合同管理暂行办法》规定,用人单位与劳动者建立劳动关系,必须按照《中华人民共和国劳动法》第十六条、第十九条规定,以书面形式订立劳动合同,明确双方权利和义务。下列情况,用人单位与劳动者必须在三十日内签订劳动合同,并办理鉴证手续:用人单位与新录用职工,自确定录用之日起;用人单位与新调入职工,自职工报到之日起;用人单位与国家政策性安置的复员退伍军人、军队转业干部、大中专、技工学校毕业生,自报到之日起。全面实行劳动合同制的企业与职工,必须自职工代表大会或职工大会通过改革方案之日起六十日内签订劳动合同。

1999 年 12 月,省劳动厅发下《关于进一步加强劳动合同管理的通知》提出,一要进一步做好劳动合同的签订工作,重点是加快私营企业和个体工商户劳动合同的签订进度,二要依法变更、解除、终止或续订劳动合同,进一步规范有关程序,三要进一步完善劳动合同管理制度,指导企业建立健全各项管理制度。同时,制订了《解除劳动合同通知书》《终止劳动合同通知书》《续订劳动合同征求意见书》《解除(终止)劳动合同证明书》《劳动合同订立情况台账》《劳动合同书》《企业申请劳动合同鉴证职工花名册》等样本,向社会公布,供各地、各类企业参考使用。

2000 年 8 月,省政府办公厅转发《省劳动保障厅等六个部门关于进一步加强劳动合同管理工作意见的通知》指出,要增强法制意识,进一步提高对劳动合同管理工作的认识,二要加大工作力度,认真做好劳动合同的签订工作,三要加强指导,进一步健全劳动合同管理制度,四要积极稳妥处理国有企业下岗职工劳动关系。2005 年年底,安徽省先后出台《关于进一步推行劳动合同制的通知》《关于进一步加强劳动合同管理工作意见的通知》《安徽省劳动合同条例》等政策法规,逐步建立劳动合同签订、变更、解除及终止预报制度,存档管理制度等,制订了《解除劳动合同通知书》《终止劳动合同通知书》《续订劳动合同征求意见书》《解除(终止)劳动合同证明书》《劳动合同订立情况台账》《劳动合同书》《企业申请劳动合同鉴证职工花名册》等样本,向社会公布,供各地、各类企业参考使用。

2004 年 2 月,省人大颁布《安徽省劳动合同条例》,自当年 5 月 1 日起实施。条例对劳动法作出更为细致的规定,如用人单位侮辱、体罚、殴打、非法搜查和拘禁劳动者的,拒不为劳动者缴纳社会保险费的,劳动者可以随时解除劳动合同。劳动者被劳动教养的,用人单位可以解除劳动合同。有下列情形的,劳动合同终止:用人单位破产、解散、被撤销的;劳动者退休、退职的;劳动者死亡或者被人民法院宣告失踪、死亡的。

2005 年 8 月，省劳动厅印发《关于贯彻实施 <安徽省劳动合同条例> 若干问题意见的通知》，对条例的适用范围，劳动合同的订立、履行和变更、解除和终止经及经济补偿等问题作出进一步明确规定，增强了条例的操作性。

劳动合同制工人转移　1986 年 7 月，国务院颁布《国营企业实行劳动合同制暂行规定》规定：劳动合同制工人因生产、工作需要，或按照国家有关规定，需要跨地区转移工作单位时，经有关地区劳动行政主管部门协商同意，并办理户口和退休养老基金的转移手续，可以与所在企业解除劳动合同，与所需单位签订劳动合同。同年 11 月，省政府制定的《安徽省国营企业实行劳动合同制实施细则》规定，下列情况劳动合同制工人可以跨市、县转移工作单位：军人或干部的配偶和子女按规定随迁的；父母年老多病，身边无人照顾的；夫妻长期分居两地的。同年 12 月，省劳动局下发《安徽省劳动合同制工人跨市、县转移工作单位试行办法》规定，劳动合同制工人在劳动合同期内要求跨市、县转移工作单位，经所在单位审查同意后，报当地劳动行政部门发函与转入市、县劳动行政部门联系，待转入市、县劳动行政部门复函同意后，可以办理转移手续；外省企业和中央部属驻皖企业（包括部队职工）的劳动合同制工人需要跨市、县转入安徽省地方企业的，应按隶属关系分别由省、行署、市劳动行政部门批准，并按照进出平衡的原则进行掌握。劳动合同制工人经批准转移后，原企业应发给劳动合同终止（解除）证明书，办理养老保险及档案转移手续，转入新单位重新签订劳动合同，并由公安、粮食部门协助办理户粮关系迁转手续。但企业未与劳动合同制工人签订劳动合同和未缴纳退休养老基金的，不办理转移工作单位手续。同时规定，在同一市、县范围内，企业之间不办理劳动合同制工人转移手续。跨市、县转移的，必须是全民单位转全民单位、集体单位转集体单位、农林四场转农林四场，大中城市就中小城市、城市就集镇农村，对逆向转移的，要从严控制。

1987 年 6 月，劳动人事部、公安部下发《关于全民所有制单位劳动合同制工人跨地区转移工作单位有关问题的通知》规定，需要跨地区转移的劳动合同制工人，仅限于城镇户口、吃商品粮的合同期限内的劳动合同制工人，不适用于轮换工、临时工、季节工和试用期、熟练、学徒期未满的合同制工人。全民所有制单位劳动合同制工人可以转移到集体所有制单位工作，但不保留全民所有制合同制工人身份。

1988 年 11 月，省劳动局下发《劳动合同制工人在合同期内在同一市、县范围内转移工作单位的意见》（试行）规定：劳动合同制工人（不包括农民合同制工人、农民轮换工）在规定范围内，可以在同一市、县范围内转移工作单位。劳动合同制工人经批准转移后，原企业应发给劳动合同解除证明书，转入新单位时应重新签订劳动合同。全民所有制企业劳动合同制工人自愿转入集体单位的，应按照集体所有制单位的规定办理，不再保留全民所有制身份。

1994 年 7 月《中华人民共和国劳动法》颁布后，职工的流动、转移均按照劳动法的规定，即终止或解除劳动合同、签订劳动合同即可。

第三章　职工调配

第一节　照顾性调动

夫妻分居调动　1986年11月，省政府颁布《安徽省国营企业实行劳动合同制实施细则》第七条规定，夫妻长期分居两地的劳动合同制工人可以跨市、县转移工作单位。12月1日，省劳动局发布《安徽省劳动合同制工人跨市、县转移工作单位试行办法》规定，对夫妻长期分居两地、家庭确有实际困难的，允许跨市、县转移工作单位。

1987年8月，省劳动局转发劳动人事部、公安部《关于全民所有制工人跨地区转移工作单位有关问题的通知》国家规定，跨地区转移的劳动合同制工人，接收地公安、粮食部门可凭县以上劳动行政部门出具的接收证明，给予办理落户和粮食关系转移手续。当地劳动行政部门所属的社会保险机构应予以办理退休养老保险基金的转移手续。全民所有制工人可以转移到集体所有制单位工作，但不保留原全民所有制单位劳动合同制工人身份。

1988年6月，省劳动局、公安厅、粮油食品局转发国家劳动人事部、公安部、商业部《关于解决老工人夫妻长期两地分居有关问题的通知》，就解决老工人夫妻两地分居问题提出如下意见：切实组织好工人调配工作，把解决工人夫妻两地分居作为一项重要任务，进行一次内部调查、摸清工人夫妻两地分居的状况，区别家居城镇、农村、省内省外、工龄长短，有计划的开展互调工作。本着大城市就中、小城市，内地就边疆的原则，凡生产、工作离得开的老工人，本人要求调动同爱人团聚的，企业和劳动人事部门应尽量帮助他们调到配偶所在地或离家较近的地方工作，调入地区要积极接收安置。对于家庭基础在大城市，单身在外的老工人，有关大城市适当放宽政策，允许他们分期分批的调入；对于工龄较短、夫妻两地分居不太长的，可以采取组织对调等办法，在控制大城市不过多的增加人口的情况下，设法帮助他们与亲人团聚；在现行控制非农业人口增长的政策内，在“每年批准从农村迁入市镇和转为非农业人口的职工家属人数，不得超过非农业人数的千分之二”的控制比例内，要切实安排老工人的农村配偶及其未成年子女“农转非”逐步解决他们的分居问题，特别要尽先解决那些在城市无户口居住多年，农村已失去生活条件的老工人的家属落户问题；适当放宽对老工人的政策。对1957年年底以前参加工作的老工人，男工年龄在50岁、女工在45岁以上，家在农村、生产又离得开的，本人自愿申请，用人单位批准，可以退养回乡与爱人团聚。

1990 年 1 月，根据中央组织部、国家民政部、公安部、劳动总局《关于逐步解决职工夫妻长期两地分居问题的通知》精神，国家劳动部下发《关于中央在京单位为解决夫妻两地分居调工人进京由劳动部审批的通知》规定，自 1990 年 2 月 1 日起，中央机关、国务院有关部门（包括劳动、工资关系由中央、国务院有关部门管理的在京企事业单位）为解决职工夫妻两地分居或因特殊需要零星调工人进京的审批工作，直接报劳动部审批。同年 4 月，省劳动局转发劳动部《关于中央在京单位为解决夫妻两地分居调工人进京由劳动部审批的通知》。

1990 年 8 月，省劳动局、省计委等八个部门下发《关于国营农林牧渔场劳动计划管理体制和劳动制度改革全面试点有关问题的补充通知》规定，国营农林四场正式工人，夫妻长期分居两地（本市、县范围内应符合享受探亲假条件）的，经批准，可以作照顾性调动（转移）。

1991 年 2 月，国务院办公厅下发《关于解决工人夫妻两地分居不得收取费用的通知》规定，各地对根据国家政策规定，经劳动部门批准，为解决工人夫妻两地分居的调动，各地区、各单位不得收取城市人口增容、城市建设、城市综合开发补偿等费用。

1992 年 1 月，省劳动局下发《关于国营农林牧渔场工人调动有关问题的补充规定》规定，对符合“夫妻分居两地，双方工作单位均在本省的，分居时间必须在五周年以上；一方在外省农林四场的，分居时间必须在八周年以上”条件的国营农林四场正式工人，可以调动（转移）工作。同时明确照顾性调动（转移）工作的审批权限和手续，以及不属于照顾性调动（转移）工作对象的范围及注意事项。

父母身边无子女职工调动 1986 年 10 月，《安徽省国营企业实行劳动合同制实施细则》规定，父母年老多病，身边无人照顾的劳动合同制工人可以跨市、县转移工作单位，转移工作单位时，应解除与原单位订立的劳动合同，至接收单位重新签订劳动合同。同年 12 月，省劳动局下发《安徽省劳动合同制工人跨市、县转移工作单位试行办法》，对父母身边无子女职工调动作具体规定：父母年老病重，身边无子女照顾的劳动合同制工人在劳动合同期内，允许跨市、县转移工作单位。

1990 年 8 月，省劳动局、计委、公安厅、粮油食品局、财政厅、农牧渔业厅、林业厅、农垦总公司八部门联合下发《关于国营农林牧渔场劳动计划管理体制和劳动制度改革全面试点有关问题的补充通知》规定，国营农林四场正式工人，父母在城市、本人系独生子女，父母年老体弱、身边无人照顾，符合随干调动迁移规定的子女，易地安置的离休干部按规定随迁的子女，经批准，可以照顾性调动（转移），但调动均限一人次。

1992 年 1 月，省劳动局下发《关于国营农林牧渔场工人调动有关问题的补充规定》，将符合“父母年龄较大，并达 60 周岁，身边无子女的；或父母中有一人长期生病，卧床不起，生活不能自理，身边无人照顾”条件的国营农林四场正式工人，列为照顾性调动（转移）工作对象。

随军家属调动 1986 年 10 月，《安徽省国营企业实行劳动合同制实施细则》规定，军人配偶是劳动合制工人的，且按规定随迁的，可以跨市、县转移工作单位。

1986 年 12 月，省劳动局制定《安徽省关于劳动合同制工人跨市、县转移工作单位的试行办法》规定：随军、随干的配偶是劳动合同制工人的，允许跨市、县转移工作单位。

1989 年 2 月，国务院、中央军委批转公安部、商业部、财政部、劳动部、人事部、总政治部《关于边防、海岛等部队部分农村户口军官家属可在原籍转为城镇户口的意见》，提出在驻边疆国境县（市）、沙漠区、国家确定的边远地区中的三类地区和解放军总部确定的一、二类岛屿的部队工作满三年以上的军官，家属在农村符合随军条件的，由于部队驻地无企事业（包括乡镇企业），配偶及子女随军解决不了就业和入学问题的，经师（旅）级以上单位的政治机关批准，其配偶和未成年子女、无独立生活能力的子女，可以在原籍由农村户口转为城镇户口，国家按城镇居民定量标准供应粮、油。军官转业时，无工作的军官配偶及子女的户口可迁到军官转业后的工作单位所在地落户，符合招工条件的，由当地劳动、人事部门安排就业。军官配偶是正式职工的，可办理调动手续，由军官转业后所在地的劳动、人事部门安排适当的工作。

随着劳动用工制度的改革，符合随军条件、在地方工作的军官配偶，调动工作比较困难，已经离退休的军官配偶，易地安置很难落实接收管理单位，致使一部分军官夫妻长期两地分居，给他们的生活带来诸多不便，对军队建设也产生了一定影响。根据随军家属工作调动和易地安置实际情况，1989 年 4 月，国务院、中央军委批转人事部、劳动部、民政部、财政部、公安部、总政治部等部门《关于妥善解决军官配偶工作调动和易地安置问题的请示》，并提出如下工作意见：军官配偶系国家正式职工（含全民和集体所有制单位的合同制工人），需要随军调到部队驻地工作的，经师（旅）级以上单位的政治机关批准，驻军政治机关应将其有关情况提前分别报当地政府人事、劳动部门。人事、劳动部门应积极予以安排适当工作，办理调动手续。在同等条件下，对飞行人员配偶应优先安排。军官所在部队驻海岛或边远地区，当地无全民或集体所有制单位，军官配偶是企事业单位职工，要求停薪留职去军官所在地安置的，由本人提出书面申请，经工作单位领导批准后签订停薪留职协议书，并报上级主管部门和当地人事、劳动部门备案。军官配偶是国家正式职工，需要到军官所在地安置的，一般应随调，其中接近退休年龄、体弱多病的，在本人自愿的原则下，经原单位批准可提前离岗退养，提前的年限最长不超过五年。离岗退养期间工龄连续计算，按一定比例发给工资。待本人达到退休年龄时，由原单位按国家有关规定办理退休手续，发给退休费。军官配偶系离休、退休、退职职工，需易地到军官所在地安置的，经师（旅）级以上单位的政治机关批准，当地政府予以接收，属于离休干部的，由干部人事部门负责管理；属于企业退休、退职工人的，由政府指定部门或单位负责管理；属于退休干部和党政机关、群众团体、事业单位的退休、退职工人的，由民政部门负责管理。符合随军条件的军官配偶和按《中国人民解放军现役军官服役条例》规定可以随军、随调的子女，在工作调动或易地安置时，当地公安部门凭县（市）以上组织、人事、劳动、民政部门同意调入或接收的证明予以落户，不受城市人口落户指标的限制，也不得征收除国务院规定以外的费用。

1993 年 6 月，国务院、中央军委转发劳动部、人事部、财政部、总政治部、总后勤部《关于进一步做好军队干部随军家属安置工作意见的通知》规定，对随军前有正式工作的干部家属，由当地政府负责安排适当工作。对随军后确实安排不了工作的边防、海岛等艰苦地区部队的干部家属，经本人申请单位批准，可保留公职，并与原单位协商签订保留公职协议书。保留公职期满，本人可回原单位工作。对随军时没有正式工作的干部家属，企业、事业单位招工时，应在同等条件下优先录用。

2001 年 1 月，中共中央、国务院、中央军委印发《军队转业干部安置暂行办法》规定，军队转业干部随调配偶的工作，安置地党委、政府应当参照本人职务等级和从事的职业合理安排，与军队转业干部同时接收安置，发出报到通知。调入调出单位相应增减工资总额。对安排到实行劳动合同制、聘用制企业事业单位的军队转业干部随调配偶，应当给予两年适应期。适应期内，非本人原因不得擅自违约解聘、辞退或者解除劳动、聘用合同。

第二节　成建制调配

三线厂搬迁职工安置　1986 年 8 月，省政府批转省国防科工办等五个部门《关于省属小三线企事业单位下放调整中有关政策问题的报告》，截至 1993 年，先锋机械厂等 19 家省属三线工业企业陆续搬迁到新址，共安置职工 18375 人。

安徽省 19 家小三线企业搬迁情况表

表 2-3-1

企业名称	迁出地	迁入地
淮海机械厂、江南机械厂、红旗机械厂、皖西化工厂、东风机械厂、红星机械厂、皖西机械厂	霍山县	合肥市
浦信化工厂	金寨县	
通用机械厂、皖江机械厂、先锋机械厂、皖东机械厂	舒城县	蚌埠市
淮河机械厂、江北机械厂	霍山县	
皖中机械厂	舒城县	马鞍山市
利群机械厂	六安县	
向阳机械厂	枞阳县	
江淮机械厂	舒城县	滁州市
皖淮机械厂	淮南市	原地下放

部属单位划转地方　1998 年 8 月，根据《国务院关于改革国有重点煤矿管理体制有关问题的通知》，淮南矿务局、安徽淮北矿务局、淮南机械厂、中煤三建公司、中煤特凿公司划转安徽省管理，共接收职工 247430 人。

第四章　职工奖惩和优化劳动组合

第一节　职工奖惩

1986年7月，国务院发布《国营企业辞退违纪职工暂行规定》规定，企业对有下列行为之一，经过教育或行政处分仍然无效的职工，可以辞退：严重违犯劳动纪律，影响生产、工作秩序的；违反操作规程，损坏设备、工具，浪费原材料、能源，造成经济损失的；服务态度很差，经常与顾客吵架或损害消费者利益的；不服从正常调动的；贪污、盗窃、赌博、营私舞弊，不够刑事处分的；无理取闹，打架斗殴，严重影响社会秩序的；犯有其他严重错误的。同年11月，省政府颁发《安徽省国营企业辞退违纪职工实施细则》规定，企业对违纪职工，应坚持教育为主，惩戒为铺。在决定辞退前，应进行三至六个月的考察，考察期满仍不改正的，予以辞退。企业辞退职工应作出书面决定，发给辞退证明书，并将被辞退者的违纪事实、教育考察情况、工会意见等报企业主管部门和当地劳动人事部门备案。辞退证明书由省劳动局制发。

1987年3月，国家劳动人事部、国家经委、公安部、全国总工会下发《关于贯彻 < 国营企业辞退违纪职工暂行规定 > 的通知》规定，企业对被辞退的违纪职工，要认真做好思想教育工作，不能简单从事，防止矛盾激化。辞退后，本人要求迁移户口的，按户口迁移规定办理。被辞退的违纪职工拒绝接受企业的正确处理，扰乱企业生产、工作的正常进行，殴打他人，损毁公私财物，非法限制他人人身自由，或者非法侵入他人住宅，用写恐吓信等方法威胁他人安全，以及干扰他人正常生活的，由公安机关依照《中华人民共和国治安管理处罚条例》的有关规定予以处罚；构成犯罪的，依法追究刑事责任。据统计，1986年至1990年，全省全民所有制单位违纪职工受开除处分的0.78万人，受辞退的0.56万人，合计1.34万人，每年平均2681人，占固定职工和合同制职工总人数的万分之十。

1987年12月，国家劳动人事部印发《〈国营企业辞退违纪职工暂行规定〉若干问题解答》，规定《国营企业辞退违纪职工暂行规定》只适用于国营企业及其所属的医院、学校、科研等事业单位，不适用于国家机关、人民团体和事业单位。同时明确，辞退规定适用于固定职工。对于合同制工人按照辞退规定属于应当辞退的，企业可以解除劳动合同。集体所有制企业是否参照执行，由各省、自治区、直辖市人民政府确定。

1990年7月，国务院颁布《工人考核条例》规定，工人经本等级考核合格的，可申请参加升级考核，升级考核一般二至三年进行一次。有特殊贡献者经班组推荐和工人考核组织批准，可以提前参加升级考核或者越级考核。考核合格者发给相应的“技术等级证书”，作为使用和调整工资的依据；优秀的高级技术工人，可以依照国营有关规定申请参加技师任职资格的考评。考评合格后，分别发给相应的“技师合格证书”，作为应聘职务的凭证。

1995 年 1 月 1 日起实施的《中华人民共和国劳动法》第二十五条规定，劳动者有下列情形的，用人单位可以解除劳动合同：劳动者在试用期间被证明不符合录用条件的；严重违反劳动纪律或者用人单位规章制度的；严重失职、营私舞弊，对用人单位利益造成重大损害的；被依法追究刑事责任的。

第二节　优化劳动组合

1987 年 10 月，安徽省召开全省搞活固定工制度试点工作会议，部署全省优化劳动组合试点工作。至 1988 年 9 月，全省全民所有制企业已进行试点的单位有 121 个，参加劳动组合的职工人数共有 12.3 万人，其中固定工有 8.6 万人。

1988 年 9 月，全省召开搞活固定工制度、优化劳动组合工作座谈会，会上合肥客车厂、蚌埠卷烟厂、巢湖维尼纶厂、灵璧县化肥厂、淮南石油化工机械厂、蚌埠新型建材厂等 6 家企业介绍了优化劳动组合试点工作情况，从 6 个试点企业看，实行优化劳动组合，既提高了企业经济效益，又精简了机构人员。截至 1988 年年底，全省约有 150 家国营企业、16 万名固定工进行优化劳动组合。

1989 年 2 月，省政府批转省经委、省劳动局《关于在国营企业中进行优化劳动组合试点工作的报告》。报告提出优化劳动组合的意义、范围、方法和步骤，明确优化劳动组合中的若干政策。同年 2 月，安徽省召开全省行署、市劳动局长会议，要求积极引导企业在自愿的前提下，继续扩大优化劳动组合试点工作范围。到当年年底，全省工业、建筑业、交通、邮电及商业、粮食部门共有 108 个企业进行试点，参加试点的职工达 17.3 万人。经过优化劳动组合，优胜劣汰，对企业的干部和工人实行择优上岗，把竞争机制引入企业内部，调动了广大职工的积极性。1989 年，试点企业共分离富余职工 9016 人。采取发展多种经营、余缺调剂等办法，安置富余职工 6213 人，组织培训 1437 人，厂内待业 1366 人。

1990 年 3 月，省劳动局转发劳动部《关于继续做好优化劳动组合试点工作的意见》指出，劳动制度改革要围绕治理整顿稳步推进，在对新招工人统一实行劳动合同制的同时，继续进行优化劳动组合的试点，进一步积累实行优化劳动组合的经验。试点工作总的要求是：总结经验，巩固成果；区别情况，加强指导；完善措施，充实提高；内部消化，妥善安置。要求各地在开展优化劳动组合试点工作时，应该有组织、有计划、有步骤地渐次进行。根据地区、行业和企业的实际情况，区别对待，不搞一刀切。并注意搞好综合配套改革,在企业内部要同工资、人事、保险制度改革结合进行。坚持先经营管理人员后工人,先科室后车间。对上岗和下岗职工的收入要体现按劳分配,发挥工资的激励和杠杆作用。在企业核定的工资总额内,对本企业苦累脏的工种和岗位可适当提高工资、津贴待遇;对生产一线和二、三线职工的收入可适当拉开差距。在企业外部,要着重研究建立社会保障体系,培育和完善劳务市场机制,为优化劳动组合创造必要的社会条件。意见明确企业优化劳动组合应达到的标准为:建立良好的劳动关系;强化劳动管理基础工作;形成科学的劳动力调节机制;提高了职工队伍素质;妥善安置了撤离岗位的富余人员,富余人员思想情绪基本稳定;促进企业经济效益和劳动效率的提高。实践证明,在试点中,凡是优化劳动组合搞得好的企业,效果是明显的。但是,由于富余人员的安置难度较大, 1990 年试点工作没有新的进展。1987 年至 1990 年全省停薪留职的职工共 3979 人,每年平均 995 人,占固定职工总数的万分之四点零四。

1992 年 3 月,省劳动局下发《关于进一步深化劳动制度改革为企业安置部分富余人员的意见》规定,对于企业劳动制度改革中出现的富余人员应以内部消化为主,企业可以通过发展第三产业,开辟新的生产门路,实行厂内待业、厂内退休等途径加以解决。同时允许部分富余人员推向社会。根据外省市的经验和做法,结合安徽省实际,全省推向社会的富余人员不能超过富余人员的 1%,这部分人员主要由劳动部门负责安置。各地、市、县可以按这个比例加以控制。其中,对于由劳动部门负责安置的1% 富有余人员,在待业期间,按其工龄年限发放待业救济金。同年 3 月,省劳动局转发劳动部《关于扩大试行全员劳动合同制的通知》,要求试行全员劳动合同制的企业要妥善安置好富余人员。试点企业对富余人员的安置,应按照“企业内部消化为主,社会调剂为辅”的原则,通过发展第三产业、厂内培训、提前退休、厂际交流和自谋出路等多种办法,做好富余人员安置工作。

1993 年 4 月,国务院发布《国有企业富余职工安置规定》指出,安置国有企业中的富余职工,应当遵循政策法规安置优先、企业自行安置为主、社会帮助安置为辅,保障富余职工基本生活的原则。企业安置富余职工应当依照本规定采取拓展多种经营、组织劳务活动、发展第三产业、综合利用资源和其它措施。企业行政主管部门、劳动行政主管部门和工会组织应当指导、帮助和支持企业做好富余职工安置工作,积极创造条件,培育和完善劳务市场,开辟社会安置渠道。企业为安置富余职工而兴办的从事第三产业的独立核算企业,自开业之日起两年免征、三年减半征收企业所得税。企业因生产经营发生重大变化,必须裁减职工的,对劳动合同制职工,经企业占多数职工代表大会讨论同意,可以提前解除劳动合同。但是应当先按照双方合同约定的责任履行义务;合同没有约定的,企业对被提前解除劳动合同的职工,按照其在本企业工作的年限,工龄每满一年,发给相当于本人一个月标准工资的补偿费。

2002 年 11 月,国家经贸委、财政部、劳动保障部、国土资源部、人民银行、税务总局、工商行政管理总局、总工会下发《关于国有大中型企业主辅分离辅业改制分流安置富余人员的实施办法》指出，坚持党的十五届四中全会确定的国有企业改革方向，鼓励有条件的国有大中型企业在进行结构调整、重组改制和主辅分离中，利用非主业资产、闲置资产和关闭破产企业的有效资产（简称“三类资产”），改制创办面向市场、独立核算、自负盈亏的法人经济实体，多渠道分流安置企业富余人员和关闭破产企业职工，减轻社会就业压力（简称改制分流）。对从原主体企业分流进入改制企业的富余人员，应由原主体企业与其变更或解除劳动合同，并由改制企业与其变更或重新签订三年以上期限的劳动合同。变更或签订新的劳动合同应在改制企业工商登记后30天内完成。对分流进入改制为非国有法人控股企业的富余人员，原主体企业要依法与其解除劳动合同，并支付经济补偿金。职工个人所得经济补偿金，可在自愿的基础上转为改制企业的等价股权或债权。对分流进入改制为国有法人控股企业的富余人员，原主体企业和改制企业可按国家规定与其变更劳动合同，用工主体由原主体企业变更为改制企业，企业改制前后职工的工作年限合并计算。改制企业要及时为职工接续养老、失业、医疗等各项社会保险关系。

2003年7月，国家劳动保障部、财政部、国资委印发《关于国有大中型企业主辅分离辅业改制分流安置富余人员的劳动关系处理办法》规定，对分流到国有法人绝对控股改制企业的职工，改制企业解除劳动合同时，符合支付经济补偿金条件的，计发经济补偿金的年限应当将职工在原主体企业的工作年限与到改制企业后的工作年限合并计算。劳动合同期满，终止劳动合同时，支付生活补助费的办法按照《劳动保障部办公厅关于＜国营企业实行劳动合同制暂行规定＞废止后有关终止劳动合同支付生活补助费问题的复函》执行。企业解除劳动合同计发经济补偿金，按照《违反和解除劳动合同的经济补偿办法》的规定，根据劳动者在本单位工作年限，每满一年发给相当于一个月工资的经济补偿金，工作时间不满一年的按一年的标准发给经济补偿金。对从其他国有单位（包括国家机关、事业单位和国有企业）调入本单位的职工，其在国有单位的工龄可计入本单位工作年限。经济补偿金的工资计算标准是指企业正常生产情况下劳动者解除劳动合同前12个月的月平均工资。其中，职工月平均工资低于企业月平均工资的，按企业月平均工资计发；职工月平均工资超过企业月平均工资3倍以上的，按不高于企业月平均工资的3倍标准计发。企业经营管理人员也应按照上述办法执行。企业改制分流时，对距法定退休年龄5年以内、符合内部退养条件的职工，原主体企业或国有法人控股的改制企业经与职工协商一致，可以实行内部退养。职工在改制前已经办理内部退养手续的，一般由原主体企业继续履行与职工的内部退养协议。由改制企业履行原内部退养协议的，应当在改制分流总体方案中明确。

第五章　劳动关系协调

第一节　集体协商和集体合同制度

推开　平等协商和集体合同制度是市场经济条件下协调劳动关系的重要手段。1994年7月5日颁布的《中华人民共和国劳动法》第三十三条规定,企业职工一方与企业可以就劳动报酬、工作时间、休息休假、劳动安全卫生、保险福利等事项,签订集体合同。集体合同草案应当提交职工代表大会或者全体职工讨论通过。集体合同由工会代表职工与企业签订;没有建立工会的企业,由职工推举的代表与企业签订。

1994年12月,国家劳动部印发《集体合同规定》规定,企业职工一方与企业进行集体协商、依法签订的集体合同对企业和企业全体职工具有约束力。集体合同应当包括以下内容:劳动报酬;工作时间;休息休假;保险福利;劳动安全与卫生;合同期限;变更、解除、终止集体合同的协商程序;双方履行集体合同的权利和义务;履行集体合同发生争议时协商处理的约定;违反集体合同的责任;双方认为应当协商约定的其他内容。集体合同期限为一至三年,在集体合同规定的期限内,双方代表可对集体合同履行情况进行检查。经双方协商一致,也可对集体合同进行修订。

1995年8月,国家劳动部印发《关于贯彻执行〈中华人民共和国劳动法〉若干问题的意见的通知》指出:当前签订集体合同的重点应在非国有企业和现代企业制度试点的企业进行,积累经验,逐步扩大范围。关于国有企业在承包制条件下签订的"共保合同",凡内容符合劳动法和有关法律、法规和规章关于集体合同规定的,应按照有关规定办理集体合同送审、备案手续;凡不符合劳动法和有关法律、法规和规章规定,应积极创造条件逐步向规范的集体合同过渡。

1995年8月,省劳动厅、省总工会颁布《关于在安徽省企业开展签订集体合同试点工作的意见》指出,目前安徽省开展集体协商签订集体合同试点工作的重点是在外商投资企业、私营企业等非国有企业里进行;对于已确定建立现代企业制度试点的企业要把签订集体合同作为试点工作的一项重要内容;已签订"双保合同"的企业,要按照劳动法及有关规定加以修改和完善;其他国有企业,也可以选择部分单位开展试点,以便总结经验,不断提高。试点企业应具备以下基本条件:具有健全的工会组织并有签订集体合同的要求;有较好的企业管理基础;产权关系明晰;有一个团结战斗的班子。并要求各地选择确定的试点企业要报省劳动厅、省总工会备案。

1996年2月，省劳动厅颁布《全省劳动工作“九五”计划和2010年规划》提出，在各类企业逐步推行集体合同制度，通过集体协商签订集体合同确定各项基本劳动标准，规范企业经营者和职工的劳动行为。同年5月，劳动部、全国总工会、国家经贸委、中国企业家协会下发《关于逐步实行集体协商和集体合同制度的通知》提出，实行集体协商和集体合同制度要以劳动法和工会法为法律依据，在全国实行劳动合同制度的同时，本着积极稳妥、保证质量、注重实效的原则逐步实行，形成工会代表职工与企业平等协商、政府依法调控的劳动关系调整机制。集体协商和集体合同制度的重点应在非国有企业和实行现代企业制度的企业进行。外商投资企业、私营企业要在抓好组建工会的同时加快推行；进行现代企业制度试点的企业要积极创造条件逐步实行，其他具备条件的企业也可以积极稳妥地实行。建立健全劳动关系协商机制，促进集体协商和集体合同制度的健康发展。在有条件的地区应当逐步建立由劳动行政部门、工会组织、经贸部门和企业家协会共同组成的三方性协调机制，定期就劳动关系中存在的重大问题进行协商，为企业的集体协商和劳动关系的和谐稳定创造良好环境。各级劳动行政部门要加强对集体协商签订集体合同工作的协调、指导和服务。劳动行政部门应当设立集体合同管理专门机构，健全集体合同报送、登记、审核、通知等手续。依据国家的法律、法规和有关政策进行审核备案。建立健全各级工会组织，为实行集体协商和集体合同制度创造条件。各级地方和产业工会应加快在企业尤其是外商投资企业和私营企业建立健全工会组织，为实行集体协商和集体合同制度创造条件。在小型外商投资企业和私营企业比较集中的地区，可以组建行业性或区域性工会联合会，代表职工与企业进行集体协商和集体合同制度。此举进一步推动了集体协商和集体合同制度的实行。同年10月，省劳动厅、省总工会在总结试点经验的基础上，根据国家有关法规、规章，结合安徽省实际，制定《安徽省集体协商和集体合同暂行办法》规定，企业与职工双方进行集体协商，应当遵循下列原则：认真执行国家的法律、法规和政策；平等自愿、协商一致；权利、义务相统一；双方利益兼顾、友好合作。集体协商代表应按照法定程序产生。企业与职工各推举具体参与集体协商的代表人数由双方协商确定，原则上双方代表人数要对等，并各确定一名首席代表。协商双方任何一方均可以就劳动报酬、工作时间、休息休假、劳动安全卫生、保险福利等与劳动关系有关的问题，向对方提出集体协商的要求。职工一方代表向企业一方提出协商要求，企业一方代表应在十日内给予答复。集体协商可以就一项内容进行协商，也可以就签订集体合同进行协商；集体协商可以定期进行或不定期进行。制定《集体合同审查意见书》和《集体合同协调处理协议书》。2000年11月，劳动保障部发布《工资集体协商试行办法》，对工资集体协商制度进行更详细的规定，工资集体协商是指职工代表与企业代表依法就企业内部工资分配制度、工资分配形式、工资收入水平等事项进行平等协商，在协商一致的基础上签订工资协议的行为。工资集体协议是指专门就工资事项签订的专项集体合同。已签订集体合同的，工资协议作为集体合同的附件，并与集体合同具有同等效力。同时，该办法对工资协商的内容、工资集体协商代表、工资集体协商程序、工资协议审查等事项都作了明确规定。这对保障劳动关系双方的合法权益,促进劳动关系的和谐稳定发挥了积极作用。

2001年10月,第九届全国人民代表大会常务委员会第二十四次会议审议修正的《中华人民共和国工会法》规定,工会通过平等协商和集体合同制度,协调劳动关系,维护企业职工劳动权益。工会代表职工与企业以及实行企业化管理的事业单位进行平等协商,签订集体合同。集体合同草案应当提交职工代表大会或者全体职工讨论通过。同年11月,劳动和社会保障部、国家经济贸易委员会、中华全国总工会、中国企业联合会、中国企业家协会下发《关于进一步推行平等协商和集体合同制度的通知》,要求各级劳动保障、经贸（计经）部门、工会组织和企业代表组织高度重视和推动这项工作的深入开展,各类企业都应该建立平等协商机制、完善集体合同制度、加强对职工协商代表的保护、建立健全履约监督保障机制和平等协商争议处理制度。特别提出对涉及职工切身利益的重大问题,企业都应当与工会代表或职工代表进行平等协商。并要把工资集体协商作为推进平等协商工作的重点,积极开展工资集体协商,由职工代表与企业代表就企业的内部工资分配制度、工资分配形式、工资收入水平、工资支付办法等事项进行平等协商,使平等协商在协调劳动关系方面发挥重要作用。

2003年12月,国家劳动和社会保障部颁布新的《集体合同规定》。新《集体合同规定》对集体合同制度作了更详细的规定,并把实行企业化管理的事业单位与本单位职工之间进行集体协商、签订集体合同的行为纳入集体合同规定管理范围,明确进行集体协商、签订集体合同或专项集体合同应当遵循的原则及协商的形式,并对集体协商内容、集体协商代表、集体协商程序、集体合同的订立、变更、解除和终止、集体合同的审查、集体协商争议的协调处理等事项和内容都作了更为详细的规定。新《集体合同规定》更具操作性和指导性,有力推动了集体合同制度实施。

集体合同审查　1994年7月颁布的《中华人民共和国劳动法》规定,集体合同签订后应当报送劳动行政部门;劳动行政部门自收到之日起十五日内未提出异议的,集体合同生效。同年12月,劳动部颁布《集体合同规定》规定,集体合同签订后,应当在七日内由企业一方将集体合同一式三份及说明报送劳动行政部门。集体合同审查包括以下内容:合同双方的资格是否符合法律、法规的规定;集体协商是否按照法律、法规规定的原则和程序进行;集体合同中的各项具体劳动标准是否符合法律、法规规定的最低标准。第二十五条规定,体合同的审查按以下程序进行:登记、编号;审查;制作《集体合同审查意见书》;备案、存档。

1996年11月,国家劳动部下发《关于加强集体合同审核管理的通知》指出,对集体合同进行审核管理是劳动法赋予劳动行政部门的一项重要职能,劳动行政部门依法对集体合同法律效力进行审核确认,是集体合同管理的重要内容,是集体合同生效的必经程序。各级劳动行政部门要建立健全集体合同审核管理制度,充实人员,适应集体合同审核管理工作的需要,保证在规定期限内完成登记审核工作。有条件的地区可以成立集体合同审核管理专门机构，条件暂时不具备的可以成立由劳动关系主管单位牵头，工资、就业、职安、保险、培训等机构参加的“集体合同审核办公室”或联席会议。同时明确集体合同的审核程序、集体合同审核的内容、集体合同生效日期、集体合同的统计等。

安徽省各级劳动行政部门在开展集体合同审查工作中，一边加强自身建设，一边完善和规范集体合同审查制度。自 1997 年起，全省各级劳动保障部门均成立由劳动仲裁、劳动工资、社会保险、劳动保护等业务部门组成的集体合同审核领导小组，完善了集体合同的报送、登记、审核、备案、统计等程序。同时，为企业开展集体协商工作提供咨询指导。

2004 年 5 月 1 日实施的《集体合同规定》明确，县级以上人民政府劳动行政部门的劳动合同管理机构负责集体合同的审查，并在收到集体合同书后 15 日内应将《集体合同审查意见书》送达集体合同双方代表。安徽省为提高工作效率和服务质量，缩短了审核时间，由原来的 15 个工作日缩短为 10 个工作日。截至 2005 年年底，各级劳动保障部门共累计审核集体合同 9300 份，涉及职工 202 万人。

第二节　协调劳动关系三方机制

2001 年 8 月，国家劳动和社会保障部与中华全国总工会、中国企业联合会、中国企业家协会等部门召开会议，通过《关于建立国家协调劳动关系三方会议制度的意见》，正式建立国家协调劳动关系三方会议制度，三方会议在劳动和社会保障部劳动工资司设立办公室，负责协调组织召开会议的日常工作。

2002 年 7 月，省劳动保障厅、总工会、经贸委、企业联合会下发《关于建立劳动关系协调会议制度的通知》规定，劳动关系协调会议由省劳动保障厅代表政府、省总工会代表职工、省经贸委授权省企业联合会代表企业三方组成。会议正式成员共 9 人，每方 3 人，由各方代表单位的分管领导担任首席代表，有关职能业务处室领导、工作人员担任代表。协调会议的职责：在制定有关建立健全集体协商和集体合同制度的地方性法规、政策时交流情况、交换意见，针对有关问题统一认识，提出意见和建议；交流有关贯彻劳动法、建立健全集体协商和集体合同制度工作情况，研究在运作中出现的重大问题，提出对策，加强指导；组织检查、交流、培训等活动，推动全省集体协商和集体合同工作；了解、分析全省因劳动关系引发的重大事件有关情况并向省政府和有关部门报告，提出建议。协调会议应遵循的原则：合法、公正、及时；兼顾国家、职工、企业三方利益；相互信任、支持、合作；协商一致。会议制度自 2002 年 8 月 1 日起施行。各地应于 2002 年 8 月底前建立劳动关系协调制度，以便协调解决劳动关系中出现的矛盾和问题，促进劳动关系和谐、健康发展。

2002 年 8 月，国家协调劳动关系三方出台《关于建立健全劳动关系三方协调机制的指导意见》指出，目前，全国已有 20 多个省、自治区、直辖市建立劳动关系三方协调机制。到当年底,尚未建立三方协调机制的省份都要从本地实际出发,切实采取措施,建立由劳动保障行政部门、工会组织和企业代表组织参加的省一级劳动关系三方协调机制。已经建立三方协调机制的地区,要紧紧围绕劳动关系方面的重大问题进行协商,进一步完善制度和规程,在总结实践经验的基础上,逐步向市、县(区)一级延伸,形成本地区多层次的三方协调机制。三方协调机制要制度化、规范化,定期召开会议。会议纪要和有关材料上报国家协调劳动关系三方会议办公室。

2003 年 2 月,省协调劳动关系三方会议召开第一次会议。会议通过三方会议成员名单,提出全省协调劳动关系三方会议 2003 年工作重点。

2004 年 3 月,省协调劳动关系三方会议第二次会议暨劳动争议仲裁委员会会议召开。会议调整了省协调劳动关系三方会议成员,通报了省劳动争议仲裁委员会组成人员调整名单,讨论了《关于三方共同组庭处理劳动争议有关问题的意见(讨论稿)》《全省三方协调劳动关系经验交流座谈会预案》,回顾总结全省劳动关系调整与劳动争议处理工作情况,提出 2004 年全省劳动关系调整和劳动争议处理工作重点。

在省三方会议办公室的推动下,各市、县积极推进三方协调机制建设,至 2005 年年底,全省 17 个地市、105 个县(市、区)全部建立三方协调机制,基本形成“主体协商、三方指导、政府调控、依法规范”的工作格局。

第三篇　工资与福利

第一章　工资制度

第一节　工资调整

标准调整

1986 年工资调整　根据国务院工资制度改革小组、劳动人事部《关于一九八六年调整部分工资区类别的通知》《关于 1986 年适当解决国营企业工资问题的通知》以及省政府《转发关于一九八六年适当解决国营企业工资问题的通知》规定，企业工资调整的重点是调整工资区类别和核增企业工资总额。

对 1985 年工资制度改革前执行五类工资区及经省批准驻原四类工资区执行五类工资区工资标准的单位，调整工资区类别。制定适用六类工资区类别的《安徽省国营企业工人工资标准表（见表 3–1–1）》和《安徽省国营企业干部工资标准表（见表 3–1–2）》。对企业单位所在地是五类工资区的，凡是已经执行一九八五年新拟五类工资区标准的，可以改按新拟企业六类工资区的工资标准执行，但只能按最低一级提高一元的工资标准执行。调整工资区类别时间从 1986 年 7 月 1 日执行。

1986 年安徽省国营企业工人工资标准（适用六类工资区）

表 3–1–1　　　　单位：元

<table>
<tr><th colspan="3" rowspan="2">各产业企业适用范围</th><th>等级</th><th>一</th><th colspan="2">二</th><th colspan="2">三</th><th colspan="2">四</th><th colspan="2">五</th><th colspan="2">六</th><th colspan="2">七</th><th colspan="2">八</th></tr>
<tr><th>序号</th><th>一</th><th>二</th><th>三</th><th>四</th><th>五</th><th>六</th><th>七</th><th>八</th><th>九</th><th>十</th><th>十一</th><th>十二</th><th>十三</th><th>十四</th><th>十五</th></tr>
<tr><td colspan="2"></td><td rowspan="3">一类产业</td><td>6</td><td>38</td><td>41</td><td>45</td><td>49</td><td>54</td><td>59</td><td>64</td><td>69</td><td>75</td><td>81</td><td>87</td><td>93</td><td>100</td><td>107</td><td>114</td></tr>
<tr><td></td><td rowspan="2">二类产业</td><td>5</td><td>37</td><td>40</td><td>48</td><td>48</td><td>52</td><td>56</td><td>61</td><td>66</td><td>72</td><td>78</td><td>84</td><td>90</td><td>97</td><td>104</td><td>111</td></tr>
<tr><td rowspan="2">三类产业</td><td>4</td><td>36</td><td>39</td><td>47</td><td>47</td><td>51</td><td>55</td><td>60</td><td>65</td><td>70</td><td>76</td><td>82</td><td>88</td><td>94</td><td>101</td><td>108</td></tr>
<tr><td colspan="2"></td><td>3</td><td>35</td><td>38</td><td>46</td><td>46</td><td>50</td><td>54</td><td>59</td><td>64</td><td>69</td><td>74</td><td>80</td><td>86</td><td>92</td><td>98</td><td>105</td></tr>
<tr><td colspan="3"></td><td>2</td><td>34</td><td>37</td><td>45</td><td>45</td><td>49</td><td>53</td><td>58</td><td>63</td><td>68</td><td>73</td><td>78</td><td>84</td><td>90</td><td>96</td><td>102</td></tr>
</table>

1986 年安徽省国营企业干部工资标准（适用六类工资区）

表 3-1-2　　单位:元

等级＼序号	过渡	2	3	4
一	248	255	263	270
二	224	230	236	243
三	202	208	214	220
四	185	190	196	201
四副	177	182	188	193
五	170	175	180	185
五副	162	167	172	177
六	155	160	165	169
六副	148	152	157	161
七	141	145	150	154
七副	134	138	143	146
八	128	131	136	139
八副	121	124	129	132
九	115	118	122	125
九副	108	112	115	118
十	102	105	108	111
十副	96	98	101	104
十一	90	92	94	97
十一副	84	86	88	90
十二	78	80	82	84
十二副	73	74	76	78
十三	68	69	70	72
十三副	63	64	65	66
十四	58	59	60	61
十四副	53	54	55	56
十五	49	50	51	52
十五副	45	46	47	48
十六	41	42	43	44
十六副	37	38	39	40
十七	34	35	36	37

1986 年 10 月至 12 月的增资总额，按 1986 年 9 月末的国营企业职工每人每月 1.8 元控制，由同级企业工改办和劳动局核批到企业，同奖金一起使用。1987 年 1 月起，按 1986 年年末职工每人每月 1.8 元再次核批到企业。增资指标的使用，全省不再统一划“杠子”，由企业自主决定，可以给职工升级或浮动升级，可以在关键性的生产和工作岗位实行岗位津贴，可以与奖励基金合并发放奖金，也可以用于其他方面，但不得用于提高工资标准。用于升级或浮动升级时，可以把当年和历年结余的厂长 3% 晋级的升级指标合并使用，干部与工人升级面大体相当。增资时间从 1987 年 1 月起执行。

1987 年工资调整　1987 年 6 月，经省政府同意，省企业工资改革领导小组、省劳动局下发《关于一九八七年企业工资工作安排意见的通知》。主要解决 1985 年企业工资套改中存在的突出问题和部分中年专业技术人员工资偏低问题。

1985 年企业套改时，由于干部和工人采取不同的套级办法，造成干部与工人、非 8 级制与 8 级制工人之间套级工资水平的不平衡。对调整部分干部和非 8 级制工人的套改办法，制定《安徽省调整部分干部、工人套级升级对应表（见表3–1–3）》。凡1985年按原规定套级办法套级加升级低于表3–1–3调整后对应级水平的，重新套入表列对应的工资等级。

凡在1985年企业套改中受工程等级线限制而未升级的职工，现仍在原岗位工作的生产技术骨干，这次可以升一个副级。安排人均一元增资指标，解决个别经济效益好、对国家贡献大、奖励基金多、但因受1985年增资指标限制的老企业职工增资少的问题。此类企业的界定与增资指标的下达，由各地、市工改办公室提出，地、市人民政府审定；省属企业由省主管部门审定。下达给企业的增资指标，由企业制定升级方案并经职代会讨论通过后执行。增资时间从1987年7月1日起执行。

安徽省调整部分干部、工人套级升级对应表

表3-1-3　　　　单位：档

	工资标准名称	工资等级					
套改前部分干部工资等级	国家机关行政人员	18	19	20	21	22	23
	国家机关工程技术人员	9	10	11	12	13	14
	中专教学人员	7	8	9	10	11	12
	技工学校教师	6	7	8	9	10	11
	中学教员	4	5	6	7	8	9
	新小学教员	2	3	4	5	6	7
	卫生技术人员	11	12	13	14	15	16
	粮食企业管理人员	7	8	9	10	11	12
	地质行政技术人员	6	7	8	9	10	11
	建筑安装技术人员	11	12	13	14	15	16
	商业业务人员	2	3	4	5	6	7
套改后等级	国营企业干部	9副	10	11	11副	12	13
套改前执行商业营业人员工资标准的职工	原工资等级	3	4	5	6	7	8
	套改后工资标准	8	7	7副	6	5	4
套改前执行汽车司机工资标准的职工	原工资等级	1	2	3	4	5	—
	套改后工资标准	8副	7副	6副	5副	4副	—
套改前执行新拟干部工资标准的干部	原工资等级	16	17	18	19	20	—
	套改后工资标准	9副	10副	11副	12	13	—

安徽省注重着手解决部分中年专业技术人员工资偏低问题，重点解决讲师、主治医师、工程师以及相当职务人员中工资偏低而能胜任本职工作，起骨干作用，并做出一定成绩和贡献的中年专业技术人员。其中在1985年工资套改后，已按国家和省有关规定

提升过工资并且增资在一个正级及其以上的这次不调资。企业聘用的技师可参照上述原则办理。升级时一般升一个副级,个别突出偏低的升一个正级。升级执行时间,由企业根据负担能力自行决定。同年12月,安徽省作出规定,凡聘任或任命为高级专业技术职务的,工资低于企业干部工资标准9级以下的,按9级执行。其中取得优异成绩的高级工程师,工资低于6级的,提高到6级。聘任或任命中级职务的,工资低于10级副的,按10级副执行。聘任或任命初级职务的,其中助理级工资低于14级副的,分别按13级和14级副执行。受聘人员的工资,从聘任之月执行。

1988年工资调整　1988年8月,省政府办公厅转发《省劳动局、省经委、省财政厅关于搞活全民所有制企业工资分配的意见》文件,确定对全省实行浮动升级的原挂钩试点企业,浮动升级时间达两年以上的职工,经考核合格,转为固定工资级别(简称"浮动转固定")。范围是1987年年底前,经国家和省批准实行工效挂钩试点的企业中属于1988年7月底在册的固定职工(含合同制工人)。各地自行批准的试点企业是否参照执行,由各地、市人民政府决定。"浮动转固定"的幅度控制在一级以内。对未实行浮动升级办法的原试点企业,按照实行"浮动转固定"的平均水平,下达升级面,由企业提出升级条件和对象。上述"浮动转固定"和升级办法,由企业职代会讨论通过,报主管部门审查,同级劳动部门批准,从1988年8月起执行。安徽省有102户工效挂钩试点企业11.97万职工"浮动转固定"或升级。

1989年工资调整　根据《国务院批转劳动部、国家计委、财政部关于一九八九年国营企业工资工作和离退休人员待遇问题安排意见的通知》和《安徽省政府批转省劳动局等部门关于一九八九年国营企业工资工作和离退休人员待遇问题安排实施意见的通知》规定,提高企业职工的基本工资水平,工资调整实施办法是转(调)一级标准工资。对1987年以来实行浮动升级的企业,允许将平均一级浮动工资转为标准工资;没有安排浮动升级和实行计件工资等其他工资制的,参照上述原则调高一级标准工资或档案工资。范围是全民所有制企业中1989年9月末已定级的固定职工、合同制工人和计划内临时工。对1987年以来固定升级已达3级和3级以上者,这次不再增加标准工资。

转(调)实施方案由企业在国家核定的增资幅度内自主确定,征求工会意见并提交职代会讨论。企业增资方案经主管部门审查,同级劳动保障部门审批后,从1989年10月起执行;少数负担能力差或暂不具备调资条件的企业适当推后执行。

县以上集体所有制企业和经验收合格的新办集体企业,参照国营企业转(调)工资办理。列入调整范围的人员,限于经县以上劳动部门批准的1989年9月末在册并已定级的正式职工。执行安徽省1985年颁发工资标准的企业,转(调)一级标准工资的增资指标,按工资管理权限审批下达;自定企业工资标准的企业,先按国家规定予以调整,再按以上规定核定增资指标。资金来源,比照全民企业办法。其中对政策性亏损、微利企业安排职工增资确有困难的,按税收管理体制报经批准后,给予减税照顾。其他集体企业的工资调整，由各行署、市人民政府确定。

安徽省列入转（调）范围内的国营企业 4900 户，共 129.8 万职工，实际转（调）工资的 123.5 万人，人均月增资 12.4 元。转（调）工资的集体企业 1.37 万户共 93 万职工，人均月增资 11.3 元。

1990 年工资调整　1990 年，为进一步深化企业内部工资改革，国家和省不再统一部署企业职工调整工资，引导企业建立正常的职工晋级制度和工资标准浮动制度。同年 8 月，省劳动局制定《关于进一步深化企业内部工资改革的试行办法》，对建立正常的职工晋级制度、工资标准浮动制度作出具体规定。制定职工晋级制度。实行工效挂钩的企业，试行升级指标与本企业年度新增效益工资挂钩。当年新增工资增长幅度在 10% 以内的，新增工资每增长 1%，固定升级指标按 2% ~ 3% 计算；新增工资增长在 11% ~ 20% 的部分，固定升级指标按 1 ~ 2% 计算；新增工资增长在 20% 以上的部分，固定升级指标按 0.5% ~ 1% 计算。按上述比例计算当年固定升级面超过上年末已定级固定职工人数的 50% 时，当年只能使用 50% 升级面，超过部分的升级指标，结转下年使用。企业升级指标由各级劳动部门在结算工效挂钩当年应提取新增工资的同时下达。固定升级的对象、方法和时间安排由企业自主决定。但职工在一个年度内，固定升级（包括各种奖励升级）一般不超过一个正级。企业不论实行何种工资制度和分配形式，凡在劳动部门下达的固定升级指标内确定升级的职工，升级工资记入本人档案，作为调动工作重新评定工资和计发离退休费的依据。制定工资标准浮动制度。实行工效挂钩企业，试行工资标准与企业经济效益挂钩浮动。企业当年因经济效益提高，提取新增工资在 10% 以上，工资标准可从下年起上浮一个序号，新增工资连续两年增长在 10% 以上的，经同级劳动部门批准，上浮工资标准予以固定，并在此基础上继续浮动。但上浮标准的最高限额不得超过本产业最高工资标准的三个序号。企业经济效益下降和工资总额下浮时，上浮工资标准予以取销。

1991 年工资调整　1991 年 5 月，根据国务院《关于调整粮油统销价格的决定》、劳动部《关于调整企业职工工资标准的通知》及省政府《关于贯彻国务院〈关于调整粮油统销价格的决定〉的通知》规定精神，省劳动局下发《关于调整安徽省国营企业职工工资标准的通知》文件。安徽省规定粮油价格调整后，将企业职工各等级标准均提高六元。并调整了《安徽省国营企业工人工资标准》《安徽省国营企业干部工资标准》。此次工资标准调整后，纺织企业岗位工资标准，在安徽省规定的 1 ~ 5 岗工资标准基础上，均增加 6 元作为岗位工资标准。同时，相应调整一线运转工人计件工资单价。工效挂钩企业调整职工工资标准增资额，当年可据实在挂钩基数外单列，第二年核入挂钩工资总额基数。

1992 年工资调整　1992 年 3 月，省委下发《关于深化改革扩大开放加快经济发展若干问题的决定》。根据省委文件精神，6 月省劳动局制定《关于进一步深化企业劳动用工、工资分配、社会保险制度改革若干问题的意见》，进一步扩大企业工资分配自主权。改进企业工资总额管理办法,企业提取工资总额随经济效益的升降而上下浮动。实行工效挂钩的企业按照核定的工资总额和经济效益基数及浮动比例,确定企业工资总额提取数;不具备工效挂钩条件的企业可实行工资总额包干的办法,奖励基金随经济效益的增长按照有关规定提取。企业在使用工资基金时,不再履行报批手续,可根据生产需要自行确定发放数额,报当地劳动部门备案。企业在所提的工资总额范围内,根据本企业的生产经营特点和实际情况,有权决定企业内部分配形式,如:计件工资、计时工资、浮动工资、结构工资、岗位技能工资等;有权决定职工浮动升级、浮动标准、考工定级和固定晋级;有权建立各种津贴和补贴制度。

1993年工资调整　1993年4月,为贯彻落实省政府《安徽省全民所有制工业企业转换经营机制实施办法》,7月省劳动局制定《关于贯彻安徽省全民所有制工业企业转换经营机制实施办法的若干意见》。提出进一步扩大企业工资分配权,在坚持工资总额的增长幅度低于本企业经济效益增长幅度,职工实际平均工资增长幅度低于本企业劳动生产率增长幅度的前提下,有权自主决定使用应提取的工资总额。不同类型的企业提取工资总额的办法是:对实行工资总额同经济效益挂钩办法的企业,根据劳动、财政部门核定的工资总额基数、经济效益指标基数核挂钩浮动比例,按企业经济效益的实际情况提取工资总额,留足工资储备金后,可自主安排使用;经省、市人民政府批准实行"两不超过"办法的企业,其工资总额可自主确定并安排使用;对实行工资总额包干、奖金随企业留利浮动办法的企业,按劳动部门核定的工资总额包干数提取工资并自主使用,增人不增工资总额,减人不减工资总额;对长期经营亏损的企业,由劳动部门核定其年度工资总额计划,在计划数额内自主使用。企业按上述规定提取的工资总额,可根据其生产经营需要及职工劳动特点,自主决定工资制度、工资分配形式,有权制定和调整本企业职工工资标准和各类人员工资待遇。

1994年工资调整　1994年6月,省劳动、财政、经贸委等部门联合下发《关于深化企业工资改革适当解决职工工资问题的意见》。规定从1994年1月起,企业职工按照人均月增资50元以内核增企业工资总额,对已实行工效挂钩的企业,当年在挂钩工资总额基数外单列,从第二年起纳入挂钩工资总额基数;尚未实行工效挂钩办法的企业核增工资计划数。核准增加的工资总额由企业自主确定使用办法,可用于实行岗位技能工资等适合本企业特点的工资制度;也可用于调整职工工资标准,建立职工考核增资办法。同时,省劳动局修订了《安徽省地方企业职工工资标准(见表3-1-4)》供企业参考使用。此次调资,企业根据实际承受能力逐步兑现,有承受能力的企业可一次兑现。

安徽省地方企业职工工资标准

表 3-1-4 单位:元

等级	标准\序号	1	2	3	4	5	6	7
26	正	703	711	720	729	738	747	756
	副	686	694	703	713	721	730	739
25	正	669	677	686	697	705	714	722
	副	653	660	670	681	689	698	706
24	正	637	644	654	665	673	682	690
	副	621	628	638	649	657	666	674
23	正	605	612	622	633	641	650	658
	副	589	596	606	617	625	634	642
22	正	573	580	590	602	609	618	626
	副	558	565	575	587	594	602	610
21	正	543	550	560	572	579	586	594
	副	528	535	545	557	564	570	578
20	正	513	520	530	542	549	555	563
	副	498	505	515	527	534	540	548
19	正	483	490	500	512	519	525	533
	副	468	475	485	497	504	510	518
18	正	454	460	470	482	489	495	503
	副	440	446	455	467	474	480	488
17	正	426	432	440	452	459	465	473
	副	412	418	425	437	444	450	458
16	正	398	404	411	422	429	435	443
	副	384	390	397	407	414	420	428
15	正	370	377	383	392	399	405	413
	副	357	364	369	378	385	390	398
14	正	345	351	356	365	371	376	384
	副	334	339	344	352	358	363	371
13	正	323	328	333	340	346	351	359
	副	313	318	323	329	335	340	348

续表 3-1-4

等级	标准＼序号	1	2	3	4	5	6	7
12	正	304	309	314	319	325	330	338
	副	296	301	305	310	316	321	328
11	正	288	293	296	301	307	312	319
	副	280	285	288	293	298	303	310
10	正	272	277	280	285	290	294	301
	副	264	269	272	277	282	286	292
9	正	257	261	264	269	274	278	283
	副	250	253	256	261	266	270	274
8	正	243	246	249	253	258	262	266
	副	236	239	242	245	250	254	258
7	正	229	232	235	238	242	246	250
	副	222	225	228	231	234	238	242
6	正	215	218	221	224	227	230	234
	副	208	211	214	217	220	223	226
5	正	201	204	207	210	213	216	218
	副	195	197	200	203	206	209	211
4	正	189	191	194	197	199	202	204
	副	183	185	188	191	193	195	197
3	正	177	179	182	185	187	189	191
	副	172	174	176	179	181	183	185
2	正	167	169	171	173	175	177	179
	副	162	164	166	168	170	172	174
1		157	159	161	163	165	167	169

1995 年工资调整　1995 年 9 月，经省政府同意，按每人每月 50 元标准，对安徽省企业职工实行工资性补贴，增资额在企业成本中列支。对 1995 年工效挂钩的企业在核定的工资总额基数外单列，1996 年予以调整挂钩工资总额基数。企业根据本单位经营状况，逐步兑现职工工资性补贴。

1996 年工资调整　1996 年 10 月，经省政府同意，可按每人每月增加 40 元标准，对安徽省企业职工实行工资补贴。实行工效挂钩等办法的企业，增资额可在核定的工资总额外单列，调整下一年工资总额基数。这次增加工资补贴，由各行署、市人民政府结合本地企业承受能力确定兑现时间。

1999年工资调整　根据《国务院办公厅转发劳动保障部等部门关于做好提高三条社会保障线水平等有关工作意见的通知》和《安徽省政府办公厅转发省劳动厅等部门关于做好提高三条社会保障线等有关工作的实施意见》，1999年7月安徽省调整全省企业在职职工工资水平。此次增资水平主要根据企业经济效益状况确定。对实现税利较上年增长的企业，可按每人每月100元左右水平增加职工工资；实现税利有明显增长的，按照“两低于”原则，增资水平可适当高一些；微利企业和已减亏的企业，在不出现亏损或不增加亏损的前提下，按每人每月80元左右水平增加工资，一般不低于60元。实行工效挂钩、“两低于”以及工资总额包干浮动办法的企业，增资总额经同级劳动、财政、税务部门核准后，1999年在挂钩工资总额基数外单列，2000年根据企业经济效益预期增长情况，全部或部分核增挂钩工资总额基数。这次增资，有条件的企业可一步兑现，暂不具备条件的企业可分步兑现。同时，省劳动厅修订了《安徽省企业职工工资标准（见表3-1-5）》供企业参考使用。

安徽省企业职工工资标准

表3-1-5　　　　　　　　　　　　　　　　　　　　　　单位:元

等级 \ 标准 \ 序号		1	2	3	4	5	6	7
32	正	1019	1027	1036	1045	1054	1063	1072
	副	1000	1006	1017	1026	1035	1044	1053
31	正	981	989	998	1007	1016	1025	1034
	副	962	970	973	988	997	1006	1015
30	正	943	951	960	969	978	987	996
	副	925	933	942	951	960	969	978
29	正	907	915	924	933	942	951	960
	副	889	897	906	915	924	933	942
28	正	871	879	888	897	906	915	924
	副	854	862	871	880	889	898	907
27	正	837	845	854	863	872	881	890
	副	820	828	837	846	855	864	873
26	正	803	811	820	829	838	847	856
	副	786	794	803	813	821	830	839
25	正	769	777	786	797	805	814	822
	副	753	760	770	781	789	798	806

续表 3-1-5

等级 \ 标准 \ 序号		1	2	3	4	5	6	7
24	正	737	744	754	765	773	782	790
	副	721	728	738	749	757	766	774
23	正	705	712	722	733	741	750	758
	副	689	696	706	717	725	734	742
22	正	673	680	690	702	709	718	726
	副	658	665	675	687	694	702	710
21	正	643	650	660	672	679	686	694
	副	628	635	645	657	664	670	678
20	正	613	620	630	642	649	655	663
	副	593	605	615	627	634	640	646
19	正	583	589	600	612	619	625	633
	副	566	575	585	597	604	610	618
18	正	554	560	570	582	589	595	603
	副	540	546	555	567	574	580	588
17	正	526	532	540	552	559	565	573
	副	512	518	525	537	544	550	558
16	正	498	504	511	522	529	535	543
	副	484	490	497	507	514	520	528
15	正	470	477	483	492	499	505	513
	副	457	464	469	478	485	490	498
14	正	445	451	456	465	471	476	408
	副	434	439	444	452	458	463	471
13	正	423	428	433	440	446	451	459
	副	413	418	423	429	435	440	448
12	正	404	409	414	419	425	430	438
	副	396	401	405	410	416	421	428
11	正	388	393	396	401	407	412	419
	副	380	385	388	393	398	403	410
10	正	372	377	380	385	390	394	401
	副	364	369	372	377	382	386	392

续表 3–1–5

等级		1	2	3	4	5	6	7
9	正	357	361	364	369	374	378	383
	副	350	353	356	361	366	370	374
8	正	343	346	349	353	358	362	366
	副	336	339	342	345	350	364	358
7	正	329	332	335	338	342	346	350
	副	322	325	328	331	334	338	342
6	正	315	318	321	324	327	330	334
	副	303	311	314	317	320	323	326
5	正	301	304	307	310	313	316	318
	副	295	297	300	303	306	309	311
4	正	289	291	294	297	299	302	304
	副	283	285	288	291	293	295	297
3	正	277	279	282	285	287	289	291
	副	272	274	276	279	281	283	285
2	正	267	269	271	273	275	277	279
	副	262	264	266	268	270	272	274
1		257	259	261	263	265	267	269

（表头斜线：标准　序号）

说明：执行倒级差的特一、特二、特三等标准的人员可分别套入 27、28、29 级等工资标准。

2000 年工资调整　2000 年 7 月，为贯彻落实省委、省政府《关于认真贯彻党的十五届四中全会〈决定〉加快国有企业改革和发展的若干实施意见》，省劳动保障厅、经贸委、财政厅、地税局下发《关于进一步深化企业工资分配制度改革的意见》，提出为建立和完善符合市场经济发展要求的工资分配调控体系，国家对企业实行“市场机制调节、企业自主分配、职工民主参与、国家监控指导”的工资分配宏观调控政策，指导企业在生产发展、效益提高的基础上，自主合理确定各类人员的工资关系和工资增长水平。

工效挂钩　根据国务院《关于国营企业工资改革问题的通知》规定，从 1985 年开始，在国营大中型企业中，实行职工工资总额同经济效益按比例浮动的办法（简称：工效挂钩，下同）。工效挂钩办法的核心内容是合理核定企业“工资总额基数、经济效益指标基数和挂钩浮动比例”。工资总额基数的核定一般以企业上年度劳动工资统计年报中的工资总额为基础，减去不合理的增资因素，加上合理的增资因素；经济效益指标基数是以企业上年度财务会计决算数为基数进行核定。如果上年实际财务决算数低于前三年或前两年平均实际完成数的企业，可参考前三年或前两年平均实际完成数，并结合企业实际情况核定；浮动比例核定的原则是：企业工资总额增长应低于经济效益增长，职工实际工资水平增长应低于劳动生产率增长。挂钩浮动比例一般控制在1:0.3～1:0.7的幅度内，即挂钩效益指标比基数增长1%，工资总额基数增长0.3%～0.7%。少数挂钩经济效益指标基数低、增长潜力大的企业，其浮动比例可低于1:0.3，少数经济效益好、增长潜力小的企业，其浮动比例可高于1:0.7，但最高不得超过1:1。企业经济效益指标下浮时，工资总额也要按比例相应下浮。为保证职工的基本生活，下浮幅度最多不超过核定的工资总额基数的20%。企业实行工效挂钩浮动办法后，除国家规定必须安排的大中专毕业生、复员退伍军人、转业干部所需增加的工资外，原则上增人不增工资总额，减人不减工资总额。对于新建、扩建必须增人增资的，在调整下一年工资总额基数的同时，要合理调整经济效益指标基数。

1986年安徽省劳动局、财政厅批准皖北煤炭工业公司实行吨煤工资含量包干。吨煤工资含量核定为13.39元。1987年批准蚌埠、淮南、淮北、安庆4市自来水公司实行千吨售水工资双挂钩，吨售水工资含量分别核定为：12.35元、10.25元、23.00元和13.63元。省烟草公司所属蚌埠、芜湖、合肥、滁州阜阳卷烟厂实行工资、奖金同实现税利双挂钩。在3年试点过程中，由于原材料价格上涨、市场变化等情况，先后有嘉山明光酒厂、马鞍山橡胶厂等19家企业退出试点，其余66家通过试点，调动了企业和职工的积极性，提高了经济效益。各项经济指标均高于未实行工效挂钩的企业。上缴税利年平均增长5.8%，高于省预算内工业企业1.6个百分点。劳动生产率平均增长8.2%，高于全省工业企业1.5个百分点。新增效益工资年人均为236元。1986年，国务院工资制度改革小组、劳动人事部、财政部核定安徽省工效挂钩试点企业为40家。上缴税利基数13256.99万元；工资总额基数为6030.76万元；挂钩比例为1:0.65。1987年，安徽省经国家和省批准的工效挂钩试点企业70家，职工11.4万人，约占安徽省全民所有制企业总户数的0.4%和职工总数的7.1%。

1988年8月省政府办公厅先后转发、下发《省经委、省财政厅、省劳动局关于搞活全民所有制企业工资分配的意见》、《加快推行企业工资总额同经济效益挂钩的通知》，到1988年底，全省经批准进行工效挂钩的地方全民所有制企业已达834户（含百元产值工资含量包干企业），占全省地方全民所有制企业总数的15%；挂钩企业的职工人数为66.28万人，占全省地方全民所有制企业职工总人数的43.28%。另外，尚有47户集体所有制企业参照地方全民所有制企业办法，实行了工效挂钩。全民企业实行工效挂钩后，经济效益有了较大幅度增长，各项主要经济指标均高于未挂钩的全民企业。1988年与1987年相比：工业总产值，挂钩企业增长23.25%，未挂钩企业下降7.52%；劳动生产率，挂钩企业增长19.86%，未挂钩企业下降14.26%；销售收入，挂钩企业增长28.9%，未挂钩企业增长28.45%；上交利润，挂钩企业增长9.7%，未挂钩企业增长9.3%。1989年，实行工效挂钩的企业进一步扩大，全省经批准工效挂钩的地方全民所有制企业达1551户，职工人数为83.08万人，分别占地方全民所有制企业总户数和总人数的36.47%和51.37%。企业的挂钩形式除以工资总额与实现税利和工资总额与上缴税利挂钩形式为主外，其他挂钩形式也呈多样化。其中，与实现税利挂钩的企业有782户，职工人数39.73万人，分别占挂钩企业和职工总数的50.42%与47.82%；与上缴税利挂钩的企业有317户，职工人数16.44万人，分别占挂钩企业和职工总数的20.4%与19.79%；实行其他挂钩形式的企业户数、职工人数所占总数的比重较小。

1990年，根据国务院批转劳动部、财政部、国家计委《关于进一步改进和完善企业工资总额同经济效益挂钩意见的通知》精神，省政府转发省劳动局等部门《关于国营企业工资总额同经济效益挂钩实施意见的通知》，决定在全省地方全民所有制预算内外企业普遍推进企业工资总额同经济效益挂钩工作，并完善了工效挂钩办法。

工效挂钩主要形式。工资总额与上缴税利挂钩、工资总额与实现税利或实现利润挂钩、工资总额同产品销售量和上缴税利或实现税利“双挂钩”、工资总额同实物工作量和上缴税利或实现税利“双挂钩”、工资总额同技术改造任务上缴税利指标“双挂钩”。1991年企业效益普遍下降，亏损企业增多，对实行承包亏损目标包干的企业，可实行工资总额与亏损包干目标任务挂钩。

新挂钩企业工资总额基数的核定。原则上以上年劳动工资统计年报数为基数，结合财务决算会计报表中的工资总额加以核定。同时，减去实发的各种奖金，补发上年的工资自行规定的各种津贴、补贴，以及书报费、洗理费等不属于工资总额范围的项目，加上上年按国家规定增加工资影响到当年的翘尾工资和历年结余的厂长3%奖励晋级增资。还要加上按国家规定在企业留利中计提的人均四个半月标准工资的奖励基金。加班工资核定的原则是：三班制连续生产的企业，按不超过职工标准工资总额的8%；二班制连续生产的企业，按不超过职工标准工资总额的5%；其他企业按不超过职工标准工资总额的2%。

经济效益指标基数的核定。以上年实际财务决算数为基础进行核定。如果上年实际财务决算数低于前三年或前两年平均实际完成数的企业，可参考前三年或前两年平均实际完成数，并结合企业实际情况核定。对实行“双挂钩”企业其上缴税利或实现税利所占复合挂钩指标浮动比例的比重分别不得低于30%或50%。

已挂钩企业指标调整。按定比办法核定的企业，工资总额基数和经济效益指标基数按挂钩第一年的基数加以核定；按环比办法核定的企业，经济效益指标基数按上年实绩核定，工资总额基数以上年核定的基数加上新增效益工资进行核定；对实行限额环比办法挂钩的企业，当年的工资按照核定的基数、比例和实际完成的经济效益指标计提，但核定下一年度基数时，控制在一定的限额内，超过限额部分不再核入基数。对复员退伍军人、转业干部和大中专、技校毕业生，当年按实发在工资总额基数外单列，第二年按上年单列数加翘尾数核入工资总额基数。对列入国家和省新建项目正式投产后，按批准的计划内实际人员增加工资总额基数。同时，合理核增挂钩经济效益指标基数。企业之间城建制划入或划出时，工资总额和经济效益指标数按上年数如数划转。

挂钩新增效益工资提取。挂钩企业新增效益工资采取分段递减办法，新增效益工资比工资总额基数增长15%以内（含15%）的部分，可全部提取；增长15%至25%（含25%）的部分，最高提取60%；增长25%至35%（含35%）的部分，最高提取40%；增长35%至45%（含45%）的部分，最高提取20%；增长45%以上部分，最高只能提取10%。

挂钩浮动比例核定。企业工资总额的增长应低于经济效益的增长，职工实际工资水平的增长应低于劳动生产率的增长。挂钩的浮动比例一般按1:0.3～0.7核定。少数特殊的企业，其浮动比例经批准可适当提高，但最高按低于1:1核定。工资总额基数大于税利基数的企业，采用经济效益指标增长一定比例、新增效益工资增加一定绝对数限额增长的办法。

1990年和1991年，全省实行工效挂钩的企业分别为1559家和1976家，占全省全民企业的33.66%和46.25%；职工人数分别为84.58万人和97.83万人，占全部职工总数的52.18%和60.49%。

根据国务院1992年《转换企业经营机制暂行条例》和省劳动局《进一步深化企业劳动用工、工资分配、社会保险制度改革若干问题的意见》，省企业工改办、劳动局、财政厅出台《关于改进与完善全民所有制工效挂钩办法的若干意见》。提出地方全民所有制预算内、外企业均应实行工效挂钩办法，对不具备条件的，实行工资总额包干办法或其他工资总量调控形式。对政策性亏损企业，可实行工资总额与减亏额指标挂钩，新增效益工资提取按减亏额的一定比例（低于减亏额的50%）实行绝对额分成办法。对工资总额基数大于实现税利基数的微利企业，新增效益工资按按新增利润的一定比例（低于新增利润的50%）实行绝对额分成办法。实行工效挂钩企业按照“上不封顶，下不保底”的原则，新增工资提取，不再执行分段递减办法，同时，取消下浮工资不超过核定工资总额基数20%的规定。1992年9月，出台《安徽省城镇集体所有制企业工资总额同经济效益挂钩的具体实施办法》。

1992年年底，安徽省实行工效挂钩的企业共2226家，职工102万人，分别占全省全民企业户数和职工人数的52.3%和63%。

1993年，省劳动局在芜湖、铜陵两市选择部分企业试行“两低于”工资总量调控办法，即：工资总额增长幅度低于本企业经济效益增长幅度，职工实际平均工资增长幅度低于本企业劳动生产率增长幅度。企业自主确定并提取工资总额。

1995年安徽省劳动、财政部门联合下发《关于继续做好企业工效挂钩工作及有关问题的通知》。1996年起，凡实行工效挂钩的企业都要将国有资产保值增值作为否定指标，年末完不成任务，不得提取新增效益工资。1997年起，对企业工资总额基数大于实现利润基数的企业采取按照新增利润的一定比例办法计提新增效益工资。提取比例按20%～40%掌握，最多不超过50%。与减亏指标挂钩的企业，比照这一规定计提新增工资。同时，结合安徽省工资水平偏低的实际，将工效挂钩企业新增工资由原分四段递减提取工资调整为两段递减提取工资，即：对挂钩企业新增效益工资较工资总额基数增长在25%以内的全部提取，超过25%以上部分减半提取（提取50%工资）。

1998年，安徽省在省直外贸进出口公司试行工资总额同出口收汇额和净实现利润"双挂钩"浮动办法（见附表3-1-6）。挂钩效益指标中的出口收汇额，以外管局提供的一般贸易现汇核销单为依据，净实现利润是企业实现利润总额中扣除按出口收汇额提取工资后的实现利润。

1998年安徽省直进出口企业按出口收汇、净实现利润和非进出口企业实现利润分档提取工资表

表3-1-6

档次	出口收汇额提取工资		实现利润提取工资		非进出口企业实现利润提取工资	
	年人均出口收汇额（万美元）	年人均工资（万元）	年人均实现利润（万元）	年人均工资（万元）	年人均实现利润（万元）	年人均工资（万元）
1	70万元以上	2	10万元以上	2	3万以上	1.5
2	60–70	1.8	6–10	1.8	2–3	1.4
3	50–60	1.6	5–6	1.6	1.2–2	1.3
4	40–50	1.4	4–5	1.4	0.8–1.2	1.2
5	30–40	1.2	3–4	1.2	0.4–0.8	1.1
6	25–30	1	2–3	1	0–0.4	1
7	20–25	0.8	1.2–2	0.8	亏损	0.7
8	15 ~ 20	0.7	0.8–1.2	0.7		
9	10–15	0.6	0.4–0.8	0.6		
10	5–10	0.5	0–0.4	0.5		
11	5万元以下	0.35				

1999年11月，对省直外贸公司工资增长办法进行修订，规定对增加亏损的企业，只提取人均收汇工资，人均年工资提取不足0.7万元的，按0.7万元提取。减少亏损的企业，人均减亏额在2万元以下的，出口收汇、减亏额两项工资提取合计不足0.75万元的，可按0.75万元提取；人均减亏额在2万元以上的，出口收汇、减亏额两项工资提取合计不足0.8万元的，可按0.8万元提取。

2002年12月，对省直进出口企业年人均实现利润和非进出口企业对应的年人均工资进行调整，每个档次增加0.2万元。规定对增加亏损的企业，只提取人均收汇工资，人均年工资提取不足0.9万元的，按0.9万元提取。减少亏损的企业，人均减亏额在2

万元以下的，出口收汇、减亏额两项工资提取合计不足0.95万元的，可按0.95万元提取；人均减亏额在2万元以上的，出口收汇、减亏额两项工资提取合计不足1万元的，可按1万元提取。“双挂钩”其他办法不变。

2003年，为鼓励安徽省外贸企业出口，根据省政府办公厅批复意见，大幅调整了省直进出口企业按出口收汇、净实现利润和非进出口企业实现利润分档标准。

1998年到2005年期间，除外贸进出口企业实行工资总额与出口收汇、净实现利润双挂钩外，其他企业工效挂钩政策基本未作大的调整。

第二节　宏观调控

工资指导线　2000年年底，安徽省劳动保障部门出台《安徽省企业工资指导线试行办法》。工资指导线的制定以劳动保障行政部门为主，并征求省政府有关部门、工会、企业联合会意见，经省政府批准，报劳动保障部审核。工资指导线水平主要依据全省本年度经济增长率、社会劳动生产率、城镇居民消费价格指数，结合城镇就业状况、企业人工成本水平等相关因素测算确定。工资指导线包括本年度企业工资水平增长基准线、上线、下线。

企业工资指导线由省劳动保障厅每年发布一次（见表3–1–7），各市不再另行制定工资指导线。企业根据经济效益，在工资指导线所规定的下线和上线区间内，围绕基准线进行工资分配。工资指导线从2001年实施以来，为企业合理确定工资水平和工资增长幅度，开展工资集体协商提供重要依据。

2001—2005年工资指导线发布情况表

表3–1–7

	上线（%）	基准线（%）	下线
2001年	15	9	零增长或负增长
2002年	18	13	零增长或负增长
2003年	17	12	零增长或负增长
2004年	18	13	零增长或负增长
2005年	18	13	零增长或负增长

劳动力市场工资指导价位　2000年，省劳动厅下发《关于建立劳动力市场工资指导价位制度的工作规划》，要求各市每年按照国家统一规定和要求，定期对各类企业中的不同职业（工种）工资水平进行调查分析，制定有关职业（工种）高位数、中位数和低位数三档工资指导价位，向社会发布。调查一般采取抽样调查方法，调查职业（工种）根据当地产业结构确定，调查企业应覆盖各类企业。

劳动力市场工资指导价位由各市劳动行政部门进行数据采集、整理及发布。安徽省劳动力市场工资指导价位工作，1999年首先在合肥、芜湖两市开展试点工作。2000年在合肥、蚌埠、芜湖、马鞍山、淮北5市逐步试行，2001年安徽省劳动力市场工资指导价位工作,扩大到地级以上中心城市。2005年,省劳动保障厅下发《关于进一步加强劳动力市场工资指导价位制度建设有关问题的通知》,要求各地对国家规定的须持职业资格证书就业的90个工种（职业）,按照技术等级分别确定高、中、低工资指导价位,为企业确定高技能人才工资水平提供参考依据。到2005年年底,安徽省有12个地级市建立劳动力市场工资指导价位制度。

安徽省自建立劳动力市场工资指导价位以来,各市发布的职业(工种)数逐年增多,发布的范围逐步扩大。合肥市发布工资指导价位工种（职位）数由2000年17个职业（工种），2004年增加到110个职业（工种）。淮北市从2004年开始,建立部分新员工工资价位,为新参加工作的大中专毕业生初始工资的确定提供参考依据。

2000—2005年合肥市部分职位（工种）劳动力市场工资指导价位情况表

表3–1–8

<table>
<tr><th colspan="3">职位（工种）</th><th>高位数
（元/人年）</th><th>中位数
（元/人年）</th><th>低位数
（元/人年）</th></tr>
<tr><td rowspan="8">财务经理</td><td rowspan="3">2000年</td><td>高级</td><td>32200</td><td>18600</td><td>10500</td></tr>
<tr><td>中级</td><td>21000</td><td>11000</td><td>5300</td></tr>
<tr><td>初级</td><td>17400</td><td>7400</td><td>4400</td></tr>
<tr><td colspan="2">2001年</td><td>28300</td><td>13200</td><td>6300</td></tr>
<tr><td colspan="2">2002年</td><td>28800</td><td>13700</td><td>6800</td></tr>
<tr><td colspan="2">2003年</td><td>31100</td><td>15100</td><td>7500</td></tr>
<tr><td colspan="2">2004年</td><td>36600</td><td>17800</td><td>8800</td></tr>
<tr><td colspan="2">2005年</td><td>42100</td><td>20500</td><td>10300</td></tr>
<tr><td rowspan="8">销售和营销经理</td><td rowspan="3">2000年</td><td>高级</td><td>39400</td><td>12500</td><td>7700</td></tr>
<tr><td>中级</td><td>25200</td><td>10200</td><td>5000</td></tr>
<tr><td>初级</td><td>16500</td><td>8100</td><td>4400</td></tr>
<tr><td colspan="2">2001年</td><td>33000</td><td>14000</td><td>7100</td></tr>
<tr><td colspan="2">2002年</td><td>46200</td><td>14500</td><td>7600</td></tr>
<tr><td colspan="2">2003年</td><td>48400</td><td>16000</td><td>8400</td></tr>
<tr><td colspan="2">2004年</td><td>57000</td><td>18800</td><td>9900</td></tr>
<tr><td colspan="2">2005年</td><td>62700</td><td>21600</td><td>11400</td></tr>
<tr><td rowspan="2">计算机工程师</td><td rowspan="2">2000年</td><td>中级</td><td>29700</td><td>16300</td><td>7500</td></tr>
<tr><td>初级</td><td>18300</td><td>9400</td><td>4900</td></tr>
<tr><td>计算机软件技术人员</td><td colspan="2">2001年</td><td>54800</td><td>34000</td><td>13400</td></tr>
</table>

续表 3-1-8

职位（工种）			高位数（元 / 人年）	中位数（元 / 人年）	低位数（元 / 人年）
打字员	2000 年	中级工	15600	8600	4600
		初级工	10000	6100	4100
	2001 年		20300	9900	5100
	2002 年		20800	10400	5600
	2003 年		17700	9200	5800
	2004 年		18100	9700	6200
	2005 年		17900	9800	6400
营业员	2000 年	高级工	17700	8500	4900
		中级工	14300	6300	4400
		初级工	10800	5200	3800
	2001 年		11100	7000	4400
	2002 年		15200	7500	4900
	2003 年		15800	7900	5400
	2004 年		17300	9400	5900
	2005 年		19500	12400	6600
餐饮服务员	2000 年	高级工	11200	8900	5600
		中级工	9600	6500	4600
		初级工	8500	5300	4100
	2001 年		11700	6000	4500
	2002 年		15000	6500	4500
	2003 年		15100	7200	5000
	2004 年		16400	8400	5200
	2005 年		18100	9200	5700
客房服务员	2000 年	高级工	10000	8700	5400
		中级工	9500	6600	4600
		初级工	9100	5300	4300
	2001 年		10400	7900	4700
	2002 年		10900	8400	5200
	2003 年		12000	8800	5500
	2004 年		12700	8900	5600
	2005 年		12800	9400	6200

续表 3-1-8

职位（工种）			高位数（元/人年）	中位数（元/人年）	低位数（元/人年）
锅炉操作工	2000 年	高级工	13500	10200	5700
		中级工	10800	8400	5600
		初级工	8300	6100	4000
	2001 年		13500	9400	6500
	2002 年		14000	9900	7000
	2003 年		14200	10100	7400
	2004 年		17500	11200	7700
	2005 年		16300	12400	8500
车工	2000 年	高级工	17300	10400	5800
		中级工	15000	8700	4800
		初级工	13600	6700	4000
	2001 年		14300	8700	5800
	2002 年		14800	9200	6300
	2003 年		15300	9500	6700
	2004 年		19500	10400	7300
铸造工	2000 年	高级工	25200	14200	9000
		中级工	21000	8800	7400
		初级工	11000	5400	4800
	2002 年		14200	8900	6000
	2003 年		14700	9100	6200
	2004 年		15900	9800	6200
焊工	2000 年	高级工	19000	10900	5400
		中级工	15900	8900	4100
		初级工	13700	7800	3800
	2001 年		14000	9600	5800
	2002 年		14500	10100	6300
	2003 年		14800	10100	6500
	2004 年		17800	11000	7300
机修钳工	2001 年		14300	9300	5200
	2002 年		14800	9800	5700
	2003 年		17500	10300	6500
	2004 年		17900	11100	7100

续表 3-1-8

职位（工种）			高位数（元／人年）	中位数（元／人年）	低位数（元／人年）
汽车修理工	2000 年	高级工	17400	10900	5200
		中级工	16500	8000	4900
		初级工	14200	5600	3800
	2001 年		16800	10600	5600
	2002 年		17300	11100	6100
	2003 年		18100	11900	6900
	2004 年		18700	12300	7200
维修电工	2000 年	高级工	21500	10500	5300
		中级工	15600	8300	5000
		初级工	14000	6700	4400
	2001 年		14100	9300	5000
	2002 年		14600	9800	5700
	2003 年		15300	10400	6400
	2004 年		16900	11800	7500
混凝土工	2000 年	高级工	14100	9800	5000
		中级工	11300	7500	4300
		初级工	9600	6200	4100
	2001 年		13000	10100	8400
	2002 年		13500	10600	8500
	2003 年		11900	8700	5900
	2005 年		16700	11500	7200
机动车驾驶员	2000 年	技师	36000	12500	6100
		高级工	23500	11300	6000
		中级工	20700	9100	5400
		初级工	18000	6900	4500
汽车驾驶员	2001 年		19100	9700	5300
	2002 年		21100	10200	5800
	2003 年		21900	10800	6700
	2004 年		22300	12500	7800
	2005 年		25700	13900	8400

最低工资标准 1994 年 12 月，安徽省政府颁布《安徽省最低工资规定》，并于 1995 年 1 月发布月最低工资标准。2003 年 7 月，安徽省建立非全日制用工小时最低工资制度，同年，省劳动保障厅发布了小时最低工资标准。

最低工资标准的确定，依据本地劳动者及其赡养人口的最低生活费用、社会平均工资、劳动生产率、城镇就业状况和经济发展水平等因素确定。最低工资标准的确定方案，由省劳动保障部门会同省总工会、省企业联合会研究拟定，并报送劳动保障部审核后，报省政府批准。

最低工资标准一般采取月最低工资标准和小时最低工资标准的形式。月最低工资标准适用于全日制就业劳动者，小时最低工资标准适用于非全日制就业劳动者。小时最低工资标准是在月最低工资标准的基础上，考虑单位应缴纳的基本养老保险费和基本医疗保险费因素，同时，考虑非全日制在工作稳定性、劳动条件和劳动强度、福利等方面与全日制就业人员之间的差异。其计算公式为：小时最低工资标准 =[（月最低工资标准 ÷20.92 天 ÷8 小时）×（1+ 0.3）]×（1+0.4）

按国家统计局规定列入工资总额统计的各项工资收入，均属于最低工资组成部分。1994 年 12 月颁布的《安徽省最低工资规定》中规定，劳动者加班加点工资；中班、夜班、高温、低温、井下、有毒有害等特殊工作环境、条件下的津贴；国家法律、法规和政策规定的劳动者保险、福利待遇以及通过伙食、住房等方式补贴给劳动者的非货币性收入不包括在最低工资之内。随着社会保障制度的发展完善，原来完全由国家、企业负担的社会保险部分逐步改变为企业、个人共同承担，2004 年 3 月，劳动保障部调整了最低工资组成部分，将职工个人缴纳的社会保险费和住房公积金纳入最低工资组成部分。安徽省也按上述规定，在调整最低工资标准时，也将职工个人缴纳的社会保险费和住房公积金纳入最低工资组成部分。

劳动者提供正常劳动的情况下，用人单位支付给劳动者工资不得低于当地最低工资标准。但由于本人原因在法定工作时间内未提供正常劳动的，不适用最低工资规定；劳动者依法享受带薪年休假、探亲假、婚丧假、生育（产）假、节育手术假等国家规定的假期间以及依法参加社会活动期间，用人单位应依法支付工资；濒临破产进行法定整顿，或者生产经营状况发生严重困难的用人单位，经批准可暂不执行最低工资规定（原则上不超过一年），但按不低于本地区最低工资标准的 70% 发给劳动者基本生活费。

根据《安徽省最低工资规定》及劳动保障部《最低工资规定》有关规定，当劳动者及其赡养人口的最低生活费用、城镇居民消费价格指数、职工个人缴纳的社会保险费和住房公积金、职工平均工资、经济发展水平、就业状况等相关因素发生变化时，应适时调整最低工资标准。到 2005 年年底，安徽省最低工资标准从 1995 年制定以来，先后调整了 5 次（见表 3-1-9）。与此同时，非全日制用工小时最低工资每年随月最低工资标准同时调整（见表 3-1-9、3-1-10）。

1995—2004 年安徽省辖市月最低工资标准

表 3-1-9　　单位：元

	1995 年 1 月	1998 年 1 月	2000 年 7 月	2001 年 1 月	2002 年 7 月	2004 年 10 月
合肥	198	240	310	340	370	410
马鞍山	180	220	290	320	350	390

续表 3-1-9

	1995 年 1 月	1998 年 1 月	2000 年 7 月	2001 年 1 月	2002 年 7 月	2004 年 10 月
淮北	180	220	290	320	350	390
淮南	180	220	280	310	340	390
芜湖	180	220	290	320	350	370
铜陵	162	200	280	310	340	370
蚌埠	180	220	280	320	350	370
滁州	180	220	280	310	340	370
巢湖	180	220	280	310	340	370
宣城	180	220	280	310	340	360
池州	180	220	280	310	340	370
安庆	180	200	280	310	340	360
黄山	180	220	280	310	340	360
亳州	/	/	280	310	340	360
宿州	180	220	280	310	340	360
阜阳	180	220	290	320	350	370
六安	180	220	280	310	340	360

说明:2005 年安徽省最低工资标准未作调整

2003—2004 年安徽省辖市小时最低工资标准

表 3-1-10　　单位:元

	2003 年 7 月	2004 年 10 月
合肥	4.00	4.50
马鞍山	3.80	4.20
淮北	3.80	4.20
淮南	3.70	4.20
芜湖	3.80	4.00
铜陵	3.70	4.00
蚌埠	3.80	4.00
滁州	3.70	4.00
巢湖	3.70	4.00
宣城	3.70	3.90
池州	3.70	4.00

续表 3-1-10

	2003年7月	2004年10月
安庆	3.70	3.90
黄山	3.70	3.90
亳州	3.70	3.90
宿州	3.70	3.90
阜阳	3.80	4.00
六安	3.70	3.90

说明:2005年安徽省小时最低工资标准未作调整

第三节 特定人员工资

合同制工人 1986年11月,安徽对合同制工人的工资待遇确定为,从事技术工种的,培训期为两年,第一年为每月29元（不含副食品补贴,下同）,第二年每月33元。

1989年10月,结合企业转调工资,安徽省合同制工人的待遇和定级水平作了调整。从事技术工种的,第一年生活补贴每月40元,第二年每月45元;定级工资一般不超过3级,少数优秀的不超过4级副;从事普通工种的,定级工资不超过3级副;从事专业性手工操作的码头搬运、装卸等繁重工种的不超过4级副;矿山井下采掘、掘进、巷修工人定级不超过5级,井下运输、机电、通风以及冶金、机械等行业的高温岗位工人定级不超过4级。

1991年5月,根据省政府《关于贯彻国务院（关于调整粮油统销价格的决定）的通知》有关规定和劳动部《关于调整企业职工工资标准的通知》精神,省劳动局下发《关于调整安徽省国营企业职工工资标准的通知》,安徽省企业合同制工人临时待遇调整为从事技术工种的,培训期第一年每月46元,第二年51元。

1995年1月《中华人民共和国劳动法》实施后,合同制职工每月临时工资待遇及定级水平由企业自主确定。

新招收工人 1986年7月,根据国务院工资制度改革小组、劳动人事部《关于一九八六年调整部分工资区类别的通知》规定,省人事局、省劳动局下发《转发关于一九八六年调整部分工资区类别的通知的通知》,安徽省由五类工资区调整为六类工资区后,新招收的工人临时工资待遇调整为:学徒生活费补贴（不含副食品补贴）第一年为27元,第二年为30元,第三年为34元。

1989年10月,省劳动局根据《贯彻省政府皖政〔1990〕13号文件若干具体问题的处理意见》精神,下发《关于一九八九年国营企业工资工作安排和提高离退休、退职人员待遇中有关问题的补充意见》,结合企业转调工资再次提高工人定级水平。从事技术工种的，一般定4级副，少数表现差的，定3级；普通工种，一般定3级，少数表现差的，定3级副。

1994年1月，根据省劳动局、财政厅、经贸委《关于深化企业工资改革适当解决企业职工工资问题的意见》，省劳动局下发《安徽省地方企业职工工资标准的通知》，企业新录用的职工每月临时工资待遇调整为：普通工种150元，技术工种第一年140元，第二年155元。

1995年1月《中华人民共和国劳动法》实施后，新招收工人的待遇和定级水平由企业自主确定。

高、中等专业学校毕业生　1986年7月，根据国务院工资制度改革小组、劳动人事部《关于一九八六年调整部分工资区类别的通知》规定，省人事局、省劳动局下发《转发关于一九八六年调整部分工资区类别的通知的通知》，安徽省由五类工资区调整为六类工资区后，新参加工作的大中专毕业生临时工资待遇调整为：研究生每月55元、大学本科生每月50元、大学专科生每月45元、中专业毕业生每月40元。已取得博士、硕士学位的研究生在未明确职务前的临时工资待遇博士研究生按企业干部工资标准十二级发给，硕士研究生按十二副发给。

1989年10月，根据省政府批转省劳动局等部门《关于一九八九年国营企业工资工作安排和提高离退休退职人员待遇问题安排实施意见的通知》，省劳动局下发《关于一九八九年国营企业工资工作安排和提高离退休、退职人员待遇中有关问题的补充意见》，再次调整了毕业生的临时工资待遇：取得双学士学位而未获得硕士学位的研究生每月78元、大学本科毕业生66元、大专毕业生61元、中专毕业生52元。已获得硕士、博士学位的研究生，分配到企业工作，一时难以明确职务的，其临时工资待遇是：博士每月97元、硕士每月90元，等明确职务后再按所任职务定级；仍不能明确职务的，博士毕业生一般定企业工资标准10级、硕士毕业生定10级副。职务确定后定级工资低于上述定级水平的按上述定级规定执行。取得双学士学位的本科毕业生和未取得双学士学位的研究生毕业生，见习期满后，一般定企业干部工资标准11级副。

1991年5月，根据省政府《关于贯彻国务院（关于调整粮油统销价格的决定）的通知》规定和劳动部《关于调整企业职工工资标准的通知》精神，省劳动局下发《关于调整安徽省国营企业职工工资标准的通知》，分配到企业工作的大中专毕业生见习期间临时工资待遇调整为：大学本科毕业生每月72元，大专毕业生67元，中专毕业生58元，取得双学士学位的毕业生和未取得硕士学位的研究生毕业生84元。已取得博士、硕士学位的研究生毕业生，分配至企业工作后，如一时难以明确职务，其临时工资调整为：博士生每月103元，硕士生96元。

1994年1月，根据省劳动局、财政厅、经贸委《关于深化企业工资改革适当解决企业职工工资问题的意见》，省劳动局下发《安徽省地方企业职工工资标准的通知》，安徽省对新录用的各类学校毕业生每月临时工资待遇调整为：三年制职业学校毕业生160

元；中专毕业生 160 元；大专毕业生 170 元；大学本科毕业生 180 元；双学士及研究生毕业生 200 元。获得博士、硕士学位的研究生毕业生，在未明确职务之前，博士、硕士学位的研究生毕业生临时工资待遇每月分别为 250 元、220 元。

1999 年 7 月，根据《国务院办公厅转发劳动保障部等部门关于做好提高三条社会保障线水平等有关工作意见的通知》和《安徽省政府办公厅转发省劳动厅等部门关于做好提高三条社会保障线等有关工作的实施意见》，安徽省对新录用的各类学校毕业生每月临时工资待遇进行修订（见表 3–1–11），供企业参考使用：中专毕业生 260 元；大学专科毕业生 280 元；大学本科毕业生 300 元；双学士及研究生毕业生 330 元；获得硕士、博士学位研究生，在未明确职务之前，分别为 360 元、400 元。

1999 年安徽省企业新参加工作人员临时工资待遇表

表 3–1–11

人员分类	临时工资待遇（元 / 人）
中专、技校高中毕业生	260
大学专科毕业生	280
大学本科毕业生	300
双学士、研究生毕业生	330
硕士学位研究生（未明确职务之前）	360
博士学位研究生（未明确职务之前）	400

技工学校毕业生 1986 年 7 月，根据国务院工资制度改革小组、劳动人事部《关于一九八六年调整部分工资区类别的通知》规定，省人事局、省劳动局下发《转发关于一九八六年调整部分工资区类别的通知的通知》，安徽省由五类工资区调整为六类工资区后，新参加工作的技校毕业生临时工资待遇调整为 40 元。

1989 年 10 月，省劳动局下发《贯彻省政府皖政〔1990〕13 号文件若干具体问题的处理意见》，结合企业转调工资安徽又一次调整技校和三年制职业（技术）学校毕业生临时待遇与定级工资。见习期间临时待遇提高到企业工人工资标准 3 级；期满后经考核合格的，定为 4 级。考核不合格或技术达不到上一级要求的，定级不超过 4 级副或推迟定级。

1991 年 5 月，根据省政府《关于贯彻国务院 < 关于调整粮油统销价格的决定 > 的通知》规定和劳动部《关于调整企业职工工资标准的通知》精神，省劳动局下发《关于调整安徽省国营企业职工工资标准的通知》，对学制不满三年的职业技术学校（班）毕业生以及经过 6 个月以上对口就业前技术培训的人员，临时待遇按 51 元执行。

1994 年 1 月，根据省劳动局、财政厅、经贸委《关于深化企业工资改革适当解决企业职工工资问题的意见》,省劳动局下发《安徽省地方企业职工工资标准的通知》,新录用的职工技工学校毕业生每月临时工资待遇调整为 160 元。

1999 年 7 月,根据《国务院办公厅转发劳动保障部等部门关于做好提高三条社会保障线水平等有关工作意见的通知》和《安徽省政府办公厅转发省劳动厅等部门关于做好提高三条社会保障线等有关工作的实施意见》,省劳动厅修订了《安徽省企业职工工资标准(见表 3–1–11)》供企业参考使用。技校高中毕业生每月临时工资待遇参考标准为 260 元。

2000—2005 年,根据《中华人民共和国劳动法》关于企业依法自主确定本单位的工资分配方式和工资水平的规定,各类学校毕业生工资待遇及定级水平由企业自主确定。

军队转业干部　1985 年 7 月 1 日至 1988 年年底,根据国务院、中央军委《关于军队转业干部工资待遇问题的通知》、省政府《关于军队转业干部工资待遇问题的通知》和省企业工改办公室、省劳动局《关于军队转业干部转业到企业工作后工资待遇问题的具体处理意见》规定, 1985 年 7 月 1 日以后转业到企业的军队转业干部,其基本工资先按照转业当地国家机关和事业单位的同一职务(含技术等级)、同一行政级干部的基础工资、职务工资、加上军龄津贴之和减 10 元的数额确定,不再参加企业 1985 年工资制度改革。执行企业干部工资标准后的工资数额,高于企业同等级干部工资部分,继续发给,低于企业同等级干部工资的,按企业同等级干部的工资标准执行(见表 3–1–12)。

军队干部转业到企业后应进入的职务工资等级(五类工资区)

表 3-1-12　　　　单位:元

军队职务级别			行政级别	23 级		22 级		21 级		20 级		19 级		18 级		17 级		16 级	
基准职务	科技文艺级	体育级	机关与企业职务工资等级	职务等级	工资	职务等级	工资	职务等级	工资	职务等级	工资	职务等级	工资	职务等级	工资	职务等级	工资	职务等级	工资
排职	15	11	机关	办事员 3	68	办事员 2	74	办事员 1	80	—	—	—	—	—	—	—	—	—	—
	14	10	企业	14	59	13 副	64	13	69	—	—	—	—	—	—	—	—	—	—
连职	13	9	机关	科员 5	68	科员 4	74	科员 3	80	科员 2	86.5	科员 1	94.5	—	—	—	—	—	—
	12	8	企业	14	59	13 副	64	13	69	12	80	11 副	86	—	—	—	—	—	—

副营	11	7	机关	副科6	74	副科	74	副科5	80	副科4	86.5	副科3	94.5	副科1	110	—	—	—	—
			企业	12	80	12	80	12	80	12	80	11副	86	10	105	—	—	—	—
正营	10	6	机关	—	—	科长6	86.5	科长6	86.5	科长6	86.5	科长5	94.5	科长3	110	科长2	119	—	—
			企业	—	—	11	92	11	92	11	92	11	92	10	105	9副	112	—	—
副团	9	5	机关	—	—	—	—	副处6	102.5	副处6	102.5	副处6	102.5	副处5	110	副处4	119	副处3	127.5
			企业	—	—	—	—	10	105	10	105	10	105	10	105	9副	112	9	118
正团	8	4	机关	—	—	—	—	处长6	119	处长6	119	处长6	119	处长6	119	处长6	119	处长5	127.5
			企业	—	—	—	—	9	118	9	118	9	118	9	118	9	118	9	118
副师	7	3	机关	—	—	—	—	副局5	136.5	副局5	136.5	副局5	136.5	副局5	137	副局5	136.5	副局5	136.5
			企业	—	—	—	—	8	131	8	131	8	131	8	131	8	131	8	131
正师	6	2	机关	—	—	—	—	局长5	156	局长5	156	局长5	156	局长5	156	局长5	156	局长5	156
			企业	—	—	—	—	7	145	7	145	7	145	7	145	7	145	7	145

1989年，根据省劳动局下发《关于一九八九年军队干部转业到企业单位工资待遇的通知》，1989年军队干部待遇原则上仍按1985年转业干部的工资处理办法执行。鉴于军队实行军衔制后，工资结构作了相应调整，取消了行政级别，因此，1989年、1990年（此年转业的以1989年9月30日原在军队的标准工资）转业到企业单位的干部，工资套改办法按原在军队工资（不含军龄津贴和各种补贴）的80%加上军龄津贴之和减20元（奖金15元、副食品价格补贴5元）的数额，就近上套到企业干部工资标准，并与其他职工一样领取副食品价格补贴。凡工资等级低于所在企业同职务干部的，由所在企业参照本单位同岗位、同等条件人员的标准工资水平确定。

1990年，省劳动局转发国务院军队转业干部安置工作小组、人事部、中国人民解放军总政治部《关于一九九〇年军队转业干部工资套改问题的通知》，1990年转业干部的工资待遇，按1989年办法套改为企业干部工资标准后，再提高一级工资。

1991年，省劳动局下发《关于一九九一年转业到企业的军队干部工资处理问题的通知的通知》，1991年转业干部的工资待遇，按本人1991年4月30日前在军队的标准工资（不含军龄津贴、各种补贴以及1991年5月1日以后军队根据《国务院关于调整粮油统销价格的决定》给每个干部增加的工资10元）的80%加上军龄津贴（按地方标准每年0.5元计算）之和减20元（奖金15元、副食品价格补贴5元）后，就近上套到企业干部工资标准，此外，与其他职工一样领取副食品价格补贴。凡工资等级低于所在企业同等职务、同等条件干部的，由所在企业参照本单位类干部的标准工资水平确定。

1992—1993年，省劳动局下发《关于一九九二年安置到企业的军队转业干部工资问题处理的通知》《关于一九九三年安置到企业的军队转业干部工资套改问题的通知》。转业干部的工资待遇，1992年转业干部按本人4月1日前在军队的标准工资、1993年转业干部按原在军队标准工资（不含军龄津贴、各种补贴以及1991年5月1日以后军队根据《国务院关于调整粮油统销价格的决定》给每个干部增加的工资10元）的80%加上军龄津贴（按每年1元计算）与1991年粮油提价补贴6元之后，再减去减20元、15元（1992年减去奖金15元、副食品价格补贴5元，1993年减去15元），就近套入所在企业职工工资标准，接近正级的套正级，接近副级的套副级。此外，与其他职工一样领取副食品价格补贴。

1993年10月1日以后，根据国务院、中央军委《关于确定军队转业干部工资待遇问题的通知》，分配到企业的军队转业干部，其工资按照本人原在军队职务（技术等级）工资、军衔（文职级别）工资、基础工资和军龄工资四项之和的80%的数额，就近就高套入所在企业相当职务工资标准（不含奖金和各种补贴）。

1996年，省劳动厅下发《关于分配至企业工作的军队转业干部工资待遇有关问题的复函》。对分配至实行岗位技能工资制企业的军队转业干部作出规定，即：先按本人原在军队的职务（技术等级）对应企业相当职务确定岗位（职务）工资标准，然后从本人原在军队职务（技术等级）工资、军衔（文职级别）工资、基础工资、军龄工资四项之和80%的数额中，减去已确定的岗位（职务）工资额，其余部分就近就高套入企业技能工资标准。对分配至实行工龄工资企业的军队转业干部，可按照本人原在军队职务（技术等级）工资、军衔（文职级别）工资、基础工资三项之和80%的数额，就近就高套入企业相当职务的工资标准，工龄工资按企业标准发放。

上述分配到企业的军队转业干部工资套改政策，一直沿用到国家对军队转业干部的大政策调整时。

复员退伍军人　1987年5月，根据国务院办公厅、中央军委办公厅《关于志愿兵、义务兵退出现役到地方工作后工资待遇问题的通知》，省劳动局下发《关于退役的志愿兵、义务兵分配至企业工作后工资待遇问题的通知》。规定退役的志愿兵分配至企业工作后，按其军龄加参军前工龄的长短确定工资级别：军龄加参军前工龄满5年不满8年的，定本企业工人工资标准3级正，满8年不满12年的定4级正，满12年不满20年的定5级正，满20年以上的定6级正。义务兵的定级水平：分配在学徒制工种岗位上的一般定企业工人工资标准3级正，少数表现差的也可以定3级副；分配在熟练制工种岗位的，执行同工种定级工资满半年后，再定3级副；分配在试用制岗位的，原系高中毕业的定企业干部工资标准15级，原系初中毕业的定15级副。军龄加参军前工龄满5年以上的，参照志愿兵的定级工资水平执行。

退役的志愿兵、义务兵分配在矿山井下、高温冶炼和机械工业企业原有提高定级水平规定的部分熟练工种岗位，以及交通部门从事专业性手工操作的搬运、装卸工作的，可以在原定级水平基础上再高定一级。

1989 年 10 月，省劳动局下发《贯彻省政府皖政〔1990〕13 号文件若干具体问题的处理意见》，调整复员退伍军人的定级水平。志愿兵：军龄满 5 年不满 8 年的定 4 级副，满 8 年不满 12 年的定 5 级副，满 12 年不满 20 年的定 6 级副，满 20 年以上的定 7 级副；义务兵：按所在企业同工种的定级工资执行。

1991 年 10 月，省劳动局下发《关于军队转业干部、退伍军人以及调动工作职工确定工资问题的复函》，对分配到企业工作的退伍军人规定，其工资如低于本企业同职务、同工种同条件职工平均工资水平的，可由所在企业参照本单位同类人员的标准工资水平重新确定。

1995 年 1 月《中华人民共和国劳动法》实施后，分配到企业工作的复员退伍军人工资水平由企业自主确定。

第二章　工资管理

第一节　工资基金管理

工资基金手册　1989年3月,国务院下发《进一步加强工资基金管理的通知》,省劳动局会同省计划委员会、人事局、财政厅、人民银行、农业银行、工商银行、建设银行、中国银行合肥分行提出“关于贯彻《国务院关于进一步加强工资基金管理的通知》的意见”。要求各市和省直各部门应根据省下达的计划层层分解下达落实到所属各独立核算的企业和经济独立的事业、机关、团体等基层单位。要求有收入的企事业单位,应在开户银行开立“工资基金专户”;各基层单位必须根据下达的工资总额计划编制各月的工资基金使用计划,并填入《工资基金管理手册》,经审核批准后送开户银行监督支付;少数单位确因生产发展增人因素需要追加工资计划,应首先在本地区内调剂解决,如确无法调剂时,再按劳动工资计划管理程序逐级申报,由省劳动局商省计委在国家下达计划之内(或转报国家批准)办理追加审批手续;经批准实行各种形式工资总额同经济效益挂钩企业的工资总额基数、各种单列工资和效益工资,实行计划管理和工效挂钩相结合的“双控”办法,即挂钩企业的工资基金使用计划一律纳入工资总额计划之内,实行工资基金管理。

1992年,根据省委《关于深化改革扩大开放加快经济发展若干问题的决定》精神,安徽省对企业工资总额的提取,严格按其经济效益的升降实行上下浮动控制办法,对国营企业不再下达指令性劳动工资计划,工资基金的使用不再履行报批手续,其具体实发数额由企业根据生产需要自行确定发放数额,报当地劳动部门备案。同时,在工资总额计划管理上,逐步扩大地区性企业工资总额同经济效益总挂钩,实行按一定比例调控的弹性计划。

1993年10月,根据劳动部“关于《工资基金管理手册》更名为《工资总额使用手册》的通知”,安徽省《工资基金管理手册》更名为《工资总额使用手册》。

1995年1月《中华人民共和国劳动法》实施后,国有企业工资总额按工效挂钩政策执行,安徽省对其他企业工资基金不再管理。

外商投资企业　1990年9月,省劳动局转发劳动部《关于对中外合资(合作)经营企业中方高级管理人员工资待遇管理的意见的通知》,规定中方高级管理人员工资按照以下原则确定:对中外合资(合作)经营企业中方高级管理人员工资,经中方合营(合作）者本着同工同酬的原则与外方合营（合作）者协商后，由董事会确定；中方高级管理人员的名义工资先由企业按名义工资扣缴个人收入调节税，再由本人领取实得工资，余下的部分留给企业，用于中方职工的社会保险、福利和住房补贴；中方高级管理人员的实得工资一般掌握在相当于本企业中方职工平均实得工资的2倍以内，对有突出贡献的人员，也可达到3倍。

1990年11月，省劳动局转发劳动部《对〈关于进一步加强外商投资企业中方职工工资管理的意见〉中有关问题处理意见的通知》，对中方职工工资管理，规定劳动部门按外商投资企业所在地区同行业国营企业职工平均工资水平，核定中外合资（合作）企业中方职工工资水平基数，对中方职工的工资水平在国营企业职工平均工资水平150%以内的，由企业根据经济效益情况和劳动部门提供的基数，商企业主管部门确定合理的增长幅度；超过国营企业职工平均工资150%以上的，要事先报企业主管部门会同劳动部门按效益考核认定。

第二节 民主管理

工资改革 1990年，为引导企业建立正常的职工晋级制度和工资标准浮动制度，省劳动局制定《关于进一步深化企业内部工资改革的试行办法》，对工资分配民主监督制度作出规定：企业经营者的收入和涉及全体职工的工资分配方案，按照《中华人民共和国企业法》规定，经职工代表大会审议通过，分配结果在企业内部公开。车间、班组承包人和职工的分配方案经民主测评和协商，报上级批准。通过正常的民主监督制度，保障职工合法权益，防止分配上的不正之风。

工资集体协商 2002年7月，省劳动保障厅、总工会下发《关于开展企业工资集体协商试点工作的意见》，对开展工资集体协商工作提出试行意见。该意见指出，选择已建立企业工会的非公有制和已改制的国有企业进行试点。并具备以下条件：产权明晰；生产经营正常，经济效益稳定增长；协商主体双方有合作、协商的基础；企业内部管理制度比较健全。企业工资分配制度、工资标准（包括企业最低工资标准、加班加点工资标准及计算办法）和工资（奖金、津贴、补贴）分配办法：企业职工年度平均工资水平及其调整幅度；企业工资支付制度（包括职工年休假和特殊情况下的工资支付办法）；企业公益金和劳动分红的提取比例；企业工资协议的期限、变更、解除、终止、违约责任等；协商双方认为需要协商的与工资待遇相关的其他事项。根据企业规模，工资集体协商代表每方三至十名，双方人数对等，并各确定一名首席代表。协商双方均可提出进行工资集体协商的要约。要约的一方应向对方提交书面的协商意向书。意向书应写明准备协商的时间、地点、内容等。另一方接到意向书后，应予二十日内予以书面答复，并进行协商，直至签订工资集体协议。工资集体协商一般每年进行一次。工资集体协议的有效期一般为一年。工资集体协议期满或双方约定的终止条件出现，工资集体协议即行终止。

2002 年,安徽省有 14 家国有企业,职工 13494 人;17 家非国有企业,职工 12098 人开展工资集体协商试点工作。2003 年，124 户企业开展工资集体协商试点工作。2005 年 2 月,劳动和社会保障部、总工会、企业联合会联合下发《关于进一步推进工资集体协商工作的通知》,省劳动保障厅、总工会、企业联合会及时转发各地,要求各地以非公有制企业、改制的国有控股企业和集体企业为重点,全面推进工资集体协商工作。到 2005 年年底,全省有 1212 家企业开展工资集体协商。

第三章　企业内部分配

第一节　工资形式

计时工资　计时工资分为小时工资、日工资、月工资和年工资四种。企业根据等级工资标准，职工在工作日出满勤时，按月工资标准发给工资，缺勤或加班加点时，按日工资标准或小时工资标准扣发或支付加班加点工资。职工进入企业后，根据国家和省调整工资政策，从学徒工资逐步调整到上一等级工资标准，工龄越长等级工资标准越高。到1989年年底，安徽全民单位职工实行计时工资的人数为289.38万人，占职工总数的90.20%。其中，全民所有制地方企业实行计时工资的职工为138.19万人，占职工总数的87.22%。全民单位计时工资总额占全部工资总额比重1989年为49.98%，1990年为51.77%。其中，地方企业1990年比重为50.31%。1990年前，安徽省企业基本实行计时工资的分配形式。

计件工资　计件工资形式主要有四种：无限计件工资。职工不论完成或超额完成劳动定额多少，均按同一单价计算工资。有限计件工资。职工在定额以内，按规定的计件单价计发工资；对超定额完成的部分，其计件超额工资有一定额度的限制。超额计件工资。职工完成劳动定额的部分按本人计时标准工资发给，完不成定额的减发工资，超过定额的部分按计件办法发给工资。全额岗位计件工资。对执行岗位工资的纺织运转工人按岗位工资确定的计件单价的一种计件形式。这种计件形式根据纺织工业部部颁《劳动规范》，按照各工种的技术复杂程度、劳动条件、劳动强度和责任大小等四方面的因素，根据纺织企业运转一线88个工种，划分5个不同岗次，确定相应的工资基数，实行全额岗位计件。1986年，《纺织企业实行岗位工资制的实施办法》在全省纺织企业全面推行。1990年，安徽实行计件工资制的工资总额占全部工资总额的10.82%。

奖励　对企业经营者的奖励。1988年8月，省政府办公厅转发省经委、省财政厅、省劳动局《关于搞活全民所有制企业工资分配的意见》。规定企业经营者，完成或超额完成承包任务，在职工工资稳定增长的基础上，其收入可以逐年达到或相当于全厂职工年平均标准工资和奖金的二至四倍，完不成承包任务的，扣发经营者的收入，直至保留基本工资的一半。对合作者的奖励在经营者所增加收入的80%以内安排，完不成承包任务时，合作者也应承担一定的经济责任。

对劳动模范、先进工作者的奖励。1988年7月，省政府批转省总工会《关于省级劳动模范享受特殊贡献待遇的意见》，省总工会、人事、劳动、公安、粮油食品等多部门联合发文，规定受表彰的省级劳模和1984年3月以后国家部、委表彰的部级劳模可奖励晋升一级工资。获省“新长征突击手”称号的优秀青工，由省批准晋升一级工资，授予“青年技术能手”称号的，由企业在3%晋级指标中晋升一个副级工资。1989年10月，根据国务院办公厅《关于一九八九年全国劳动模范和先进工作者奖励升级问题的通知》，省人事、省劳动、总工会多部门联合下发《关于贯彻国务院办公厅（1989）46号文件做好全国劳动模范和先进工作者奖励升级工作的通知》，规定获全国劳动模范和先进工作者称号的企业职工，奖励晋升两级工资。1992年5月，省人事局、劳动局下发《一九九二年省政府表彰的省劳动模范奖励升级问题的通知》，规定省级劳动模范奖励晋升一级工资。其中对1991年1月后已经获得奖励升级的，作出不再升级的规定。

津贴

煤矿井下津贴　1987年1月，安徽省财政、劳动、煤炭等部门联合下发《关于调整地方国营煤矿井下工作津贴的通知》，调整了安徽省煤矿井下工作津贴，甲种调整为每班1.3元，乙种为每班0.90元，丙种调整为每班0.70元。1992年1月，安徽省提高了地方煤炭行业井下津贴标准：省地（市）属煤矿井下采掘等工种，甲种为3.00元/每工，乙种和丙种为1.50元/每工。

矿山井下津贴　安徽省矿山井下与煤矿井下日津贴一直执行同一标准。1986年9月，省财政厅、省劳动局、省石油化工厅下发《关于调整化学矿山井下津贴标准的通知》。矿山井下日津贴标准调整为一类1.2元；二类0.8元，三类0.6元。1992年1月，省劳动局、财政局下发《关于提高企业一线艰苦岗位津贴标准的通知》。矿山井下标准调整为一类2.3元；二类1.5元，三类1.2元。

野外津贴　1986年11月，黄山区和大别山区野外津贴标准调整为普查每天2元，勘探每天1.6元其他地区普查每天1.90元，勘探每天1.50元。1989年3月，前者地区调为2.90元、2.50元；后者地区调为2.80元、2.40元。

高温津贴　1986年7月，省财政厅、劳动局、冶金厅下发《关于调整冶金企业高温、矿山井下津贴标准的通知》，同时改进支付标准与办法，将原按月支付津贴办法改为按天支付。津贴标准甲等每天0.60元，乙等0.40元，丙等0.30元。按实际工作时间发给，工作时间满4小时以上不满8小时的减半发给，不足4小时的不发。1987年5月，省劳动局、省机械工业厅下发《关于对机械工业企业铸造工艺工种实行岗位津贴的暂行办法（试行）》，安徽省地方机械工业企业高温工程也建立高温津贴。范围是铸、锻造工艺一线生产工人的主要工种。经审查平衡确定，造型、炉料等11个工种为甲等，配砂、砂型烘干等6个种为乙等，铸件热处理等4个工种丙等。津贴标准：甲等每人每天0.50元，乙等0.40元，丙等0.30元。1992年1月，为提高企业一线艰苦岗位津贴标准，在企业工资分配中坚持向苦、脏、累、险以及有毒有害岗位倾斜，再次调整安徽省高温冶炼岗位（含露天采矿）日津贴标准，甲等由原0.50元提为1.70元，乙等由原0.40元提为1.30

元，丙等由原 0.30 元提为 1.00 元。

船员津贴　船员航运津贴自 1956 年开始实行，1986 年 7 月调整为：货运船员，吃住在船上的每人每天 2 元；客运船、工程船、疏竣船船员与随船潜水员，吃住在船上的每人每天 1.75 元；轮渡船、航监船和港作船员，每人每天 1 元；供应船、趸船、停靠船等船员，每人每天 0。80 元；船务和航道等单位的潜水员，每天 1.75 元。1988 年 9 月，根据安徽省交通厅转发交通部《关于临时调整船员、潜水员、航标人员伙食津贴标准的通知》规定，再次上调船员和潜水员津贴标准：原享受 2 元标准的调为 2.80 元，原享受 1.75 元的调为 2.50 元，原享受 1 元的调为 1.40 元，原享受 0.80 元调为 1.15 元。

行车津贴　安徽省对八吨以上十吨以下货车行车津贴规定为：重载每车 / 百公里 0.90 元，空驶 0.45 元；客车座位在 60 人以上的，每车 / 百公里 0.90 元，60 人以下的仍为 0.70 元。1988 年 9 月，安徽省交通厅、财政厅下发《关于提高客、货汽车司机行车津贴标准幅度的通知》，对上述客车、货车行车津贴一律在原标准基础上提高 40%。

化工有毒有害津贴　1988 年 9 月，省石油化工厅、财政厅、劳动局下发《关于化工企业实施有毒有害作业岗位津贴的通知》，安徽省提高了化工企业有毒有害作业津贴，津贴标准：按实际从事作业天数计算，每人每天甲等 0.80 元、乙等 0.60 元、丙等 0.40 元。实施范围原则上按化工部 1978 年制定的《化学工业有毒有害作业岗位津贴范围表》（草案）所列产品、工种与等级执行。1992 年 1 月，省劳动局、财政局下发《关于提高企业一线艰苦岗位津贴标准的通知》。安徽省提高了化工企业有毒有害作业日津贴标准：甲等为 1.8 元 / 人；乙等为 1.3/ 元人；丙等为 1.0 元 / 人。

植物粉尘津贴　1988 年 2 月，安徽烟草公司、省劳动局、财政厅下发《关于烟草工业企业实行植物粉尘（烟草尘）工作岗位津贴的通知》。津贴标准按天计算，甲等第人每天 0.60 元，乙等 0.40 元，丙等 0.20 元。

烟草工业植物粉尘（烟草尘）津贴工种范围与等级

表 3-3-1

等　级	工　种　名　称	所在车间
甲等	真空回潮工、配叶工、抽梗、润储叶、压梗、切丝（梗）、烘丝、碎叶分离工喂丝、卷烟、（卷）接装、整理工（包括筛灰、清洁、坏烟处理）挂烟、回潮、烤烟、打包工	制丝车间 卷接车间 复烤车间
乙等	接装、包装、封箱工 温湿度调节、修理工、工艺员、检验员、辅助工、压包工、缝包工	接、包车间制丝、卷接包车间复烤车间
丙等	烟草保管员、车间运输工、摞包工	

环境卫生津贴　1986 年 7 月，安徽省将从事公厕保结、清运粪便、清扫街道垃圾装卸及阴井阳沟、下水道疏通等工作的，每人每天由原 0.40 原调整到 0.80 元；从事清运垃圾、街道保结、环卫专用车辆驾驶及环卫专用车辆与公共设施的维修人员，每人每天由 0.30 元提高到 0.70 元；从事粪便、垃圾、路段的管理人员以及停放车辆、工具设备保管

人员，每人每天由 0.20 元提高到 0.60 元。

技术津贴　1987 年 1 月，安徽中药老药工开始实行技术津贴，在栽培、收购、加工泡制、调剂、仓储、科研、教育、经营管理等方面具有技术专长的享受技术津贴，津贴标准为每人每月 15 元。1992 年 6 月，根据省劳动局《关于进一步深化企业劳动用工、工资分配、社会保险制度改革若干问题的意见》，进一步扩大了企业工资分配自主权，企业在所提的工资总额范围内，根据本企业的生产经营特点和实际情况，有权决定企业内部分配形式，如：计件工资、计时工资、浮动工资、结构工资、岗位技能工资等；有权决定职工浮动升级、浮动标准、考工定级和固定定级；有权建立各种津贴和补贴制度。国家不再统一制定计时工资、计件工资、奖金和津贴的有关制度。

第二节　其他分配形式

岗位技能工资制　1991 年 3 月，省劳动局印发《关于国营企业实施岗位技能工资制度改革试点意见》，首批选择马钢公司、宁国水泥厂等 30 家国营企业试行"岗位技能工资制"。试点企业以劳动技能、劳动责任、劳动强度和劳动条件等基本劳动要素评价为基础，通过设置岗位、技能两个基本工资单元及辅助工资单元，按职工实际贡献（劳动数量和质量）全面评价职工劳动的综合差别确定劳动报酬，建立符合自身特点的企业工资内部分配运行机制。1993 年，全省建材行业又选择了 15 家企业作为岗位技能工资制扩大试点单位。

经营者年薪制　1997 年 11 月，省劳动厅、经贸委、财政厅、地税局联合出台《关于印发国有企业经营者年薪制试行意见的通知》，提出 44 家国有企业（集团）按省或地市规定，自 1998 年起，经批准试行经营者年薪制度。

1999 年 6 月，省政府出台《安徽省国有企业经营者年薪制试行办法》（以下简称《办法》）。《办法》规定试点范围、对象为国有企业（国有公司、国有控股公司）的厂长、经理、董事长，国有企业其他经营管理人员。根据经营者实际生产经营管理业绩确定考核指标及年薪，以国有资产保值增值率为考核指标，以基本年薪为基础，按预定办法计核经营者年薪效益收入。经营者的年薪由基本年薪、效益年薪和奖励年薪三部分构成，基本年薪以本企业当年度职工平均工资为基数，依据经营者经营管理的企业规模分类确定，大型及以上的企业经营者不超过本企业职工年平均工资的 4 倍，中型企业经营者不超过本企业职工年平均工资的 3 倍，小型企业经营者不超过本企业职工年平均工资的 2 倍。效益年薪根据企业经济效益和国有资产保值增值情况确定，完成或超额完成国有资产保值增值指标的，经营者的效益年薪一般不超过本人当年的基本年薪；未完成核定的国有资产保值增值指标的，不得给予效益年薪，并按照每减值 1%，以经营者的基本年薪乘以一定的比例的标准扣减基本年薪；奖励年薪是对业绩突出且国有资产保值增值幅度较大的经营者给予奖励。《办法》规定对年薪制的经营者实行风险抵押金办法，基本年薪和风险抵押金依据企业规模加以确定，大型及以上企业经营者风险抵押金缴纳数额为 5 万元至 8 万元，中型企业风险抵押金缴纳数额为 4 万元至 6 万元，小型企业风险抵押金缴纳数额为 3 万元。

1999 年，省劳动厅根据省政府的要求，与省经贸委联合对进行公司制改造的 39 家企业开展经营者年薪制试点，全省实际参加试点企业达到 70 家。2000 年，全省年薪制试点企业 85 家。2000 年 11 月，省政府又确定安徽叉车集团、安徽江淮汽车集团、安徽海螺集团 3 家企业为省直属首批年薪制试点单位，马钢集团、皖维集团比照省直属企业年薪制办法进行试点。2001 年全省年薪制试点企业 91 家，年薪收入水平最高为 69.35 万元，最低为 0.5 万元，平均水平为 8.8 万元。2002 年，安徽省有 110 家企业进行经营者年薪制试点工作，年薪收入水平最高的企业为安徽海螺集团公司，经营者年薪收入为 125.95 万元；最低为铜陵佛光焊材厂，经营者年薪收入为 1.23 万元；经营者年薪收入平均水平为 9.4 万元。2003 年，安徽省有 120 家企业进行经营者年薪制试点工作。之后，企业经营者年薪制工作移交到安徽省国有资产管理委员会。

第四章　职工工作时间及休息休假

第一节　职工工作时间

新中国成立以来，安徽省职工工作时间经历了三个阶段：第一阶段是1949年到1994年，根据《中华人民共和国政治协商会议共同纲领》的规定，国家工作人员一直实行每天8小时，每周48小时工作制度规定。第二阶段是1994年3月到1995年5月，《国务院关于职工工作时间的规定》出台，实行每日8小时，每周工作44小时的工时制度，并在1995年1月以劳动法的形式对职工工作时间进行立法。第三阶段是1995年5月至今，国务院发布《关于职工工作时间的规定》，职工每日工作8小时，每周工作40小时，并从1995年5月施行。

标准工作时间　标准工时制度指国家法律规定的工作时间，即劳动者每日工作时间不超过8小时，每周工作时间不超过40小时的工时制度。

企业对符合下列条件之一的劳动者，可以实行不定时工作制度：企业中的高级管理人员、外勤人员、推销人员、部分值班人员和其他因工作无法按标准工作时间衡量的劳动者；企业中的长途运输人员、出租汽车司机和铁路、港口、仓库的部分装卸人员以及工作性质特殊，需机动作业的劳动者；其他因生产特点、工作特殊需要或职责范围的关系，适合实行不定时工作制的劳动者。实行非标准工时制度的劳动者，可分别以周、月、季、年等为周期计算工作时间，但其平均日工作时间和平均周工作时间应当与法定标准工作时间基本相同。

企业对符合下列条件之一的劳动者，可以实行综合计算工时工作制：交通、铁路、邮电、水运、航空、渔业等行业中因工作性质特殊，需连续作业的劳动者；地质及资源勘探、矿山建设及开采、建筑、制盐、制糖、旅游、养殖、农场果园等受季节和自然条件限制的行业中的部分劳动者；烟草、食品饮料生产、农副产品收购加工等受季节和技术条件限制的部分劳动者；其他因工作特殊需连续作业，或受自然条件和技术条件限制的季节性、突出性工作的劳动者。

缩短工作时间　从事夜班工作、从事矿山井下、高处的严重有毒有害和特别繁重、特别紧张体力劳动者、哺乳未满一周岁婴儿的女职工等特殊情况的职工，均可实行缩短日工作时间制度，每日工作时间可以少于8小时。

延长工作时间　职工根据用人单位的要求，在国家法定的每日工作时间8小时以外及休息日或休假日从事劳动的工作时间。国家对职工延长工作时间的特别规定："用人单位因生产经营需要，经与工会和劳动者协商后可以延长工作时间，一般每日不得超过 1 小时，因特殊原因需要延长工作时间的，延长工作时间每日不得超过 3 小时，但是每月不得超过 36 小时；同时规定：企业安排职工延长工作时间的，支付不低于工资的 150%的工资报酬；休息日安排劳动者工作又不能安排补休的，支付不低于工资的 200%的工资报酬；法定休假日安排劳动者工作又不能安排补休的，支付不低于工资 300%报酬。

第二节　休息休假

法定节假日　1986 年后，安徽省职工仍按照 1949 年的《全国年节及纪念日放假办法》规定，职工全年休假日为 7 天，即：新年放假 1 天；春节放假 3 天；劳动节放假 1 天；国庆节放假 2 天。对属于部分公民的节日放假半天，即：三月八日妇女节、五月四日青年节、六月一日儿童节、八月一日建军节。另外，凡属少数民族习惯之假日，由各少数民族集居地区的地方人民政府，按各该民族习惯，规定放假日期。

1999 年 9 月 18 日，国务院发布了《全国年节及纪念日放假办法》（第 270 号令），将职工的全年休假日由 7 天修订为 10 天。即：新年放假 1 天；春节放假 3 天；劳动节放假 3 天；国庆节放假 3 天。另外规定，全体公民放假的假日，如果恰逢星期六、星期日，应当在工作日补假。部分公民放假的假日，如果恰逢星期六、星期日，则不补假。安徽省职工按上述办法执行。

年休假　1995 年《中华人民共和国劳动法》规定，国家实行带薪休假制度，劳动者连续工作一年以上的，享受带薪休假。此项规定出台后，对企业职工带薪休假制度，安徽省没有制定实施细则，少数企业自行制定本单位带薪休假制度或参照国家机关、事业单位政策执行。

探亲假　1986—2005 年安徽省没有新规定。继续沿用 1981 年 3 月国务院《关于职工探亲待遇的规定》及安徽省政府 1981 年《关于贯彻执行〈国务院关于职工探亲待遇的规定〉的实施细则》规定。即：国家机关、人民团体和全民所有制企业、事业单位工作满一年的固定职工，与配偶或父母不住在一起，又不能在公休假日团聚的，可以享受探望配偶或父母的待遇。但是，职工与父亲或母亲一方能够在公休假日团聚的，不能享受探望父母的待遇。探望配偶的，每年给予一方探亲假一次，假期为 30 天。未婚职工探望父母的每年给假一次，假期为 20 天。如果因为工作需要，本单位当年不能给予假期，或者职工自愿两年探亲一次的，可以两年给假一次，假期为 45 天。已婚职工探望父母的，每四年给假一次，假期为 20 天。另按实际需要给予路程假。上述假期均包括公休假日和法定节日在内。凡实行休假制度的劳动者（例如教师所休的寒、暑假），应在休假期间探亲，若休假期较短，可予补差。职工探望配偶和未婚职工探望父母的往返路费,由所在单位负担。已婚职工探望父母的往返路费,在本人标准工资30%以内的,由本人自理,超过部分由所在单位负担。

第四篇　职业技能培训与鉴定

第一章 技工院校

第一节 办学许可与管理体制

审批

普通技工学校设立审批 1987年9月，省劳动局、省教育委员会印发《安徽省贯彻执行技工学校工作条例实施细则》，规定技工学校设立条件。具体为有与学校规模、工种（专业）相适应的校舍、学习实验场所、设备及体育活动场地；有稳定可靠的经费来源；按照劳动人事部的规定设置机构，配备教职工和实习工厂（场、店）工作人员；文化、技术理论教师要有百分之七十达到大专以上学历；生产实习指导教师的操作技术必须达到工种（专业）技术等级标准中级及其以上水平，文化技术理论必须达到技工学校或中专毕业水平；有符合中级技术工人培养目标的教学计划、教学大纲、教材，并按教学计划和大纲组织教学；有比较健全的管理制度；有适应教学需要的图书资料；教职工包括教学人员、教学辅助人员、行政人员、工勤人员。行政人员与工勤人员之和不得超过教职工总数的35%。

技工学校开办、调整、撤销 省厅、局（公司）办的技工学校，由省厅、局（公司）呈报经省劳动局审查，并与省计委、教委会商后，报省政府批准；行署、市办的技工学校，由行署、市人民政府呈报，经省劳动局审查，并与省计委、教委会商后，报省政府批准。1993年3月，省劳动局转发劳动部《关于印发学校校长任职要求（试行）的通知》，明确技工学校校长任职必须具备大学专科以上文化程度或中级以上专业技术职称，从事五年以上教育、教学工作，通过岗位培训并取得合格证书。1994年，省劳动局下发《关于开办技工学校若干问题的通知》，要求技工学校规模一般不少于400人，专业设置要与规模相适应。技工学校开办初期要在生均占地面积、建筑面积、实训设施、教学管理制度、经费来源等方面符合条件。开办技工学校，须由所在地行署、省辖市或者省行业主管部门向省政府报告，由省劳动局牵头会同省政府办公厅、省计委、省教委、省财政厅等部门实施考察论证报省政府审批。技工学校设分校须报省劳动局审批。2004年6月30日之前，技工学校设立均为省政府审批。2004年7月1日起施行的《国务院对确需保留的行政审批项目设定行政许可的决定》规定，设立技工学校由省级人民政府劳动保障行政主管部门审批。

高级技工学校（班）设立审批 1987年5月，省劳动局同意蚌埠机床厂、蚌埠市职工大学联合试办高级技工班。高级技工班以机床维修与装配为主，兼学车工等工种。招生对象是经过工人中级技术（业务）培训合格的和实际已达到中级工应知应会水平的在职技术工人及工作满两年的专业对口的技工学校毕业生。年龄在四十岁以下，招生要进行必要的文化和中级工应知应会的考试。高级技工班学制二年，脱产学习（学习期间工资福利待遇不变，由原单位发给），学习期满按高级工应知应会标准进行严格考试，成绩合格者，由高级技工班发给毕业证书，作为评定技师条件之一，并在原工资的基础上晋升一级工资。申办高级技工学校须经办学主管部门同意，按隶属关系逐级报送有关材料。地市所属学校由地（市）劳动行政部门审查，经行署或市人民政府申报。省行业主管部门直属学校，由行业主管部门审查申报。省劳动行政部门会同省计委组织专家对申办学校进行论证，经省政府核准后，报劳动和社会保障部、国家发展计划委员会审批。国务院部委所属在皖学校申办高级技工学校在征得省劳动行政部门同意后，由国务院主管部门核准申报。具备高级技工学校设置标准的国家级重点技工学校和条件较好的省级重点技工学校具有申办资格。未达到高级技工学校设置标准的省（部）级重点技工学校和条件较好的合格技工学校可先举办高级技工培训班，为建设高级技工学校积累经验，打好基础。

高级技工学校所开设的专业（工种）60% 以上的专业基础课程和专业必修课程的任课教师具有高级讲师及以上职称；生产实习课程至少配备本专业（工种）的专任高级实习指导教师 2 人（含技师、高级技师）；兼职教师人数不超过专职教师人数的 1 / 3；能满足本专业（工种）学生校内实习训练的场地和设备（或仿真模拟装置），配齐工、卡、量具；校内保证每个学生有一个操作（模拟）训练的工位；校外有 1~2 个技术设备先进的企业作为学生定点实习基地。

1989 年 4 月，省劳动局同意省机械厅所属的芜湖机械学校和蚌埠机械技工学校试办职工高级技工班和普通高级技工班。职工高级技工班当年招生对象为 1946 年 1 月 1 日以后出生，具有中级技术水平的在职工人，学制一年；设车工和钳工两个专业工种，学生在校期间可带工资上学，奖金和工资由本单位发给。学习期满，按高级工应知应会进行考核，其成绩合格者，由办班学校发给高级技工班毕业证书。高级技工班毕业生不实行见习期，其工资待遇：原工资低于四级正的定四级正，原工资为四级及其以上的，在原工资基础上高定半级。普通高级技工班招收技工学校应届毕业生和部分在技工学校工作满一年以上、年龄在三十五岁以下符合条件的技工学校历届毕业生，学制二年，设车工和钳工两个专业工种。技工学校应届毕业生享受奖学金和助学金待遇；历届毕业生带工资学习，不享受助学金待遇。学生学习期满，按高级工应知应会进行考核，成绩合格者，由学校发给毕业证书。毕业后工资待遇：技工学校应届毕业生入学的见习期一年，临时工资为三级正，一年后经考核合格定为四级正。

1992 年，国家劳动部扩大了高级技工学校的试点工作。1995 年和 1997 年，国家劳动部、国家计委两次就申办高级技工学校工作联合发出通知，明确高级技校的申办条件、程序和要求；1997 年劳动部制定的《高级技工学校设置标准（试行》明确，高级技工学校的主要任务在试点初期定为培养高级职业技能人才和生产实习指导教师。

管理体制 1987年9月，省劳动局、省教育委员会出台《安徽省贯彻执行技工学校条例实施细则》(以下简称《实施细则》)，明确省劳动局负责全省技工学校综合管理。在地、市范围内的技工学校，由行署、市劳动局综合管理。并对技工学校的开办与审批、工种（专业）设置、教学和学籍管理、思想政治工作、教师队伍建设、行政工作和综合管理作了具体规定。

1998年起，国务院各行业、各部门主管的技工学校开始划归地方政府管理。第一批原机械部、煤炭部、冶金部、华工部、内贸部、轻工总会、纺织总会、建材局和有色总公司等原国务院九部门，第二批航空、航天、兵器、船舶、核工业等五个军工总公司，第三批国务院其他部门（单位）所属学校实施管理体制调整，共有13所国务院部门管理的技工学校划归地方管理。

2000年5月，省劳动和社会保障厅下发的《关于加强全省技工学校管理工作的通知》明确，技工学校开办、更名、撤并应严格按照省有关规定执行，即举办单位提出申请，征得所在地市人民政府同意，经省级劳动保障行政部门等有关部门审查后，报省政府批准。

2002年4月，省政府办公厅下发《关于调整省政府部门（单位）所属技工学校管理体制的通知》，对省经贸委等八部门所属技工学校管理体制进行调整。省劳动和社会保障厅下发《关于做好省属技工学校管理体制调整工作的通知》，要求各地积极配合地方政府做好技工学校管理体制调整工作，处理好必须调整的技工学校归属问题，确保技工教育资源不流失。各地按照要求，劳动、编制、人事、财政、计划等部门联动，技工学校顺利交接，平衡过渡，各项工作正常有序。

省技工学校属地化管理后，其国有资产、机构编制、人事工资、有关事业费等均划转当地管理。原由省财政厅拨付事业费的省政府部门（单位）所属的5所技工学校，按2001年技工学校编制内实有在职人数和离退休人员经费基数下划；原中央下划安徽省省级管理的淮南煤矿基建技工学校，按中央下划经费基数下划；原由省市双重领导、以市为主管理的4所技工学校，按原省财政供给的编制内实有在职人数和离退休人员的经费补助基数同时下划。

2005年，省劳动和社会保障厅经请示省政府同意，淮北市技工学校成建制移交淮北职业技术学院；芜湖铁路高级技工学校、蚌埠和芜湖铁路高级技工学校因体制问题，仍由原上海铁路局主管。

1998—2000年国务院部委划转安徽省管理的技工学校情况表

表4-1-1

校　名	原主管部门	现主管部门	划转时间
华东地质勘察局技工学校	原冶金部企业办校	停办	1998年7月
淮北煤炭基建技工学校	原煤炭部	中煤三建公司	1998年7月

续表 4-1-1

校　名	原主管部门	现主管部门	划转时间
蚌埠煤田地质技工学校	原煤炭部	省煤田地质局	1998 年 7 月
淮南矿务局技工学校	原煤炭部	淮南矿业集团公司	1998 年 7 月
淮南煤炭基建技工学校	原煤炭部	淮南矿业集团公司	1998 年 7 月
淮北矿务局技工学校	原煤炭部	淮北矿业集团公司	1998 年 7 月
淮南机械工业技工学校	原煤炭部	淮南煤矿机械厂代管	1998 年 7 月
化工部淮南动力技工学校	原化工部	原化工部第三建设公司	1998 年 7 月
安庆石油化工总厂技工学校	石油化工集团公司	安庆石化总厂	2000 年 2 月
铜陵机车厂技校	铁道部	铜陵机车车辆厂	2000 年 2 月
安徽省阜阳烟草技工学校	烟草局	省烟草公司	2000 年 2 月
淮北电力技工学校	电力公司	省电力局	2000 年 2 月
芜湖河运技工学校	交通部	长江轮船公司	2000 年 2 月

说明:淮南矿务局技校与淮南煤炭基建技校为一个机构两块牌子

1998—2002 年省政府部门（单位）所属技工学校下放情况表

表 4-1-2

单　位	原主管部门	原管理体制	调整方式
安徽省冶金技工学校	省经贸委	人财物由省管理	学校下放合肥市管理,按 2001 年学校编制内实有在职人数和离退休人员基数下划。
安徽省纺织高级技工培训中心	省经贸委		学校下放安庆市管理,按 2001 年学校编制内实有在职人数和离退休人员经费基数下划。
淮南煤矿基建技工学校	省煤炭局		学校下放淮南矿业集团公司管理,按中央下划经费基数下划。
安徽省医药技工学校	省药监局		学校下放淮南市管理,按 2001 年学校编制内实有在职人数和离退休人员经费基数下划。
安徽省阜阳农机技工学校	省农机局		学校下放阜阳市管理,按 2001 年学校编制内实有在职人数和离退休人同经费基数下划。
安徽省淮南技工学校	省劳动和社会保障厅		学校下放淮南市管理,按 2001 年学校编制内实有在职人数和离退休人员经费基数下划。

1998—2002 年省政府部门（单位）所属技工学校撤并情况表

表 4-1-3

单　位	原主管部门	原管理体制	调整方式
安徽省商业技工学校	省经贸委	人财物由省管理	并入安徽省合肥商业学校，安徽省商业技工学校建制撤销。
安徽省石化厅技工学校	省经贸委		并入安徽工业经济学校，安徽省石化厅技工学校建制撤销。
安徽省煤炭工业技工学校	省煤炭局		并入安徽省煤炭工业学校，安徽省煤炭技工学校建制撤销。
安徽省粮食局技工学校	省粮食局		并入安徽省粮食干部学校，安徽省粮食局技工学校建制撤销。
安徽省监狱工作技工学校	省监狱管理局		安徽省监狱工作技工学校建制撤销。
安徽省水利技工学校	省水利厅		并入安徽水利职业技术学院，安徽省水利技工学校建制撤销。

1998—2002 年安徽省市双重领导、以市为主管理的技工学校体制调整情况

表 4-1-4

单　位	原主管部门	原管理体制	调整方式
芜湖机械技工学校	芜湖市政府省经贸委	省市共管，人事、编制由所在市管理，省财政给予一定经费补助	学校交芜湖市管理，按原省财政供给的编制内实有在职人数和离退休人员的经费补助基数同时下划
蚌埠机械技工学校	蚌埠市政府省经贸委		学校交蚌埠市管理，按原省财政供给的编制内实有在职人数和离退休人员的经费补助基数同时下划
六安机械技工学校	六安市政府省经贸委		学校交六安市管理，按原省财政供给的编制内实有在职人数和离退休人员的经费补助基数同时下划
阜阳机械技工学校	阜阳市政府省经贸委		学校交阜阳市管理，按原省财政供给的编制内实有在职人数和离退休人员的经费补助基数同时下划

内部管理　1986 年 6 月，省编委、省劳动局转发劳动人事部《关于颁发技工学校机构设置和人员编制标准暂行规定》，明确技工学校的机构设置、人员编制，凡属财政拨款，隶属于主管部门、事业单位举办和领导的，由主管部门报同级编委审批；企业举办和领导的，由学校主管部门报同级劳动部门审批，并实行同级劳动、编委行政部门备案制度。

1987 年 9 月，省劳动局、省教育委员会《实施细则》要求，技工学校建立健全思想政治工作机构和制度，在校党委（支部）领导下，充分发挥党组织、行政领导、班主任、团组织、工会、学生会的作用。明确技工学校要逐步实行校长负责制和教师聘任制，教职工要实行岗位责任制。技工学校必须建立健全教学管理制度，主要包括教学计划管理制度、教师授课计划管理制度、教案审查制度、学校领导和教师听课制度、教学研究和备课制度、生产实习教学与文化技术理论教学轮换制度、教学质量检查制度、期中、期末和毕业考试制度等。

1993 年 4 月,省劳动局印发《关于安徽省技工学校贯彻中国教育改革和发展纲要加快改革步伐提高培训质量的意见》,内容包括:实行校长负责制,扩大办学自主权。推行以人事制度和分配制度的改革为重点的学校内部管理体制改革,教职工实行聘任制、岗位责任制,根据个人工作实绩拉开分配档次。技工学校技术复杂的工种(专业),原则上招收初高中生培养目标为中级技术工人的学制分别为三年和两年;对原技术等级在 6 级以下、技术不太复杂的工种(专业),经省劳动局批准招收初中生的可实行两年学制,招收高中生的可实行一年学制;根据企业需要招初中生培养初级技术工人的,经地、市劳动行政部门批准可实行一年或一年半制。

1993 年 11 月,省劳动局转发劳动部《关于深化技工学校教育改革的决定》,明确技工学校实行校长负责制,要求主管部门放权给所属技工学校,使学校成为独立自主的办学实体。学校有权在国家规定的人员编制范围内确定内部机构设置,中层干部聘用、教师、职工的录用与辞退。学校有权根据工资总额或包干经费以及规定提取的部分创收收入,确定内部工资、奖金的分配形式、额度以及其他福利待遇。学校有权在国家政策允许的范围内开办校办企业,开展勤工俭学和筹集资金,自行确定经营方式和经营范围。

1999 年 11 月,省委、省政府下发《中共安徽省委、安徽省政府关于贯彻中共中央、国务院关于深化教育改革全面推进素质教育的决定的意见》,提出深化学校内部管理体制改革,要求各级各类学校按照"转换机制、理顺关系、优化结构、提高效益"的原则,进一步深化以人事、分配制度为核心的学校内部管理体制改革,精简和调整内设机构,压缩非教学人员编制,改革分配和奖励制度,实行多劳多得、优绩优酬。依法落实学校的法人地位,扩大学校招生、专业与课程设置、教学、用人等自主权,促进学校依法办学,规范办学行为,完善自我约束、自我管理、自我发展机制。

办学经费　1988 年 12 月,省教育委员会、省经济委员会、省财政厅、省物价局、省劳动局联合下发《关于明确几种学费收取原则和标准的暂行规定》,明确技工学校经费由规定渠道拨给,经费不足部分由办学单位、用人单位和有关部门筹措;经费确有困难的学校,向学生收取一部分,由学校所在地市财政、物价、劳动部门,按补到每生每学年不超过 800 元的原则审批,少收不限。学生住宿费,按每生每学年 30 元收取。

1998 年 12 月,省物价局、省财政厅下发《关于调整技工学校收费标准的通知》。普通技工学校收费标准:学费(含实习费)每生每学期 900 元,部分培养成本高的专业可相应上浮 10% 或 15%;住宿费每生每学期 150 元。高级技工学校和普通技工学校开设的高级技工班收费标准:学费(含实习费)每生每学期 1200 元,部分培养成本高的专业可上浮 10% 或 15%;住宿费每生每学期 150 元。上浮 15% 的专业为国家级重点技工学校开设的专业和其他技工学校开设的机械加工(维修)、电工、电子、电气、车船驾驶(维修)、冶金、烹调专业。上浮 10% 的专业为省级重点技工学校开设的专业(已上浮15%的专业除外）和其他技工学校开设的水利、石油、化工、地质、医药、建筑、建材、仪器、仪表、矿山、电讯、计算机操作、轻工、纺织、农林专业。高级技工学校和普通技校开设的高级技工班学费标准不与国家级、省级重点技工学校挂钩。

1999—2005 年安徽省技工学校经费情况表

表 4-1-5　　单位:万元

类别年份	1999 年	2000 年	2001 年	2002 年	2003 年	2004 年	2005 年
经费来源总计	13335.8	15070.01	12082.74	12890.61	17270.5	23751.5	27853.3
事业经费	3363.7	3428.99	5322.22	4211.85	5570.3	4589.3	5639.04
公司经费	494.7	1337	70	25.22	660	1823.1	3880.52
企业经费	4104.2	4812.4	2964.75	2979.22	2470	2198.1	2717.6
学　费	5078.7	4807.19	5245.07	5642.02	8290.1	11659.3	14231
学校设专项经费						3422.7	2343.79

2004 年安徽省财政供给技工学校名单

表 4-1-6

序　号	学校名称	主管部门	备　注
1	省冶金技校	原省冶金局	省财政（工交）
2	芜湖机械技校	原省机械局	省财政（工交）
3	蚌埠机械技校	原省机械局	省财政（工交）
4	六安机械技校	原省机械局	省财政（工交）
5	阜阳机械技校	原省机械局	省财政（工交）
6	淮南医药技校	原省医药管理局	省财政（工交）
7	省煤炭技校	原省煤炭局	省财政（工交）
8	省淮南技校	省劳动和社会保障厅	省财政（社保）
9	省水利技校	省水利厅	省财政（农财）
10	省监狱工作技校	省监狱管理局	省财政（干警经费）
11	省阜阳农机技校	省农机局	省财政（农财）
12	省粮食技校	省粮食局	省财政（商贸）、（干校经费）
13	省商业技校	原省商务厅	省财政（商贸）
14	省建工技校	省建总公司	上缴利税中扣除

评估整顿　1986年3月，省政府办公厅转发省劳动局《关于整顿技工学校的报告》，对全省 102 所技工学校的教学管理进行一次全面整顿。省劳动局成立整顿技工学校办

公室,负责指导组织和协调工作,并制定《安徽省技工学校整顿检查标准细则》(以下简称《标准细则》)。全省围绕技工学校整顿检查标准细则规定的基本条件,按照学校自查、各市互查和省级逐校验收的方法,开展整顿工作,对验收合格技工学校颁发合格证书。

《标准细则》要求技工学校具备的基本条件:要有与学校规模相适应的校舍和专用的生产实习教学场所(某些特殊工种,要配备模拟教具,安排好生产实习教学的挂钩单位)以及教学、实验设施设备;要有正常的经费来源;要按照有关规定,配齐胜任文化理论课和生产实习课教学的教师,至少要有70%的教师具有大专以上学历;要有教学计划、教学大纲,并按计划和大纲组织教学,有比较健全的管理制度;要有一个符合干部四化条件、热爱技工教育、团结奋斗的领导班子。规定对一些没有开办实习工厂,基本工种的学生操作技能基本功训练不能在校进行的技工学校,以及特殊工种的技工学校暂时无条件开办实习工厂但又未建专业实验室和模拟教学设施的,不得评估为合格技工学校。

1986年11月,省劳动局召开全省技工学校校长会议暨技工学校优秀教师先进工作者、优秀班主任表彰大会,推动技工学校改革发展,表彰先进。

1991年8月,劳动部下发《关于开展技工学校评估工作的通知》,决定在全国技工学校中开展省(部)和全国重点技工学校评估工作。省劳动局转发通知,明确技工学校评估工作分三步走:第一步合格评估,即对技工学校进行的整顿检查验收;第二步在合格技工学校基础上进行省级重点技工学校的评估;第三步在省级重点技工学校基础上,进行国家级重点技工学校评估。省级重点技工学校的评估按省劳动局制定的《省级重点技工学校评估标准细则》执行。1992年11月,劳动部颁布《国家级重点技工学校标准》,启动国家重点技工学校评估工作,每隔四年进行一次复评。1993年,全省有国家和省重点技工学校17所。

2002年5月,劳动和社会保障部制定《国家重点技工学校质量管理标准(试行)》,在部分国家重点技工学校中试行。安徽马钢高级技工学校、芜湖铁路高级技工学校列为首批试点并顺利通过复评,保留了国家重点技工学校的称号。

2005 年安徽省国家重点技工学校名单

表 4-1-7

类别	序号	学校名称	主要专业	学校所在地	主管部门
高级技校	1	淮南矿业高级技校	电子电工、机械、汽车、摩托车维修等	淮南市	淮南矿业集团公司
	2	芜湖铁路高级技校	运输作业、线路工、机电　物业管理等	芜湖市	南京铁路分局
	3	安徽马钢高级技校	机械、电气、轧钢、冶金、钳工等	马鞍山市	马钢总公司
	4	淮北煤炭高级技校	矿山机电、矿井运输、矿井通风等	淮北市	淮北矿务局
	5	安徽省工业高级技校（联办）	自动化控制、建筑装饰、制冷设备安装等	淮南市	淮南市劳动局化三建
国家级重点技校	1	芜湖铁路高级技校	运输作业、线路工、机电等	芜湖市	南京铁路分局
	2	安徽马钢高级技校	机械、电气、轧钢、冶金等	马鞍山市	马钢总公司
	3	淮南动力技校	自动化控制、建筑装饰等	淮南市	中化总公司第三建设公司
	4	淮南矿业高级技校	电子电工、机械、汽车等	淮南市	淮南矿业集团公司
	5	淮北煤炭高级技校	矿山机电、矿井运输等	淮北市	淮北矿业集团公司
	6	淮北电力技校	发配电检修与运行、热能动力设备与运行等	淮北市	省电力公司
	7	淮北煤炭基建技校	铆焊、土建、旅游、汽车与维修等	宿州市	中煤三建公司
	8	安庆电力建设技术学校	汽车装修、锅炉装修、电气装修、输配电运检等	安庆市	省电力公司
	9	安庆石化总厂技校	计算机应用、会计电算化应用电子等	安庆市	石油化工集团公司

2005 年安徽省级重点技工学校名单

表 4-1-8

	序号	学校名称	主要专业	学校所在地	主管部门
省部级重点技校	1	合肥工业技术学校	机电、计算机、餐旅、服装等	合肥市	省地矿局
	2	淮南煤矿机械制造技校	机电设备维修、汽车修理等	淮南市	煤机厂代管
	3	第十七冶建设公司技校	钳工、汽车修理、电子等	马鞍山市	第十七冶建设公司
	4	安徽省建筑工程技校	装饰工、焊工、管工、财务会计等	合肥市	省建工集团公司
	5	蚌埠铁路运输技校	通讯终端维修员、音响调音员等	蚌埠市	蚌埠铁路分局
	6	滁州技校	机电制冷设备与维修、计算机应用等	滁州市	已合并举办新高职
	7	铜陵有色金属（集团）公司技校	铜加工、冶金、汽修、计算机应用等	铜陵县	铜陵有色金属（集团）公司
	8	安徽省阜阳农机技校	机电、汽驾与维修、电工市场营销等	阜阳市	省农业机械管理局
	9	合肥二轻技校	家电、机电、微机、旅游、服装等	合肥市	合肥市二轻局
	10	蚌埠煤田地质技校	电工、地质、钻探、市场营销等	蚌埠市	省煤田地质局

第二节　学生管理

招生　1987 年 9 月，省劳动局、省教育委员会制定的《实施细则》规定技工学校招生计划申报下达程序。技工学校的招生计划，省属技工学校，由省有关主管部门提出；行署、市属技工学校，由行署、市劳动局会同计委、教委提出，报经省劳动局汇总平衡后，由省技工学校招生办公室下达。国务院部属技工学校，由学校主管或代管部门根据有关部、委下达的招生计划，提出分地区招生计划，报省技工学校招生办公室下达。

1988 年 4 月，省劳动局关于印发《安徽省一九八八年技工学校招生工作意见》，规定技工学校按照国家下达的招生计划招收的新生，毕业生由用人单位择优录用，当工人的实行劳动合同制；当生产实习指导教师和被录用从事其他工作的实行聘任制。各地可统筹安排，在省下达的招生计划内试招少量的自费生。

1988 年 5 月，省劳动局下发《关于高级技工学校有关问题的通知》，明确高级技工学校或高级技工培训班招生计划纳入省社会发展计划。高级技工学校（班）招生由学校所在地、市劳动行政部门组织；考生参加地市劳动行政部门组织的语文、数学、专业课和操作技能考试后，由地市劳动行政部门按照技工学校招生原则和办法录取。高级技工学校（班）新生登记表统一报省技工学校招生办公室备案。

1989年全省技工学校不再招收计划外新生。

1991年4月，省劳动局关于印发《安徽省技工学校招生工作实施（试行）办法》的通知，规定技工学校招收的新生，实行定向招生，定向培训，定向分配。明确省、行署（市）的招生工作职责，省劳动局下设安徽省技工学校招生办公室主管全省技工学校招生工作。其职责：执行劳动部有关技工学校招生工作的规定，并结合本省实际情况，制定具体政策和实施办法。执行国家下达的招生计划，编制全省技工学校招生计划。审批、调整各技工学校的招生计划；下达各技工学校分地区招生计划。审核、下达国务院有关部、委、总公司属技工学校在安徽省的分地区招生计划。按照劳动部统一命题的技工学校考试试卷清样，印制和分发全省技工学校考试试卷。检查、监督全省技工学校招生工作，及时调查处理来信反映有关招生工作中发生的重大问题。各行署、市劳动局负责组织本地区技工学校招生工作，下设技工学校招生办公室。其职责：执行劳动部和省有关技工学校招生工作的政策规定。执行省下达的技校招生计划和分地区招生计划。组织本地区的考生报名、考试、评卷、体检、政审和录取工作。检查、监督本地区技工学校招生工作，及时调查处理本地区招生工作中发生的重大问题。

技工学校招生计划是国家下达的指令性计划，各地不能随意调整。招生对象必须是安徽省境内城镇户口、吃商品粮的初中、高中应、历届毕业生或具有同等学历，初中毕业生不得超过18周岁，高中毕业生不得超过22周岁。招生考试共有语文、政治、物理、化学、数学五门学科，由劳动部分初中和高中统一命题、制定标准答案和评分标准，省技工学校招生办公室统一制卷，各地市技工学校招生办公室统一组织考试。考试时间由劳动部统一规定。各地、市技工学校招生办公室按1:1.2的比例，分别划定初中、高中以及不同性别的考生品德考查、体检分数线，并向社会公布；品德考查、体检合格的达线考生，按10分一段，从高分到低分，参照考生志愿顺序，逐段择优录取。技工学校招收新生男女比例按专业确定。女生不少于80%的工种（专业）：纺织挡车、针织、编织、服务行业、服装加工。女生不少于50%的工种（专业）：电子电器、内线电工、机械加工（车、钳、刨、铣、磨）、造纸、酿造、食品加工、热电运行、仪器仪表、制药、橡胶、玻璃、陶瓷、烹饪、小水电、铁路客运、无机化工、塑料制品、焊工、火药化工、化纤、腌制、园艺、邮政业务、油漆工。女性不少于30%的工种（专业）：水泥工艺、木工、铸造、发电设备安装、烟草栽培、建筑机械操作工、矿山机电、选矿、有机化工、水文地质、农机维修、建筑装饰工、印染工。凡是不宜女性从事的工种专业，一般不招收女生。

1991年1月，省劳动局《关于技工学校招生中开展定向代培签订合同协议书有关问题的通知》明确，定向代培的招生计划是国家下达安徽省的指令性计划，开展定向代培的技工学校，一般是行业主办的，规模较大的，条件较好的，有富余培训能力的技工学校。开展定向代培的技工学校招收新生，凡是为本单位、本部门培养的，一律由本单位、本部门负责学生毕业后的工作安置，为其他单位和部门定向代培招生培养的，必须签订定向代培合同协议书，落实毕业生的去向。省技工学校招生办公室凭合同协议书下达招生计划。

1993年,省劳动局转发劳动部《关于深化技工学校教育改革的决定》,要求技工学校按照劳动力市场需求,拓宽培训领域,主动服务经济社会。技工学校招生计划由指令性计划转为指导性计划,实施技工学校自主招生和毕业生自主择业政策。招生录取工作由学校自主实施。学生毕业后,根据合同确定录用去向,省劳动局下达分配文件,按隶属关系由同级劳动部门派遣进入国有和集体企业。招收未落实毕业后去向的新生,须在招生简章中注明:自主择业,不包分配。

1993年起,技工学校开始从农村招收艰苦工种专业,如矿山井下,野外勘探公路养护、瓦工、铁路线路工、酿酒行业第一线工种、水手、铸工、烟草栽培、茶叶种植等。招收农村户口新生,入校后不转户口,毕业后录用实行农民合同制。

1998年8月,省劳动局《关于技工学校从农村招生有关问题的通知》规定:从农村招生专业(工种)的范围限于铸造、锻造、铆接、公路养护、公路施工、矿山采选、砌筑与抹灰、钢筋与混凝土施工、架子与起重、焦化、冶炼化工工艺、纺织挡车、丝绸制造航道疏浚、热处理、橡胶工艺、船体火工。技工学校录取农村艰苦专业(工种)的新生,户、粮关系可办理"农转非"。技工学校从农村招生计划总量经省计委、公安厅、劳动厅、粮食局等部门参加的"农转非"联合办公会议研究,由省计委在下达全省"农转非"计划时,从招工"农转非"计划中单列,招生计划由省劳动厅会同省计委下达。新生入学后,由学校持省技工学校招生办公室《录取通知书》和省计委、劳动厅下达的招生计划到学校所在地公安、粮食主管部门办理户、粮关系"农转非"手续。学生毕业后按用工合同定向就业,毕业生落实单位与企业签订劳动合同后,当地公安、粮食部门凭劳动厅签发的《毕业生派遣证明》和省劳动厅、计委、公安厅、粮食局联合下达的毕业生分配计划、名册等文件,将学生的户、粮关系迁至企业所在地。一年内就业的,由原毕业学校持省劳动厅签发的《毕业生派遣证明》,到公安、粮食部门办理其户、粮关系迁至企业所在地手续;一年内仍未就业的,由学校负责到公安、粮食部门办理其户粮关系迁回生源所在地农村户口。学生在校期间因退学或被开除学籍等原因没有取得毕业证书的,由学校负责到公安、粮食部门办理户粮关系退回原籍手续。

2002年6月,省劳动保障厅、省公安厅、省发展计划委员会联合下发《关于技工学校从农村招生有关问题的通知》规定,技工学校从农村招生不再实行"农转非"指标控制,凡经省政府批准的技工学校都可招收农村学生。招生学校根据劳动力市场需求和办学条件提出招生专业和数量,经学校所在地省辖市劳动保障行政部门审核后自主招生。学生入学时凭安徽省技工学校招生办公室验印的《技工学校录取通知书》到当地公安派出所登记为城镇户口,不办理户口迁移手续。学生毕业后,凭与用人单位(包括非公有制单位)签订的劳动合同和技工学校毕业证书将其户口迁至用人单位所在地。

2002年,省劳动保障厅下发《关于做好2002年技工学校招生工作的通知》,当年起省发展计划委员会、省劳动保障厅不再下达技工学校招生计划,学校根据社会需求和办学条件提出招生专业（工种）和数量,经所在地的市级劳动保障行政部门审核后,自行组织招生,自主录取新生。招生学校可委托生源地的劳动保障部门或学校代办招生,也可与生源地技工学校联合招生。高级技工学校（班）招生仍由省技招办下达分专业指导性招生计划。技工学校可根据生源和办学情况实行春、秋两季或常年招生。技工学校学制教育新生开学前,学校应到所在地的市级劳动保障部门办理新生学籍登记手续,并将经所在地的市级劳动保障部门审核后的新生名册（附该校招生审核表）报省劳动保障厅备案。

1999—2005 年安徽省技工院校招生情况表

表 4–1–9

数量年份	1999 年	2000 年	2001 年	2002 年	2003 年	2004 年	2005 年
学校数（所）	139	114	107	97	95	99	109
招生学校数（所）	114	108	98	88	87	90	74
招生数（人）	13492	13583	13895	16964	27411	34897	34393

在校生 《实施细则》明确,技工学校要以《技工学校学生守则》为标准,认真做好学生的学期、学年和毕业的操行考核,按优秀、良好、及格、不及格四个等级评定,写出操行评语。技工学校学生被评为先进个人或立功者,要给予表扬或奖励,其事迹记入本人档案。对违纪学生,要按照《技工学校工作条例》规定,分情节轻重,给予教育或处分。处分学生,要经校务会讨论,校长批准,其中责令退学、开除学籍者,要报主管部门和省、行署、市劳动部门备案。凡是触犯刑律和判刑或送劳动教养的学生,自判决或送劳动教养之日起开除学籍。学生在学期、学年考试,文化技术理论课有两门以上不及格者或生产实习课不及格者,可予以留级或随班试读。随班试读半年后补考,文化技术理论课仍有两门以上（含两门）不及格者或生产实习课不及格者,应责令其退学。试读生在学习期间不享受助学金和奖学金。学生在学期、学年考试,文化技术理论课有四门以上(含四门）不及格者,应责令其退学。学生毕业考试,文化技术理论课两门以上（含两门）不及格、生产实习课不及格,或操行不合格者,均不予毕业。学生学习期满,学习成绩不合格,可在校继续学习一年（继续学习期间,学校可酌情收取适量学费),进行一次性补考,成绩合格的发给毕业证书,分配工作;补考不合格的,发给肄业证书,不分配工作。毕业生操行不合格者,不再重新考查。技工学校要实行助学金和奖学金相结合的制度。奖学金可控制在助学金和奖学金总额的百分之三十到百分之五十以内使用。奖学金可分为甲、乙、丙三个等级。受奖学生名单应公布。

1990 年 8 月,省劳动局《关于转发劳动部关于印发技工学校学生日常行为规范的通知的通知》《关于转发劳动部办公厅关于印发学生卫生工作条例的通知的通知》对技工学校在校学生日常行为的规范管理和学校卫生工作要求以及管理、监督作出了具体规定。

1990年12月,省劳动局《关于转发劳动部关于加强技工学校思想政治工作意见的通知的通知》,要求技工学校对新进校的学生进行必要的军事训练,使学生养成良好的生活习惯和遵守纪律的自觉性。

1991年9月,省劳动局《关于印发安徽省技工学校学生管理实施细则的通知》规定:学生的成绩考核包括操行和学业两个方面。操行评定主要考核学生思想政治觉悟、道德品质、遵纪守法、学习态度、生产实习劳动表现等方面。学业成绩的考核,根据教学计划和教学大纲的规定进行,包括理论课、体育课、生产实习课。对学生的操行每学期评定一次,毕业时进行操行总评。学生学业成绩的考核方式分为考试和考查,由学校按教学计划确定每学期的考试和考查科目。考试科目按百分制记分,满60分为及格;考查科目成绩评定采用四等级制记分法(优秀、良好、及格、不及格)。理论课按总评成绩记载。考试科目学期总评成绩按期中考试成绩占30%、平时成绩占30%、期末考试成绩占40%计算。同时对在校学生的纪律与考勤、休学与复学、退学与转学、升级与试读、奖励与处分、毕业与结业都作出了明确规定。

1999—2005年安徽省技工院校在校生情况表

表4-1-10 单位:所、人

数量年份	1999年	2000年	2001年	2002年	2003年	2004年	2005年
学校数	139	114	107	97	95	99	109
招生学校数	114	108	98	88	87	90	74
在校生数	49126	42628	37282	39002	56431	64616	86431

2005年安徽省技工院校综合情况表

表4-1-11

院校所数	招生学校数	招生人数	毕业生数	在校生数	培训社会人员	就业人数	就业训练中心所数
109	74	34393	27287	86431	134295	67927	84

2000年8月,省劳动和社会保障厅出台的《关于深化全省技工学校改革的意见》,提出技工学校改革的主要任务是调整布局、提高层次、突出特色、服务就业。要求把培养学生的实践能力、创新和创业能力作为技工学校的工作重点。

毕业生 1988年4月,安徽省劳动局《关于贯彻劳动人事部关于技工学校毕业生当工人后实行劳动合同制的通知的通知》(以下简称《转发通知》),明确全省技工学校从1988年起,按照国家下达的招生计划招收的新生,毕业后由用人单位择优录用,当工人的实行劳动合同制,当生产实习指导老师和被录用从事其它工作的,实行聘任制。1987年年底以前各技工学校招收的学生毕业后的分配问题仍按原规定办理。技工学校毕业生分配制度改革以后，被企事业单位录用当工人的，按照国务院发布的《国营企业实行劳动合同制暂行规定》和安徽省政府颁发的《安徽省国营企业实行劳动合同制实施细则》的有关规定执行；被聘任当生产实习指导教师和从事其他工作的，按有关规定办理聘任手续。实行劳动合同制和聘任制的技工学校毕业生，见习期一年。见习期间待遇，按本单位同工种（岗位）二级（或相当于二级）的工资标准支付；见习期满定级，享受不低于本单位同工种（岗位）三级（或相当于三级）工的工资待遇，并相应发给本人标准工资 15% 的工资性补贴。表现突出的还可以高定一个副级。开展“双证”制的试点工作。每个地、市可以选择一、两个学校和单位，对实行合同制的技工学校毕业生，实行“双证”（毕业证和技术等级证）和考工定级的试点。毕业证由技工学校发，技术等级由地、市、县劳动部门会同有关企事业单位和学校组成考核委员会考核，证书由地、市劳动部门颁发。工资与技术等级挂钩，考上哪一级定哪一级工资。试点单位和试点方案要报经省劳动局批准。企事业单位凡实行技师聘任制规定范围工种的新增技术工人，必须逐步做到由技工学校培养。

《转发通知》明确，要改革毕业生分配制度，技工学校毕业生除少数工种（专业）外，实行在国家计划指导下，由用人单位择优录用为合同制工人或聘用为生产实习指导教师及其他人员的制度。毕业生被企事业单位录用后，应按合同规定为单位服务，否则要向承担培训任务的企业或培训单位缴纳培训费。未被企事业单位录用的毕业生，可进入当地劳务市场通过“双向选择”就业。毕业生实行两种证书制度，技工学校毕业生在取得学校颁发的毕业证书的同时，要按部颁技术等级标准的要求进行严格的技术等级考试。毕业生经过“应知”“应会”的严格考试，确定其技术等级，并由劳动行政部门颁发技术等级合格证书，作为毕业分配和确定工资待遇的主要依据。技工学校毕业生，当劳动合同制工人的，不再实行试用期，按已达到的实际技术等级确定起点工资。培养中级技工，技术等级达到三级的定三级的工资，技术等级达到四级及其以上标准的，可以根据其所任工作的难易程度适当高定；达不到三级技术等级要求的，如被用人单位录用，其工资应予低定。技工学校毕业生，被录用为合同制工人的，按规定应享有基本工资 15% 的工资性补贴。

1993 年 11 月，安徽省劳动局转发劳动部《关于深化技工学校教育改革的决定》，明确技工学校教育改革的基本方针和目标，要求技工学校按照劳动力市场的需求，拓宽培训领域，主动服务经济社会。各地按照要求，积极实施自主招生和毕业生自主择业政策，技工学校招生计划由指令性计划转为指导性计划，办学自主权得到进一步落实，强化实习实训，突出了技工教育特色。

1999—2005 年安徽省技工院校毕业生情况表

表 4-1-12 单位:所、人

数量年份	1999 年	2000 年	2001 年	2002 年	2003 年	2004 年	2005 年
学校数	139	114	107	97	95	99	109
招生学校数	114	108	98	88	87	90	74
毕业生数	29281	24532	16177	12547	13322	18193	27287
就业人数	22862	19425	16613	13574	22758	47171	69727

第三节 教学管理

专业、学制与教材 1987 年 9 月,省劳动局、省教育委员会规定,技工学校的工种（专业）设置要从实际需要出发,保持相对稳定。一个地区、一个行业办的技工学校,工种（专业）的设置,要统筹安排,合理分工。技工学校设置新的工种（专业）,必须在教学设施、师资、教学计划、大纲、教材等方面具备条件,并在招生半年之前经申报批准。国务院部属技工学校,由部或委托代管单位审查批准;省厅、局（公司）办的技工学校,由省厅、局（公司）审查批准;行署、市办报技工学校,由行署、市劳动部门审查批准。以上均报省劳动局备案。技工学校的工种（专业）设置一经批准,并进行招生和组织教学,中途不得改变。

1988 年 5 月,省劳动局下发《关于高级技工学校有关问题的通知》,明确高级技工学校（班）的专业（工种）设置和增设,需经省劳动行政部门论证后,报劳动和社会保障部、国家发展计划委员会审批。高级技工培训专业（工种）变更需经省劳动行政部门审批。

1993 年 11 月,省劳动局转发劳动部《关于深化技工学校教育改革的决定》,要求全省技工学校根据社会需求和国家颁发的《技工学校专业目录》,确定专业设置,按照国家统一规定的专业教学计划、教学大纲、教材执行。明确技工学校专业(工种)设置,以市场为导向,实行常设和临时性专业(工种)相结合。技工学校的常设专业（工种)应保持基本稳定,以办出特色,取得社会的信誉。技工学校可根据企业打破工人、干部身份界线的改革方向,拓宽和调整专业(工种)设置,培养经济建设和社会发展实际需要的人才。技工学校还要挖掘潜力,开展中、高级就业前训练、在职工人培训等多种短期技能培训。

1987 年 9 月,省劳动局、省教育委员会《关于印发安徽省贯彻执行〈技工学校工作条例〉实施细则的通知》,规定技工院校的学制教育以培养中级技术工人为主,招收初中毕业生,学制 3 年;招收高中毕业生,学制 2 年。高级技工学校（高级技工班）以培养高级技术工人为主,招收技工学校或其他中等职业学校毕业生,学制 2 年;招收高中毕业生，学制 3 年。1988 年 4 月，省劳动局再次发文强调，招收高中毕业生的一般为二年，有的工种经省劳动局批准，可为一年或一年半；招收初中毕业生应为三年，对个别技术不太复杂的工种，经省劳动局批准，可进行二年或二年半学制的试点。技工学校可以试办初级技工班。试点学校及方案，由省主管厅局或地、市劳动部门报省劳动局批准后实施。

1987 年 9 月，安徽省劳动局、省教育委员会《实施细则》明确，技工学校必须严格执行国务院有关部、委、总公司颁发的教学计划、大纲，使用统编教材，有些工种（专业）没有部颁教学计划、大纲的，由省主管部门制定试行；没有统编教材的，由省主管部门编写统一选用的临时教材。1988 年 11 月，省劳动局要求各级技工培训教研室积极组织制定教学计划、大纲，编写教材，推广先进教学方法和经验，实施电化教学，开展师资培训和职业技术培训的教学与理论研究，促进教学改革工作的深入发展。

双证制　1989 年 7 月，省劳动局转发劳动部《关于技工学校深化改革的意见的通知》，明确技工学校毕业生实行毕业证书和技能等级证书双证制度；当劳动合同制工人的，不再实行试用期，按已达到的实际技术等级确定起点工资。

1993 年 4 月，省劳动局印发《关于安徽省技工学校贯彻中国教育改革和发展纲要加快改革步伐提高培训质量的意见》，明确技工学校学生毕业考试合格的发给毕业证书外，并由地、市工人技术考核委员会指定考核站，按照部颁技术考核等级标准进行考核，发给相应的技术等级证书。

1995 年 3 月，省劳动厅出台《关于加强技工学校毕业生管理工作的意见》，要求加快建立技工学校毕业生质量考核（双证书）制度，全省技工学校 1995 年招收的新生毕业时全部实行技术等级证书（或岗位资格证书）考核制度；全省技工学校的毕业生统一使用由省劳动厅统一印制的“安徽省技工学校毕业证书”并经省劳动厅验印。

1999 年 11 月，省委、省政府下发《中共安徽省委、省政府关于贯彻中共中央、国务院关于深化教育改革全面推进素质教育的决定的意见》，提出改革社会用人制度，实行学历证书、职业资格证书并重制度，积极推进“先培训，后上岗”的就业制度。

第四节　教师

任职资格　1997 年 8 月，省劳动局对技工学校教师资格认定范围、认定条件及认定程序等做出了新的具体规定。全省技工学校、就业训练中心和其他职业培训机构中，在职从事教育教学工作的教师和拟从事教育教学工作的后备教师，可申请教师资格认定。其他职业培训机构指企业职工培训机构和社会力量办学职业培训机构。在技工学校中担任文化课、专业技术理论课教学工作的教师确定技工学校文化技术理论课教师资格；承担生产实习指导教学工作的教师确定技工学校生产实习指导教师资格。生产实习课、专业理论课双肩挑教师按承担的主要教学工作确定相应的教师资格。在就业训练中心承担文化课、专业技术理论课或生产实习指导教学工作的教师确定就业训练中心教师资格。在其他职业培训机构中承担文化课、专业技术理论课或生产实习指导教学工作的教师确定职业培训机构教师资格。

1993 年 12 月 31 日以前，在技工学校和就业训练中心及其他职业培训机构任教，取得教员以上教师职务的在职文化课、专业技术理论课教师和生产实习教师，可依教师职务认定相应教师上岗资格。1994 年，技工学校文化课、专业技术理论课教师，应具备高等职业技术师范学院、普通高等师范学院或其他高等院校大学本科及其以上学历。其中专业技术理论课教师应具有本专业某一工种的初级及其以上技能水平。技工学校生产实习指导教师，应当具备技工学校、中等专业学校毕业及其以上学历，同时具有中等以上技能水平或相应专业中级以上技术职务。就业训练中心及其他职业培训机构中，承担文化课、专业技术理论课和实习指导教学任务的教师，应当具备中等职业学校毕业及其以上学历；实习指导教师同时应具有初级以上技能水平或初级以上专业技术职务。对于已取得技师及以上技术职务的生产实习指导教师其学历要求可以放宽到初中毕业。

教师上岗资格认定，应由本人所在地学校、中心或职业培训机构提交上岗资格认定申请。经学校、中心或职业培训机构初审，并进行思想品德、政治思想表现方面的鉴定报所在地、市劳动行政部门审查。报劳动行政部门认定；同时，就业训练中心教师资格认定后，报省就业局备案。对认定合格的教师，由省劳动行政部门颁发劳动部统一印制的技工学校或就业训练中心或其它职业培训机构教师上岗资格证书。取得教师上岗资格的教师，可在相应的教育培训机构中任教，参加评聘教师职务，并依法享有国家和各级地方政府规定的教师待遇。

1997 年 10 月，省劳动厅《关于技工学校和就业训练中心及其他职业培训机构教师上岗资格认定有关具体问题的通知》（以下简称《通知》）规定：1993 年 12 月 31 日前在技工学校、就业训练中心及其他职业培训机构中任教，取得其他系列相应专业中级及其以上技术职务的，在职承担文化课、专业技术理论课和生产实习教学工作的教师，也可认定相应的教师上岗资格。可申请认定教师上岗资格。编制在技工学校，由组织上安排从事勤工俭学（校办产业）工作的人员；技工学校、就业训练中心和其他职业培训中的以工代教人员；1994 年 1 月 1 日及以后退（离）休的人员等可申请认定教师上岗资格。在中专、技校一个机构两块牌子的学校中，承担技工学校教学任务的教师，已参加了教育行政部门教师资格认定的，仍应参加技工学校教师上岗资格认定。

《通知》要求，从 2003 年 7 月起，技工学校、就业训练中心以及民办职业培训机构教师上岗资格认定工作采取“条件公开、个人申请、专家认定、行政公示并公布”的方式进行。劳动保障部门可参照技工学校、就业训练中心及民办职业培训机构教师上岗资格条件，结合本地实际，提出具体条件，并向社会公布。成立由学校、培训机构、企业等方面专家组成的职业培训教师上岗资格专家认定工作委员会（也可依托技工学校职称评定委员会），定期组织审核认定工作，提出认定意见，由劳动保障部门公示后向社会公布，并颁发相应的职业培训教师上岗资格证书。

对已经取得教育部门颁发的“教师资格证书”的人员，专家认定工作委员会可直接认定其文化技术理论课教师资格，并由劳动保障部门颁发相应的职业教师上岗资格证书。对拟任生产实习指导教师的人员，专家认定工作委员会要对照相应的职业培训教师上岗资格条件，提出是否认定的意见。对符合条件的，可由劳动保障部门直接颁发相应的职业培训教师上岗资格证书；对不符合条件的，要说明理由，并推荐其参加相应的技能强化培训，满足条件后，再由劳动保障部门颁发相应的职业培训教师上岗资格证书。

《技工学校、就业训练中心以及民办职业培训机构教师上岗资格条件（试行）》规定：技工学校、高级技工学校文化技术理论课教师（包括文化理论课教师和专业理论课教师），应具备高等职业技术师范学院、普通高等师范学院或者其他高等院校本科或以上学历。

技工学校专业理论课教师应具有本专业某一职业（工种）初级或以上技能水平。生产实习指导教师应具备高级技工学校（高职院校）或以上学历，同时具有高级以上（含高级）技能水平或相应专业高级以上（含高级）专业技术职务。其中，承担初级技能培训的生产实习指导教师应具备中等职业学校或以上学历，同时具有中级以上（含中级）技能水平或相应专业中级以上（含中级）专业技术职务。

高级技工学校中承担高级技能培训或技工学校高级班的专业理论课教师应具有本专业某一职业（工种）中级或以上技能水平。生产实习指导教师应具备高级技工学校（高职院校）或以上学历，同时具有技师以上（含技师）技能水平或相应专业高级以上（含高级）专业技术职务。

2002 年 1 月，劳动和社会保障部下发《关于加强职业培训教师队伍建设的意见》明确，到 2005 年，技工学校、就业训练中心和其他职业培训机构教师均要达到国家规定的任职资格。其中，高级技工学校中获硕士学位或具有高级技师职业资格证书的占教师总数的 10%。技工学校生产实习指导教师队伍中，具有高级技工学校（高职院校）学历或具有高级职业资格证书人员占 80%。就业训练中心及民办职业培训机构生产实习指导教师队伍中，具有中等职业学校及其以上学历或中级以上职业资格证书的人员占 80%。

1998—2005 年，安徽省累计认定技工学校教师上岗资格 4000 多人。

师资培训 技工学校教师参加业务提高培训每两年不得少于 80 学时；就业训练中心及其他职业培训机构教师参加业务提高培训每两年不得少于 50 学时。教师参加培训情况作为技工学校、就业训练中心评估和其他职业培训机构年审的重要检查内容。

劳动保障部在高等职业技术师范院校和高级技工学校中，选择一批师资队伍素质较高、教学设施比较先进的学校，逐步建立国家级示范性教师培训基地，承担骨干教师的培养培训任务。国家级教师培训基地可面向全国开展教师培养培训活动，并按有关规定颁发相应的学历证书、职业资格证书或岗位培训合格证书。

发挥高等职业技术师范院校的作用，为职业培训机构培养“一体化”教师，使高等职业技术师范院校成为职业培训后备师资培养的主要阵地。加强兼职教师队伍建设，通过从社会聘用或与高校、科研机构、大企业联合办学等形式，广泛吸引社会各方面人才尤其是一些高科技领域的急缺专业人才任教，壮大教师队伍，优化教师结构。建立包括社会各行业的技师、高级技师等能工巧匠和专业技术人员的师资人才库，并定期公布有关信息，以利于资源共享，优势互补。

建立定期考核、竞争上岗的用人机制，“一体化”教师在竞争上岗和享受有关待遇上应优先考虑。建立优秀教师评选制度，对取得优异成绩和显著成果的教师和教育工作者给予奖励，营造有利于人才脱颖而出的环境。

职务评聘　1986 年，中央职称改革工作领导小组下发《关于印发技工学校教师职务试行条例及实施意见的通知》，按照通知要求，安徽省成立技工学校职称改革领导小组。1987 年，《安徽省贯彻执行技工学校教师职务试行条例及其实施意见的实施细则》出台，对技工学校教师工作职责和专业技术职务评审聘任工作的范围与对象、考核、组织领导等若干问题作了具体的规定。

文化技术理论课教师由教员、助理讲师、讲师、高级讲师组成。教员由高级讲师、讲师进行指导，按照教学计划、大纲的要求，编写一门课程中部分单节的教案和讲义，并承担一定的讲授任务和批改作业、辅导课、实验课、组织课堂讨论等教学工作。助理讲师按照教学计划、大纲的要求独立编写一门课程的教案和讲义，完成一门课程的教学工作和实验室的教学指导工作；担任学生的政治思想工作或教学实习、社会调查等方面的管理工作。讲师主要承担一门或一门以上课程的教学工作和指导实验室的工作，并撰写本专业具有一定水平的教学研究论文，参加编写教材和培训教师的工作；担任学生的政治思想工作或教学实习、社会调查等方面的管理工作；承担用一种外国语翻译本专业一般资料的任务。高级讲师担任两门或两门以上课程的教学工作和组织实验及生产实习教学工作，负责指导本专业的教学研究、撰写学术或技术论文，主持编写质量较高的教材和参与教师的培训提高工作；担任学生的政治思想工作或教学实习、社会调查等方面的组织管理工作；较熟练地承担用一种外国语翻译本专业书籍、资料的任务。

生产实习课指导教师分为三级教师、二级教师、一级教师和高级教师。三级实习指导教师主要是在高级实习指导教师、一级实习指导教师的具体指导下，编写本工种（专业）生产实习课的部分教案和讲义，并承担生产实习课部分课程实际操作技能（包括工具、设备的正确使用和维护保养）的示范、辅导工作。二级实习指导教师承担编写本工种（专业）生产实习课的教案、讲义，完成生产实习教学工作；承担学生职业道德、文明生产、安全生产的教育工作和生产实习课教学的组织管理工作。一级实习指导教师担任生产实习课的教学工作和对工具、设备的正确使用及保养维修；讲授本工种（专业）的工艺学理论课，参加编写教材和承担一定的生产实习教学研究、技术革新任务以及指导三级实习指导教师技术理论知识和教学业务能力的提高；承担学生职业道德、文明生产、安全生产的教育工作和生产实习课教学的组织管理工作。高级实习指导教师担任生产实习、工艺学理论课的教学工作，组织指导本工种（专业）生产实习教学研究和技术革新，撰写有一定质量的论文和教学经验总结；主持编写较高质量的教材，指导和提高三级、二级、一级实习指导教师的业务技能；承担学生职业道德、文明生产、安全生产的教育工作和生产实习课教学的组织管理工作。承担用一种外国语翻译本专业一般资料的任务。

文化理论课指导教师的任职条件主要是：教员必须是见习一年期满的大学专科毕业生或中等专业技术学校毕业生，并受过不少于100学时教育学、心理学和教学法的基础知识培训；在高级讲师、讲师的具体指导下，按照教学计划和教学大纲的要求，能承担一定的教学工作。助理讲师必须是见习一年期满的大学本科毕业生或担任教员职务二年以上的大学专科毕业生或担任教员职务四年以上的中等专业技术学校毕业生，并受过不少于100学时教育学、心理学和教学法的基础知识培训；能独立担任一门课程的教学工作，教学效果较好。讲师必须大学专科毕业以上学历，担任助理讲师职务四年以上，能担任培训教员的工作；能用途一门或一门以上课程的讲授和全部教学工作，教学质量较高，教学效果好；掌握一门外国语，能阅读本专业的外文书籍和资料。高级讲师必须具有大学本科毕业以上学历，担任讲师职务五年以上，能联系实际进行比较深入的研究工作（包括主编质量高的教材等），或者在生产技术方面有较大的贡献，能指导提高讲师的业务水平；能熟练地担任二门或二门以上课程的讲授和全部教学工作，教学工作经验丰富，教学质量高，能起到学科带头人的作用。熟练地掌握一门外国语。

生产实习课指导教师的任职条件为：三级实习指导教师必须是见习一年期满的大专毕业生或中专、技工学校优秀毕业生，经过不少于100学时的教育学、心理学和生产实习教学法的培训；能承担本工种（专业）的各种工具、设备的结构，操作技能达到中级技术的水平。二级实习指导教师必须是大学专科毕业生，担任三级实习指导教师一年以上并受过不少于100学时教育学、心理学和生产实习教学法的培训，或具有四年以上实际教学工作经验的三级实习指导教师；能独立担任生产实习课的教学工作，教学效果较好；掌握本工种（专业）各种工具、设备的结构原理以及文明生产、安全操作规程，对本工种（专业）的实际操作技能达到中级技术的水平。一级实习指导教师必须是大学专科毕业，担任二级实习指导教师四年以上，能承担本工种（专业）生产实习课和工艺学理论课的教学工作；对本工种（专业）的实际操作技能达到高级技术的水平；在技术革新和生产实习教学中有较大贡献。高级实习指导教师必须大学专科毕业，担任一级实习指导教师五年以上，并已取得大学本科毕业学历，熟练地承担本工种（专业）生产实习课及工艺学理论课的教学工作，教学经验丰富，教学质量高。能主持编写质量高的生产实习课教材，有独特、高超的技艺。在生产和技术革新方面或在实习教学中成绩卓著。掌握一门外国语。

省劳动局组建技工学校教师职务评审委员会，负责评审高级职务的任职资格。各地（市）成立相应的教师职务评审组织，负责评审中、初级职务的任职资格。各级评审委员会组成及评委会成员的聘任，由同级主管领导批准，评审讲师和一级实习指导教师职务的评委会，还需报上级主管部门备案。技工学校高级讲师、高级实习指导教师的职务，经地（市）评审组织评审通过后，报省评审委员会审定。讲师、一级实习指导教师的职务，经地（市）评审组织审定。助理讲师、二级实习指导教师和教员、三级实习指导教师的职务，由学校评审组织审定。各级教师职务经相应的评审组织审定后，由校长聘任（或按干部管理权限由相应行政领导任命）。实行聘任制的技工学校，校长应与被聘任的教师签订聘约，规定双方权利、义务、聘任期限和辞聘、解聘等事宜。实行任命制的学校，行政领导应向被任命的教师颁发任命书。教师职务的聘任（或任命）期限，最长不超过五年，可以连聘或连任；对有特殊成绩和突出贡献者可提前晋职。

1987 年，省劳动局、省技工学校教师职称改革工作领导小组印发《关于技工学校教师职务评审及聘任（或任命）工作若干问题的具体处理意见》，对技工学校教师系列专业技术职务评审范围和对象、任职条件等作了具体规定。同年 4 月，省劳动局制定《关于安徽省技工学校教师职务聘任试点工作方案》，确定在阜阳农机技工学校和滁州技工学校进行试点。10 月底，各地市和省直单位评议推荐高级职务 24 人，省技工学校高评委员会第一次会议评审通过高级职务 14 人、中级职务 102 人。选择淮南纺织技工学校等 10 所企业办的技工学校开展教师职务评审改革试点。

1998 年 8 月，省劳动厅、人事厅下发《关于技工学校高级职务任职资格评审有关问题的意见》，对参评人员基本条件、申报材料和破格评审等进行修订。基本条件：参评人员必须取得技工学校、就业训练中心及职业培训机构教师上岗资格证书。申报高级讲师人员必须具有大学本科毕业以上学历，或大学专科毕业后在教师岗位上连续工作 20 年以上；担任讲师职务 5 年以上并能熟练地担任两门或两门以上课程教学；取得高级外语考试合格证书（或办理免试手续）；在讲师聘期内，单位对其年度考核均为合格或优秀。申报高级生产实习指导教师人员必须具有大学专科毕业学历；担任一级实习指导教师 5 年以上；具有本专业（工种）高级技术等级证书，能熟练地担任本专业（工种）生产实习课及工艺理论课的教学；取得外语考试合格证书（或办理免试手续）；在一级实习指导教师聘期内，单位对其年度考核均为合格或优秀。“破格”评审条件：凡不具备规定学历破格申报技工学校教师高级讲师职务必须同时符合其中三项条件：在省、部级学术刊物（CN 刊号）上发表三篇以上与申报专业相同或相近的学术性论文；在省、部级出版社正式出版与申报专业相同或相近的专著或译著（不少于 5 万字）；因采用科学技术手段或优秀教学教育方法，在中职任期内培养对象的相关水平达到国家、省级先进水平[如：全国比赛或竞赛前 10 名或三等奖以上、全省比赛前三名或二等奖以上获奖者指（辅）导教师]；中级职务任期内受到国家有关部（委）或省、地（市）政府表彰或奖励；在县以下单位任教或从事职业培训工作二十年以上或大专毕业并以连续配被聘任讲师十年以上。凡不具备规定学历破格申报技工学校高级生产实习指导教师职务的必须同时符合其中两项条件：在生产实习教学一线工作十五年以上；取得高级技术等级证书（含高级技师）五年以上；近五年通过勤工俭学等手段，为学校（校办企业）累计创利百万元以上；本人指导的学员有两人以上获地、市技术能手称号，或有一人获省技术能手称号；任中级职务期间，在省、部级以上专业刊物上发表于申报专业相同或相近的学术论文两篇（每篇不少于2500字）。

2003年3月，省劳动厅、人事厅《关于做好2003年度技工学校教师高级专业技术职务任职资格评审工作的通知》规定：破格申报晋升技工学校教师高级讲师职务的，应为大学专科毕业后从事本专业工作15年以上或中专毕业后从事本专业工作20年以上，同时担任中级职务满5年规定破格晋升条件。破格申报均需参加面试，答辩。成绩合格者方可提交高评会评审。专业技术人员转岗评审技工学校高级讲师按省人事厅规定执行。凡需转岗评审的专业技术人员，须由所在学校出具证明，经主管部门初审、同级人事部门审核后先报评审委员会评审。对先取得专业技术职务、后取得规定学历（均指所学专业与申报任职专业相同或相近）的专业技术人员，须从取得规定学历之日起，任满一个原岗位基本任职年限后方可申报高一级专业技术职务。如所学专业与申报任职专业不同或不相近，须通过接受继续教育取得本专业或相近专业的教育证明后方可申报。职称外语及计算机应用能力免试审批权限已下放。符合人事厅规定免试的，市属技工学校、培训机构教师，由市人事局办理免试手续；省属技工学校、培训机构教师由主管部门办理免试手续，在上报高级专业技术职务任职资格评审材料中应附上免试审批表原件。

全省技工学校教师高级专业技术职务评审及改革工作始于1987年，自1992年转入正常化运行到2005年，全省技工学校教师高级专业技术职务评审委员会先后召开14次评审会议，评审申报技工学校教师高级专业技术职务人员1149人，累计通过评审获取高级专业技术职务人员885人。

1991年，省人事、劳动部门下发《关于技工学校生产实习指导教师评聘技师的通知》。生产实习指导教师评聘技师的对象是：在本专业（工种）工作满十五年，技校毕业生专业对口满十年，并从事生产实习教学工作满五年以上，现仍在本岗位从事实习指导教学工作，经参加高级工培训班培训已取得合格证的属工人身份的生产实习指导教师。生产实习指导教师评聘技师的程序是：由学校推荐其主管部门的行业考评委员会考评，对考评合格者，按隶属关系分别报经省直主管厅、局、总公司和地、市劳动局签署意见报省劳动局批准后，由技工学校在核定的专项指标内聘任。

编制标准　1986年6月，省编委、省劳动局《转发劳动人事部关于颁发技工学校机构设置和人员编制标准暂行规定的通知》明确，技工学校教师编制标准以及技工学校教师编制配备按照统一的师生比例确定。

1986 年安徽省技工学校教师师资编制标准

表 4-1-13

学校规模（学生总人数）	教职工人数与学生人数之比	其中			实习工厂（场店）工作人员占学生人数的%
		文化理论课教师与学生之比	生产实习课教师与学生之比	教学辅助人员与学生之比	
200~600	1:4~1:4.2	1:12~1:14	1:16~1:18	1:40~1:42	5~10
601~1000	1:4.2~1:4.5	1:14~1:16	1:18~1:20	1:42~1:45	5~10
1001~1600	1:4.5~1:5	1:16~1:18	1:20~1:22	1:45~1:50	5~10

1999—2005 年安徽省技工院校专职教师情况表

表 4-1-14　单位：人

人数年份 类别	1999 年	2000 年	2001 年	2002 年	2003 年	2004 年	2005 年
在职职工人数	6584	6359	5539	4692	4705	5021	6031
文化技术理论课教师	2923	2906	2555	2258	2307	2538	2940
高级讲师	543	550	522	513	544	631	691
讲师	1548	1476	1336	1162	1177	1287	1367
助理讲师	656	666	528	457	462	474	699
大学本科以上	1232	1223	1096	1135	1296	1348	1821
生产实习指导教师	797	779	709	542	599	793	949
高级实习指导教师	43	65	55	48	59	102	102
一级实习指导教师	152	156	151	127	161	246	257
二级实习指导教师	231	189	201	157	188	218	267
三级实习指导教师	170	162	167	80	85	90	117
技师、高级技师	37	46	48	38	30	61	139
一体化教师	690	514	367	428	467	468	659

1999—2005 年安徽省技工院校兼职教师情况表

表 4-1-15　单位：人

人数年份 类别	1999 年	2000 年	2001 年	2002 年	2003 年	2004 年	2005 年
兼职教师	1173	1023	934	739	964	1134	1641
文化技术理论课	801	718	588	453	564	655	921
生产实习指导教师	359	299	311	242	322	479	720

1999—2005年安徽省技工学校学生获取资格证书情况表

表4-1-16　　单位：人

人数年份 类别	1999年	2000年	2001年	2002年	2003年	2004年	2005年
毕业生数	29281	24532	16177	12547	13322	18193	27287
取证总数		20584		11433	11373	16610	26145
初级	6423	6211	3338	3063	3073	3085	3358
中级	16805	14308	10108	8033	7986	13079	22005
高级		65		337	314	446	782

1999—2005年安徽省技工院校培训社会人员情况表

表4-1-17　　单位：人

数量年份	1999年	2000年	2001年	2002年	2003年	2004年	2005年
培训人数	25611	47768	64877	62723	104650	98646	134295
培训合格人数	33533	44369	64443	60864	96791	95171	132137
下岗职工	8668	15195	23242	13148	15304	33020	28650
失业人员	890	1067	4934	3273	16835		
劳动预备制	1049	2232	1858	1000	5780	6426	4226
在职职工	15421	44369	28686	37863	44440	44236	59351
其他	7505	2810	5723	5580	14504	44489	13392
农村劳动者							26518

第二章　就业训练中心

第一节　机构与职能

根据《安徽省各级劳动服务公司组织管理试行办法》,安徽省各地（市）县劳动服务公司建立就业训练中心,承担在国家就业方针和教育方针指导下,城镇待业人员和其他求职人员的就业前训练、企事业单位富余人员的转业训练任务。

1986年6月,省劳动局下发《关于就业训练中心有关问题的通知》,提出就业训练中心的场地和设施,要真正用于开展就业培训活动,不得移作它用,少数地方出现占用问题的,要尽快解决;为便于开展活动,就业训练中心由劳动服务公司管理等规范意见。

1988年6月,省劳动局印发通知,明确劳动部门建立的就业训练中心,为全民所有制事业单位;各级劳动服务公司在劳动局的领导下负责就业训练中心的日常管理工作,把办好就业训练中心纳入责任目标,切实抓好各项综合管理。就业训练中心的任务,主要是对城镇待业青年,待业职工和其他需要就业的人员,进行初级短期职业技术训练,目的是为提高劳动者素质和就业服务。并指出:就业训练中心已成为职业技术教育体系的重要组成部分,并由国家就业经费投资兴建,必须保证专建专用。任何单位和个人不得以任何借口挤占、挪用或私自处理就业训练中心的房屋、设备和一切教学设施。其附属的生产经营网点,既是实习场地,又是补充教学经费的来源之一,对其经济收益,任何部门、单位或个人同样不得以任何借口平调,侵占和私分。当年,全省各级劳动部门设立的就业训练中心已建成66所。

1991年3月,省劳动局印发《安徽省就业训练中心管理规定实施细则》(以下简称《实施细则》),规定就业训练中心的开办和停办,应由同级劳动部门申请,报当地人民政府批准,并报上级劳动部门备案;就业训练中心为城镇待业青年,待业职工及其他求职人员提供职业技能训练,增强就业能力的教学实体,是就业训练的综合办学基地。其主要任务是:在国家就业方针和教育方针的指导下,根据经济建设和社会发展的需要,为全民、集体和个体经济培养具有社会主义觉悟,有一定专业技能和良好职业道德的劳动者;就业训练中心在完成就业训练任务的前提下,根据需要和可能,可以承担劳动部门赋予的其他就业训练任务;根据劳动部门有关规定,负责审批企事业单位和社会各方面开办的各类就业训练班,审定办法条件,教学计划、教学大纲;就业训练中心应积极开展以提高教学质量、扩大培训规模为中心的教研活动和学术交流活动。总结交流、推广先进的教学方法和经验，组织编写就业前培训教材和教学参考资料；负责培训学员和各项管理工作，组织指导考试、考核、核发结业证书；自办培训班，进行某些工种（专业）的培训等。《实施细则》还明确县级以上劳动部门举办的就业训练机构，统称为就业训练中心。在劳动行政部门领导下，由就业服务机构进行管理；就业训练中心的规模应视当地培训任务而定，省辖市的就业训练中心应有五个以上的标准教室，一次可培训 250~300 人。地区、县（市）的就业训练中心应有三个以上的标准教室，一次可培训 150 人以上。

第二节 培训对象与内容

培训对象 根据规定，就业训练的主要对象是城镇待业青年；对需要转换职业、工种的劳动合同制工人和企事业单位富余职工进行转业训练；有条件的地方还要为乡镇企业和农村种、养殖专业户培训专业人才。城镇待业青年参加就业训练，实行公开报名，自选专业，自费就学，不包分配，择优推荐录取的办法。据 1986 年的统计，当年在安徽省已建成使用的 65 所就业训练中心中，共组织各类技能培训 68399 人，文化补习 7206 人。培训后实现就业 53499 人。

1988 年，国家明确“就业训练中心的培训对象，主要是城镇待业青年，其次是需要转换职业、工作的工人和企事业单位的富余职工，以及需要转移的农村富余劳动力。要注意对残疾青年的职业培训和配合部队搞好军地两用人才的职业培训”。“就业训练中心招收学员实行公开报名，自选工种（专业）经考核，择优录取的原则；学员毕业后，不包分配，按三结合的就业方针择优推荐就业，或通过劳务市场，同用人单位进行双向选择”。

1988 年，安徽省就业训练机构培训待业青年 12751 人，其中培训期在半年以内的 7758 人，半年至一年内的 4211 人，一年以上的 518 人。

1991 年，省劳动局明确就业训练中心的任务，主要是对城镇待业青年，待业职工和其他需要就业的人员，进行短期职业技术训练，目的是为提高劳动者素质和就业服务。当年，安徽省县（区）级以上就业训练中心已发展到 83 个，培训规模达 17932 人。当年培训结业人员达 18456 人。

1993 年国家劳动部《就业训练中心工作汇报会议纪要》中提出，在积极开展城镇待业人员、待业职工、企业富余人员就业训练和转业训练工作的同时，要下大力气培训农村剩余劳动力，特别是县以下的就业训练中心更要面向农村，面向乡镇企业，把提高农村劳动力的技术素质作为一项中心任务。同年 11 月，劳动部办公厅下发《关于转发辽宁省铁岭县在农村开展就业训练工作的经验的通知》，同月，省劳动服务公司向全省转发这份文件，并提出：各地应加强研究，开拓就业训练工作的这一新领域，争取更大的社会效益和经济效益。安徽省绝大多数县级就业训练中心，结合劳务输入地批量较大的急需专业工种，开展有针对性的订单式培训，有力推动劳务输出的组织化、规模化发展。据统计显示，1993 年全省各级就业训练中心培训结业的农业富余劳动力 3782 人。

1994 年 12 月国家劳动部印发的《就业训练规定》，明确就业训练的对象及培训目标，为城乡初次求职的劳动者提供就业前训练；为失业职工和需要转换职业的企业富余职工提供转业训练；为向非农产业转移及在城镇就业的农村劳动者提供转业训练；为妇女、残疾人、少数民族人员及复转军人等特殊群体人员提供专门的就业训练；未接受过职业培训的求职人员，以及需要转换职业的城乡劳动者，应在就业或上岗前接受必要的就业训练；六个月以上的长期失业职工，应参加劳动就业服务机构指定的转业训练。

1995 年当年，各级就业训练中心共完成培训人数 8.57 万人，其中，企业富余及失业人员的转移转岗培训 5.27 万人，为乡镇企业和转移农民提供培训 0.11 万人，培训复退军人 0.03 万人。

1996 年 12 月，国家劳动部印发《关于进行劳动预备制度试点工作的通知》，要求从 1997 年起，在全国范围内有计划、有步骤地实施劳动预备制度试点（即对新生劳动力就业前追加 1 至 3 年职业培训和相关教育，使其掌握一定的职业技能后再进入就业岗位）。1997 年 3 月至 1998 年 3 月进行试点工作，安徽省马鞍山市被列为全国试点单位之一，开始对新成长劳动力就业前培训的探索性工作。至 2001 年年末，安徽省 85 个就业训练中心中，已有 34 个经劳动部门审核，被确认为劳动预备制定点培训单位，当年培训劳动预备制人员 4552 人。

培训内容　就业训练的内容，包括职业道德、文化和技术理论、实际操作、安全生产教育等，并以操作技能训练为主。1988 年劳动人事部颁发的“意见”规定，“就业训练中心根据培养目标，按照行业归口部门颁布的技术业务等级标准和生产岗位的要求，制定教学计划和教学大纲。制定的原则是：着重操作技能训练，并根据操作技能训练的要求，安排必要的专业技术知识教学，同时加强职业道德和法制教育”。培训的期限应根据培养对象和工种（专业）的不同分别确定。课时安排，思想教育课一般占百分之十，专业技术知识课一般占百分之三十，操作技能训练课一般占百分之六十。某些专业的课时安排可根据实际需要作适当调整。同时对操作技能训练课的具体方法和要求作出了比较详尽的规定。

据 1988 年国家劳动部门统计指标中，设置的主要培训专业有商饮服务、电器维修、建筑安装、旅游服务、幼儿保教、纺织服装、轻工化工、机械加工、交通运输、工艺美术、园林花卉、财会统计等 10 多个专业。

1992 年 11 月，省劳动服务公司下发《关于在职业培训中增加劳动合同和劳动争议处理基本知识教学内容的通知》，旨在帮助学员了解就业过程中个人的权利、义务，增强维权意识、掌握劳动合同签订和劳动争议处理的方法。要求各地就业训练机构要把劳动合同和劳动争议基本法规知识教育列入教学计划，进行专题讲授，课时安排在 10 至 15 学时。

1993 年，国家劳动部办公厅印发的《就业训练工作汇报会议纪要》要求从事就业训练工作的同志正确对待困难，充分利用机遇，树立为经济服务的观念；市场导向，市场调节的观念。安徽省在抓落实的过程中，淮北市靠质量、服务、信誉占领培训市场，安庆市根据市场需求，采取了定向培训和联合办学的方式，扩大了生源等作法取得社会效益和经济效益双丰收。在全省就业服务工作会上受到省厅的表扬。

1994 年 12 月，劳动部印发的《就业训练规定》要求就业训练中心应采取多层次、多形式、多渠道的培训方式，以实际操作技能为主，同时进行必要的专业知识和职业指导及其他的内容培训。安徽省各级就业训练中心根据此要求，结合本地就业、劳务输出的不同特点和要求积极开展合作培训、订单式培训和专项培训等多形式的培训。

1997 年，省劳动厅印发《关于落实安徽省技工学校、城市工科类职业学校、就业训练中心增设＜安全生产基础知识＞课程的通知》，旨在帮助学员了解安全生产常识和岗位要求，提高安全生产意识和相关技术。要求各培训单位将该课程纳入必修课程，并列入教学计划和毕业考核科目。

第三节 管理

管理规定 1986 年 6 月，省劳动局下发的《关于就业训练中心有关问题的通知》明确：各级劳动服务公司在劳动局的领导下负责就业训练中心的日常管理工作，并将办好就业训练中心纳入责任目标，切实抓好各项综合管理。1991 年 2 月劳动部颁发的《管理规定》明确，就业训练中心实行主任负责制，主任全面负责就业训练中心的工作；就业训练中心应当建立健全目标管理、教学管理、实习管理、招生、考试、考核、发证、推荐就业、学员学籍管理、实习厂（店）经营管理、财务管理、训练年度计划及年报统计、思想政治工作和奖惩等项规章制度。《就业训练规定》强调就业训练中心实行主任负责制，主任应具有大专以上文化程度，有教学、管理经验及其相应的任职资格。《就业训练规定》规定：就业训练单位应与学员签订培训合同。其内容包括培训专业、时间、费用、教学实习、考核发证、违约责任等条款。并规定相关处罚内容。

评估表彰 1993 年，根据有关要求，安徽省组织对 79 所就业训练中心进行评估。1994 年省劳动局印发《关于批准全省优秀就业训练中心和就业训练工作先进个人的决定》，对全省评出的 19 所省级优秀就业训练中心、21 名先进个人以及由省劳动局推荐，并经劳动部评审确认为“全国重点就业训练中心”的蒙城县、淮南市、淮北市三所就业训练中心进行通报表彰。

1996年，根据国家劳动部《关于建立全国重点就业训练中心评估认定制度的通知》，对就业训练中心每二年进行一次检查评估的精神，安徽省组织了全省第二次就业训练中心评估工作，在安徽省 92 所就业训练中心中，评出了 25 所全省优秀就业训练中心，并向全省进行通报表彰。同时推荐其中的马鞍山、安庆市两所就业培训中心参加劳动保障部评审。1997 年劳动保障部《关于认定全国重点就业训练中心的通知》，确认了安徽省推荐的两个市就业训练中心为“全国重点就业训练中心”,同时,在已认定的3所培训中心中,申请复审的淮北市、淮南市、蒙城县等三所培训中心顺利通过复查,被再度确认为“全国重点就业训练中心”。

2000年,国家劳动和社会保障部发布了《关于公布全国重点就业训练中心名单的通知》,对安徽省在组织第三次就业训练中心评估检查工作中,推荐参评全国重点就业训练中心的蚌埠市、庐江县和颍上县三个就业训练中心,及申请复评的马鞍山市等五所原全国重点就业训练中心,给予确认和再次认定。省劳动就业服务局为此下发《关于加强安徽省国家重点就业训练中心建设 认真做好就业和再就业训练工作的通知》,要求蚌埠市、庐江县和颍上县劳动就业服务机构,从辖区的失业保险金中,比照劳动部1993年下发的相关文件规定的标准,提取适应的转业训练费,予以资金支持。至此,安徽省共保有“全国重点就业训练中心”8所。

教学 1991年2月国家劳动部颁发的《管理规定》,要求就业训练中心的教学工作必须坚持理论联系实际,以操作技能训练为主,组织好生产实习教学。在专业设置上要适应社会用工需求,应具较大的灵活性。根据专业(工种)和就业要求确定训练期限,实行长短结合。简单劳动岗位上的熟练工,训练期限一般不少于3个月;一般技术岗位上的熟练工,训练期限不少于六个月;技术性较强的生产岗位上的技工,训练期限要在一年或一年以上。同时要求在教学中,把思想政治教育放在教学管理的重要位置;对学员进行共产主义理想教育、职业道德教育、就业观念教育和法治教育;把学员的思想品德和学习表现作为推荐就业的重要依据。规定就业训练中心对训练期满经进行专业技术知识和操作技能考试、考核合格的学员,发给“就业训练结业证书”。结业证书由省、自治区、直辖市就业服务机构统一负责印制。《就业训练规定》明确,对参加就业训练的各类人员实行公开报名、自选专业,考核发证、择优推荐就业原则。1991年3月安徽省劳动局印发的《实施细则》规定,就业训练中心要积极创造条件,配置电教设备,改进教学手段,采用直观教学和电化教学,着重提高学员的实际操作能力。对结业考试、考核合格的学员发给由省劳动服务公司统一印制,各地、市、县劳动服务公司签发的“就业训练结业证书”。就业训练中心要派员参加当地工人技术考核委员会,组织训练结业的学员参加当地工人技术考核委员会组织的专业技术等级考核,对考核合格者,发给“工人技术等级证书”,即实行“双证”制度,即:“就业训练结业证书”和“工人技术等级证书”。推荐就业后,应按有关规定享受相应的工资福利待遇。安徽省培训学员的社会招收实行公开报名、自选工种择优录用;对失业职工,由属地就业服务机构按规定直接安排到就业训练中心,接受专项辅导和转业、转岗技能培训;学员结业后,不包分配,按市场就业方针优先推荐就业或市场双向选择。2000年后,对经培训合格的学员免费提供一至三次职业介绍。

师资 1988年劳动人事部要求就业训练中心教师聘用实行专职、兼职相结合,配备一定数量的具有中专、技工学校及以上文化技术水平、一专多能的骨干教师,同时要聘请能承担教学任务又有实践经验的专业技术人员、“能工巧匠”和离、退休职工担任兼职教师，并发给聘书。由事业费开支办的就业训练中心的专职教师的聘任、工资、教龄津贴和其他福利待遇参照技校教师的有关规定办理。1988 年，全省已投入就业训练的 69 所中心，专职教师 24 人，其中大学本科学历 5 人，大学专科 12 人，中专技校 5 人；兼职教师 233 人，其中大学本科 79 人，大学专科 46 人，中专技校 64 人；实习场地职工 598 人，其中技术工人 468 人。

1991 年 2 月国家劳动部颁发的《管理规定》进一步明确：就业训练中心应建立专职、兼职相结合，以兼职为主体的教师队伍。专业理论课教师应具有大专以上文化水平，实习指导课教师应达到中级技工以上技术水平。就业训练中心聘用兼职教师，应与被聘者及其所在单位签订聘用合同，其内容应包括被聘者的职责、待遇、聘用期限和违约责任及其处理办法等。教职工的职称评定、职务聘任、工资、教龄津贴和其他福利待遇等，按国务院工资制度改革小组《关于技工学校教职工工资制度改革问题的通知》、中央职称改革工作领导小组《关于转发 <技工学校教师职务试行条例> 及 <实施意见> 的通知》的有关规定办理。

1996 年国家劳动部下发《关于加强技工学校及就业训练中心等职业培训机构教师队伍建设的通知》指出：就业训练中心等职业培训机构教师队伍建设工作要以加强和完善兼职教师制度为重点，努力建设一支适应办学需要的，以兼职教师为主、专兼职相结合的教师队伍；到 2000 年兼职教师均应达到教师法规定的学历；专业专职理论教师中大学专科以上学历或中级以上专业技术职称人员应占专职教师总数的 90%；专职实习指导教师均应达到中级以上操作技能水平，其中高级操作技能者应占实习指导教师总数的 50%；专业技术课和生产实习课一体化教师应占专职教师总数的 30%。专职教师每三年至少应参加 3 个月至半年的培训；各地区、各部门应建立相应的表彰、奖励制度；进一步落实劳动部关于在实习指导教师中评聘技师和实习指导教师岗位津贴的政策；对政府部门、事业组织举办的技校及职业培训机构中长期从事教育教学工作的退休教师，经县级以上地方人民政府批准，可以提高退休金比例。同时，有条件的技校及职业培训机构也可以在退休金的基础上给予补贴。

1997 年 8 月，省劳动厅印发《关于技工学校和就业训练中心及其他职业培训机构教师上岗资格认定工作的通知》，规定申请就业训练中心教师资格的教师，必须遵纪守法，热爱职业培训事业，有良好的思想品质和职业道德；近三年年度考核均在称职及以上，能较好地履行岗位职责，胜任教育教学工作，并具备以下相应条件：1993 年 12 月 31 日前，就业训练中心任教，取得教员以上教师职务或其他系列专业中级及以上技术职务的在职文化课、专业技术理论课或生产实习教师，以及符合上述条件的以工代教人员、1994 年 1 月 1 日及以后退休人员，可依教师职务认定相应教师上岗资格；1993 年 12 月 31 日以后到就业训练机构任教的在职教师和拟从事教学工作的后备教师，在就业训练机构承担文化课、专业技术理论课和实习指导教学任务的教师，应当具备中等职业技术学校毕业及以上学历,实习指导教师同时应具有初级以上技能水平或初级以上专业技术职务。对已取得技师及以上职务的生产实习教师其学历要求可以放宽到初中毕业。规定取得教师上岗资格的教师,可相应的教育培训机构中任教,参加评聘教师职务,并依法享受国家和各级地方政府规定的教师待遇。暂不具备上岗资格的教学人员应尽快安排进修或相应的培训,取得上岗资格。到1999年年底,凡在就业训练中心任教的人员,都须取得相应的教师上岗资格。

据1993年上报劳动部的统计数字,安徽省79所就业训练中心,拥有专职教师177人,其中大学本科及以上46人,大学专科85人,中专及高中33人,实习教师中技术工人48人;兼职教师1343人。1998年统计,全省87所就业训练中心拥有专职教师282名,兼职教师640名。各年度教职工人员统计情况见表4–2–1、4–2–3。

1994年在全省开展第一次就业训练中心评估工作中,省劳动局首次在全省范围内,评选并通报表彰了就业训练中心的21名优秀教师和优秀工作者。

1996年教师节期间,安徽省组织了第二次规模较大的先进评比表彰活动,对全省就业训练中心的10名先进教师和9名先进工作者进行通报表彰。

经费　1988年6月,安徽省作出规定,就业训练中心经费来源,除国家就业经费补助,还要通过开展有偿服务,办好附属实习生产经营网点等,开辟多种经费来源渠道,经过一定时期的努力,逐步实现自收自支,以教养教。并规定“就业训练中心是由国家就业经费投资兴建,必须保证专建专用。任何单位和个人不得以任何借口挤占,挪用或私自处理就业训练中心的房屋、设备和一切教学设施。就业训练中心附属的生产经营网点,既是实习场地,也是补充教学经费的来源之一,对其经济收益,任何部门,单位或个人同样不得以任何借口平调,侵占和私分。”1991年3月,安徽省劳动局进一步明确就业训练中心的经费来源,采取国家资助、自筹和有偿培训相结合的方法解决。承担行业职工转业训练任务,其必须的训练经费可按规定从职工待业保险基金中提取。

1994年12月国家劳动部印发的《就业训练规定》强调“就业经费中用于就业训练的费用一般不应少于30%;当年收缴的失业保险费中用于转业训练的费用原则上不应少于15%”。安徽省的就业训练经费主要来源有:政府财政补贴、失业保险基金补贴、有偿培训收入和部分自筹资金等。

培训教材　1988年,安徽省明确规定,就业训练中心应尽量采用经劳动部审编的全国统编就业训练教材,如需编写其他教材和讲义,可参照劳动人事部培训就业司《关于组织编写就业训练教材的意见》有关精神办理。对企事业单位和社会力量举办的就业训练班,在审批办班计划时,也应同样要求,以逐步使用统一教材、统一大纲、统一考核标准。安徽省各级就业训练中心严格按照上述规定,使用劳动人事部培训就业司组织中国劳动出版社编印的就业训练统编教材,并在省劳动服务公司设立劳动出版社代理发行站,负责协调全省就业训练教材的供给保障和服务工作。

1986—1996年县（区）以上就业训练中心基本情况表

表4-2-1

年份	就业训练中心个数	其中拥有实训场地的训练中心	训练规模（人）	在职人员		兼职教师数	房屋建筑面积（㎡）		经费收支情况（万元）								
									经费来源								总支出
				总数	教师		总计	就业训练用房	总计	行政经费	事业经费	就业经费	待业保险	就业服务机构拨款	有偿培训收入	其他	
1986	65	--								--							--
1987	66	29	14015	159	46	314	69626.09	40418.06	134.678	--	13.082	49.565	0.2	15.403	48.835	7.593	--
1988	69	33	13610	131	24	233	75572.48	46662.28	227.212	--	8.452	24.24	7	13.895	65.135	6.24	--
1989	76	36	15002	336	75	232	83311	47226.2	152.21	--	--	45.11	--	--	--	107.1	136.9
1990	83	34	16148	314	62	272	97209.23	51011.13	160.917	--	--	53.25	--	--	--	107.667	131.51
1991	83	41	17932	417	79	426	95929.08	49063.52	348.47	--	14.48	33.95	36.1	39.5	186.93	37.51	298.13
1992	83	53	17870	470	97	846	93569.47	46950.48	564.63	2.5	34.47	24.9	47.8	24.9	297.19	103.67	390.31
1993	79	54	19997	466	177	1343	82239.7	60065.59	993.91	23	62.6	54.05	40.64	77.8	686.87	48.95	625.45
1994																	
1995	92																
1996	92																

1986—1996 年安徽省就业训练结业情况表

表 4-2-2　　　　单位：人

年份	结业人员总数	就业前训练结业情况													转业训练结业数					
		合计		按培训单位划分						按训练期限划分			按就业情况划分		合计	待业职工		企业富余人员	乡镇企业及转移就业农村劳动力	其他
		合计	其中待业青年	劳动部门		企事业单位	机关社会团体	私人办学	其他	半年以内（含）	半年至一年（含）	一年以上	已就业	待业		合计	其中已就业			
				合计	就业训练中心															
1986	68399												53499	14900						
1987	91960	79849	67368	14909	12478	45213	8193	2290	--	--	--	--	62555	4813	12111	270	--	--	11050	791
1988	76501	68455	68455	17283	12751	39599	6036	5537	--	7758	4211	518	62838	5617	8046	112	--	--	6453	1481
1989	65527	59559	39333	18057	12443	31649	4555	2298		45642	5259	5658	52198	4361	8968	192	191	232	6010	2534
1990	77526	68866	38418	25621	13129	36442	3794	3009		61916	2604	4346	63145	5721	8660	322	322	4533	3553	252
1991	76220	73604	50834	32416	18456	36243	3720	976	249	57740	9979	5885	67394	6210	2616	141	98	770	957	728
1992	83914	78535	53607	45303	33834	24023	4823	2160	2226	65925	5987	6623	74004	4531	5379	69	66	283	4538	489
1993	88738	76212	58041	42293	36299	18687	8855	4945	1432	56809	11611	7792	72279	3953	12526	2824	1261	4781	3782	1139
1994																				
1995	85700	75700	52700	40900	34200	--	--	--	--	--	--	--	72800	2900	10000	1500	1400	6300	1100	1100
1996	129000	56794	45900	--	--	--	--	--	--	106863	9815	12377	92980	20086	13397	--	--	--	--	--

1997—2005 年度就业训练中心综合情况表

表 4-2-3　　　　单位：人

年份	就业训练中心个数	实训场地数	劳动预备制度定点培训机构	在职教职工		兼职教师人数	经费来源（万元）					经费支出	就业训练人数	
				总人数	教师		总计	财政补助费	职业培训补贴	有偿培训收入	其他收入		合计	女性
1997	85	64		735	221	202	802.13	31.75	38.05	718.82	12.51	6330.9	68231	30145
1998	87	72		1437	282	640	922.5	32.6	20.99	575.9	104.09	7791.5	69786	41300
1999	84	69		482	313	739	814.2	26.2	2573.49	351.1	179.613	6805.88	83592	4037
2000	84	71	33	538	298	459	7510.44	1394.4	2343.44	2518.7	1253.9	6816	52448	4881
2001	88	85	34	524	306	550	18032	4769	4543	7207	1513	16326	131015	33872
2002	89	89	34	693	392	546	15425	1217	8699	4569	940	13111	126696	56976
2003	94	94	49	889	577	703	17700	3400	8200	4900	1200	16800	135173	64200
2004	84	84	49	876	568	692	18500	3900	8100	5100	1400	17900	134936	66325
2005	82	68	29	553	344	378	54250	800	40460	11810	1180	55170	133638	70251

1997—2005 年度就业训练中心学员结业情况表

表 4-2-4　　单位:人

年份	结业人数	按训练对象分组				按训练期限分组			按获取等级证书分组				就业人数
		劳动预备制学员	下岗失业人员	农村劳动者	其他人员	六个月以下	六个月至一年	一年以上	初级职业资格	中级职业资格	高级职业资格	技师高级技师资格	
1997	49090	--	58181	12541	8016	90232	21861	8150	11081			--	68906
1998	131512	--	90022	8075	20066	117217	15584	9331	10938			--	86467
1999	80025	4520	58465	--	17040	73066	3900	3059	12117	2066	162	0	46092
2000	112977	5655	100462		6860	97105	8950	6922	11255	3108	76	0	42814
2001	131000	4552	100200	--	26248	123066	6085	1849	21349	3199	50	0	57939
2002	122632	3995	99486	--	19151	113833	6130	2669	22741	6867	440	0	70589
2003	132711	5212	102697	--	24802	121694	8301	2716	38010	11875	8954	0	73948
2004	133711	5412	116385	--	11941	123867	7326	2518	45018	12867	3658	0	79438
2005	133159	6403	78717	25686	22353	127263	5230	666	52379	7362	877	290	90253

说明:年度就业训练综合情况统计表为各年度就业训练综合情况的统计。由于统计年度跨越我国从计划经济向市场经济过度的全过程,统计的口径,也因不同时期对就业训练工作的要求变化而改变。其中变化较大的时段约在 1996 年前后,所以在列表时将 1996 年前和 1997 年后,用两份表格来反映各年度的综合情况

第三章　专项培训

第一节　企业职工培训

1986 年，安徽省劳动局、省机械工业厅贯彻落实国务院办公厅《关于加强职工培训提高职工队伍素质的意见》和机械部《关于贯彻中共中央关于教育体制改革的决定的意见》，采取脱产、半脱产，系统联办、企业自办或委托代培等形式，在全省机械系统开展在职职工培训。以机械部颁发的《工人中级技术理论教学计划教学大纲》为基础内容。各地市机械局和大、中型企业在当地劳动部门指导下，建立工人技术考核委员会，负责中级技术考核工作。小型企业的工人技术考核工作由企业主管部门统一组织进行。技术理论由省机械厅组织统一考核，实际操作技能实行逐级培训和逐级考核。对考试成绩合格者，省直属企业由省机械厅颁发机械部中级技术合格证书；地方企业由地、市主管局会同劳动部门颁发机械部中级技术合格证书。

1988 年 1 月，省劳动局下发《关于开展高级工技术（业务）培训的通知》，明确高级工技术（业务）培训的有关事项。培训对象：现行工资已达到高级工等级，而实际技术水平尚未达到高级工技术等级的；生产需要即将走上高级工岗位的中级工；技工学校或相当于技工学校的职业学校的毕业生工龄在十年以上的技术工人；参加省级中级技术比赛获奖者以及个别中现年技术尖子。培训重点是生产班组长，关键岗位上的技术工人。培训目标：使学员达到国务院行业主管部颁布的《工人技术等级标准》规定的高级技术工人应知应会水平。培训采取主管部门办、企业自办、联办以及委托代培的方法，实行脱产、半脱产、业余培训等形式。省属企业的考核发证由省主管厅（局），总公司工人技术考核委员会负责，地市、县属企业的考核发证由地、市主管部门工人技术考核委员会负责。考核合格者颁发省劳动局统一印刷的《工人技术（业务）等级证书》。证书的颁发：省直属企事业，由省主管厅（局）、总公司颁发；地方企、事业，由地、市主管部门会同当地劳动部门颁发。

1989 年 6 月，省劳动局，省职工教育管理委员会《转发劳动部关于开展工人岗位培训工作的意见的通知》。明确岗位培训即按照岗位需要，开展以提高职工本职工作能力为目的的教育训练活动。内容包括：职业道德、技术业务和相应的文化知识。对于专业性、技术性较强的岗位，逐步实行岗位合格证书制。工人获得合格证书后，由企业据以定岗、定职和按有关规定确定待遇，做到培训考核发证与使用待遇相结合。各产业（行业）主管部门负责组织制订指导性教学计划、大纲和编写教材。要求工人岗位培训突出技能训练，着力于提高学员的动手能力和解决生产实际问题的能力；深入进行教学改革突破传统学校教育模式，逐步推行“职业技能模块”教学法；结合生产实际和培训要求，开展岗位练兵活动；企业要制定规划、确定培训任务、组织培训，并制定鼓励工人立足本职钻研技术业务的有关措施；把工人岗位培训工作纳入厂长（经理）任期目标；主管部门要把工人岗位培训工作作为考核厂长（经理）和企业升级、评选先进的重要内容；建立工人岗位培训检查、评估制度。通知还明确全省工人岗位培训工作仍由各级职工教育管理部门组织实施。此前，国务院已明确工人岗位培训由劳动部门综合管理，但当时全省机构改革尚未开展。

1990年，全省开始积极探索和推动国有大中型企业建立职工培训制度。开展以学徒培训为基础、以岗位培训为重点的企业职工培训。建立健全培训、考核、使用相结合并与待遇相联系的激励机制。逐步改革技师制度，开展技师资格的社会化鉴定试点，逐步做到符合条件的人员均可自愿申请技师鉴定，取得技师资格的人员，用人单位对其工作业绩进行评审，并根据需要进行聘用。

1991年5月，省劳动局转发劳动部《关于贯彻工人考核条例的通知》。《工人考核条例》规定国家实行工人考核制度。考核种类：工人考核分为录用考核、转正定级考核、上岗转岗考核、本等级考核、升级考核，以及技师、高级技师（以下统称技师）任职资格的考评。企业、事业单位和国家机关从社会招收录用新工人，包括录用技工学校、职业学校、职业高中的毕业生，以及就业训练中心和其他各种就业训练班结业的学生，须经工人考核组织的录用考核，方能择优录用。学徒（培训生）学习期满和工人见习、试用期满时，须经转正定级考核。经考核合格发给相应的“技术等级证书”“岗位合证书”或者“特种作业人员操作证”之后，方能上生产工作岗位进行独立操作，并根据其思想政治表现、生产工作成绩和实际技能按照国家有关规定确定工资等级。工人改变工种，调换新岗位，或者操作新的先进设备时，应经过技术业务培训和上岗转岗考核合格后方能上岗。企业、事业单位和国家机关根据生产经营活动或者工作需要，对本单位的工人定期进行本等级的技术业务考核。工人经本等级考核合格的，可以申请参加升级考核。升级考核一般二至三年进行一次。有特殊贡献者经班组推荐和工人考核组织批准，可以提前参加升级考核或者超级考核。考核合格者发给相应的“技术等级证书”，作为使用和调整工资的依据。优秀的高级技术工人，可以按照国家有关规定申请参加技师任职资格的考评。有突出贡献的技师，可以按照国家有关规定参加高级技师任职资格的考评。考评合格，分别发给相应的“技师合格证书”，作为应聘职务的凭证。《工人考核条例》还对考核内容、考核方法、核组织和管理等作出了具体规定。

1992年4月，省劳动局转发劳动部《关于加强工人培训工作的通知》要求，建立和完善技术工人的初、中、高三级技术等级考工晋级制度和技师、高级技师工人技术职务聘任制度，以及培训、考核与使用、待遇相结合的制度。对工人要进行实际技能的考核和对岗位劳动责任、劳动强度、劳动条件的测评，并以这四项要素及劳动贡献为确定其岗位技能工资的依据。试行岗位技能工资制的单位必须先搞好培训并严格考核；未试行岗位技能工资制的单位，晋升工资时也要进行考核，考核不合格者不能晋升工资。开展广泛的岗位练兵活动和有计划的工人技术比赛活动。各级劳动部门要加强对工人培训工作的综合管理。制订工人培训工作的有关法规；研究制定岗位工人培训，技术等级培训，班组长、生产骨干和关键岗位工人培训，技师、高级技师培训，特种作业人员和富余人员培训等有关政策、标准考核、证书管理的实施办法，组织推动工人培训先进单位和个人的表彰与经验交流；指导、协调开展工人技术比赛活动。充分发挥行业（企业）主管部门、社会团体等各方面的力量，开展多形式、多层次的工人培训工作。要逐步增加对工人培训的资金投入，使工人培训工作同企业生产和技术进步协调发展。

1998 年 5 月，省劳动厅下发《关于选择企业开展名师带徒制度试点工作的通知》，要求各地结合行业实际，选择 1 ～ 2 个职工培训基础较好的国有大中型企业开展名师带徒试点。

1998 年 8 月，省劳动厅下发《关于加强企业职工培训工作的通知》要求，要充分认识企业职工培训战略地位和作用，大力开展对在岗、下岗职工的培训，培养一支高素质的职工队伍，为企业深化改革服务。今后三年的培训目标任务是：培养造就一支面向二十一世纪，适应产业结构调整和技术进步需要，以中级技术工人为主体，高级技术工人为骨干的结构合理的职工队伍。到 2000 年，大中型企业技术工人中中级工比例由现在的 28% 提高到 50% 左右；高级工比例由现在的 3.2% 提高到 4.5% 左右；技师占技术工人总数的比例，由现在的 0.2% 提高到 0.5% 左右。要以企业为主体，全面开展职工培训。企业要将职工培训工作列入本单位中长期规划和年度计划，根据本单位实际有计划地对职工进行培训；将职工培训工作纳入厂长（经理）任职目标和责任制；根据需要单独或联合建立与生产经营规模相适应，以培训本企业职工为主要任务的职工培训基地和专、兼职结合的职工培训师资队伍；建立从事技术工种（岗位）的职工持职业资格证书上岗的约束机制和下岗—培训—上岗的流动机制以及培训、考核与使用相结合并与待遇相联系的激励机制。职工培训应贯彻按需施教、突出技能、学用结合、保证质量的原则，与企业生产经营、技术改造、现代化管理相结合，与企业减员增效、下岗分流相结合。职工培训内容应以岗位技能为主，同时，还应面向社会需要开展职业技能培训做到全员轮流培训，竞争择优上岗。要建立包括培训经费、考核鉴定、工资待遇、监督检查为内容的职工培训保障体系。企业组织职工培训所需经费，按职工工资总额的 1.5% 提取；企业自有资金可有适当部分用于职工培训；企业用于引进项目、技术改造显摆过目的培训费用在项目资金中列支。

2002 年 12 月，省劳动和社会保障厅下发《关于印发〈2003-2005 年加强职业培训提高就业能力计划〉的通知》，明确要继续推动企业职业培训工作，提高中、高级技术工人占技术工人总数的比例，中级技术工人达到 50% 以上，高级技术工人达到 10% 以上；

技师和高级技师的数量明显增加,在技术工人中所占比例提高3~5个百分点。

1996—2005年,企业职工培训工作成为劳动制度改革的一个重要组成部分,大多数企业在进行劳动工资制度改革中逐步建立培训、考核与使用相结合、与待遇相联系的激励机制,打破“铁饭碗”“铁工资”,职工竞争上岗,以个人贡献决定报酬,激发了职工自觉学习技能、提高素质的积极性。这一时期企业职工培训类型主要是:对管理人员进行提高管理能力培训;对工程技术人员进行科技知识更新和科技开发、产品开发能力提高培训;对生产操作人员进行实际操作技能水平培训和班组长培训等。培训内容主要是:技术等级培训、岗位培训、岗位练兵、转岗转业培训等。培训方式主要是:由企业自行举办的职工培训机构培训;由企业与各类培训机构联合举办,企业承担实际技能训练;由企业委托企业外职业培训机构培训,企业提供培训经费、部分培训设备和技能训练教师。企业职工培训加快了人力资源开发,增强了企业参与市场竞争的实力。

技工学校在有富余培训能力的前提下,积极承担在职工人的技术培训。凡执行技工学校的学制、教学计划和大纲的,学习期满,考试合格,可发给技工学校毕业文凭,工资等级低于技工学校毕业生的,可享受技工学校毕业生工资待遇。

1999—2005年安徽省技工学校培训在职职工情况表

表4-3-1　　单位:人

类别年份	1999年	2000年	2001年	2002年	2003年	2004年	2005年
在职职工	15421	44369	28686	37863	44440	44236	59351

第二节　劳动预备制培训

1999年11月,安徽省开始建立并实行劳动预备制度,要求城镇新生劳动力就业前必须经过相应的职业教育和职业技能培训。明确规定可从省级开征的用于教育的地方附加费中安排一定比例,用于发展职业教育,建立劳动预备制度。

2000年,全省各级政府部门都相继出台实施劳动预备制的政策措施,各地充分利用和依靠现有教育、职业培训资源,广泛引导和动员社会各方面力量,共同开展职业培训工作。技工学校、就业训练中心和其他职业学校及职业培训机构采取与有关单位联合办学等多种形式积极承担培训任务。1999—2005年,仅技工学校培训劳动预备制人员达16.4万人。

2001年,安徽省委、省政府召开的全省职业教育工作座谈会,要求省劳动保障厅、计委、教育厅、人事厅、经贸委、工商局,在全省范围内每年联合开展一次劳动预备制度和就业准入落实情况集中大检查,把就业准入制度推行情况作为劳动保障行政执法的重要内容。2001年至2002年,全省约有近30万名城乡初、高中毕业生参加了职业培训,加上各类职业学校招收的学生,接受职业教育和职业培训的人数达到50多万人。

培训对象 劳动预备制度的培训对象为，有劳动能力和就业愿望的城镇未能继续升学的初、高中毕业生以及农村未能继续升学并准备从事非农产业工作或进城务工的初、高中毕业生。

培训机构 劳动预备制度的培训机构认定：通过申报、评估，认定一批办学条件好、培训质量高、专业设置合理的技工学校、就业训练中心或其他职业学校和培训机构为劳动预备制定点培训机构。

专业设置 定点培训机构根据经济发展和劳动力市场需求，依据国家职业分类，调整和优化专业结构，开设符合就业需求的培训专业。

组织招生 劳动预备制培训对象凭初、高中毕业证书报名免试参加培训，劳动预备制培训登记报名与技工学校、就业训练中心招生可以结合进行。

培训期限 根据培训对象和岗位需求，确定劳动预备制培训期限。城镇初中毕业生初级技能培训期限一般为1年以上，中级技能培训期限一般为2年以上；城镇高中毕业生中级技能培训期限一般为1年以上，高级技能培训期限一般为2年以上。特殊职业（工种）的培训期限，按国家有关规定执行；一般岗位新生劳动力的培训期限可适当缩短。已实现流动就业的农村劳动力可在就业地参加培训，培训的期限、内容和形式可根据城市用工需要或职业（工种）特点灵活掌握。

培训内容 按照劳动预备制培训的基本要求设置培训课程，培训期限2年以下的课程采用基本素质、职业知识、专业技能和社会实践四个模块进行教学。国家规定的就业准入职业（工种）和通用工种培训，执行部颁劳动预备制培训计划、大纲，其他工种的培训计划、大纲，由各地参照部颁培训计划、大纲自行制定。社会实践教学活动由各定点培训机构组织实施。

培训形式 应届初、高中毕业生参加劳动预备制培训以全日制为主，其他人员可采取非全日制、学分制与学时制相结合或参加远程培训等形式；参加一年以上劳动预备制培训的初中毕业生，学习期满，经考试合格可直接转为技工学校学生，学习期限连续计算；参加1年以上劳动预备制培训的高中毕业生可参加高级技工学校学习。具备一定条件的定点培训机构，可与其他教育机构联合办学，多渠道、多层次培养人才。

证书颁发 劳动预备制培训人员学习期满，经考试合格，可获得劳动预备制培训合格证书；参加技术工种培训，取得劳动预备制培训合格证书后，经职业技能鉴定合格者可获得相应职业资格证书；达到中级技能水平的优秀学员，可通过相应考试，获得技工学校毕业证书。劳动预备制培训合格证书、职业学校毕业证书、职业资格证书是劳动预备制培训人员就业的凭证。

经费来源 多渠道筹措劳动预备制培训所需经费，原则上由个人和用人单位共同承担，政府给予必要的支持。定点培训单位对学员收取培训费，参照当地职业学校或培训机构的收费标准执行。对家庭经济确有困难的，可酌情减免培训费用；劳动保障部门举办的技工学校，根据招生人数，按当地生均经费标准向财政部门申请经费（技工学校经费科目);用人单位委托定向培训的,从企业职工教育经费中提取一部分用于培训。

就业服务 就业服务机构把取得劳动预备制培训合各证书、职业学校毕业证书或职业资格证书的劳动预备制培训人员,纳入劳动力信息资源管理系统,根据国家就业方针和劳动力市场需求,组织双向选择,优先推荐就业。公共职业介绍机构要与劳动预备制定点培训机构建立定期联系制度,对学员进行职业指导,分析就业形势,指导就业方向,并提供存放档案等服务,指导和帮助学员组织起来就业和自谋职业。

第三节 再就业培训

对象和范围 1998年,按照劳动保障部《关于进一步加强就业服务大力促进下岗职工再就业的通知》要求,全省开始对下岗失业人员进行有组织的免费职业技能培训。1998年至2003年,组织实施并超额完成两期三年再就业培训计划。共培训下岗失业人员118.06万人,培训合格人数112.16万人,合格率达95%,培训后实现再就业59.53万人,再就业率95%。到2005年,全省累计再就业培训149.68万人,培训合格人数142.61万人,培训合格率达95.3%,培训后实现再就业人数80.16万人,再就业率为56.2%。

1999年,国务院办公厅《关于进一步切实做好国有企业下岗职工基本生活保障和企业离退休人员养老金发放有关问题的通知》规定:有针对性地开展职业培训和职业指导,引导下岗职工转变择业观念,提高下岗职工的再就业能力,帮助下岗职工尽快实现再就业。

按当地政府的再就业培训计划要求,由经省、市、县劳动保障、财政部门认定的再就业培训定点机构,组织开展以提高下岗失业人员再就业能力为目标的培训。包括短期技术工种培训(市级可指定一至二个示范点,县级只指定一个示范点)和针对35岁以下下岗失业人员开展的学制技能培训(原则上以市为单位指定一家培训机构)。短期培训时间不低于120课时,出勤率不低于90%,培训后由市级劳动保障部门统一组织考核,并颁发“安徽省职业培训合格证”或相应的“职业资格证书”。学制技能培训是指纳入技工学校正常招生的、针对下岗失业人员的技术工种培训,培训时间不低于一年。培训后经考核合格,颁发技工学校毕业证或相应的“职业资格证”。各地培训计划需报安徽省劳动保障厅、财政厅共同审核审批后方可开展培训。

资质认定 2003年6月,国家劳动和社会保障部《关于进一步推动再就业培训和创业培训工作的通知》要求,各级劳动保障部门要按照“条件公开、申请自愿、公平竞争、合理布局、择优认定”的原则,建立健全再就业培训机构资质认定制度。要鼓励和引导社会各级各类教育培训机构,积极参与实施再就业培训。技工学校、就业训练中心要主动承担再就业培训任务,发挥骨干示范作用。

2003年7月,省劳动和社会保障厅下发《关于进一步做好再就业培训定点机构资质认定工作的通知》要求，各地结合本地区再就业培训工作的实际，认定一批培训质量较高、社会信誉较好的再就业培训定点机构，帮助下岗失业人员就地就近参加培训。各级劳动保障部门要鼓励和引导社会各类教育培训机构参与再就业培训。包括劳动保障部门综合管理的技工学校、就业训练中心，教育部门综合管理的职业技术学校及大专院校，行业组织、企业、事业单位所属的教育培训中心，民主党派、工商联所属的教育培训机构，工会、共青团、妇联开办的教育培训中心，劳动保障或教育部门审批的社会力量办学机构以及其他合法的教育培训机构。

再就业培训定点机构必须具有开展下岗失业人员职业指导、实用技能培训、职业资格培训、创业培训以及其他与再就业相关知识教育所必需的师资、教学实习场地和设施设备；专业和课程设置符合劳动力市场需求，培训方法和形式能满足下岗失业人员弹性学习的需要；规章制度健全，内部管理规范，社会信誉较好，基本没有学员投诉；具有一定的培训规模和比较稳定的就业渠道，培训质量好，培训后就业率较高。

劳动保障部门选聘有关专家组成专家组，对申请资料和办学情况进行核查，提出核查意见。劳动保障行政部门根据专家组核查意见，被认定的再就业培训定点机构，由劳动保障行政部门核发省统一制作的“安徽省再就业培训定点机构”铜牌，并向社会公布。省劳动保障厅集中备案。省直单位申请再就业培训定点机构，按此程序直接向省劳动保障厅申报。对经认定并委托开展对下岗失业人员免费再就业培训的培训机构的培训经费补贴办法，按省财政厅、省劳动保障厅印发的《安徽省下岗失业人员再就业培训补贴管理暂行办法》执行。各级劳动保障行政部门要加强对再就业培训定点机构的管理、指导和服务。要建立再就业培训定点机构评估复核制度。每年对所认定的培训机构进行一次评估复核。

经费来源　1999 年，安徽省财政厅、劳动厅印发《安徽省就业经费管理暂行办法》，明确规定各级财政预算安排的就业经费，其开支范围包括下岗职工、失业人员培训补助和实施劳动预备制度的城镇青年培训补助。

2001 年 10 月，安徽省劳动保障厅、财政厅下发《关于印发 < 安徽省职业培训、职业介绍补助使用管理试行办法 > 的通知》。

2003 年，安徽省厅针对再就业培训经费补贴工作存在的问题，会同省财政制定下发“安徽省下岗失业人员社会保险补贴管理暂行办法”，规定免费再就业培训补贴的资金来源为地方财政安排，上级财政补助，失业保险基金调剂用于失业人员的培训补贴资金，资金利息收入和其他渠道筹措的资金。对开展职业培训类非技术工种免费培训，经考核取得“安徽省职业培训合格证书”的，不低于 100 元 / 人的标准补贴培训机构；对开展职业培训类技术工种免费培训，经考核取得“安徽省职业培训合格证书”的，不低于 200 元 / 人的标准补贴培训机构；取得“职业资格证书”的，以 100 元 / 人的额度增加补贴；对获证后实现再就业的以 100 元 / 人的额度增加补贴。对开展创业培训类的培训机构，凡取得“创业培训合格证书”的，按参加培训人数和实际培训成本审定补助数额。补贴办法的执行完善了免费培训的申报审批程序，有效地调动了下岗失业人员参加培训及社会培训机构开展培训的主动性和积极性，保证了再就业培训工作的正常进行。

2004 年 5 月，省财政厅、省劳动和社会保障厅《关于印发 < 再就业技能培训、创业培训补贴资金管理暂行办法 > 的通知》明确，再就业技能培训和创业培训补贴资金是由省财政统筹安排的，用于全省创业培训、定点培训机构技能培训的专项补助资金。技能培训和创业培训补贴资金的来源主要是省级财政安排，中央财政补助和其他渠道筹集的资金。再就业资金补助范围为，经市劳动保障、财政部门申报，省劳动保障厅、省财政厅共同批准认定的，承担对持“再就业优惠证”或“失业证”的下岗失业人员进行免费创业培训的定点培训机构；经市级劳动保障、财政部门认定，省劳动保障厅、省财政厅共同批准的再就业技能培训机构。

补助标准　2004 年 7 月，省财政、劳动和社会保障部门联合下发《关于再就业培训示范点补助资金有关事项的通知》，要求各地尽快确定再就业培训示范点报省备案，示范点的再就业培训计划和省级补助资金申报资料报经安徽省劳动保障厅、省财政厅会审后由财政厅将补助资金直接拨付示范点培训机构。各市、县（市）其他承担再就业培训或创业培训任务的培训机构的经费补贴仍按相关文件规定执行。

2005 年，省劳动和社会保障厅下发《关于调整下岗失业人员再就业培训补贴标准的通知》要求，对开展非技术工种免费再就业培训，达到 80 课时以上，出勤率达到 80% 以上的，培训后按经考核取得劳动保障行政部门颁发的“安徽省职业培训合格证书”人数每人不低于 400 元标准对培训机构给予补贴。其中取得劳动保障行政部门颁发的相应职业（工种）“职业资格证书”的，按取得“职业资格证书人数每人增加 150 元补贴（含技能鉴定费）。开展技术性、实用性较强，且培训鉴定成本较高的工种的免费再就业培训，达到 120 课时以上，出勤率不少于 80% 的，按每人不低于 600 元标准对培训机构给予补贴。其中取得劳动保障行政部门颁发的相应职业（工种）“职业资格证书”的，按取得“职业资格证书”人数每人增加 250 元补贴（含技能鉴定费）。对下岗失业人员接受培训合格后半年内实现再就业的，给予培训机构的补贴标准仍为每人 100 元不变。免费再就业培训的补贴经费来源及拨付渠道不变。

组织实施　安徽省劳动保障厅制定安徽省第一期（1988—2000 年）《“三年 50 万”再就业培训计划》，规定下岗职工再就业培训经费补贴由各市财政按规定支付，失业人员再就业培训经费补贴由各市从失业保险基金中按比例提取支付。

1998 年起，按照劳动保障部制定的两期“三年千万”再就业培训工作计划的统一部署和要求，全省连续开展两期实施再就业培训的“三年 50 万”和“三年 40 万”工作计划。在各级劳动保障部门和社会各方面的共同努力下，两期再就业培训计划任务均超额完成。第一期（1998—2000 年）“三年 50 万”再就业培训计划实际完成 62.26 万人；第二期（2001—2003 年）“三年 40 万”再就业培训计划实际完成 55.8 万人。全省两期再就业培训计划实施以来共培训下岗失业人员 118.06 万人，培训合格人数 112.16 万人，培训合格率为 95%；培训后再就业人数 59.53 万人；培训后再就业率为 50.4%。全省再就业培训机构已达 443 个。全省第二期再就业培训计划实施期间用于再就业培训经费 9184.1 万元，其中，财政补助经费 1562.68 万人，失业保险金提取部分 4999.2 万元，其他 2622.22 万元，人均培训经费补贴标准为 200~400 元。

2001 年，安徽省劳动保障厅制定安徽省第二期（2001~2003 年）《“三年 40 万”再就业培训计划》（简称《计划》）。目标任务：2001 年至 2003 年全省再就业培训工作的总体目标是培训下岗失业人员 40 万人；培训合格率争达到 90% 以上；培训后一定期限内的再就业率力争达到 50% 以上。年度培训计划是 2001 年 20 万人；2002 年 12 万人；2003 年 8 万人。

《计划》要求科学制定再就业培训计划，落实和使用好再就业培训经费。省财政厅、省劳动厅印发的《安徽省就业经费管理暂行办法》明确规定，各级财政预算安排的就业经费，其开支范围包括下岗职工、失业人员培训补助和实施劳动预备制度的城镇青年培训补助。各地劳动保障部门要会同财政部门研究制定切实有效的补贴办法，建立起培训考核和资金补助挂钩的激励机制，通过核定培训合格率和培训后一定期限内的再就业率核拨培训经费。进一步增强培训的针对性、实用性和有效性。要努力提高再就业培训质量，防止和避免培训流于形式。积极开展再就业服务。对取得培训合格证书或职业资格证书的下岗失业人员，应分类纳入劳动力市场信息库，为其求职和单位用人提供全面、快捷的双向选择渠道。对自谋职业和准备开办小企业的，要积极与工商、税务、银行等部门联系，协助办理有关手续。

2001 年 7 月，安徽省劳动和社会保障厅印发《关于认真贯彻劳动保障部 < 关于开展再就业援助行动的通知 > 的通知》，要求各地结合全省第二期再就业培训计划，加强培训的针对性和实效性，积极开展创业培训、提高就业技能、增强创业能力，确保有培训愿望的下岗职工和失业人员至少得到一次培训机会，培训合格率力争达到 90%，就业率达到 50% 以上；要认真落实再就业培训经费，按规定从失业保险基金中提取对下岗职工和失业人员的职业培训补贴。

2002 年，安徽省劳动和社会保障厅下发《关于印发〈2003—2205 年加强职业培训提高就业能力计划〉的通知》，要求强化再就业培训，使下岗失业人员能普遍接受再就业培训，培训合格率达到 90%；培训后就业率达到 50%。普遍推广创业培训，力争一年内创业成绩率达到 40%。

2004 年 3 月，安徽省劳动和社会保障厅下发《关于印发 < 安徽省 2004—2005 年再就业培训计划 > 的通知》，明确 2004—2005 年全省组织再就业培训 20 万人（每年培训 10 万人），培训合格率达到 90%，再就业率达到 60%；组织创业培训 1.3 万人（其中，2004 年 5000 人，2005 年 8000 人），培训合格率达到 80%，创业成功率达到 50%。全省各市和条件较好的县全面开展创业培训，培训学员不少于 5000 人，其中，5 个国家级试点城市培训任务500人,5个省级试点城市培训任务300人,创业成功率达60%以上。

监督检查　省级财政、劳动保障部门将在每年年终前对定点创业培训和技能培训机构进行综合绩效考评,对培训绩效较好和政府、社会、下岗失业人员评价较高的培训机构,省里将颁发先进定点培训机构奖牌并给予奖励。奖励资金从省级安排的培训补贴中支出。对未按批准的计划组织实施创业培训或技能培训的,省财政厅、省劳动保障厅将不给予补助;对未按时、按质完成培训任务的,省财政将酌情扣减补助数额;对未能按本办法规定完整上报有关资料的,视不同情况,扣减直至取消补助;对弄虚作假骗取省补助资金的,一经查实,由同级财政部门从其当年财政安排的事业费中扣回补助资金。同时,视其违规情况,给予警告直至取消定点培训资格的处罚。

2004年12月,省劳动厅组织力量对全省再就业培训省级示范点开展抽查工作,抽查采取电话访问下岗失业人员的形式,对培训机构开展再就业培训情况进行核查,并下发《关于再就业培训抽查情况的通报》,对多数市、县的再就业工作进行肯定,大多数培训机构能按市场需求确定培训项目,结合下岗失业人员的特点,采取灵活有效的方式开展培训,培训后部分下岗失业人员实现再就业,下岗失业人员比较满意。对抽查中发现再就业培训工作不实,培训质量和实效性差,学员不满意,甚至弄虚作假的培训机构,下达《责令整改通知书》,责令其限期改正。

2004—2005年,全省实施每年培训10万人的再就业培训计划,两年共培训316188人,培训合格人数304510人,培训合格率达93%,实现再就业人数206308人,再就业率为68%。

2001—2005年安徽省再就业培训情况表

表4-3-2　　单位:人

数量年份	2001年	2002年	2003年	2004年	2005年
培训人数	244199	170377	144237	150729	165459
合格人数	233045	157946	138076	144365	160145
再就业人数	114461	88781	80325	93833	112475
再就业率	49%	56%	58%	65%	70%

2001—2005年安徽省再就业培训经费情况表

表4-3-3　　单位:万元

数量年份类别	2001年	2002年	2003年	2004年	2005年
培训经费来源	2979.6	3097	3107.5	36568.1	78902.3
财政经费不贴	391.78	331	839.9	17071.1	50567.4
失业保险金提取	1583.75	1601	1814.45	16178.3	21328.9
其　他	1004.07	1165		3318.7	7006.6

2001—2005 年安徽省再就业培训合格人员取证情况表

表 4-3-4　　单位:人

数量年份类别	2001 年	2002 年	2003 年	2004 年	2005 年
培训合格人数	233045	157946	138076	144365	160145
获取资格证书人数	62693	31395			
初级工	43715	19879			
中级工	14743	10859			
高级工	4221	657			
技师	14				

2001—2002 年安徽省再就业培训机构数量情况表

表 4-3-5　　单位:个

数量年份类别	2001 年	2002 年
再就业培训机构数	562	531
技工院校	66	72
就业训练中心	158	155
社会培训机构	217	234
其　他	121	70

第四节　创业培训

培训对象及形式　创业培训对象为有自主创业意愿并具备一定创业条件的下岗失业人员及社会各类人员。已创办企业并具有一定企业经营能力，且有发展现有企业意愿，希望接受创业培训的人员。创业培训可结合实际采用不同的培训模式：劳动保障部创业培训试点模式；国际劳工组织开发的创业培训模式。

资质认定　建立创业培训实行培训机构资质认定制度，凡自愿承担创业培训任务，有适应教学需要的场地、设施、管理制度健全，有能胜任创业培训的师资队伍的各类院校均可申请创业培训基地。

培训考核　创业培训结束后，由所在地省辖市劳动保障部门组织考试，考核内容包括知识和技能量部分。技能部分主要考核学员创业计划书的制定。考核合格者由省辖市劳动保障部门颁发省劳动保障厅统一印制的“创业培训合格证书”。创业培训合格证书可作为申请小额担保贷款的有效证明之一。

优惠政策　劳动保障部门会同有关部门帮助创业培训学员解决自主创业的经营场地问题，协助担保机构和银行对申请贷款的创业培训学员做好资质审定、项目评估及相关审核工作，帮助其办理贷款申请手续，依据国家有关规定，协助税务、工商部门，按照学员创办企业的类型或自谋职业的实际情况，为学员办理税费减免有关手续，对创业培训创办企业吸收下岗失业人员就业的，根据国家有关规定，帮助其落实相关税费减免优惠政策。

经费来源 城镇就业转失业人员和国有企业下岗职工参加培训培训免收培训费，社会其他人员参加创业培训，按安徽省职业培训收费标准给予适当减免，创业培训基地开展创业培训按省财政厅、省劳动保障厅《安徽省下岗失业人员再就业培训补贴管理暂行办法》给予培训经费补贴，创业培训基地开展创业培训前应将培训实施计划及成本预算报当地劳动保障和财政部门核定。

开展情况 2002 年 11 月，安徽省劳动保障厅在芜湖市举办首期创业师资培训班，为全省培训了 38 名师资。2003 年 7 月，安徽省劳动和社会保障厅下发关于印发《创业培训指导意见》通知，要求各地制定创业培训实施方案及工作协调指导小组，并在全省范围内认定了首批创业培训基地。按部培训就业司要求，合肥、芜湖、马鞍山、蚌埠、安庆等五个全国试点城市签定了《百城市促进下岗失业人员创业培训工作任务书》后，全面启动创业培训工作。2003 年 8 月安徽省劳动和社会保障厅确定了淮北、淮南、滁州、六安、铜陵等五城市为省级创业培训试点城市，以推动创业培训工作的深入开展。2003 年 10 月，由安徽省就业服务局主办的“造就千名小老板，带动万人再就业”的省级创业培训示范项目正式实施。

2002—2003 年，创业培训参培人员 401 人，培训合格人数 386 人，培训结业后成功创办小企业 103 人，创业成功率达 27%，通过创业培训实现新增就业岗位 539 个。合肥市创业培训工作起步较早，运作较为规范，2002—2003 年创业培训参培人员 401 人，培训合格人数 386 人，培训结业后成功创办小企业 103 人，创业成功率达 27%，通过创业培训实现新增就业岗位 539 个。芜湖市创业培训工作规模不大，特色显著，成效突出。首期创业培训班的 38 名学员中，21 人实现创业计划，并得到市工商银行的小额贷款援助；2003 年芜湖市创业培训参培人员 107 人，培训合格人数 101 人，培训结业后成功创办小企业 42 人，创业成功率达 42%，通过创业培训实现新增就业岗位 55 个。

2002—2003 年，全省创业培训参培人员 5449 人（女性 2471 人），创业培训合格人数 4840 人（女性 2030 人），创业培训合格率为 89%，（女性 82%），培训结业后成功创办小企业 913 人（女性 280 人），培训结业后实现自谋职业人数 1765 人（女性 868 人），培训结业后实现雇佣就业人数 1219 人（女性 499 人），定期创业成功率 19%（女性 14%），实际新增就业岗位 6644 个。

2004—2005 年，全省参加创业培训 21671 人，培训合格人员 20549 人，成功创业 7947 人，自谋职业 7483 人，雇佣就业 4809 人。

第五节　农民工培训

2000 年，安徽省开始开展对农村富余劳动力的转移培训工作，主要是利用扶贫资金对贫困户适龄青年进行培训、鉴定和有组织输出。2002 年实施“阳光工程”，重点是对农村富余劳动力进行转移培训。

2002 年，省劳动和社会保障厅下发《关于印发 2003—2205 年加强职业培训提高就业能力计划的通知》，要求大力开展对农村剩余劳动力的培训，到 2005 年培训农村剩余劳动力 50 万人次。当年，省劳动和社会保障厅确定岳西凤台两县开展技能扶贫培训与输出就业试点工作。岳西凤台两县在开展技能扶贫培训与输出就业试点工作中，始终本着“加强指导，规范运作，强化服务，依法管理”的原则，抓试点、搞培训、促就业，积极帮助贫困户子女学习技术，掌握技能，输出就业，脱贫致富。两县的首期试点工作圆满完成。当年，省劳动保障厅组织专项调研，制定工作计划，会同相关部门在对农村劳动力培训情况调研的基础上，提出 2003—2007 年组织培训农村劳动力 120 万人的计划及奖代补促进农村劳动力培训的办法，各市县劳动保障部门都结合当地情况制定农村劳动力培训规划和实习计划。各级劳动保障部门主动会同省农委等有关部门启动实施农村劳动力转移“阳光工程”。组织动员技工学校、就业训练中心和民办职业培训机构等社会方面培训力量，面向农村开展职业技能培训，进一步加强县（市）职业技能鉴定体系建设，为农村劳动力参加职业技能鉴定提供及时便利服务。

2004 年，农业部、财政部、劳动和社会保障部、教育部、科技部、建设部等六部委制定《农村劳动力转移培训阳光工程项目管理办法（试行》。安徽省根据项目管理办法要求，做好项目管理工作，通过工程的实施，带动农村劳动力转移培训工作的全面开展。

2005 年 9 月，劳动和社会保障部办公厅下发《关于切实做好贫困地区劳动力促进就业工作的通知》，要求各地劳动保障部门要高度重视贫困地区劳动力职业培训和转移就业工作，主动与扶贫部门加强沟通，积极合作，建立定期协商制度，成立专门领导小组，充分发挥职能优势，与扶贫部门共同制订年度计划和项目实施方案。加强对培训机构的监管，建立健全各项制度和培训就业台帐，对培训基地承担的培训项目，要会同扶贫部门进行抽查，严格考核其参加培训人数、培训合格率、培训后转移就业率、转移就业就业稳定率等指标完成情况，对达不到要求、完不成目标任务、违反资金管理使用规定的，取消培训基地资格。具体标准和办法请各地劳动保障部门商扶贫部门确定。各地要加强引导性培训和宣传工作。省级劳动保障部门要与扶贫部门共同抓好贫困地区劳动力培训促进就业工作试点。探索新的机制和有效办法。安徽省确定阜南、岳西两县为试点县。

2000—2005 年，全省培训农村富余劳动力 120 万人。职业技能培训工作对提高农民素质，促进农民转移就业，增加农民收入，起了重要的作用。2003—2005 年全省开展农村职业培训培训人员 1179859 人，获取资格证书人数 217955 人，培训后就业人数 960471 人，培训后就业率 81%。2005 年开展农村职业培训机构数 900 个。

2003—2005 年安徽省农村职业培训情况表

表 4-3-6 单位：人

数量年份	2003 年	2004 年	2005 年
培训人数	400657	383325	395877
获取资格证书人数	60841	74975	82139
培训后就业人数	310250	310831	339390
培训后就业率	86	86	86
培训机构数（个）	813	935	900

2003—2005 年安徽省农村职业培训经费补贴情况表

表 4-3-7 单位：元

数量年份	2003 年	2004 年	2005 年
培训人数	400657	383325	395877
补助经费总数	684.77	2372	2817
扶贫专项经费	204.66	657	372
财政经费补贴	298.05	1500	2443

第四章 民办培训机构

第一节 办学审批

1994年5月，安徽省印发《安徽省职业技能培训管理办法》，明确职业技能培训由各级劳动行政部门管理，强调开展职业技能培训，应从经济和社会发展的实际需要出发，坚持按需施教的原则，突出技能培训，加强职业道德教育；明确各级劳动行政部门的审批等级（权限）。规定开展职业技能培训的单位应具备的条件及专职管理人员、教师的任职资格和要求。技术等级培训实行许可证制度，培训单位领取许可证后方可招生。截至1996年年底，省级劳动行政部门共审批36家职业技能培训班，培训各类技能人员3000多名。

1997年12月，国家教育委员会，劳动部办公厅下发《关于实行社会力量办学许可证制度有关问题的通知》，明确从1998年5月1日起实行社会力量办学评估许可证制度，并要求各级教育、劳动行政部门按照规定职责，完善教育机构的审批、备案制度。截至1997年年底，全省社会力量举办的培训机构216家，其中企业办34家，事业单位办65家，社会团体办11家，公民个人办94家，其他类型12家，累计举办培训2665期，培训106223人，其中34797人取得技术等级证书，25929人取得职业培训证书。

2002年，省政府出台《关于鼓励支持社会力量办学的若干意见》，2003年《中华人民共和国民办教育促进法》和2004年《中华人民共和国民办教育促进法实施条例》（简称《条例》）的相继出台，确立了民办教育的法律地位，民办培训机构的合法权益受到法律保护，促进全省民办职业教育事业的蓬勃发展。到2005年，社会力量办学机构达到644所，培训社会人员250560人，结业人数236918人，就业人数176193人。

2002年3月，省政府办公厅印发《关于鼓励支持社会力量办学的若干意见》，强调大力发展民办教育是加快安徽省教育改革与发展的重要途径，各级政府要进一步提高对民办教育地位和作用的认识，认真贯彻“积极鼓励、大力支持、正确引导、加强管理”的方针。要转变观念，只要符合国家法律法规，有利于增加教育投入，有利于扩大教育规模，有利于满足社会教育需求多样化和选择性的各种办学形式，都可以大胆试验和积极探索。鼓励多种形式办学，可以采取股份制及股份合作制形式办学，可以与政府部门公办学校联合办学，可以按《中外合作办学暂行规定》与境外企业界人士或教育机构合作办学。根据需要和可能，可以选择少数公办学校进行“公办民助”或“国有民办”

改制试验。

2005年4月,省劳动保障厅下发《关于印发安徽省民办职业教育培训机构审批暂行办法的通知》(以下简称《通知》),明确民办教育培训机构即指民办职业培训学校和民办技工学校。国家机构之外的社会组织或者个人可以出资举办民办职业教育培训机构。举办民办职业教育培训机构的社会组织须具有法人资格;,举办民办职业教育培训机构的个人,应当具有政治权利和完全民事行为能力。举办民办职业培训学校须达到《民办职业培训学校设置标准》;举办民办技工学校须达到《安徽省技工学校设置标准》。《通知》明确办学申请的程序和应当提交的相关资料,并规定设立审批权限。拟在设区的市举办民办职业学校的,由设区的市劳动保障行政部门审批;拟在县(市)举办民办职业学校的,由县(市)劳动保障部门审批;举办民办技工学校的由省级劳动保障行政部门审批。《通知》还对学校名称、民办职业教育培训机构的分立、合并和举办者的变更进行规范。

《条例》颁布施行后,安徽省社会力量举办职业培训机构迅速发展。1999年全省社会培训机构364个,培训结业78692人;2000年全省社会职业培训机构397个,培训结业94252人;2001年全省社会职业培训机构432个,培训结业105751人;2002年全省有职业培训机构469个,培训结业122275人;2003年全省有社会培训机构597个,培训结业208538人;2004年全省社会职业培训机构683个,培训结业230187人;2005年全省有社会职业培训机构644家,培训结业236918人。

1999—2005年安徽省民办职业培训机构开展情况表

表4-4-1 单位:人

数量年份项目	1999	2000	2001	2002	2003	2004	2005
培训机构数	364	397	432	469	597	683	644
培训结业人数	78692	94252	105751	122275	208538	230187	236918

1994年5月,《安徽省职业技能培训管理办法》规定,劳动行政部门按照分级审批的规定,向符合条件的技术等级培训单位颁发"安徽省职业技能培训许可证"。县级劳动行政部门负责审批中级(含中级)以下的技术等级培训;行署(市)劳动行政部门负责审批高级(含高级)以下的技术等级培训;省级劳动行政部门负责审批技师、高级技师以及应由省劳动行政部门审批的技术等级培训。技术等级培训单位跨县、市招生的,应报共同上级劳动行政部门审批;跨省招生的,应报省劳动行政部门审批。

1999年11月,省劳动保障厅出台《安徽省社会力量举办职业培训机构审批办法》,规定各级劳动保障行政部门的审批范围、申办资格和条件、申报材料、审批程序及变更审批、撤销等规定。

2005年4月,省劳动和社会保障厅印发《安徽省民办职业教育培训机构审批暂行办法》，同时废止《安徽省社会力量举办职业培训机构审批办法》，要求举办民办职业培训学校必须达到《民办职业学校设置标准》（试行），举办民办技工学校必须达到《安徽省技工学校设置标准》。

第二节 监督管理

1994年5月，省劳动、工商部门联合印发《安徽省职业技术培训招生广告管理办法》（以下简称《办法》），规定面向社会招生的各类职业技术培训招生广告的管理机关是各级工商行政管理机关，其广告内容的审批出证机关是各级劳动行政部门。凡申请社会办学的单位和个人，必须到工商行政管理机关依法办理审批登记，领取营业执照。《办法》对申请刊播职业技术培训招生广告的单位和个人实行分级审批，即：面向全省招生的各类职业技术培训，需在省级媒体刊播广告的，由省级劳动行政部门审批；面向本地、市、县招生的职业技术培训，由地、市、县级媒体刊播广告所在地、市、县级劳动部门审批。1995年3月，省劳动和社会保障厅启用“安徽省职业培训广告审批专用章”。

1996年，安徽省印发通知，要求各级劳动保障部门自当年起对各类培训机构实行年度检查评估。

1998年，省劳动保障厅下发《关于成立安徽省社会培训机构管理办公室的通知》，决定成立安徽省社会培训机构管理办公室，办公室设在省劳动保障厅职业技能培训处。

2005年4月，省劳动保障厅下发《关于民办学校办学许可证使用有关问题的通知》，对民办职业培训学校许可证的颁发、换证、编号规则、事项变更、上报备案等予以具体规定。

第五章　技能竞赛与技能人才表彰

第一节　技能竞赛

竞赛管理　1992年,安徽省劳动局、总工会和团省委联合印发《关于开展工人技术比赛的意见》,对安徽省职工技术比赛类别、比赛工种及标准、奖励办法和组织领导等提出要求。同年,成立安徽省工人技术比赛组织委员会。

2000年2月,劳动和社会保障部印发《关于加强职业技能竞赛管理工作的通知》,对全国性技能竞赛活动的分类、工种设置、竞赛标准、举办条件、表彰奖励和组织管理与监督等作出了具体规定。

2003年,劳动和社会保障部全国职业技能竞赛组织委员会印发《国家职业技能竞赛技术规程》,加强对职业技能竞赛工作的技术指导,规范职业技能竞赛活动。

组织实施　1987年,省劳动局会同有关部门举办"扬子杯"青年工人车、钳工大奖赛,取得较好效果。1988年上半年,全省组织开展技校钳工工种毕业班技术比赛和全省第三届制图竞赛。1989年,省劳动局会同有关部门联合举办机械系统"华阳杯"钣金工大奖赛和全省青年美容美发技术比赛,促进在职工人学习钻研技术,提高技能水平。

1990年5月,华东六省一市组织了华东地区技工学校电工知识竞赛,在安徽省设合肥、淮南、芜湖三个赛点。华东六省共有300所技工学校,330个代表队2986名同学参赛。安徽省有54所技工学校,62个代表队,503名同学参赛,夺得八个奖杯,在华东六省一市中名列团体总分第一。6月,省劳动局组织举办全省技工学校应届毕业生车工和钳工技能竞赛,组队参加了劳动部在辽宁省鞍山市举办的全国技工学校车工、钳工专业应届毕业生操作技能竞赛,蚌埠机械技工学校方丽君获车工第二名。

1992年,省劳动局、总工会、团省委和省供销合作社在合肥联合举办全省供销社系统棉花检验技术比赛,获得前六名的选手荣获"安徽省一九九二年二类甲组棉花检验工种技术能手"称号。在全国商业系统棉花检验技术大赛上,安徽代表队获得团体亚军,杨玉明、陈军分获个人全能第二、第四名。

1994年,省劳动局和省职业技术培训协会举办全省技工学校学生机械制图竞赛,全省58所技工学校的428名选手参加竞赛。

1995年,省劳动厅、总工会、团省委、广播电视厅、商务厅、旅游局、行管局、工商局联合举办全省中式烹调师、中式面点师技能比赛。

1996年10月中旬至11月中旬被定为全省“技术比武月”，基层企事业单位广泛开展岗位练兵、技术比武，全省集中组织51项省级技术比武活动。省新闻出版局和省劳动厅组织了全国新华书店知识技能比赛安徽省预赛，并通报表彰了获优良成绩的集体和个人。同年，还组织了全省技校学生第三届机械制图竞赛和全省技校学生作文竞赛活动。

1997年6月起，安徽水利行业相继组织了水文勘测工、闸门运行工、灌排工程工职业技能竞赛，涌现出一批优秀选手，激发了水利行业职工学习知识、练好技能的热情。全年共有水利、机械、交通、纺织、轻工等6个行业（部门）开展技能竞赛活动，参赛选手达1500多人。

1998年，省劳动厅和机械工业局举办全省技工学校第四届机械制图竞赛。12个地市、38所技工学校、294名学生参加了竞赛。

2001年，省水利厅、省劳动和社会保障厅举办第二届全省水利行业职业技能竞赛，竞赛共设水文勘测工、河道修防工、钻探灌浆工、泵站运行工、渠道维护工和焊工等六个工种，前3名选手推荐参加全国水利行业职业技能决赛。省残疾人联合会会同省劳动和社会保障厅举办安徽省首届盲人保健按摩职业技能竞赛。省劳动和社会保障厅、信息产业厅、总工会和共青团安徽省委员会组织了全国首届计算机应用大赛安徽赛区的竞赛活动。

2003年，省总工会、经济贸易委员会、科学技术厅和劳动和社会保障厅印发《关于参加全国职工职业技能大赛的实施意见》，指定焊工由石化、冶金协会，车工由国防科工办，工具钳工和铣工由机械协会分别牵头组织省预赛选拔选手，并带队参加全国职工职业技能大赛。安徽红星机械厂罗有坤获车工个人第三名，并获全国技术能手荣誉称号，晋升技师职业资格；安徽车工代表队和焊工代表队分别获团体第八名的好成绩。由安庆石化总厂和马钢（集团）股份公司各选拔3名选手组成安徽省代表队参加了全国工程建设系统第六届焊工技术比赛。

2004年，省劳动和社会保障厅举办2004年技工学校技能竞赛、中国首届电子商务大赛安徽赛区选拔赛。会同省教育厅、科学技术厅、国防科学技术工业办公室、总工会、机械工业协会举办全国数控技能大赛安徽赛区竞赛，并选拔组队参加“广州数控杯”全国技工学校技能竞赛、中国首届电子商务大赛和全国数控技能大赛。安徽马钢高级技工学校获得全国技工学校技能竞赛优秀教学组织奖，该校两名学生分获维修电工学生普通组第七名和维修电工学生高级组第十名，荣获大赛“雏鹰奖”。在首届“振兴杯”全国青年职业技能大赛决赛中，马钢集团（控股）有限公司获团体第9名，安徽叉车集团公司获团体第29名，5名选手进入相应工种前20名。同年，省政府国有资产监督管理委员会、发展和改革委员会、劳动和社会保障厅、信息产业厅、科学技术厅、中小企业发展局、总工会、共青团安徽省委员会、省科学技术协会联合举办安徽省计算机技术大赛。省劳动竞赛委员会、总工会、交通厅、劳动和社会保障厅、公安厅举办全省汽车驾驶员技能大赛。

第二节 技能人才表彰

表彰类别 技能人才表彰活动主要有国家劳动行政部门组织的“中华技能大奖”和“全国技术能手”的评选表彰活动;共青团中央委员会与国家劳动行政部门联合开展的“全国青年岗位能手”和“全国杰出青年岗位能手”的评选表彰活动;安徽省劳动行政部门组织的“安徽省技术能手”的评选表彰活动;省总工会与省科学技术和劳动行政部门联合开展的“能工巧匠”评选表彰活动;以及劳动行政部门与其他部门、单位组织的其他表彰活动。

技术能手评选表彰 1995年,国家劳动部决定建立“中华技能大奖”和“全国技术能手”评选表彰制度。省劳动厅在转发劳动部《关于建立“中华技能大奖”和“全国技术能手”评选、表彰制度的通知》的文件中明确,为贯彻国家劳动部《通知》精神,省劳动厅决定在全省开展“安徽省技术能手”的评选表彰活动,并就当年的评选活动作出了具体部署。经过层层推选和省劳动厅会同省总工会、团省委、省妇联等单位的联合评审,李德银等28人荣获“安徽省技术能手”称号,颁发荣誉证书和奖金。

1996年,国家劳动部建立国家、省(行业)两级评选表彰制度。从1996年起,中华技能大奖和全国技术能手主要从省(行业)技术能手中产生。5月,省劳动厅印发《关于建立“安徽省技术能手”评选表彰制度的通知》,决定在首届安徽省技术能手评选表彰的基础上,建立“安徽省技术能手”评选表彰制度,并明确评选条件、申报评审程序、评审组织和奖励办法。在当年第二届安徽省技术能手评选表彰活动中,樊家良等28人荣获“安徽省技术能手”荣誉称号。1997年,在第三届安徽省技术能手评选表彰活动中,26人荣获“安徽省技术能手”称号。

1998年,按照国家劳动和社会保障部的部署,省劳动厅继续在全省范围内开展中华技能大奖、全国技术能手评选推荐工作和安徽省技术能手的评选表彰活动,35人被授予“安徽省技术能手”称号。1999年年初,召开安徽省技术能手表彰大会,表彰了1998年度评选的“安徽省技术能手”。

1998年后,“中华技能大奖”“全国技术能手”和“安徽省技术能手”的评选表彰活动由每年一次改为每两年开展一次。

2000年8月,国家劳动和社会保障部颁布《中华技能大奖和全国技术能手评选表彰管理办法》,明确全国技术能手称号获得者已具有高级工职业资格的,且本职业工种设有技师以上资格的,可晋升技师职业资格;中华技能大奖获得者已具有技师职业资格的,且本职业工种设有高级技师资格的,可晋升高级技师职业资格。此外还规定,参加国家级和国际职业技能竞赛活动,获得相应名次的,可直接授予能手称号。

2000年,省劳动和社会保障厅在全省开展第五届中华技能大奖、全国技术能手评选推荐和省技术能手的评选表彰活动。安徽推荐的马钢公司电焊工张烨、芜湖铁山宾馆中式烹饪师刘大林被劳动和社会保障部授予“全国技术能手”称号。合肥金环变压器有限责任公司电焊工丁忠文等30人被授予“安徽省技术能手”称号。

2002年，第六届中华技能大奖、全国技术能手评选推荐和省技术能手的评选表彰活动在全省开展。麦科特纺织安徽有限公司布机挡车工张吉芳、淮北矿业（集团）公司朔里煤矿电工杨杰被授予“全国技术能手”称号；27人被授予“安徽省技术能手”称号。马鞍山雨山湖中学教师孙广均、池州市东至县电信局胡松华在全国首届计算机应用大赛安徽赛区分获高级组的一、二名，被授予“安徽省技术能手”荣誉称号。

2003年，为表彰在第二届全国残疾人职业技能竞赛中取得优异成绩的选手，劳动和社会保障部决定授予各项目第一名（陈国强等23人）的选手“全国技术能手”称号。安徽省霍邱县姜家湖福利柳编厂王东田（竹藤制品加工）受到表彰，获“全国技术能手”称号。

2004年，在第七届中华技能大奖、全国技术能手和安徽省技术能手评选表彰活动中，安徽刘未来等人被授予“全国技术能手”称号；安徽氯碱化工集团有限责任公司焊工周建国等48人被授予“安徽省技术能手”称号。

1996—2005年，全省共组织7次评选表彰活动，共有228人获得全省技术能手称号，省劳动保障部门会同有关部门组织开展技能竞赛近120余次。

青年岗位能手评选表彰　1989年5月，省政府办公厅发出通知，要求各级政府和各有关部门对在岗位成才各项活动中，特别是青工技术比武和青年“五小”（小发明、小革新、小改造、小设计、小建议）活动中取得显著成绩的优秀青工，给予精神奖励和物质奖励。具体奖励颁办法为：对获得全省青工技术比武各工种第一名的青工、获得省青年“五小”成果特等奖的青工，团省委授予“新长途突击手”荣誉称号；本人属于企业单位的，由省劳动局审批晋升一级工资，属事业单位的，给予适当行政奖励。对获得全省青工技术比武第二名至第五名的青工、获得省青年“五小”成果一等奖的青工，有关部门颁发荣誉证书，授予“省青年技术能手”称号；企业在3%晋级中给予晋升一个副级工资，事业单位比照企业做法给予相应奖励。对在全省青工技术比武中获优异成绩的青工，获省青年“五小”成果二、三等奖的青工，在颁发荣誉证书的同时，有关部门给予一次性奖励。青年“五小”评选活动经费由省财政拨款解决，青工技术比武活动经费由各主办单位集资解决。对企业内部青年“五小”成果获得者，技术比武活动优异成绩获得者及在本职岗位创一流成绩者，企业在调资、3%奖励晋级和考工定级时应以他们所取得的成绩和所做的贡献作为评定的主要依据，不受年龄、工龄、资历的限制。在奖金分配中，提高他们的奖金系数；其住房分配，优先考虑。对技术等级达到高级工并被授予地（市）级以上“技术能手”称号的青年技术工人，经主管部门考核，报地（市）和省劳动部门批准，可破格评聘技术及其他业务职称，不受年龄、工龄和名额的限制。在选拔管理干部和入学深造对象时，要择优选送那些技术业务能力强、工作成绩突出、有培养前途的青年职工。

1995年，共青团中央、国家劳动部联合制定《全国青年岗位能手奖励办法》，进一步规范对青年岗位能手的奖励，激励更多的职工爱岗敬业、苦练技能、争当能手。

1996年，共青团中央、国家经贸委、劳动部联合表彰了1995年度全国杰出青年岗位能手10名、全国青年岗位能手200名。安徽淮北矿务局朔里煤矿杨杰被授予“全国杰出青年岗位能手”称号，安庆石油化工总厂化肥厂汤圣祝被授予“全国青年岗位能手”称号。

1999年，共青团安徽省委员会、省经济贸易委员会、省劳动厅联合发文，授予周公建等10人为“安徽杰出青年岗位能手”称号；授予李海勤等100人为“安徽青年岗位能手”称号。

2003年，共青团安徽省委员会、省劳动和社会保障厅部署开展评选安徽省青年杰出岗位能手和青年岗位能手活动。宿州供电公司保修中心马勇等10人被授予安徽青年杰出岗位能手称号；合肥昌河汽车有限责任公司质量保证处叶有章等93人被授予“安徽青年岗位能手”称号。

共青团中央和国家劳动和社会保障部组织开展2004年度全国青年岗位能手和全国杰出青年岗位能手评选推荐活动，安徽马钢钢铁股份有限公司虞长银等3人被授予“全国青年岗位能手”称号。

十大“能工巧匠”评选表彰　1997年，省总工会、经贸委、科委、劳动厅、科协决定授予李加祥等10人“安徽省十大能工巧匠”称号，颁发安徽省五一劳动奖章；授予毕延芳等10人“安徽省十大技术攻关成果明星”称号；授予程佑君等84人“安徽省职工一线技术状元称号”；授予张云华等85人“安徽省职工技术协作成果者”称号。

2000年，省总工会、经济贸易委员会、科学技术厅、劳动厅、科学技术协会对在“双十双百”技协工程涌现出的优秀者，决定授予马骏等10人“安徽省十大能工巧匠”称号，颁发安徽省五一劳动奖章，并给予一次性奖励。

在2003、2004两年度全省“十大能工巧匠”评选活动中，郝加杰等20人获“安徽省十大能工巧匠”称号，颁发安徽省五一劳动奖章。

其他表彰　2000年，省残疾人联合会、省劳动和社会保障厅决定给予程传豹等13名残疾人通报表彰，并发给荣誉证书。2005年，国防科学技术工业委员会与劳动和社会保障部联合表彰国防科技工业技术能手100名，驻安徽的中国电子科技集团公司第38所加工中心操作工张宁键、中国航空工业第一集团公司皖安机械厂钣金工桑仁龙获“国防科技工业技术能手”称号。

第三节　技能人才管理

技师评聘工作　1987年，为贯彻落实劳动人事部出台的《关于实行技师聘任制的暂行规定》和《贯彻关于实行技师聘任制的暂行规定的几点意见》,省劳动厅提出实施意见,并在马钢公司机修厂等单位开展技师聘任制的试点工作,安徽省开始实行企业技术工人技师制度。

根据劳动部下达的实施技师聘任制试点企业及技师应聘人数，1988 年安徽试点企业 3 个,技师应聘人数 20 人,其中合肥锻压机床厂 8 人、蚌埠机床厂 7 人、芜湖锅炉厂 5 人。到 1989 年年底,全省有 11 个行业 149 家企业实行了技师聘任制,应聘技师人数达 3743 人。应聘技师的职务津贴平均每人每月 20 元左右。安徽省交通行业、水利系统、测绘行业、冶金行业、商业系统、粮食行业、经贸行业、供销社系统、建材行业等先后提出实行技师聘任制实施细则。经劳动部同意,省劳动局于 1992 年 5 月批复同意在马钢公司开展高级技师评聘试点工作。

1996 年 2 月,省劳动厅印发的《全省劳动工作“九五”计划和 2010 年规划》明确,到“九五”末,全省技师达到技术工人总数的 1.5%,高级技师达到技师人数的 8%。

截至 1996 年 3 月底,安徽省实行技师聘任制工种人数达 219.94 万人,经考核认定,获得技师职业资格 4740 人,任职 4475 人;获得高级技师职业资格 28 人,任职 22 人。5—6 月,省劳动厅组织开展安徽省首批中式烹调师、中式面点师的考评工作。经省商务系统、旅游系统、行管系统中式烹调（面点）技师考评组织的评审,省餐饮服业技术考评领导小组和省劳动厅同意,吴文沐等 5 人为安徽省首批中式烹调（面点）高级技师,焦福成等 59 人为安徽省首批中式烹调（面点）技师。同年,省劳动厅、机械工业局联合印发《安徽省机械行业高级技师资格考评实施办法》,省劳动厅批复同意马钢（集团）控股有限公司制定的《高级技师评聘试点工作实施办法》,安徽省开始了高级技师的评聘试点工作。

1997 年,国家劳动部职业技能开发司委托举办面向部分地区的高级按摩师培训班,经劳动部职业技能鉴定中心组织考核,有 30 人合格,由劳动部颁发高级按摩师技术等级证书,其中安徽蚌埠市郊区人民医院刘永昆被授予高级按摩师职业资格。

高技能人才培训基地 2002 年,劳动和社会保障部在部分省、重点城市、重点行业和企业集团申报的基础上,研究确定了首批“国家高技能人才培训基地（机电项目）”,安徽省的合肥钢铁集团有限公司、合肥公交集团有限公司、铜陵职业技术学院、合肥市机械工业技工学校和安徽省汽车工业技工学校等 5 家单位名列其中。

根据省劳动和社会保障厅印发的《机电高级技工培训项目》的要求,在各地申报的基础上，2003 年 5 月,省劳动和社会保障厅认定淮北煤矿集团机电装备公司等 22 家企业和淮北煤炭高级技工学校等 31 家学校为“安徽省机电高技能人才培训基地”。

高技能人才管理 2003 年 6 月,省政府出台《安徽省政府实施国务院关于大力推进职业教育改革与发展决定的意见》。省及 17 个市出台《关于加强高技能人才队伍建设的意见》等一系列高技能人才政策文件。2004 年通过启动实施“三年一万新技师培养计划”。

2004年11月，安徽省教育、发改、财政、人事、劳动保障、农业等部门就进一步加强职业教育工作的出台意见。强现有职业教育资源，促进职业院校办出特色，提高质量。职业院校要坚持以服务为宗旨，以就业为导向，面向社会和市场深化办学模式和人才培养模式改革，深化办学体制改革，促进多元化办学格局的形成。完善就业准入和职业资格证书制度，积极推进职业院校学生职业资格认证工作。首批选定22家企业和31所院校，实施机电高级技工培训工程。

2005年9月，省委办公厅、省政府办公厅印发《关于加强高技能人才队伍建设的意见》，进一步明确安徽省高技能人才工作的指导思想、目标任务、政策措施和工作要求，从技能人才的培养、选拔、评价、使用、交流、激励和保障七个环节入手，全面加大高技能人才队伍建设工作力度。

2005年，省劳动和社会保障厅会同省国有资产管理委员会、省总工会在马钢(集团)控股有限公司等8家省属大型企业开展高技能人才队伍建设试点工作。试点企业主要任务有，制定本企业的技能人才队伍建设规划和培训计划并组织实施；做好高技能人才评价工作，加强技师考评工作，不断完善高技能人才选拔机制；大力开展高技能人才开发交流工作，建立“使用与培训考核相结合、待遇与业绩贡献相联系”的高技能人才激励机制。各市根据本地具体情况确定了一批市属企业进行高技能人才队伍建设试点工作，积累经验，指导面上工作。

2004—2005年，安徽省共培养新技师10024人，其中高级技师326人，技师9968人。

技能人才抽样调查　2005年，根据中共中央组织部、人事部、劳动和社会保障部、农业部、国家统计局《关于做好全国人才资源统计调查工作的通知》部署要求，经全省人才资源统计工作协调会议研究决定，安徽省人才资源统计工作由各级组织部门牵头抓总，实行分工负责，省劳动和社会保障部门负责技能人才资源抽样调查试点工作的组织实施。按照劳动和社会保障部的安排，芜湖市作为安徽省技能人才抽样调查的试点城市。芜湖市的抽样调查工作于2月下旬开始启动，经过动员部署、抽样调查、统计汇总，于5月中旬结束，并按要求将抽样调查数据上报劳动和社会保障部。

第六章　职业技能鉴定

第一节　职业技能鉴定机构

职业技能鉴定（指导）中心　1993年7月,国家劳动部颁布《职业技能鉴定规定》,提出要建立和完善政府指导下的职业技能鉴定社会化管理体系。要求各省、自治区、直辖市劳动行政部门制定有关规定和办法,综合管理本地区职业技能鉴定工作,审查、批准各类职业技能鉴定机构。安徽省劳动局于1993年下半年着手研究建立鉴定机构,制定实施办法和进行实施鉴定相关的基础工作。

1996年11月,安徽省机构编制委员会审核并印发《安徽省劳动厅直属事业单位分类管理实施方案》,将安徽省技工教学研究室更名为安徽省职业技能培训教学研究室,同时挂安徽省职业技能鉴定中心牌子,核定科级建制,编制数10名,领导职数3名,专业技术人员6名,工勤人员1名。主要负责开展技工教学与理论研究,推广先进的教学方法;组织全省职业技能鉴定工作,具体实施考评员的资格培训,开展职业技能鉴定中介咨询服务。由安徽省劳动局培训处代管。2003年8月,按照政事分开的原则和事业发展的需要,安徽省职业技能鉴定中心作为厅直属的事业单位,独立运作。

安徽省职业技能鉴定中心成立后,各市相继建立职业技能鉴定（指导）中心。1996年9月,六安市职业技能鉴定中心经市机构编制委员会批准建立。接着淮北、淮南、合肥等市职业技能鉴定中心经市机构编制委员会相继批准建立。截至2005年年底,全省有11个市（合肥、淮北、蚌埠、宿州、淮南、滁州、六安、马鞍山、宣城、铜陵、芜湖）建立市级鉴定中心,基本形成职业技能鉴定的组织实施和技术指导体系。

职业技能鉴定所（站）　1993年6月,安徽省劳动局印发《关于建立职业技能鉴定（考核）中心站的通知》,对建立职业技能鉴定所（站）的基本条件、设置审批、管理分工、工作职责作了明确规定。1996年劳动部培训司印发的《职业技能鉴定工作规则》明确提出,职业技能鉴定所（站）是具体实施职业技能鉴定的机构;鉴定社会通用职业（工种）的称职业技能鉴定所,鉴定行业特有职业（工种）的称职业技能鉴定站。

建立职业技能鉴定所（站）的基本条件为,有熟悉所鉴定专业（工种）业务和组织实施能力的领导人员;有与鉴定专业（工种）及其等级相适应的场所、操作设备及仪器;有相应数量的管理人员和本专业（工种）具有一定权威的专业技术人员和高级工、技师;有严格的鉴定管理制度。

各级劳动行政部门，根据本地区经济和职业技术培训发展的需要，统一规划，在具备条件的技工学校、就业训练中心、大中型企业、大专院校、科研单位设置职业技能鉴定所（站）。凡具备条件，自愿承担职业技能鉴定任务的单位，提出书面申请，报同级劳动行政部门审批。经批准设立的职业技能鉴定所（站），由批准建立的劳动行政部门发给职业技能鉴定许可证书，同时授予铜牌。职业技能鉴定所（站）分省、市、县三级审批管理，省劳动行政部门负责省属企、事业单位，在肥高等院校和中央驻皖单位鉴定所的审批管理。设区市、县（市）劳动行政部门负责辖区内鉴定所的审批管理。

职业技能鉴定所（站）的工作职责主要有，为鉴定提供必要的场地、设备、检测仪器、原材料和能源等；受理职业技能鉴定的报名申请和咨询服务工作；对申请人进行资格初审，将符合条件的人员报相应的职业技能鉴定中心核准后发给准考证；组织制订考核方案，经职业技能鉴定中心审核并报劳动行政部门批准后，具体实施技术理论和操作技能考核，提供考务服务；安排阅卷和登分；填写“职业技能鉴定成绩登记表”，报相应的劳动行政部门和职业技能鉴定中心审核；负责原始资料归档和信息统计工作。

从1993年起，安徽省各级按照《职业技能鉴定规定》和《关于建立职业技能鉴定（考核）中心站的通知》要求，开始审批设置职业技能鉴定所（站）。经省市劳动行政部门批准陆续建立的职业技能鉴定所（站）：1994年23个、1995年73个、1996年33个、1997年47个、1998年26个、1999年29个、2000年18个、2001年34个、2002年15个、2003年17个、2004年22个、2005年10个。截至2005年年底，全省共有职业技能鉴定所（站）352个，其中省级批准、管理的27个，市级批准、管理的251个，县级管理的74个。

1994—2005年安徽省新增职业技能鉴定所（站）情况表

表4-6-1　　单位：个

数量年份	1994	1995	1996	1997	1998	1999	2000	2001	2002	2003	2004	2005
数　量	23	73	33	47	26	29	18	34	15	17	22	10

第二节　职业技能鉴定实施

鉴定办法　1993年6月，安徽省劳动局印发《关于建立职业技能鉴定（考核）中心站的通知》，对职业技能鉴定对象、申报条件及程序、依据和方法作了明确规定。

职业技能鉴定的对象共分为五类，分别是各类院校毕（结）业生、社会力量办学培训的毕（结）业人员、自学人员需要认定技术水平者，国家机关企、事业单位职工需认定技术水平者（含技师、高级技师资格），从事技术性专业（工种）的个体从业人员需认定技术水平者，出国人员办理公证需认定技术水平者，其他需要认定技术水平者或技师、高级技师任职资格人员。

申报初级技能鉴定，必须具备三年以上本工种工龄或大专院校、职业技术学校、就业培训中心毕（结）业生；申报中级技能鉴定，必须具备五年以上本工种工龄并持初级工证书三年以上者，或专业对口的各类职业技术学校毕业生；申报高级技能鉴定，必须具备十年以上本工种工龄并持中级工证书五年以上者，或高级技工学校、技师学院、大学本科毕业生；申报技师任职资格鉴定，必须持高级工证书，且具备技师任职条件；申报高级技师任职资格鉴定，必须持技师证书三年以上，且具备高级技师任职条件；有特殊贡献或突出成就以及参加全国和省级技术比赛获得名次的人员申报以上各等级技能鉴定，经单位推荐，同级劳动行政部门审查同意，可提前或越级鉴定。申报职业技能鉴定人员必须填写"安徽省职业技能鉴定申请表"，经单位推荐，持本人身份证、学历证书及现有技术等级证书，由技能鉴定所（站）进行资格审查，发给准考证，交纳鉴定费用，按通知日期参加考试。

各职业（工种）的鉴定均按1992年劳动部颁布的《中华人民共和国的职业工种分类目录》列出的职业（工种）岗位，依据国家1990年前后第三次修订的《工人技术等级标准》进行鉴定。为统一鉴定标准，从1993年起，省劳动局依据《工人技术等级标准》会同省有关行业主管部门逐步建立省级试题库，全省逐步实现中、高级、技师、高级技师鉴定统一命题，统一评分标准。职业技能鉴定分知识理论和操作技能两部分进行。知识理论考核采用笔试，操作技能鉴定采取典型工件加工或完成规定作业的方法。操作技能鉴定考评员一般不少于三人。技师、高级技师资格鉴定，由申请鉴定人提交技术工作总结、高级资格证书，职业技能鉴定所（站）根据技师条件注重考核解决生产实际问题的能力。也可以采取结合完成生产任务，追踪技术革新成果与根据工作技术总结答辩论证的方式鉴定。鉴定采用百分制，知识理论与操作技能成绩均达60分以上（含60分）为合格。

组织实施　1986年至1995年，安徽省职业技能鉴定机构还未建立，对企、事业单位的技术工人的考核，主要是依据《工人技术等级考核暂行条例（试行）》规定和《安徽省工人培训考核实施办法》，由单位主管领导和有关部门人员组成的工人技术考核机构负责，小型企、事业单位由上一级主管部门统一组织实施。

1987年起，安徽省开始进行高级技术工人培训，培训对象是工资已达到高级工等级，实际技术水平尚未完全达到《工人技术等级标准》规定的高级技术水平；因生产需要，即将走上高级工岗位的中级工；技工学校或相当于中等职业学校的毕业生，工龄在10年以上的；参加省级中级技术比赛的获奖者；个别中青年技术尖子。培训分应知应会两部分，按照缺什么补什么的要求，有的进行一次性培训，有的分阶段培训。考核发证办法与中级技术培训相同。截至1990年年底，全省共培训合格高级技术工人3.07万人。

1990年前后，劳动部组织国务院45个部委开展第三次《工人技术等级标准》修订工作。这次"修标"，工种目录由原来的9000多个合并调整为6000多个；将技术工人的八级技术等级制度改为初、中、高三级的职业资格等级制度。1990 年 11 月,经国务院批准,劳动部制定、国务院发布《工人考核条例》,规定新的工人考核制度,把培训、考核与使用、待遇结合起来,考核的内容包括工人的思想表现、劳动态度、技术水平和生产工作成绩。1992 年安徽省根据新的《工人技术等级标准》和《工人考核条例》,结合当时职工调资升级,较普遍地进行工人技术培训和考核。部分企业还根据各自情况建立考核制度和办法。如马钢公司专门设立培训考核机构,由马钢公司教委负责制定工人技术等级考核办法,对工人升级考核的时间要求是:初级工升中级工一般为 4~5 年,中级工升高级工一般为 6~7 年,有特殊贡献的经班、组推荐和考核组织批准,可以提前参加升级考核或越级考核;每两年举行一次升级考核;还组织人员编写了《中小高炉操作技能教材》《轧钢工操作技能电教片文字稿》《天车工技术培训教程》等考核辅导材料,进行考前培训;建立工人技术档案,颁发技术等级考核证书;把考核与使用,调资晋级紧密结合起来,使工人学习技术的积极性十分高涨。仅 1994 年就完成生产服务岗位培训 1.8648 万人次,其中高级工培训 459 人,中级工培训 6806 人,初级工和新工人培训 1359 人,特种作业人员安全技术和短期适应性等培训 1.0022 万人次。

贯彻实施工人考核制度 10 年期间,全省较普遍建立工人考核机构,在不同时期有步骤、有重点地开展工人技术培训与考核。据统计, 1986—1995 年累计培训各类待业人员 49.23 万人,安置合格人员 39.99 万人;累计有 125.9 万人次参加培训考核,获取初、中、高级证书 75.07 万人次。

1994 年 3 月,国家劳动部和人事部联合颁布《职业资格证书规定》,明确要求工人考核工作向国家职业资格证书制度转轨。1995 年 6 月,劳动部颁布《从事技术工种劳动者就业上岗前必须培训的规定》,确定了首批实行“先培训、后上岗”的 50 个工种,为逐步实现持证上岗和就业准入制度奠定了基础。安徽省根据劳动部 1995 年、1996 年两批颁布的就业上岗前必须培训的 61 个技术工种目录,选择其中本省覆盖面较大的车工、铣工、制冷设备维修工、汽车修理工、中式烹调师、中式面点师、推销员、商品营业员等工种,由职业技能鉴定所(站)开展鉴定考核工作。安徽省按照劳动部 1996 年印发的《劳动统计报表制度》要求,建立职业技能鉴定统计报表制度。鉴于推销员职业在经济活动中的重要作用,省劳动厅决定从 1997 年下半年开始,对推销员职业试行全省统一鉴定, 1999 年又增加了秘书、公关员、职业指导员等职业。

2000 年 3 月,国家劳动和社会保障部出台《招用技术工种从业人员规定》(第 6 号部长令),规定实行就业准入的 90 个工种目录(此前发布,就业上岗前必须培训的工种目录同时废止),同时,重新设定国家职业资格为初级(五级)、中级(四级)、高级(三级)、技师(二级)、高级技师(一级), 5 个级别。2000 年下半年,安徽省劳动保障厅贯彻执行 6 号部长令,通过全省职业技能鉴定所(站),有步骤地实施职业技能鉴定,并逐步扩大鉴定工种范围。2001 年在全省范围内开展劳动预备制度和就业准入落实情况大检查,进一步促进劳动者参加培训、鉴定的积极性,一改过去鉴定机构上门动员劳动者参加培训、鉴定的状况。

2003 年 7 月安徽省劳动保障、教育、人事等部门联合转发劳动保障部等部门《关于进一步推动职业学校实施职业资格证书制度的意见》，要求在职业学校中积极推行职业资格证书制度，认真落实中共中央、国务院关于“在全社会实行学业证书、职业资格证书并重制度”，进一步扩大了鉴定覆盖面。2003 年年底，全省鉴定量达到 17.4982 万人次。据统计，1996 年至 2005 年鉴定总量达到 130.6827 万人次，其中获得各类职业资格证书的 113.8417 万人次。

第三节　质量管理

题库管理　职业技能鉴定（考核）内容，在国家题库未组建前，安徽省依据国务院各部门 1979 年第二次和 1990 年第三次修订、颁发的《工人技术等级标准》以及 1992 年后逐步颁发的《国家职业技能标准》，由省劳动局培训处、安徽省技工教学研究室组织专家、名师统一编制试题。由于鉴定范围扩大，在省编试题不能适应鉴定工作要求的情况下，制冷设备维修工、食品检验工、热处理工等部分工种试题委托市或有关主管部门进行编制，并报省技工教学研究室审核后使用。1995 年上半年，安徽省下发《关于使用国家题库试卷计划的通知》，要求在对车工、钳工、电工、电焊工、中式烹调师、美容师的职业技能鉴定（考核）时，必须从国家题库中提取试卷。

1999 年 10 月，安徽省向劳动部申请建立国家题库安徽分库，并由省劳动厅培训处、省职业技能鉴定中心主要负责人和专家组成领导小组。2000 年 10 月安徽分库获国家题库省级运行机构认证，在全省范围内正式启用。安徽分库首批配置 50 个通用工种试题，其中，客房服务员各等级试题库，由安徽省职业技能鉴定中心组织省内专家编制。国家题库对用卷申请、抽取试题和试卷的传送、接收等作了具体规定。各职业技能鉴定机构在组织国家题库已有工种试题的职业技能鉴定时，一律从国家题库中提取，对尚未建立国家题库的工种，仍由省职业技能鉴定中心组织编制试题。2003 年 3 月，省职业技能鉴定中心经请示部职业技能鉴定中心同意，将国家题库资源配给 17 个市使用。首批配置的有 45 个职业（工种），并要求各市妥善保管试题资源，指定专人负责管理，严格抽题程序，做好日常和使用中的保密工作，确保题库安全。凡因管理不善，造成试题失密的追究相应责任。省厅不定期的对各市使用和管理题库情况进行检查。

考评人员　1994 年 6 月安徽省劳动局印发《安徽省职业技能鉴定考评员管理试行办法》，对考评员的任职资格、审批程序、职责与任务、培训、考核与聘任作了明确规定。考评员必须具有高级工、技师或者中级专业技术职务以上的资格；高级考评员必须具有高级技师或者高级专业技术职务的资格。考评员可承担初、中、高级技术等级鉴定；高级考评员可承担初、中、高级技术等级鉴定和技师、高级技师资格的考评。考评员队伍建设是职业技能鉴定工作的重要环节，安徽省对考评人员实行资格培训、考核、认证制度，其培训、考核由省、市劳动行政部门或省职业技能鉴定中心统一组织实施，合格者核发《职业技能鉴定考评员资格证书》及胸卡。考评人员实行聘任制，任期为三年，到期轮训、换证。三年期满经培训、考核合格可连续聘任。考评人员由省、市劳动行政部门或职业技能鉴定中心统一聘任、调度和使用。各职业技能鉴定所（站）进行考核鉴定工作所需的考评人员，由相应的省或市劳动行政部门或职业技能鉴定中心采取不定期轮换方式，派遣考评人员组成考评小组，具体实施考核、评审。考评人员在同一个职业技能鉴定所（站）内连续从事考评工作不超过三次，考评小组成员每次轮换不少于三分之一，考评员在规定的工种、等级和类别范围内，按照统一标准和规范，对职业技能鉴定对象进行考核、评审。以确保考核鉴定的客观、公正和质量。

1996 年安徽省公布第一批具备职业技能鉴定资格的考评员有 2529 人，1998 年全省核准并公布具备职业技能鉴定资格的考评员有 1826 人。截至 2005 年年底，经省鉴定中心核准并公布全省具备职业技能鉴定资格的考评员共有 5950 人，基本上满足了职业技能鉴定工作的需要。

鉴定规则 1994 年 11 月，安徽省劳动厅出台职业技能鉴定有关考试规章，主要包括《安徽省职业技能鉴定监考人员试行守则》《安徽省职业技能鉴定专业知识考试考场试行规则》《安徽省职业技能鉴定操作技能考试考场试行规则》《安徽省职业技能鉴定督导员工作试行守则》《安徽省职业技能鉴定阅卷（检测）评分试行规则》等。经过多年逐步补充、完善，截至 2005 年年底已形成《安徽省职业技能鉴定笔试考生须知》《安徽省职业技能鉴定操作技能考生须知》《安徽省职业技能鉴定笔试监考人员工作规范》《安徽省职业技能鉴定质量督导员现场督考职责》《安徽省职业技能鉴定考务人员职责》《安徽省职业技能鉴定笔试考点要求》《安徽省职业技能鉴定考点负责人职责》等 7 项系统的考试规章制度。2004 年 3 月，省劳动保障厅印发《安徽省统一职业技能鉴定考务管理细则（试行）》，对报名、考区考场设置、执考人员配备、试卷的传送、证书的核发等作了具体规定。

鉴定信息安全保密 考生的报名和考试成绩等信息是职业技能鉴定工作的重要依据，也是考生的个人隐私，信息管理人员必须对专用于考生信息管理的计算机设置密码，重要的信息和数据及时做好备份。对于重要信息和数据的上机修改，必须做书面记录，并有修改提出人、核查人和修改操作人签字。考生信息和考试数据管理人员应做好计算机病毒、网络黑客的防范工作，防止重要数据丢失和泄密。对违反保密纪律造成泄密的人员，所在单位依据有关处罚条例进行处理；对于触犯刑律者，由国家司法部门依法追究刑事责任。

质量督导 1994 年 11 月，安徽省劳动厅印发《安徽省职业技能鉴定督导员工作试行守则》，要求督导员负责对职业技能鉴定机构组织实施鉴定情况、考评员履行职责情况以及其他涉及鉴定质量的工作行为进行监督和指导。在督考期间，要佩带胸卡。1996 年 12 月，安徽省劳动厅转发劳动部职业技能开发司、劳动部职业技能鉴定指导中心《关于以张仁庆诈骗案为反面教材加强职业技能鉴定质量管理宣传工作的通知》。省劳动厅要求各级劳动行政部门和省直各单位认真组织学习、宣传，切实加强职业技能鉴定管理，规范职业技能鉴定工作秩序，保证职业技能鉴定质量，打击社会上不法分子利用职业资格证书进行违法诈骗活动。

1996年12月，安徽省劳动厅转发劳动部《加强职业技能鉴定质量管理的通知》、《开展全国鉴定质量管理检查的通知》，要求各地进一步完善职业技能鉴定的社会化管理，树立社会效益和质量第一的观念，加强考评员和督导员队伍建设，实行鉴定质量督导制度。1997年6月，省劳动厅开展全省职业技能鉴定质量管理工作检查，成立由分管副厅长和培训、监察处负责人组成的检查领导小组。检查方法采取自查与抽查相结合，全面检查与重点检查相结合，以自查为主，省鉴定质量管理工作检查领导小组对重点地区和重点工种进行抽查。10月中旬省劳动厅召开全省职业技能开发工作会议，通报了全省鉴定质量管理工作检查情况，总结、交流了鉴定工作经验，讨论、修订了《职业技能鉴定实施意见》和《职业技能鉴定工作程序及考核办法》等技术规范性文件以及《安徽省职业技能鉴定督考员工作守则》，要求督考员对职业技能鉴定现场进行巡视、监察，切实加强质量督导。

2005年6月省劳动保障厅下发《关于进一步加强职业技能鉴定质量管理有关工作的补充通知》，要求督导员负责对职业技能鉴定机构组织实施鉴定情况、考评员履行职责情况以及其他涉及鉴定质量的工作行为进行监督和指导，主要包括鉴定机构的资质、鉴定范围，试题及题库，考评员资格、考务管理、考场秩序、考评程序、考场组织等。现场督考工作结束后，督导员要及时汇总有关情况，与考点负责人交换意见，填写“职业技能鉴定质量督导评估表”报主管的行政部门和同级职业技能鉴定中心，进一步强化质量督导工作。

1996—2005 年安徽省职业技能鉴定情况表

表 4-6-2

年份	鉴定考核人数						获取证书人数						
	小计	初级	中级	高级	技师	高级技师	小计	初级	中级	高级	技师	高级技师	通过率
1996	60272	23469	31493	4412	895	3	56076	24964	26740	3976	393	3	93.04%
1997	67383	27121	31218	8483	561	0	56521	26310	23729	5993	489	0	83.88%
1998	65107	20393	37061	7313	256	84	54369	17595	30400	6059	246	69	83.51%
1999	76669	28638	40518	6813	700	0	68944	26494	36007	5984	459	0	89.92%
2000	88814	28245	51055	8628	814	72	77668	20124	49522	7225	740	57	87.45%
2001	128751	27325	89890	10234	1171	131	115029	24445	80680	9053	822	29	89.34%
2002	151524	40594	95075	14699	1156	0	137594	37536	87587	12104	367	0	90.81%
2003	174982	53964	105087	14459	1396	76	154446	46571	94496	12581	798	0	88.26%
2004	230232	75198	128950	21593	4259	232	194642	63412	111058	17548	2500	124	84.54%
2005	263093	79065	154678	24159	5097	94	223178	67177	133598	18844	3492	67	84.83%

国家题库中的相关工种的理论知识题库及相关卷库表

表 4–6–3

商品营业员	汽车驾驶员
制冷设备维修工	汽车修理工
家用电热器与电动器具维修工	长度量具计量检定工
服装设计定制工	长度量仪计量检定工
客房服务员	衡器计量检定工
农艺工	电磁计量修理工
乳品检验工	纺织纤维分类分级检验工
饲料加工设备维修工	纺织纤维物理性能检验工
农机修理工	食品检验工
家畜饲养工	无线电机械装校工
铸造工	无线电装接工
锻造工	无线电调试工
热处理工	计算机系统操作工
模型工	计算机软件工
钳工	家用电子产品维修工
工具钳工	计算机文字录入处理员
镗工	摩托车调试修理工
车工	中式烹调师
铣工	西式烹调师
磨工	中式面点师

第五篇　社会保险

第一章 企业职工基本养老保险

企业职工基本养老保险是社会保险中的一个险种。在实行养老保险制度改革以前，基本养老金也称退休金、退休费，是一种最主要的养老保险待遇，主要目的在于保障广大退休人员的晚年基本生活。

第一节 范围和对象

参保范围 1986年11月，安徽省政府印发《安徽省国营企业实行劳动合同制实施细则》（以下简称《实施细则》），规定对新招收的劳动合同制工人实行社会保险养老制度，用人单位和职工个人分别按月缴纳养老保险费，由劳动部门所属社会保险事业经办机构负责收取和管理，劳动合同制工人退休后由社会保险机构发给养老待遇，改变了过去由企业负责本单位职工养老责任的制度格局，根据这一规定，参加社会保险的范围包括招用合同制工人的国有企业、国家机关、事业单位和社会团体。1986年，安徽省在蚌埠市、马鞍山市、蒙城县、舒城县组织国营企业固定职工退休费用社会统筹试点，在取得经验之后，于1987年在全省各市、县逐步推行，到1989年8月，全省时有的88个市、县（区）全部实行了这项改革，到1990年，参加统筹的国营企业固定职工达到120.9万人，占全部固定职工的75.7%，离休人员24.5万人，占71.9%。

1992年6月，安徽省政府颁布《安徽省企业职工养老保险暂行规定》，规定安徽省及中央在皖的全民所有制企业固定职工都必须参加当地养老保险费用社会统筹，建立社会养老保险制度。1997年12月，安徽省政府印发《安徽省统一企业职工基本养老保险制度实施方案（试行）》，规定各类城镇企业的所有职工（含外商投资企业中方职工）及城镇个体劳动者，均要参加城镇职工基本养老保险，实行企业化管理的自收自支事业单位，参加并执行企业养老保险制度。

2005年3月，省劳动保障、人事部门下发《关于机关事业单位临时工作人员参加企业职工基本养老保险有关问题的通知》，规定与各级各类机关、事业单位、社会团体和驻皖部队签订劳动合同或存在事实劳动关系的长期临时工以及编制外聘用的工作人员，参加企业职工基本养老保险。到2005年年底，养老保险参保人数已达472万人，其中个体劳动者已经达到79.67万人，占17%。

保障对象 1987年，安徽省按照国家统一部署，开展国营企业职工退休费用社会统筹，集体企业职工养老保险工作出现了劳动部门和商业保险公司分别实施的局面。1988年9月，省劳动局制定《关于调整国营企业职工死亡抚恤待遇标准的通知》，规定全民所有制企业职工（离退休人员）因病或非因公死亡的，其遗属除享有丧葬补助费、一次性困难补助费之外，符合供养条件的直系亲属可以按月享受救济。1988年年末，全省集体企业25099家，职工1395483人，根据1989年3月安徽日报记载，5721家集体企业，239855名集体企业职工参加了商业保险公司组织的养老保险。至2001年，各级人民保险公司按照不再从事社会保险工作的要求，逐步停止办理集体企业职工的养老保险业务并向各地社会保险经办机构移交已经承接的集体企业养老保险业务。

1991年12月，省政府出台《安徽省全民所有制企业临时工管理实施细则》，规定全民所有制企业从城镇招工的临时工实行养老保险办法，城镇集体企业临时工可参照执行。1998年9月1日起，原由各行业管理的养老保险统筹业务移交各省（直辖市、自治区）社会保险经办机构负责管理，安徽省共接收10个行业40家企业职工养老保险业务，共计50万名在职职工，21万名退休人员。

2001年1月1日农村信用社职工养老保险工作移交省社会保险事业管理局管理。2003年，省政府办公厅批转省劳动保障厅、省财政厅、农垦事业管理局《关于省属农垦企业参加基本养老保险的实施意见》，规定自2003年7月1日起，全省农垦企业职工参加属地企业职工基本养老保险，此后两年，全省监狱系统职工也参加了企业职工基本养老保险。2004年，省劳动保障厅、省财政厅下发《关于调整企业因病非因工死亡职工遗属抚恤政策有关问题的通知》，统一了全省企业因病非因工死亡职工遗属抚恤政策，符合条件的死亡职工遗属抚恤金均按死亡职工生前单位所在地城镇居民最低生活保障标准按月发给。2005年3月，根据省劳动保障厅，省人事厅《关于机关事业单位临时工作人员参加企业职工基本养老保险有关问题的通知》规定，将机关事业单位临时聘用人员纳入保障范围。2005年12月，省劳动保障厅、财政厅出台《关于解决未参保集体企业退休人员基本生活保障问题的通知》，规定由各级社会保险经办机构对未参保集体企业退休人员按当地低保标准发放基本生活费，共计60019人，各市在执行过程中相继出台办法允许未参保集体企业退休人员通过补缴养老保险办法参加企业职工基本养老保险，基本解决集体企业职工养老保险问题。2005年年底，全省享受养老保险待遇的人数为124.76万人，享受遗属生活补助的达3.1万人，养老保险基金支出为105.26亿元。

第二节　保险基金

基金筹集和比例　1986年安徽省实行劳动合同制度改革，建立社会养老保险制度，依照国务院《国营企业实行劳动合同制暂行规定》，养老保险基金实行国家、企业、个人三方共同负担原则，养老保险基金遵照“以支定收、略有节余、留有部分积累”的办法由各市、县负责筹集。新劳动合同制工人实行养老保险制度，企业按照招用职工工资总额的 18%，职工个人按本人标准工资的 3% 缴纳养老保险费。自 1986 年起全省各地试行国营企业职工退休费用社会统筹，按以收定支原则筹集养老保险费，具体筹集比例有各市、县政府根据本地养老保险负担情况确定。1986 年至 1997 年间，全省 16 个省辖市采取以企业职工工资总额加离退休人员退休费总额为基数，按照各市、县人民政府规定比例征收养老保险统筹基金，仅有马鞍山市采取以在职职工工资总额为基数的方式征收养老保险费。各地征收比例在 15% 至 28%，其中征收比例最高的蚌埠市为 28%，最低的淮北市为 15%。

至 1992 年后，企业职工个人逐步开始缴费，多数市、县采取个人定额缴费办法，缴费数额一般为每月 2 元至 3 元，也有部分市、县按本人标准工资的 1%~2% 缴纳。自 1996 年起，安徽省对各市、县企业缴纳养老保险费比例实行统一，当地缴费比例高于 20% 的要分年降低到 20%，低于的要逐步达到 20%。到 2000 年全省企业缴费费率统一到 20%，职工个人从 1998 年 1 月 1 日起按本人上年度月平均工资的 4% 缴费，以后每两年提高 1 个百分点，最终达到 8%。城镇个体劳动者按全省上年度职工月平均工资的 16% 缴纳养老保险费。1998 年 7 月根据省政府《安徽省企业职工基本养老保险基金实行收支两条线管理实施细则（试行）》规定，全省养老保险基金全部纳入同级财政专户管理，各级养老保险经办机构不得从基金中提取费用，所需经费由同级财政全额供给。

2005 年，中央财政仅对安徽省养老保险基金转移支付达到 21.1 亿元，占当年全省养老保险基金总收入 124.78 亿元的 16.9%。至 2005 年，全省积累的养老保险基金可支付 7 个月的养老金，累计结余 59 亿元。

基金管理　安徽省从 1986 年建立劳动合同制工人养老保险基金，所有市、县（市、区）劳动局均设立社会保险事业管理机构（社会保险事业管理所或退休费用统筹办公室），专门从事基金管理工作。征缴的养老保险基金全额转入当地社会保险事业管理机构在银行开设的“退休养老基金”专户管理。职工个人缴费由所在单位按月在工资中扣除，统一向当地劳动行政主管部门所属社会保险事业管理机构缴纳。

1987 年，依据劳动人事部《关于设立各级退休费用统筹管理委员会的通知》，安徽省各级政府均设立职工退休费用统筹管理委员会，其所属办公室（多与各级劳动部门所属的社会保险事业管理机构合署办公）对退休费用统筹工作，包括人、钱、事实行统一管理。

1998 年 7 月，省政府印发《安徽省企业职工基本养老保险基金实行收支两条线管理实施细则（试行）》，明确安徽省基本养老保险基金实行收支两条线管理，养老保险基金委托各级地方税务局代征，各级社会保险机构负责具体使用管理，财政部门负责监督。

基金支付　1986 年省政府《国营企业实行劳动合同制度实施细则》规定，养老保险统筹基金用于职工退休费用支出，市、县社会劳动保险机构可按实收的退休养老统筹基金总额的 3% 提取管理费，其中自留 2.5%，省辖市缴省级机构 0.5%，县（市）缴省级机构省 0.3%、地区缴省级机构 0.2%，用于工作人员的工资、福利和办公费用。

1992 年省政府 37 号令规定基本养老保险基金统筹的项目包括：职工离休费、退休费和退职生活费；离、退休职工和退职职工的副食品价格补贴、粮油价格补贴和各项生活补贴；退休职工生活困难补助费；因工致残的离、退休职工护理费；离、退休职工死亡丧葬补助费、抚恤费和供养直系亲属救济费；其它需要列入统筹的费用和各级社会保险管理机构的管理服务费用支出。

1998 年，省政府《安徽省企业职工基本养老保险基金实行收支两条线管理实施细则（试行）》规定，养老保险基金按规定全部用于职工养老保险，社会保险经办机构开展业务工作所需经费由财政预算安排，不再从养老保险基金中提取管理费用。

第三节　保险待遇

养老保险领取条件　1989 年，安徽省在各地实施国营企业离退休人员退休费用社会统筹，企业离退休人员离退休费随所在企业参加统筹后，逐步纳入统筹范围支付，未参加统筹的企业仍有原单位支付。

1996 年 3 月，省委将困难企业、事业单位老红军关系转到主管部门，离休待遇按国家机关有关政策执行，所需费用由同级财政全额供给，国家大型企业和条件较好的企事业单位中的老红军，可继续留在原单位。

1997 年，国务院《关于在若干城市实行国有企业兼并破产和职工再就业有关问题的补充通知》将安徽省蚌埠、合肥、芜湖、铜陵、安庆 5 市列入国务院确定的 111 个试点城市中。

2000 年，省委下发就确保离休干部离休费发放工资出台实施意见，按照“单位尽责，社会统筹，财政补助” 原则，建立保障机制，按此要求，凡有离休干部企业必须在 2000 年年底前按规定参加当地社会养老保险，过去欠缴养老保险费的要补缴，拖欠离休人员的离休费全额补发，确实困难的企业，财政适当补助。凡国家、省规定（包括新增加的）离休干部离休费、生活补助费项目，纳入社会保险基金支付范围确保发放。

2001 年 8 月，省政府出台《关于实行企业离退休人员基本养老金、国有企业下岗职工基本生活费和机关事业单位职工工资发放责任及行政责任追究的暂行规定》，将拖欠或不足额支付离、退休费纳入政府行政责任追究范围，从制度上保障了离休人员待遇的支付，确保企业离休人员离休金的按时足额发放。

2002 年，省政府根据全省企业职工基本养老保险改革进展实际，按照国务院关于建立统一企业职工基本养老保险制度决定精神，将退休条件统一规定为缴费年限满 15 年以上，对缴费不满 15 年的但因病完全丧失劳动能力的，可予以退职。

2003 年 7 月，安徽省劳动保障厅印发《关于企业女职工退休年龄有关问题的通知》，规定国有、集体企业中原为干部身份的女职工，已经到工人岗位连续工作满二年，且达到50周岁以上的，可按女工人的退休条件申请办理退休；原为干部身份的女职工，年龄达到50周岁以上，有下列情况且经本人申请，可按照女工人的退休条件办理退休：下岗进中心领取基本生活费、与企业协议保留养老保险关系、办理企业内部退养、因企业破产或解除劳动合同失业均满二年以上，下岗出中心后未能再就业的。原身份是工人的女职工，已经聘用到管理（技术）岗位连续工作满二年以上的，用人单位可按照女干部的退休条件为其申请办理退休。

养老保险待遇标准 1986年，省政府出台文件，规定缴纳退休养老基金满十年的，享受本企业原固定工人的退休待遇；缴纳退休养老基金不满十年，发给一次性生活补助费。其计算办法是，缴纳退休养老基金年限每满一年，发给两个月的本人退休前一年的月平均标准工资。企业离休人员离休费计算按本人在职时原工资的100%发给。

1995年，安徽省对职工基本养老金计发工资作出规定，职工基本养老金按社会性养老金和个人账户养老金两部分计发。即：月基本养老金＝社会性养老金（按全省上年度职工月平均工资的25%计发。）＋个人账户养老金。政策实施后参加工作的职工，月基本养老金＝社会性养老金＋基本养老保险个人账户储存额120；实施前参加工作、实施后三年内达到法定离退休年龄离退休的人员，月基本养老金＝按改革前原办法计发的月养老金＋基本养老保险个人账户储存额增发比例（具体增发比例为：职工缴费年限满10年不满15年的，按缴费期个人账户累计储存额的1.8%增发；满15年不满20年的，增发2%；满20年不满25年的，增发2.2%；满25年不满30年的，增发2.4%；满30年不满35年4，增发2.6%；满35年以上的，增发2.8%。）按国家有关规定的退职人员，一律增发1.8%。

1997年起，安徽省月基本养老金由基础养老金、个人账户养老金、过渡性养老金、调节金构成。其中，过渡性养老金按照职工视同缴费年限期间的指数化月平均缴费工资为基数计发，视同缴费每满1年，发给本人指数化月平均缴费工资的1.3%；调节金可按每人每月50元的标准为基数，具体数额由各地确定；统一制度后退休的人员，按此办法领取的基本养老金低于原规定标准的予以补齐，高于原规定标准的，高出部分不得超过原规定标准的10%，按原规定计发的退休金，职工个人的标准工资封定在1995年年底。2002年起，安徽省缴费年限满15年的，基础养老金发给全省上年度职工月平均工资的20%，有个人账户，按个人账户储存额的1/120计发，低于当地城镇居民最低生活保障标准的，按最低生活保障标准发给；缴费年限不满15年的，基础养老金发给全省上年度职工月平均工资的18%，有个人账户，按个人账户储存额的1/120计发。

养老保险待遇调整 1990年2月，安徽省政府规定，1957年以来未升过级的离退休人员，原标准工资额低于60元的，增发10元；在60元到80元之间的，增加12元；高于80元的，增加14元。年老和因病退休的，最低退休费保证数由30元提高到50元，因公致残退休的由40元提高到60元，退职的由25元提高到40元。

1992年7月，省政府转发《关于安徽省企业离退休人员增加离退休金的实施意见》，按照1992年5月国务院《关于企业离退休人员增加离退休金的通知》要求规定，未参加过1985年工资改革的退职人员，首先每人每月增加8元，然后和离退休人员自1992年1月起按退休金（生活费）的10%增加，增加金额不足8元的按8元增加。1992年7月1日以后离退休（退职）的人员，在国家基本养老金计发办法未改革之前，也按规定相应增加相关退休金（生活费）。

1993年6月，省劳动局、财政局《关于调整全民所有制企业单位退休职工生活补助问题的通知》规定，自6月1日起，退休职工连续工龄满10年不满20年的补助本人退休前标准工资（下同）的5%；满20年不满30年的补助10%；满30年（女工人25年）不满40年的补助15%；满40年（女干部35年、女工人30年）及以上的补助20%；因公致残的革命军人二等甲级以上程度的，补助不足10%的，按10%补助；退职人员一律按5%补助。1993年5月，省劳动局转发《关于调整省直机关事业单位职工书报费、洗理费标准的通知》规定，自6月1日起，企业退休职工，干部、工人书报费分别由8元、6元增加到18元和16元；洗理费分别由6元、8元增加到16元、18元，女退休人员再增加2元。

1994年6月，省政府转发国务院办公厅《关于调整企业离退休人员离退休金有关问题的通知》中规定，对安徽省按国务院文件规定对应年度退职人员分别增加36、27、18、12元退职生活费。

1995年，省劳动厅规定自1995年7月1日起对1994年12月31日前退休（退职）人员，按照1994年全省城镇职工平均工资增长率的50%比例（18.45%），乘以本人基本养老金（退职生活费）的金额调整，调整退休金低于30元、退职生活费低于20元的，予以补齐。1996、1997年省劳动厅、财政厅两次调整企业退休人员养老金（退职生活费），规定自当年7月1日起，对上年12月31日前退休人员增加养老金，其中1996年调整标准为：1985年工改之前退休的，每人每月增加25元，之后退休的增加20元，退职人员增加15元。1997年调整标准为：退休人员每人每月增加25元，退职人员增加15元。1999年7月，安徽省出台《关于做好提高三条社会保障线等有关工资的实施意见》，自7月1日起对1999年6月30日之前的企业退休人员，按6月末本人养老金水平、本人工龄、退休时间分别相应增加养老金，退职人员增加30元生活费。

1995年前，离休人员历次调整与企业退休人员退休金调整同步进行。1995年7月，《关于调整安徽省企业离休人员离休金的通知》规定，企业离休人员离休金低于国家机关同等职务和同等条件离休人员1993年工资改革后的离休金，予以补齐。今后离休金调整参照安徽省机关离休人员离休金增长水平，按照大体相当的原则，由省统一规定，不再执行企业基本养老金政常调整制度。

2000年对1999年7月1日至12月31日办理退休的人每月增发养老金30元。2001、2002年省劳动保障厅、财政厅规定上年12月31日前企业退休人员，自当年7月1日起每月增发养老金，2001年标准为退休人员增发30元，退职人员增发25元；

2002年标准为普调增加20元,在此基础上对下列人员再予以增加，1953年12月31日前参加革命工作的再增加50元;已办理退休的军转干部工作年限满30年的再增加50元、不满30年的再增加40元;获得副高以上专业技术职称的再增加40元;原工商业者再增加35元,以上不重复享受。同时对于不符合另行增加养老金的退休人员,增加生活补贴15元。按规定增加养老金后月养老金低于300元的,再增加10元,不足240元的调整到240元。

2004年,省劳动保障厅、财政厅规定2003年12月31日前办理退休手续的人员,自2004年7月1日起调整养老金。标准为:2003年12月31日前办理退休手续的每人每月增加45元,增加后月养老金低于280元的,再增加20元,高于280元但低于300元的,补齐到300元;省属皖河农场每人每月增加13.5元。同时经省政府同意,增加生活补贴:全省企业退休人员（包括此次养老金调整后退休人员）每月增加生活补贴15元;2003年12月31日前获得副高专业以上技术职称的,增加30元;2000年度办理退休的人员,增加30元;2001年度办理退休的,增加20元。

遗属待遇领取条件 1986年2月,省劳动局等部门转发《关于国营企业职工因公死亡后遗属生活困难补助问题的通知》规定，“三权”在县或市辖区的集体企业,可参照执行。1989年11月,安徽省出台规定,将合同制工人与固定工同等对待。

2002年12月,省劳动保障厅《关于调整安徽省企业职工死亡丧葬费标准的通知》规定范围为已经参加企业基本养老保险社会统筹的离退休人员,不再以所有制形式划分。

2004年7月,省劳动保障厅《关于调整企业因病非因工死亡职工遗属抚恤政策有关问题的通知》规定,遗属抚恤政策覆盖范围为城镇各类企业。供养条件全省统一为:配偶、父母、死亡职工父母均已死亡且未享受抚恤金的祖父母、外祖父母男年满60周岁、女年满55周岁或经地级市及以上劳动能力鉴定机构鉴定完全丧失劳动能力的,死亡职工子女、孙子女、外孙子女未满18周岁或完全丧失劳动能力的,死亡职工的父母均已死亡且未享受抚恤金的兄弟姐妹未满18周岁或完全丧失劳动能力的。

遗属待遇标准 1988年9月,省劳动局就调整国营企业职工死亡遗属抚恤待遇标准发出通知,因病或非因工死亡发给企业平均工资四个月;供养直系亲属按月发给生活费,标准为:家住六类工资区城市的每人每月25元,家住农村的20元,孤独一人每月增发5元。

1990年11月,省劳动局《关于调整国营企业职工死亡后抚恤费及遗属生活困难补助标准的通知》规定,因病非因工死亡,一次性发给8月平均工资,供养直系亲属生活困难补助为,家住六类工资区城市的由25元调整至35元,家住农村的由20元调整至30元。孤身一人再增加10元。1993年11月,安徽省规定,因病或非因工死亡职工遗属生活困难补助为,非农业户口的由35元提高到50元,农业户口的,由30元提高到45元,孤身一身均再增加10元。1993年12月,安徽省将原制定的丧葬费标准由500元提高到800元。1996年12月,安徽省调整企业职工死亡后有关待遇,职工因病或非因工死亡发给直系亲属8个月全省上年度职工月平均工资的一次性抚恤费，供养直系亲属生活困难补助标准为非农毕业户口每人每月85元，农业户口补助70元，孤独一人另增加20元。1996年起至2005年，遗属抚恤费和生活困难补助费资金列支渠道发生改变，参加基本养老保险社会统筹的企业离退休人员由养老保险统筹基金解决，未参加的由企业解决。

1996年12月，省劳动厅印发《关于调整安徽省企业离休人员病故后抚恤费的通知》，规定离休人员按死亡前本人职务工资、级别工资、基础工资、工龄工资之和的十个月一次性发给，新中国成立前参加工工作老工人按本人岗位工资、技术等级工资及按国家规定比例计算的奖金之和的十个月发给。1999年7月和2000年12月，省劳动厅两次出台《关于调整安徽省企业职工遗属生活困难补助标准的通知》，1999年标准为：职工因病非因工死亡后，非农业户口的每人每月补助120元，农业户口的补助85元；1937年7月6日前、抗日战争时期、解放战争时期参加革命工作的再分别另增加40、30、20元；孤独遗属另加20元。2000年为：职工因病非因工死亡后，非农业户口的每人每月补助160元，农业户口的补助115元；1937年7月6日前、抗日战争时期、解放战争时期参加革命工作的再分别另增加50、40、25元；孤独遗属另加25元。

2002年3月，根据省财政厅调整机关事业单位职工死亡丧葬补助费标准的通知要求，省劳动保障厅下发《关于调整安徽省企业职工死亡丧葬费标准的通知》规定，丧葬费标准由800元提高至2000元。2004年《关于调整企业因病非因工死亡职工遗属抚恤政策有关问题的通知》规定，丧葬补助费2000元。一次性困难补助费，在职职工死亡发给八个月本人生前月缴费工资；退休人员死亡发给八个月本人生前月基本养老金；供养直系亲属按死亡职工生前单位所在地城镇居民最低生活保障标准发给补助。至此建立起了遗属生活困难补助动态调整机制。

第四节　保险经办管理

经办机构　1986年11月，安徽省政府颁发《安徽省国营企业实行劳动合同制实施细则》，规定全省劳动合同制工人的退休养老工作由省、市（地）、县劳动行政主管部门所属社会劳动保险机构负责管理。在省、地、市、县分别建立社会保险事业管理所，定编440人。省设立安徽省社会保险事业管理所，系省劳动局直属事业单位，县级建制，批准事业编制5人。因各地成立社会保险机构时名称不一，蚌埠、铜陵、芜湖市称统筹办，合肥、安庆、淮北等市称管理所，马鞍山称管理处等，给实际工作的开展带来困难。1989年9月，安徽省要求行署、市、县劳动局所属社会保险机构统一改名为“社会保险事业管理局”。1990年4月，省社会保险事业管理所正式更名安徽省社会保险事业管理局，县级建制，增加事业编制5名，计定事业编制10人。

1992年4月，省政府发布《安徽省企业职工养老保险暂行规定》，规定省及市、县人民政府和行署应当成立养老保险基金委员会；各级社会保险经办机构受基金委员会委托管理养老保险基金，并有权稽核企业有关账目报表，督促企业按期足额缴纳基本养老保险费。

1996 年 11 月，省机构编制委员会《关于省劳动厅直属事业单位分类管理实施方案》，同意保留省社会保险事业管理局，县级建制，编制增加到 16 人。同年，省劳动厅批复省社保局内设综合科、养老保险科、医疗工伤生育保险科、统计信息科、基金管理科、省直企业统筹管理科六个职能机构。

1998 年 7 月，省政府办公厅《关于印发 < 安徽省企业职工基本养老保险基金实行收支两条线管理实施细则（试行）> 的通知》，明确全省社保经办机构养老基金管理职能，并规定社保经办机构开展业务工作所需经费从 1998 年 8 月 1 日起，由提取管理费改为财政供给。1999 年 11 月，省社保局管理的医疗、工伤、生育保险业务划转省医保中心。2001 年 11 月，省社保局事业编制由 16 人增至 22 人。

2003 年 3 月，劳动保障部和劳动保障部社保中心先后下发《关于切实做好 < 社会保险稽核办法 > 实施工作的通知》和《关于进一步加强社会保险稽核机构队伍建设的通知》，要求地市以上社保经办机构原则上应建立专门的稽核机构，县级社保经办机构也应配备专职稽核人员。截至 2005 年年底，省及市（地）、县社会保险机构达到 106 个，人员编制 1315 人，实有人数 1485 人；副县级市级经办机构 18 个；大专及其以上文化程度的 1157 人，占 77.9%；拥有专业技术职称人员 626 人，占 42%。各级经办机构建立养老保险服务大厅 70 个，使用面积达 8400 平方米。

养老保险费征缴　1986 年，各地推行养老保险统筹时，企业（单位）参保基本由社保部门上门办理，参保部门只提供“单位职工花名册”等简单资料。1999 年 3 月，安徽省劳动厅下发《关于贯彻实施社会保险登记管理暂行办法的通知》，规定地方从 4 月 1 日起、行业统筹单位从 8 月 1 日起对应参保对象进行社会保险登记；按属地管理原则，由负责养老保险业务的经办机构统一办理登记；“社会保险登记”证由省劳动厅统一印制，省社保局统一规定编码；对核发的“社会保险登记证”实行定期验证和换证。1999 年年底，全省各级社保机构完成当地养老保险登记工作。

全省开展养老保险社会统筹初期，经办机构根据“以支定收，略有结余”的原则，对企业缴费基本实行差额缴拨方式，对于参保企业（单位）无故缓缴、少缴等现象也没有相应的处罚措施。2000 年 11 月，安徽省规定全省社会保险费缴费申报具体办法和操作程序。缴费单位在办理社保登记时和每年年初，向经办机构提供缴费人员名单和本单位职工工资总额，并依照经办机构确定时间按月向经办机构申报缴费金额。缴费单位当月申报的缴费人数和基数与上月有变动的，须提供变动的明细情况。经办机构每月 26 日前将缴费单位应缴数额通知负责征收的税务机关。缴费单位不按规定申报缴费数额的，经办机构暂按该单位上月基数的 110% 确定；没有上月缴费数额的，暂按全省上年度职工平均工资为基数确定应缴数额。

1986年,安徽省在全省推行建立国营企业劳动合同制工人养老保险制度。同时,根据国家社会保险主管部门的有关精神,蚌埠、马鞍山等市县开展国有企业职工退休费用社会统筹制度试点。到1991年年底,全省参加统筹企业数6878家、固定职工122万人、离退休人数24.5万人,全年提取退休统筹基金2.97亿元;参加养老保险的合同制工人24.7万人,全年征集养老基金2.2亿元。1992年4月,省政府发布《安徽省企业职工养老保险暂行规定》,规定全省及中央在皖的全民所有制企业及固定职工全部实行养老保险,城镇集体企业参照经办,其他各类企业和个体劳动者要逐步建立养老保险制度。1995年8月,省政府印发《安徽省企业职工养老保险制度改革实施方案》,规定本省境内国有、城镇集体、私营、股份制企业全部职工,外商投资企业中方职工,城镇个体等灵活就业人员,均实行基本养老保险制度。到1995年年底,全省参加统筹在职职工209.9万人,比1991年增长42.9%;离退休人员44.3万人,比1991年增长80.8%。1995年当年保费收入13.1亿元,比1991年增长153.4%。1998年国家实行"两个确保"(确保下岗职工基本生活保障和离退休人员养老金按时足额发放)政策,全省养老保险基金支付压力增大,当期收支开始出现缺口。

1998年11月,省政府下发《关于切实加强养老保险基金征缴工作的紧急通知》,要求经办机构和地税部门(1998年9月安徽省养老保险费改为地税征收)加大扩面征缴力度,当年基金收缴率达到90%、清理企业累计欠费30%～40%。1998年年底,全省参保在职职工达到272.17万人(含当年下放的行业单位51万人)、离退休人员77.69万人(含当年下放的行业单位17万人);当年养老保险费征缴收入35.1亿元,基金征缴率88%。

1999年,劳动保障部下发《关于贯彻两个条例扩大社会保险覆盖范围加强基金征缴工作的通知》,规定外资、私企和个体为扩面重点,改差额缴拨(包括差额结算和"协议缴费")为全额征缴,下达安徽省1999年上半年养老扩面净增150.54万人、养老基金增收8.29亿元的目标任务。按照劳动保障部和省厅的部署,全省养老保险经办机构"大战4、5、6月"、"决战7、8、9月"。1999年年底,参保在职职工302.35万人、离退休人员86.91万人,当年养老保险费征收38.9亿元。随着国务院《社会保险费征缴条例》的贯彻实施,全省养老保险参保人数和基金征收总量逐年提高。到2005年年底,全省参保在职职工347万人、离退休人员124.8万人,当年养老保险费征收95.7亿元。

1998—2005 年安徽省养老保险参保、征收情况表

表 5-1-1

年份	参保人数			职工负担系数	基本养老保险费征缴收入			基金收缴率
	合计	在职职工人数	离退休人数		合计	当期征缴收入	欠费补缴收入	
	万人	万人	万人		万元	万元	万元	%
1998 年	349.86	272.17	77.69	0.29	351351	319375	31976	88.23
1999 年	389.26	302.35	86.91	0.29	389149	360465	28684	91.93
2000 年	402.24	311.92	90.32	0.32	414848	379060	35788	90.76
2001 年	419.75	324.24	95.51	0.34	465736	415454	50282	90.87
2002 年	432.33	329.54	102.79	0.37	495913	460890	35023	94.66
2003 年	456.62	343.07	113.55	0.393	610488	560160	50328	94.39
2004 年	463.89	345.05	118.84	0.409	747879	684193	63686	93.57
2005 年	471.75	346.99	124.76	0.414	1247813	957296	290517	93.81

个人账户管理 1995 年 8 月，安徽省政府印发《安徽省企业职工养老保险制度改革实施方案》，规定从 1996 年 1 月 1 日起正式建立全省养老保险“统账结合”制度。全省各级养老保险经办机构从 1996 年 1 月（安徽省“统账结合”计算时间）起，根据参保单位和参保人员的参保登记、缴费情况等基础档案资料，以国家统一发布的社会保障号码为每个参保人员建立一个终生不变的养老保险个人账户。个人账户包括职工个人缴纳部分、从单位缴费划转部分和个人账户储存额的利息。

全省“统账结合”起步时，个人缴费按其缴费工资的 3% 记入个人账户，以后按规定逐步提高到 8% 记入；单位划转部分按职工本人缴费工资的 8% 划入，以后按规定逐步降低到 3% 记入。两项之和为职工个人缴费工资基数的 11% 的比例保持不变。2005 年年底，全省个人缴纳和单位划转比例过渡完成。

个人账户储存额的计息率，参考银行同期储蓄存款利率结合全省职工工资增长等因素确定。按照 1997 年省劳动厅《关于印发安徽省企业职工养老保险制度改革实施细则的通知》规定，个人账户累计储存额按城乡居民同期储蓄存款整存整取一年期利率记息；当年缴纳和划转部分按 50% 计息。1999 年安徽省劳动厅、财政厅公布 1999 年个人账户累计储存额计息率为 5%，当年部分为 2.5%。

1998—2005 年安徽省养老保险个人账户记账情况表

表 5-1-2

年份	建账人数			个人账户建账率	本期账户记账额	补记历年记账额	本期账户支出额	个人账户累计储存额
		在职职工	离退休人员					
	人	人	人	%	万元	万元	万元	万元
1998 年	1919935	1919935	0	85.55	68799	–	5384	174848
1999 年	2510719	2234101	206506	83.04	117628	–	9646	349551
2000 年	3321717	2806494	399099	87.18	191828	–	9559	646904
2001 年	3690800	2956179	596169	95.49	186072	–	12522	841233
2002 年	3750329	2965986	533325	97.62	247668	–	16135	1129622
2003 年	3891354	2966971	619307	95.38	316458	–	21888	1422368
2004 年	4028277	3106744	689619	96.76	365519	48053	32301	1808411
2005 年	4211875	3127737	796201	98.44	530418	53227	34507	2338496

1998 年统一制度后，参保人员在统筹范围内流动时，只转移养老保险关系资料和个人账户档案，不转移个人账户储存额。跨统筹范围流动时，转移养老保险关系资料、个人账户档案和个人账户储存额；对 1996 年前参保人员的转移额，还包括 1996—1997 年个人缴费部分累计本息。实行个人账户转移政策，职工流动性增强。1998 年全省当年转移收支总量为 320 万元。2005 年，全省个人账户转移收入、支出分别达到 8365 万元、8804 万元。

全省按“统账结合”制度办理退休人员，退休待遇中的个人账户养老金由其个人账户支付。退休后调整增加养老金，按退时个人账户养老金占整个养老金的比例，从个人账户支付。参保人员个人缴费年限（含视同年限）不满 15 年达到退休的，个人账户一次性支付本人，终止养老关系。参保人员在职死亡或退休死亡，其个人账户余额中的个人缴费本息部分，由经办机构一次性支付死者生前指定的受益人和法定继承人。个人账户其余部分并入统筹基金。

参保人员暂时中断工作，中断期间可不缴纳养老保险费，不计算缴费年限，其个人账户予以保留，不间断计息。中断后续缴的，经办机构恢复其个人账户记录，中断前后账户合并计算。全省从 2001 年开始，中断缴费人均 50 万人。2005 年当年中断缴费人数下降，中断缴费人数 42 万人。终止缴费参照中断缴费办法管理，退休时缴费情况停止记录，其个人账户继续计息；在职死亡或退休死亡时，其个人账户予以封存。

全省各级养老保险经办机构缴费年度结束后，根据养老保险个人账户记录，为每个参保人员打印个人账户对账单发给参保人员本人。参保人员逐一核对数据，发现问题及时告知经办机构予以纠正。

养老保险待遇支付 全省实行养老保险“统账结合”制度前，离退休人员养老待遇执行国务院《关于工人退休、退职的暂行办法》有关政策规定。“统账结合”制度实施后，正常退休分两种情况计发养老待遇。“统账结合”制度前参加工作、之后退休的参保人员，养老金待遇结构为基础养老金、过渡性养老金和个人账户养老金；“统账结合”制度实施后参加工作的参保人员，养老金待遇结构为基础养老金加个人账户养老金。对于缴费年限累计不满15年，退休不享受按月领取养老待遇资格，其个人账户一次支付给本人。

1998年国家实行“两个确保”政策前，全省养老保险实行差额结算方式，退休人员养老金基本由参保单位自行发放，企业拖欠养老金现象严重。1998年6月底，全省累计拖欠44339万元。1998年6月，安徽省养老经办机构建立解决拖欠企业离退休人员养老金问题情况月报告制度。1999年，按照国家及省有关规定，全省于9月份完成养老基金差额结算为全额缴拨。2001年3月，安徽省全面实施行业统筹单位离退休人员养老金社会化发放。2001年6月底，行业单位社会化发放率达到100%。各地从2001年下半年开始，全面推行养老金社会化发放，截至2002年年底，全省养老金社会化发放率99.98%（六安市金安区99%、裕安区98%）。2003年全省全部实现养老金社会化发放。

养老基金财务管理 1986年全省养老保险统筹起步时，基金管理没有统一的财务制度，各地自行制定或参照执行有关财会制度。1991年5月，安徽省劳动局制定并印发《安徽省社会保险基金会计制度暂行办法》，统一和规范全省基金会计核算。1993年，全国执行统一的养老保险基金财务会计制度。1998年7月，安徽省政府办公厅印发《安徽省企业基本养老保险基金实行收支两条线管理实施细则（试行）》，规定全省养老基金改由地税部门征收，基金纳入财政专户管理。2000年5月，省财政厅、劳动保障厅、地税局联合制定并下发《安徽省社会保险基金财务制度实施细则》，规定基金纳入单独的社会保障基金财政专户，实行收支两条线管理；基金实行统一管理，按险种分别建账，分账核算，专款专用，不得相互挤占和调剂。

全省所有应参保单位和个人为基金筹集对象，养老保险缴费基数为企业（单位）工资总额和个人工资收入。个人缴费基数月平均低于全省上年度职工平均工资60%的，按60%计入；超过300%的部分，不计入基数。养老基金按规定按时、按月全额筹集，任何地区、部门、单位和个人不得截留和减免。1998年8月以后，基金征收由经办机改为地税部门征收。地税部门每月根据经办机构提供的征收计划5～20日为基金征收期。个体征收可实行按月、季度、年度方式征集。

每月月初，经办机构根据上月发放情况和离退休人员变动情况，制定当月基本养老金支出计划，送同级财政社保部门审核。财政部门通过审核后，按计划将发放的养老金数额划入经办机构在国有商业银行开设的发放支出户。养老金由经办机构委托银行、邮局等服务机构实行社会化发放。发放费用执行国家及省统一规定的统筹内项目及标准。养老金发放日期一般为15日左右。

全省基本养老保险基金全部纳入各级财政专户，实行财政专户管理。社保基金财政专户在同级财政和劳动保障部门共同认定的国有商业银行开设。结余基金除购买社保特种定向债券和其他国家债券以及存入国有商业银行外，不得进行其他任何方式投资。

全省各级养老保险经办机构负责本级基金收支会计核算，建立基金月、季、年度报表制度和编制本级基金预决算，并报送上一级业务主管部门和同级劳动保障部门。省社保局负责全省养老保险基金财务会计报表汇总上报工作。

养老保险稽核　2000年11月2日，省政府颁布《安徽省社会保险费征缴暂行规定》（安徽省政府令第128号），规定社会保险经办机构受同级劳动保障部门委托，对缴费单位履行社会保险登记、缴费申报等情况进行调查和检查。

2002年4月，省劳动保障厅、省财政厅、省地税局联合首次下发《关于在全省组织开展社会保险稽核活动的通知》。各级社会保险经办机构按照省里统一部署，在全省范围内同时开展社会保险专项稽核。稽核历时5个月，共稽核企业25436家、参保人数319万人，稽核面98.22%。查出少报、漏报缴费人数5.5万人、缴费工资额48815万元，补缴入库8149万元；查出虚报冒领养老金577人，冒领金额173万元，追回119万元。

2004年，省社保局增设稽核科，具体指导全省养老保险经办机构开展稽核工作。马鞍山、芜湖、安庆、合肥等市相继成立稽核部门，具体经办稽核业务。从2004年开始，全省养老保险经办机构每年定期开展养老保险稽核。2005年5月，省劳动保障厅、省统计局、省财政厅、省地税局联合下发《关于核定社会保险缴费工资基数有关问题的通知》，明确缴费工资核定项目和范围。全省养老保险稽核工作逐步纳入制度化、规范化轨道。

第二章　农村社会养老保险

随着农村经济的发展，安徽省在群众温饱问题基本解决、农村基层组织比较健全的地区，采取政府组织引导和群众自愿结合的方法，逐步建立较为规范的农村社会养老保险制度。

第一节　制度建设

1991年9—12月，安徽省芜湖市繁昌县、滁县地区滁州市（现南谯区、琅琊区）、安庆市怀宁县为全国首批试点县，先行试点农保工作。1992年1—7月，马鞍山市向山区、当涂县，铜陵市郊区、铜陵县，淮北市杜集区、濉溪县、相山区、烈山区，黄山市屯溪区、祁门县，芜湖市鸠江区、马塘区，安庆市桐城县（现桐城市）、望江县，滁县地区（现滁州市）嘉山县（现明光市），合肥市肥东县，黄山市歙县，淮南市大通区等18个县（区）为全国试点县。同年9月，省政府第39次常务会议，听取省民政厅关于全国农保工作会议精神及贯彻意见的汇报，确定加快发展安徽省农保事业，加强宣传，部署推动农保工作开展。

1992年11月，省政府下发《关于加快发展农村社会养老保险事业的通知》（以下简称省政府《通知》），要求集中力量，加快试点县（市）的工作进度，年内完成工作，为在全省范围内全面推行农保制度打好基础；凡是非城镇户口的农村劳动者，包括务农农民、乡镇企业职工、私营企业雇主雇员、个体户、外出个体户、外出务工人员、义务兵、计划生育户、民办教师和乡（镇）村集体干部等，均应参加农村社会养老保险；各行署，各市、县人民政府要成立农保事业管理委员会，相应设立农保承办管理机构（为非盈利性事业单位）；农保基金由省统一管理，地方需要使用养老基金，要经省基金管理委员会审批、划拨，基金由管理部门和使用单位承担保值增值责任；各级政府要把建立农保制度列为当前改革的一项重要内容，统筹安排，加快工作进度，力争“八五”期末在全省建立起符合省情的农保制度。同月26日，省政府召开全省专员、市长会议，提出加快农保事业发展步伐，全面发动，基本铺开，重点突破，迅速推进；要求年底试点县达到50%，1993年全省铺开。至1993年10月底，21个试点县，有14个启动实施，9万农民投保，缴纳保费100多万元。1992年11月28日，民政部作出决定，表彰160个全国农保先进县（市、区、旗），安徽省怀宁县受到表彰。

1993年5月,省政府在怀宁县召开全省农保工作会议,提出“解放思想、加快步伐,推进安徽省农保事业发展”的目标任务,宣读民政部授予怀宁县“全国农保先进县”称号;交流、介绍怀宁县、濉溪县、淮北市、马鞍山市等地典型经验;观摩怀宁县开展农保工作的实绩;确立全省农保在两年内全面启动,基本铺开;力争全省有70%的乡镇开始运转,50%的应保农民参加社会保险的目标。怀宁会议后,各市、县(区)积极开展农保工作。截至1994年年底,全省78个县(市、区)开展农保工作,80%乡镇启动运转,参保农民累计88万人。

1996年5月,省政府任期目标考核委员会,针对安徽省农保发展趋势和全国农保工作开展情况,提出全省农保投保率到2000年达到30%目标任务。

1997年,省市县减负办在宣传清理需要减负的项目中,将农保列入增加农民负担项目要求清理,导致30%以上县级农保工作在减负中停顿,但由于农保是国务院确定建立、由民政部门承办的一种储蓄积累式社会养老保险制度,经过调整后,农保不再列入各级政府清理需要减负的项目。

1998年3月,国务院机构改革,决定将民政部门负责的农保职能移交给新组建的劳动和社会保障部。省级机构改革2000年启动,市、县机构改革2002年开始,县级农保工作在等待移交中基本上停止发展。1998年9月,省民政厅下发《关于机构改革期间切实做好农村社会养老保险工作的通知》强调:对违规操作的农保基金,必须如数收回。严格控制调剂金使用和基金借支,确需使用或借支的必须报经省厅业务主管处批准;严禁给农保机构超编配备人员。

2001年1月,省劳动和社会保障厅、民政厅联合下发通知,要求各地严格执行民政部《关于加强农村社会养老保险基金风险管理的通知》规定,所有农保基金只能用于买国债、存银行(不含农村信用社),强调机构改革期间一律停止借支责任金,调剂金使用履行报批手续,不准用管理费、调剂金、基金购买房子、汽车等。要认真做好农保管理工作,确保农保档案完整;要按规定建立好个人账户,及时核发养老金,维护保险对象合法权益。特别是机构改革期间,要稳定农保机构主要负责人和业务骨干,做到“三个确保”即确保有机构、有骨干、资金管理不出问题。同年3月,省劳动和社会保障厅、民政厅下发《关于在机构改革期间做好农村社会养老保险档案管理工作的紧急通知》,要求认真做农保档案核查、归档、管理、移交工作;对投保人的表、卡、单、证要进行逐人核对、张榜公布;农保机构移交前,要对农保基金进行审计,对农保档案进行审核。

2002年,安徽省市、县机构改革开始。2003年1月,围绕机构改革和清理整顿,对全省农保工作开展情况进行一次全面调查摸底。之后,安徽省确定巩固好已经开展起来的农保工作,理顺全省农保管理体制,严格农保基金管理制度,探索开展群体养老保险。

安徽省农保工作开展情况表

表 5–2–1

单位	开展情况（个）				累计参保人数（万人）	当年领取人数（万人）	基金积累（万元）
	县	乡镇	村	乡镇企业			
全省合计	92	1742	21272	5287	225	1.12	57920.90
合肥	5	52	729	（缺）	30.08	0.05	4893.79
淮北	4	33	232	31	1.50	0.01	1063.04
亳州	3	80	1693	（缺）	2.70	0.01	1005.40
宿州	5	118	2829	3	5.13	0.05	2409.70
蚌埠	4	70	1306	25	4.05	0.07	1823.99
阜阳	8	176	1167	（缺）	8.97	0.04	2032.69
淮南	7	41	560	30	12.50	0.25	2261.56
滁州	8	174	196	6	7.28	0.04	3044.27
六安	8	189	3331	795	34.29	0.09	6940.06
马鞍山	2	31	357	67	3.43	0.03	2552.07
巢湖	5	126	2115	3460	19.37	0.24	7096.62
芜湖	5	70	664	135	14.52	0.01	3419.22
宣城	7	123	1535	112	18.34	0.07	6138.52
铜陵	1	18	200	21	1.41	0	405.48
池州	4	84	581	342	5.64	0.02	1901.26
安庆	9	215	2610	171	50.61	0.12	8866.15
黄山	7	142	1167	89	5.18	0.02	2067.08

说明：开展工作县级单位：60 个县（市）、29 个市辖区、3 个县级综合实验区；60 个县中不含涡阳县（退保后机构撤销）；综合实验区指凤台县毛集镇、六安市叶集镇、合肥市蜀山镇

2003 年 4 月，省劳动和社会保障厅、民政厅下发《关于尽快理顺农村社会养老保险管理体制的通知》，针对市县机构改革基本结束，农保职能移交进展缓慢，要求市县劳动保障、民政部门加强领导，尽快理顺管理体制，认真做好移交接收工作。

2004 年，安徽省以重点群体为突破口，选择霍山、霍邱、当涂、桐城、无为、广德等县，探索推动群体养老保险改革试点，被征地农民、村干部、计划生育户等群体养老保险工作得到推进。2005 年，当涂、桐城、怀宁、寿县、舒城等 21 个县级政府先后出台《村干部养老保险办法》，带动全省农保新一轮探索试点工作的开展。

随着改革开放，安徽省经济和社会发展，工业化、城镇化进程的加快，大量的土地被

征收、征用,失地农民数量不断增加,被征地农民基本生活保障问题日益突出，1997 年至 2004 年,全省涉及被征地农民 90 多万人。2005 年 6 月,省政府出台《关于做好被征地农民就业和社会保障工作的指导意见》(以下简称省政府《指导意见》),要求用 3 年左右的时间在全省逐步建立被征地农民养老保险制度。同时要求市县政府制定具体实施办法,统筹考虑改革、发展、稳定三者关系;统筹考虑当地社会经济发展的近、中、远期利益的平衡关系;统筹考虑被征地农民就业和社会保障制度与其他城镇人员就业和社会保障制度的衔接;统筹考虑不同被征地年限、城市规划区内外、不同原因被征地农民的利益保障,鼓励被征地农民向城镇转移。截至 12 月底,全省有 7 个市、13 个县(市、区)结合本地实际制定出台被征地农民养老保险政策，6 至 12 月,全省纳入被征地农民养老保险人数 17.15 万人,发放养老金 3.81 万人(见表 5-2-2)。

安徽省被征地农民养老保障情况表

表 5-2-2

年 份	保障人数（万人）	保费收入（万元）	领取养老金人数（万人）	发放养老金（万元）
2005	17.15	9502.06	3.81	5424.1

说明:安徽省政府 2005 年 6 月出台被征地农民养老保障文件,统计数据为 2005 年 7 月 1 日至 12 月 30 日

第二节　范围和对象

1992 年 11 月,省政府作出规定,凡非城镇户口的农村劳动者,包括务农农民、乡镇企业职工、私营企业雇主雇员、个体户、外出个体户、外出务工人员、义务兵、计划生育户、民办教师和乡(镇)、村集体干部等均应参加农村社会养老保险。1993 年 7 月,农村籍义务兵、复员退伍军人等优抚对象,统一参加民政部门主办的农村社会养老保险,纳入社会保险安全网。1996 年 11 月,安徽省乡镇企业(包括乡镇、村办企业、农村“三资”企业、股份制企业及农民合作联户办企业、私营企业等)和乡镇各类事业单位职工养老保险逐渐纳入农保制度。

2005 年 6 月,省政府确定建立被征地农民养老保险范围:城市(含建制镇)规划区内,经国务院或省政府批准征地后,失去全部或大部分农用地的农业人口;城市(含建制镇)规划区外,经依法批准的土地征收或征用后,不具备基本生产生活条件或人均耕地面积不足 0.3 亩、在农村集体经济组织范围内自愿调剂后不再占有农用地且当地人民政府无法给予异地移民安置的农业人口。被征地农民养老保险对象为,被征地时年满 16 周岁且未参加城镇职工基本养老保险的被征地农民可以自愿参加被征地农民养老保险。

第三节 资金筹集

1992年1月，安徽省按照国家有关规定，农保资金筹集，坚持以个人缴纳为主，集体补助为辅，国家给予政策扶持的原则。个人缴纳要占一定比例；集体补助主要从乡镇企业利润和集体积累中支付；国家予以政策扶持，主要通过乡镇企业集体补助准予税前列支体现。

1994年7月，安徽省要求乡镇企业对职工的补助，按不超过成本工资的18%提取，予以税前列支；农民个人领取养老金和按规定提取的管理服务费免征各种税费。农村社会养老保险基金以县级为基本核算平衡单位。各级使用的基金和确定承担的增值利息，到期全部返还县级农村社会保险机构。截至2005年12月底，全省农保基金积累总额61320.95万元，1991年农保起步当年全省保费收入50万元，1995年高峰期年保费收入1.84亿，随后逐年减少。

2005年6月，省政府确定被征地农民养老保险资金筹集，由当地政府、村（组）集体和个人共同出资。政府出资部分从土地出让收入等国有土地有偿使用收入中列支，村（组）集体出资部分从土地补偿费、集体经济组织经营收入、村（组）集体其他收益中列支。政府出资和集体出资用于基础养老保险金的发放，个人缴费部分用于补充养老保险金的发放。

第四节 保险待遇

1992年1月，民政部“基本方案”规定，参保人员待遇：从60周岁以后开始领取养老保险金，特殊情况，经批准可提前到55周岁或50周岁。养老金领取标准：根据交费的标准、年限、累期个人账户利率，确定支付标准，以收定支；调整交费标准或中断交费者，其领取养老金标准，需待交费终止时，将各档次、各时期积累的保险金额合并，重新计算。此后陆续就农村社会养老保险交费、计发办法作出不同规定。

安徽省农保基金增值要求利率标准调整情况表

表5-2-3　　单位：年复利%

项目		基金增值要求	责任金核算标准	积累期个人账户分段计息利率	退保利率
一	调整时间	1991年1月	1991年1月	1991年1月	1991年1月
	利率	8.8	8.8	8.8	7.56
二	调整时间	1993年5月15日	—	—	—
	利率	11			

续表 5-2-3

项　目		基金增值要求	责任金核算标准	积累期个人账户分段计息利率	退保利率
三	调整时间	1993 年 7 月 11 日	1994 年 1 月 1 日	1994 年 1 月 1 日	1994 年 1 月 20 日
	利率	12	12	12	7.5
四	调整时间	—	1997 年 1 月 1 日	1997 年 1 月 1 日	—
	利率		8.8	8.8	
五	调整时间	1998 年 1 月 1 日	1998 年 1 月 1 日	1998 年 1 月 1 日	1998 年 1 月 1 日
	利率	6.8	6.8	6.8	5.6
六	调整时间	×	×	1998 年 7 月 1 日	1998 年 7 月 1 日
	利率			5	4.7
七	调整时间	×	×	1999 年 7 月 1 日	1999 年 7 月 1 日
	利率			2.5	2.25

说明：劳社险函〔1999〕132 号文件规定：今后，将中国人民银行公布的银行一年期定期存款利率作为退保计息标准，并建立自动调整机制

1993—1999 年，农保个人账户计息利率先后进行 6 次调整，其中两次上调，4 次下调。利率调整后，参保人员保险待遇大幅度降低。

安徽省农保业务停止后参保人员到期养老金领取情况表

表 5-2-4

单位	养老金领取情况				月领取养老金	
	领取养老金人数（人）	5 元以下（人）	5 元 ~10 元（人）	50 元以上（人）	最高（元）	最低（元）
全省合计	20815	10515	4839	5461	1600	0.084

说明：统计数字起止日为 1995 年 12 月至 2005 年 12 月 31 日

1995 年，全省养老金领取人员不到 100 人，2001 年突破 1 万人，截至 2005 年达到 2.08 万人，占参保人数 1.40%。

2005 年 6 月，省政府确定被征地农民养老保险资金筹集、待遇标准：政府和集体出资为被征地农民建立基础养老金，基础养老金每人每月不低于 80 元；个人缴费部分用于补充养老金的发放；各地可以采取利益引导的方式鼓励农民缴费，充实养老保障资金，提高养老保障水平；领取养老金的年龄原则上为男年满 60 周岁、女年满 55 周岁。保障对象死亡的，个人缴费资金的本息余额可依法继承。被征地农民参加城镇企业职工基本养老保险，达到符合享受城镇企业职工基本养老保险条件的，可选择享受城镇企

业职工基本养老保险，其被征地农民养老保险个人缴费部分，一次性退给参保人，被征地农民养老保险随之取消。

第五节　保险经办管理

经办机构　1992年12月，安徽省政府要求成立“安徽省农村社会养老保险办公室”（以下简称“省农保办”），不定级别，为民政厅直属事业单位，主要负责制定安徽省农保规定、办法，负责安徽省农保规划、组织实施、监督检查、干部培训以及各地实施方案的审批，统一管理全省农保基金。1996年10月，按照政事分开的原则，省编委批准在民政厅机关设立“农村社会保险处”（以下简称“农保处”），原“省农保办”更名为“安徽省农村社会养老保险资金管理中心”（以下简称“省农保中心”），不定级别，列入自收自支事业单位管理序列。

2000年10月，根据《安徽省政府机构改革方案实施意见》，省级农保职能由省民政厅划入新成立的省劳动和社会保障厅，保留“农保处”，原职能不变。2002年10月，“省农保中心”成建制由省民政厅移交到省劳动和社会保障厅，保留原职能、编制。截至2005年12月，全省完成农保职能划转、机构移交情况：市级17个、县级49个；有39个县（区）农保机构因业务停滞和机构自收自支，人员及工作经费无法解决等原因，滞留在民政部门。

安徽省农保机构设立情况表

表5-2-5　　单位：个

区别		合计	省级	市级	县（市、区）
省、市、县三级机构数		103	2	11	90
机构规格	正处级	2	2		
	副处级	2		2	
	科级	44		9	35
	股级	44			44
	与其他机构合署办公	11			11
机构性质	行政机关	7	1	6	
	参公管理	6			6
	全额事业	36		3	33
	差额事业	6			6
	自收自支	33	1	2	30
	其他形式	15			15

说明：全省农保年度统计数据

1992年1月,民政部“基本方案”规定:农保机构、人员经费,从当年新增保费中提取3%管理服务费,用于人员工资和工作经费。1999年农保业务停止后,各级经费无法落实。截至2005年,全省从事农保工作人员420人,纳入行政或财政拨款89人,80%工作人员工资和工作经费没有保障,欠发工作人员工资243.18万元。

安徽省级、市级、县级农保管理机构及状况表

表5-2-6

单位	编制人数（人）	现有人员					经费渠道			
		合计	其中				管理服务费提取总额（万元）	调剂金用于人员工资工作经费总额（万元）	责任金用于人工资工作经费总额（万元）	欠发人员工资（万元）
			行政编制（人）	全额拨款编制（人）	自收自支（人）	非在编人数（人）				
合　计	371	420	16	73	287	47	1406.54	3540.32	412.06	243.18
省　厅	13	10	3		6	1	–	–	–	–
合肥市	20	19	0	2	16	1	109.83	455.5	0	0
淮北市	12	12	0	4	7	1	31.49	140.67	9.67	10
亳州市	14	14	5	1	8	0	26.62	72.83	10	15.1
宿州市	22	31	3	0	22	6	67.02	298.89	20.33	0
蚌埠市	4	12	0	4	2	6	36.39	141.98	0	0
阜阳市	29	44	0	15	29	0	42.9	84.97	27.31	69.9
淮南市	12	10	1	0	9	0	51.35	179.08	52.58	3
滁州市	25	32	1	6	19	6	65.83	44.2	0	14.5
六安市	44	68	3	13	45	7	182.5	297.2	104.29	9.4
马鞍山市	8	9	0	8	0	1	104.65	186.3	53.24	0
巢湖市	26	28	0	0	27	1	189.84	441.5	0	6.98
芜湖市	10	10	0	0	2	8	0	0	0	0
宣城市	14	14	0	3	9	2	131.57	88.6	0	0
铜陵市	3	4	0	3	0	1	14.2	0	4.4	0
池州市	18	13	0	3	9	1	48.24	190.75	18.5	24.5
安庆市	76	77	0	8（定额）	68	1	261.57	807.4	87	89.8
黄山市	21	16	0	3	9	4	42.54	110.45	24.74	0

说明:1. 编制人数,指编办核准定编人数。
2. 现有人员,指县级以上人员(不包括乡镇农保机构人员)。
3. 非在编人数,指未经编办批准进入的人员。
4. 管理服务费提取总额,指开展工作以来管理服务费提取数。
5. 调剂金、责任金用于人员工资、工作经费,账面累计总额(包括未经批准动用的)。
6. 欠发人员工资总额,指累计欠发农保机构工作人员工资数

保费收缴 1992年1月，安徽省按照国家规定，交纳保险费年龄不分性别、职业，为20周岁至60周岁。保费收缴，以行政村、乡（镇）办企事业单位为缴费单位，为参保人员填写“个人基本情况登记表”“保险号码”“身份证号码”“缴费明细表”和“缴费证”。参保人员保险费由缴费单位统一收缴，随表、证一并报乡（镇）农保管理机构；乡（镇）农保管理机构根据缴费单位报送的“个人基本情况登记表”、“缴费明细表”和所缴纳的保险费，填写“缴费记录卡”（此卡是个人账户制的基础，是分户账的唯一凭证）。无论是现金还是账面形式的保险费，要求缴费单位、乡（镇）必须及时汇集到县级农保管理机构，县级管理机构验收后，统一建账、统一运营、实帐管理，同时建立参保人员个人参保缴费档案，档案由县、乡两级管理机构管理。

保险关系转移 1992年1月，按照国家规定，投保对象从本县(市)迁往外地，若迁入地已建立农保制度，其保险关系（含资金）转入迁入地农保管理机构。若迁入地尚未建立养老保险制度，可将其个人缴纳全部本息退还本人。投保人招工、提干、考学等农转非，可将保险关系(含资金)转入新的保险轨道，或将个人交纳全部本息退还本人。

退出保险 1992年1月，安徽省按照国家国定，投保人招工、提干、考学等农转非，可将保险关系（含资金）转入新的保险轨道，或将个人交纳全部本息退还本人；退出保险分为正常退出保险和非正常退出保险。正常退保，即：保险对象的户口由农村转为非农户口、保险对象的户口迁入地未建立农保制度、保险对象在缴费期内死亡。除此之外，为非正常退保。正常退保，由本人申请，乡管理机构审核，县级农保机构复核后，办理退保手续；保险对象个人所缴纳的保险费扣除3%管理服务费之后，本、息退还给原参保人，原养老保险关系解除。非正常退保原则上不允许，个别坚持要退保的，个人缴纳的保险费（扣除管理服务费、不计息）退还给原参保人，原养老保险关系解除。

保险给付 1992年1月，安徽省按照归家规定，领取养老金从60周岁开始，根据交费的标准、年限，确定支付标准；调整交费标准或中断交费者，其领取养老金标准，需待交费终止时，将各档次、各时期积累的保险金额合并，重新计算。投保人领取养老金，保证上期10年；领取养老金不足10年身亡者，保证期内的养老金余额可以继承，无继承人或指定受益人者，按农保管理机构有关规定支付丧葬费用；领取养老金超过10年的长寿者，支付养老金直至身亡为止。保险对象到达领取年龄开始领取养老保险金至保险责任终止，为养老保险的给付期。给付期内保险给付，由缴费单位申报，乡（镇）农保管理机构进行资格审查，对符合领取条件的上报县农保管理机构，县农保管理机构对“申报名单”、参保人“缴费证”“缴费记录卡”进行审核，根据“缴费记录卡”“缴费证”记录的每人缴费日期、缴费金额，确定领取标准、填发“领取证”、编制“养老金发放汇总表”。县级农保管理机构财务部门根据“养老金发放汇总表”，通过银行向乡（镇）农保所拨付养老保险金，由乡（镇）农保所将养老保险金发放给领取人，偏远地方，乡（镇）农保所可委托村或原缴费单位代为发放。2002年以后，安徽省逐步实行社会化发放，通过金融机构将养老金发放到个人。

基金管理　1994 年 5 月，省政府成立“安徽省农村社会养老保险基金管理委员会”，召开农保基金管委会第一次会议，研究确定宏观指导全省农保工作；研究、草拟省级农保基金管理法规、条例和重要决定；监督、检查全省农保基金管理和运营情况；审批、确定县级超比例使用的基金投向。同年 7 月，安徽省多部门联合下发《关于加强农村社会养老保险基金管理的通知》，明确农保基金是国家为保障农村公民年老时基本生活设立的专项储备基金，基金所有权属于全体投保者。政府对基金的筹集、使用，采取扶持政策，主要是：乡镇企业对职工的补助，按不超过成本工资的 18% 提取，予以税前列支；农民个人领取养老金和按规定提取的管理服务费免征各种税费。各级民政部门所属的农保机构，是本基金专管机构，省农保机构统一管理全省基金。各级政府所设基金管理委员会监督、指导该项基金的管理和使用。农保基金由省、地（市）、县（市、区）分级储存并相应承担保值增值责任，其比例一般为 2:3:5。有条件确保基金按规定利率增值的县（市、区），可以超比例使用；不具备条件的，交省承担保值增值责任。不得以任何形式和理由截留基金，以免造成不应有损失。农保基金以县级为基本核算平衡单位。各级使用的基金和确定承担的增值利息，到期全部返还县级农保机构。基金建立独立的财务管理体系和会计核算制度。各级农保机构为独立的会计核算单位，统一会计科目，建立专账，配备专职财会人员，负责基金的管理核算日常工作，及时记载、反映基金动态，严格监督基金运用和结存情况，接受上级业务部门指导，并定期向同级基金管理委员会和上级业务部门编报基金运营情况表。农保基金增值形势主要是购买国家发行的财政、金融债券，须确保基金达到规定的增值要求；存入自定的代理金融机构，商定达到最佳档次的利率；其他既稳妥又能确保增值的形式，如委托金融机构贷款、投资，须具备可靠的担保条件。农保基金保值增值责任从乡（镇）收到保险费之日起承担。各级收到基金，都应尽快起息增值，最大限度地提高基金运营效益。农保基金接受同级民政、财政、审计、税务等部门的监督。因截留基金、管理不善或其他原因达不到基金增值要求造成一定损失的，要追究其责任；发现贪污和挪用基金者，要及时严肃处理；触犯刑律的，依法惩处。

2001 年 12 月，省劳动和社会保障厅、民政厅转发劳动和社会保障部办公厅《关于调整〈农村社会养老保险会计制度（试行）〉部分内容的通知》，记账方法由原来收付记账法改为借贷记帐法，并对会计科目、会计报表、经费账户部分内容进行调整。采用社会保险会计制度中会计科目的名称；管理费由“暂收款”调整为“养老保险收入”科目；增加“其他支出”科目；基金收支明细表增加按权责发生制核算应付利息及相关科目的结转情况；基金活动情况表改为资产负债表。

2003 年 6 月，省劳动和社会保障厅、民政厅下发《关于做好全省农村社会养老保险移交审计工作的通知》，要求切实做好移交前的审计，并就农保基金、个人帐户、经办机构经费、会计制度执行情况提出具体审计要求。对责任金是否严格按规定标准和方法核算并足额结转责任金；调剂金是否如实计账；管理服务费是否按规定提取；违规基金界定；会计制度执行情况；个人账户中表、卡、单、证、册是否按规定要求如实填写建档；经办机构经费收支盈亏情况等要求重点审计。

安徽省农保基金积累分布情况表

表 5-2-7

地　区	年末基金滚存结余（万元）			基金分布结构（万元）			
	合　计	责任金	调剂金	银行存款	购买国债	财政管理	其他
全省合计	61320.95	60316.48	1004.47	38826.54	11784.49	7444.61	3265.31
合　肥	5377.31	5062.09	315.23	519.47	4815.85	0	42
亳　州	1061.17	1035.28	25.89	58.67	985.50	0	17
淮　北	1000.76	962.92	37.84	877.93	45	0	77.83
蚌　埠	1905.74	1840.3	65.44	356.95	0	1548.79	0
宿　州	2312.02	2361.78	–49.76	2146.12	10	0	155.9
阜　阳	2135.43	2171.15	–35.72	1227.49	878.24	12.18	17.52
淮　南	2249.99	2273.53	–23.54	1989.45	251.65	0	8.89
滁　州	3234.96	3297.09	–62.13	3066.01	130	0	38.95
六　安	7906.19	7847.82	58.37	6588.29	0	1112	205.91
巢　湖	7158.86	6839.40	319.45	5164.25	0	1950.51	44.1
安　庆	10038.82	9699.75	339.07	3883.79	2965.95	2961.97	227.11
马鞍山	3540.42	3509.35	31.07	1724.94	1702.3	55	58.18
芜　湖	3049	3022	27	2520	0	529	0
铜　陵	500.3	500.3	0	500.3	0	0	
池　州	1955.82	2019.33	–63.51	1149.2	0	0	806.62
宣　城	5805.01	5787.91	17.1	4981.04	0	823.97	0
黄　山	2089.15	2086.48	2.67	2072.64	0	0	16.51

说明：2005 年度全省农保工作统计报表

2005 年 6 月，省政府明确被征地农民养老保险资金管理由财政部门、国土资源部门负责，将被征地农民养老保险资金及时足额转入当地财政部门开设的社保基金专户，抄送同级劳动和社会保障部门。个人缴费由被征地农民养老保险经办机构（农保机构）直接记入个人账户。个人缴费和政府、集体出资实行分账管理，政府和集体出资部分实行市、县统筹，平衡收支。

管理服务费　1992 年 2 月，安徽省转发民政部《农村社会养老保险管理服务费提取使用办法（试行）》规定：农保管理机构可从当年收取的养老保险费总额中提取 3% 管理服务费；管理服务费以县为单位统一提取，分级使用。分级使用比例：县级管理机构为服务费的85%,地市级管理机构为75%,省级管理机构为6%,中央级管理机构为2%。乡镇管理机构的经费,由县级管理机构核发;村和乡镇企业养老保险代办费,由县乡级管理机构核发。管理服务费的使用范围:管理机构的人员工资和福利费、公务费、业务费、设备购置费、修理费、培训费、提交上级机构的管理服务费、拨补下级机构的管理服务费和其他必要的费用。纳入国家预算的管理机构,只能开支业务费和培训费。1994年7月,安徽省明确农民个人领取养老金和按规定提取的管理服务费免征各种税费。

第三章 失业保险

失业保险由国家通过立法强制实行，由社会集中建立基金，主要用于对因失业而暂时中断生活来源的劳动者提供物质帮助进而保障失业人员失业期间的基本生活，促进其再就业。

第一节 范围和对象

参保范围 1986年11月，省政府颁布《安徽省国营企业职工待业保险实施细则》（以下简称《实施细则》），规定全省国营企业及其职工建立待业保险制度；国家机关和事业单位、社会团体招用的合同制工人，按照相关规定参加待业保险。

1994年1月，省政府扩大待业保险实施范围，规定城镇集体所有制企业职工和乡镇企业中城镇户口的职工，可参照国营企业职工实行待业保险制度。同时规定外商投资企业中方职工、城镇私营企业职工和个体劳动者，也要逐步建立待业保险制度，具体办法由各地根据国家和省有关规定，结合当地实际制定，并报省劳动局备案。

1999年4月，省政府、省政府办公厅先后下发《关于贯彻实施国务院<失业保险条例>有关问题的通知》和《关于事业单位及其职工参加失业保险有关问题的补充通知》，规定全省行政区域内国有企业、城镇集体企业、外商投资企业、港澳台投资企业、城镇私营企业以及其他城镇企业及其职工，各种类型事业单位（包括全额拨款、差额拨款和自收自支事业单位）及其职工，社会团体及其专职人员，民办非企业单位及其职工，有雇工的城镇个体工商户及其雇工，都要依法参加失业保险。

2000年9月，省政府颁布《安徽省失业保险规定》（以下简称《规定》），规定全省省失业保险制度实施范围：本省行政区域内的国有企业、城镇集体企业、外商投资企业、城镇私营企业和其他城镇企业及其职工，社会团体及其专职人员，民办非企业单位及其职工。同时授权设区的市人民政府根据当地实际情况，可以决定本行政区域内的有雇工的城镇个体工商户及其雇工参加失业保险。

从1986年建立待业保险制度开始，全省失业保险制度实施范围经过了逐步扩大的过程，从国营企业扩大到所有企业，从企业扩大到事业单位、社会团体和民办非企业单位以及有雇工的城镇个体工商户。到1992年年底，全省参加失业保险的国有企业职工达到200万人。1994年1月省政府《补充规定》决定扩大参保范围后，集体企业等其他成分的参保人数逐步增加，到1998年年底，全省参加失业保险人数达到240.4万人，其中集体企业等其他经济成份参保人数42万人。2000年9月省政府《规定》统一扩大失业保险参保范围后，失业保险参保对象逐步增加到除公务员以外的所有单位从业人员。截至2005年年底，全省参加失业保险总人数358.46万人，其中，企业参加失业保险258.66万人，事业单位参加失业保险91.13万人，其他单位参加失业保险8.67万人。

保障对象　1986年11月，省政府作出规定，四类对象可以享受待业保险待遇，即宣告破产企业的职工，濒临破产的企业法定整顿期间被精减的职工，终止、解除劳动合同的工人，企业辞退的职工。

1994年1月省政府《补充规定》决定将待业保险保障对象扩大到八类，增加了四类保障对象：县（市）以上人民政府批准关停并转企业被精简的职工，本人申请、企业同意辞职和提前解除劳动合同的职工，被企业依法除名、开除（包括解除劳动教养和刑满释放者），企业实行优化劳动组合和全员劳动合同制管理产生的富余人员。

2000年9月省政府规定失业保险保障对象分别为属于失业保险保障对象，享受失业保险待遇；按照规定参加失业保险，所在单位和本人已按照规定履行缴费义务满1年的；非因本人意愿中断就业的；已办理失业登记，并有求职要求的。

随着失业保险保障对象的扩大和统一，享受失业保险制度保障的人数逐步增加，失业保险制度的保障作用逐步显现。1994年，全省领取失业保险金的人数由1987年的不足100人增加到2.3万人，2000年增加到6.96万人，2005年增加到48.6万人。

第二节　保险基金

基金筹集　1986年7月，国务院《暂行规定》和1986年11月省政府《实施细则》规定待业保险基金三个来源渠道：用人单位缴纳的待业保险费、待业保险费的利息收入、财政补贴。1994年1月省政府《补充规定》扩大了待业保险基金的来源渠道，即调整企业缴费基数（由按标准工资缴纳改按工资总额缴纳），增加职工个人缴费。2000年9月，省政府规定失业保险基金四个来源渠道，即单位和职工缴纳的失业保险费、失业保险基金的利息、财政补贴、依法纳入失业保险基金的其他资金。实行职工个人缴费制度以前，单位缴费占失业保险费收入的98%；实行职工个人缴费制度后，以2005年为例，职工个人缴费占当年失业保险费收入的33%。同时，政府财政对失业保险基金的补贴也相应增加。2005年，全省各级财政对失业保险基金的补贴达到1.18亿元，占当年基金收入13%，比1999年增加了11个百分点。

1986年11月，省政府规定，职工待业保险基金由开户银行凭所在地市、县以上劳动行政部门所属劳动服务公司开具的待业保险基金缴纳通知单，按月代扣，转入劳动服务公司在银行开设的“职工待业保险基金”专户。2000年11月，省政府颁布《安徽省社会保险费征缴暂行规定》，明确社会保险费由地方税务机关征收。2001年1月，省地税局、省劳动保障厅、省财政厅、人民银行合肥中心支行下发《关于失业保险费征收交接工作有关问题的通知》，规定自2001年1月起，全省失业保险费统一由地税部门征收。失业保险经办机构集中力量加强失业保险缴费基数核定、失业保险基金管理。

1986年11月，省政府规定，用人单位缴纳待业保险费的比例为全部职工标准工资的1%。1994年1月省政府决定待业保险基金由原按照全部职工标准工资缴纳待业保险费，改为按照企业全部职工工资总额缴纳；职工个人每人每月缴纳1元待业保险费用。职工个人缴纳的待业保险费用具有储蓄性质，凡在退休前未领取过待业救济金的职工，退休时其所缴纳的待业保险费连同利息一次性退还给本人。1998年7月1日起，安徽省失业保险基金缴费比例调整为职工工资总额的3%，由用人单位和职工共同负担，其中职工个人缴纳本人工资的1%，企业缴纳全部职工工资总额的2%；下岗职工进入再就业服务中心托管期间，其失业保险基金的缴费基数按全省上年末职工月平均工资的60%计算。2000年9月，省政府规定，单位按照本单位工资总额的2%缴纳失业保险费；职工按照本人工资的1%缴纳失业保险费，由单位从其工资中代扣代缴。单位招用的农民合同制工人本人不缴纳失业保险费。

基金管理 1986年，安徽省政府规定职工待业保险基金由地、市、县分别筹集，实行统筹安排，收支包干，分级管理，适当调剂；省、地、市、县（市辖区）劳动行政部门所属劳动服务公司应设专管机构，组织管理筹集发放待业保险基金。1994年1月，全省建立待业保险基金预决算管理制度，各级待业保险机构每年应当编制待业保险基金收支的预、决算按规定报送同级财政部门审批。基金的收缴、使用和管理要接受同级财政、审计、工会、银行等部门的监督。2000年9月，安徽省失业保险基金实行属地管理，实行设区的市、县（市、区）两级统筹，并建立省级调剂金，在全省范围内调剂使用。

1986年，安徽省地、市、县筹集的职工待业保险基金应缴省20%，供在全省范围内调剂使用，地、市、县职工待业保险基金不敷支出时，可向省劳动局申请调剂，省劳动局的调剂基金不敷支出时，由省、地、市、县财政分别按“二八”比例补贴。1994年，省政府决定调低省级调剂金筹集比例，规定职工待业保险基金由地、市、县分别筹集，除上缴省10%调剂使用外，其余由地、市、县分级管理，统筹安排。2000年，安徽省再次调低省级调剂金筹集比例，规定由统筹地区失业保险经办机构按照当月实际征收的失业保险费总额的5%提取上缴省劳动保障厅，统筹地区的失业保险基金不敷使用时，由调剂金调剂、地方财政补贴。2005年6月，安徽省从再就业专项资金中安排9000万元补充省级失业保险调剂金，以借用的形式，帮助失业保险金收支有缺口且地方政府全部自筹有困难的市、县。1986年至2005年，全省共筹集省级调剂金9116万元；支出7203万元，其中调剂给市、县5439万元。

基金使用 1986年，安徽省规定在职工待业保险基金中列支的转业训练费，可用于建立培训设施、聘用教学人员及其他必须的开支的项目。用于扶持待业职工的生产自救费，可由当地劳动行政主管部门所属劳动服务公司适当集中，组织待业职工开辟新的生产就业门路；也可采取贷款的形式，扶持职工进行生产自救。1994 年，安徽省规定职工待业保险基金在保证用于待业职工的生活救济、医疗补助的前提下，可用于待业职工生产自救和开辟就业门路。对接纳待业职工的单位，可给予一定的补偿，其金额不超过待业职工本人应领取的待业救济金；对企业富余人员留厂待业开展多种经营和发展第三产业的，以及由待业保险机构开办以安置待业职工为主的生产自救基地，可在扶持待业职工的生产自救费项目内给予适当贷款（提取幅度各地控制在当年待业保险基金收支余额 25%以内）。待业职工参加劳动就业训练中心转业训练费用，在待业职工转业训练费中列支。2000 年 9 月明确失业保险基金的支出范围，主要是失业保险金、领取失业保险金期间的医疗补助金、农民合同制工人被终止或解除劳动合同的生活补助金、领取失业保险期间死亡的失业人员丧葬补助金和其供养配偶等直系亲属的抚恤金、领取失业保险金期间接受职业培训和职业介绍补贴、国务院规定或批准的与失业保险有关的其他支出。

1991 年 12 月，省劳动局印发《安徽省国营企业职工待业保险基金财务管理办法（暂行）》《安徽省国营企业职工待业保险基金会计制度》（暂行）》，规定管理费提取的比例：年收缴职工待业保险基金 150 万元以上的省辖市，按收缴总额的 6% 提取；年收缴 100–150 万元的省辖市，按收缴总额的 7%提取；年收缴 50 万元—100 万元的省辖市，按收缴总额的 8%提取；年收缴总额 50 万元以下的地、市、县，按年收缴总额的 10%提取。1994 年，省政府规定各级待业保险机构的管理费，参照同级行政、事业单位的开支标准，结合待待业保险工作的实际情况，由劳动部门提出，经同级财政部门审核后，在待业保险基金中列支。1999 年 4 月，省政府印发《关于贯彻实施国务院 < 失业保险条例 > 有关问题的通知》，规定县级以上劳动和社会保障行政部门所属的就业服务机构承担失业保险经办机构职责，具体经办失业保险工作，所需经费列入预算，由同级财政拨付。2000 年，安徽省失业保险经办机构所需经费列入预算，由财政拨付。

1998 年 6 月，国家印发《关于切实做好国有企业下岗职工基本生活保障和再就业工作的通知》，决定在国有企业建立再就业服务中心，下岗职工进入再就业服务中心。再就业服务中心用于保障下岗职工基本生活和缴纳社会保险费用的资金来源，采取“三三制”的办法解决，即财政预算安排 1/3、企业负担 1 ／ 3、社会筹集（包括从失业保险基金中调剂）1 ／ 3。从 1998 年建立再就业服务中心，到 2004 年国有企业下岗职工向失业保险实现并轨，全省共有 78.87 万名下岗职工进入国有再就业服务中心享受基本生活保障。到 2005 年年底，按照“三三制”的原则，全省失业保险基金共支付下岗进中心职工基本生活保障基金 13.33 亿元。

第三节　保险待遇

失业保险金领取　1986 年，安徽省规定待业职工领取待业救济期限按以下标准计算:工龄5年以下的,每满1年工龄发给3个月救济金,但最高不超过12个月;工龄5年以上的,在发给12个月救济金的基础上,工龄每满1年再增发2个月救济金,但最高不超过24个月。1994年,省政府增加了延长救济期限的规定,即领完规定期限待业救济金,尚未重新就业、生活没有来源的职工,由本人申请、经户口所在县（市、区）待业保险机构审核批准,可延长救济期限3至6个月。2000年,省政府细化了失业保险金领取期限的具体办法:满1年不足5年的,每满1年,享受3个月失业保险金;满5年不足10年的,在享受12个月失业保险金的基础上,自第5年起开始计算,每满1年,增加2个月失业保险金,合并期限最长为18个月;满10年以上的,在享受18个月失业保险金的基础上,自第10年开始计算,每满1年,增加1个月失业保险金,合并期限最长为24个月。失业人员重新就业后,再次失业的,失业保险经办机构按其重新就业后的缴费时间核定其本次应当享受失业保险金期限,其前次未领取失业保险金的期限可以合并计算。合并计算的期限最长不超过24个月。

1986年,安徽省明确待业救济金标准:第1至12个月,每月为本人标准工资的75%,第13至24个月,每月为本人标准工资的50%。1993年4月国务院"110号令"规定,待业救济金的发放标准为相当于当地民政部门规定的社会救济金额的120%至150%。具体金额由省、自治区、直辖市人民政府规定。1994年1月省政府《补充规定》规定,待业职工待业救济金按当地民政部门规定的社会救济金额的120%至150%发给,每月低于60元的,按60元发给。1999年9月,省政府办公厅《转发省劳动厅等部门关于做好提高三条社会保障线等有关工作的实施意见的通知》规定,从1999年7月起,各地失业人员失业保险金标准在原有水平的基础上提高30%。2000年,安徽省失业保险金的标准为统筹地区最低工资标准的60%,但应高于当地城市居民最低生活保障标准。2001年1月起,安徽省失业保险金按当地企业劳动者最低工资标准的65%计发。2005年9月,省劳动保障厅《关于失业保险金计发基数和比例有关问题的通知》规定失业保险金计发基数为统筹地区现行最低工资标准,统筹地区最低工资标准调整,次月起以调整后的最低工资标准作为基数,计发比例原则上为65%,最低不得低于60%。1986年至2005年,全省累计从失业保险基金中支出失业保险金27.14亿元,占失业保险基金支出的55%。从按照工作年限到按照缴费年限计算领取失业保险期限,调动了用人单位和职工个人参加失业保险的积极性。从按照失业人员失业前标准工资计发失业保险金,到按照民政部门社会救济标准计发失业保险金,再到根据企业劳动者最低工资标准计发失业保险金,提高了失业保险金的保障水平。

2005年11月,安徽省规定在外省市参加失业保险人员失业保险关系迁入本省后的领取期限和标准:安徽省城镇户籍人员在外省市参加失业保险,失业后回户籍所在地申领失业保险待遇的,应当提供失业保险关系转迁证明（包括缴费时间、应领取月份、已领取月份、失业保险金标准等）,划转失业保险费用,在户籍所在地失业保险经办机构按照规定办理失业保险金申领手续,自核准次月起,享受失业保险待遇。失业保险金发放期限依照其在外省市缴费时间，根据《安徽省失业保险规定》的计发办法计算；失业保险金标准按照户籍所在地标准执行。规范失业人员异地迁入待遇计发办法，统一在外省市参加失业保险的安徽省失业人员与迁入地同类人员计发期限和标准，保障了异地迁入人员迁入户籍地后的基本生活，也有利于促进失业人员尽快实现再就业。

医疗补助费 1986年，安徽省规定失业职工失业期间因病就医的，发给医疗补助费，标准为5年以下工龄的，为医疗费的50%；5年以上不满10年的，为医疗费的60%；10年以上的，为70%。因病或非因公负伤而解除劳动合同的工人，其待业期间的医疗补助费应扣除在原单位已领取的医疗补助费。待业期间的医疗补助费发放期限与待业救济金发放期限相同。其中，宣告破产的企业和濒临破产的企业法定整顿期间被精简的职工，在待业期间的医疗费标准，参照该企业原固定职工医疗待遇的有关规定执行。1994年，省政府增加门诊医疗费“包干使用”的规定，规定待业职工在待业期间每人每月随待业救济金发给5元医疗费，包干使用。同时增加了住院报销医疗费的限制性规定：因打架斗殴、违法犯罪致伤住院的，不得报销住院医疗费。

2000年，省政府规定，失业人员在领取失业保险金期间，每月领取10元定额医疗补助金，患病在失业保险经办机构指定医院住院治疗的，由失业保险经办机构按以下规定发放医疗补助金：累计缴费时间满1年不足5年的，医疗补助金为住院治疗费用的50%，一个失业期内最高不超过统筹地区24个月的失业保险金；累计缴费时间满5年不足10年的，医疗补助金为住院治疗费用的60%，一个失业期内最高不超过统筹地区36个月的失业保险金；累计缴费时间10年以上的，医疗补助金为住院治疗费用的70%，一个失业期内最高不超过统筹地区48个月的失业保险金。纳入核定医疗补助金的住院治疗项目范围，参照城镇职工基本医疗保险的有关规定执行。同年12月，省劳动保障厅、省财政厅、省民政厅《关于提高全省国有企业下岗职工失业人员和城镇居民生活保障待遇水平有关问题的通知》规定，从2001年1月起，失业人员门诊医疗补助金调整为每月15元。

1986年至2005年，全省累计从失业保险基金中支付失业人员医疗补助支出1.83亿元，保障失业人员在领取失业保险金期间的基本医疗待遇。

丧葬补助费、抚恤费、救济费 2000年，安徽省规定失业人员在领取失业保险金期间死亡的，失业保险经办机构参照本省对在职职工的规定，对其家属发给一次性助金和抚恤金。2005年8月，省劳动保障厅对滁州市劳动保障局下发《关于如何确定失业人员死亡后抚恤金标准问题的批复》，规定失业人员在领取失业保险金期间死亡的，失业保险经办机构参照在职职工的规定，对家属发给一次性丧葬补助金和抚恤金。一次性丧葬补助金按照同期对在职职工的丧葬补助费规定标准发放。抚恤金参照在职职工规定发给，没有直系亲属的不发。

职业培训、职业介绍补贴 1993年11月，省劳动局下发《安徽省企业职工待业保险基金财务管理暂行办法》，规定转业训练费主要用于帮助待业职工再就业创造条件，组织转业训练所需的培训和实习费用，需在当年待业保险基金收缴余额15%的幅度内使用。2000年，省政府规定，失业人员在领取失业保险金期间接受职业培训、职业介绍补贴所需资金，由失业保险经办机构按照不超过当年实际征收失业保险费总额的12%从失业保险基金列支。失业人员接受职业培训、职业介绍补贴的具体办法由省劳动保障行政部门会同财政部门制定。2001年11月，省劳动保障厅、省财政厅下发《安徽省职业培训、职业介绍补贴使用管理试行办法》，规定用失业保险基金补贴失业人员职业培训和职业介绍费用额度在统筹地区当年实际征收失业保险费总额的12%以内，失业人员经职业培训合格，在一个失业期内可享受一次职业培训补贴，标准为省辖市不超过300元/人，县（市）不超过200元/人；通过职业介绍机构介绍实现再就业的，一个失业期内可享受一次职业介绍补贴，标准为省辖市不超过100元/人，县（市）不超过50元/人。截至2005年，全省累计从失业保险基金支付职业培训补贴（转业训练）、职业介绍补贴（生产自救费）1.26亿元，占同期失业保险基金支出25%，促进失业人员再就业。

农民合同职工工人生活补助费 2000年9月，安徽省明确农民合同制工人生活补助金的具体期限和标准：单位招用的农民合同制工人连续工作满1年，本单位并已缴纳失业保险费，劳动合同期满未续订或者提前解除劳动合同的，由失业保险经办机构根据其工作年限，每满1年发给1个月生活补助金，最多不超过12个月。生活补助金的标准为统筹地区失业人员保险金标准的70%。农民合同制工人按照上述规定应当享受的生活补助金，由失业保险经办机构一次性发给。2000年至2005年，全省共支付一次性生活补助金3047.75万元，保障农民合同制工人在解除和终止劳动合同后基本生活。

第四节 保险经办管理

经办机构 1986年11月，省政府发布《安徽省国营企业职工待业保险实施细则》（以下简称《实施细则》），规定失业保险经办工作统一由劳动行政主管部门所属的劳动服务公司承担，劳动服务公司为失业保险经办机构。省劳动服务公司负责对全省失业保险经办机构的组织指导工作，同时具体承办失业保险省级调剂金的管理工作。

20世纪90年代中期，芜湖、铜陵、淮北和阜阳四个省辖市相继组建社会保障局，其失业保险基金管理业务划出劳动部门，由社会保障局相应机构管理。同时，部分市、县劳动服务公司相继更名为就业管理局或就业服务管理局。1996年11月，根据省编制委员会《关于印发安徽省劳动厅直属事业单位分类管理实施方案的通知》，省劳动服务公司更名为安徽省劳动就业服务局，继续承担全省失业保险经办机构的组织指导工作。

1999年4月，省政府发布《关于贯彻实施国务院<失业保险条例>有关问题的通知》（以下简称《通知》），规定县级以上劳动保障行政部门主管本行政区域内的失业保险工作，其所属的就业服务机构承担失业保险经办机构的职责，具体经办失业保险工作。

2005 年安徽省失业保险经办机构设置情况表

表 5-3-1

行政主管部门	失业保险经办机构名称
安徽省劳动和社会保障厅	安徽省劳动就业服务局
合肥市劳动和社会保障局	合肥市失业保险管理中心
	合肥市社会保险征缴中心
淮北市劳动和社会保障局	淮北市社会劳动保险事业管理所
亳州市劳动和社会保障局	亳州市养老失业保险基金管理中心
宿州市劳动和社会保障局	宿州市劳动就业管理局
蚌埠市劳动和社会保障局	蚌埠市失业保险和就业服务中心
阜阳市劳动和社会保障局	阜阳市失业保险基金中心
淮南市劳动和社会保障局	淮南市就业服务管理局
滁州市劳动和社会保障局	滁州市失业保险管理服务中心
六安市劳动和社会保障局	六安市就业服务管理中心
马鞍山市劳动和社会保障局	马鞍山市就业管理服务中心
巢湖市劳动和社会保障局	巢湖市劳动就业服务管理处
芜湖市劳动和社会保障局	芜湖市社会保险支付中心
	芜湖市社会保险基金征缴中心
宣城市劳动和社会保障局	宣城市就业管理中心
铜陵市劳动和社会保障局	铜陵市社会保险服务中心
	铜陵市社会保险征缴中心
池州市劳动和社会保障局	池州市劳动就业管理局
安庆市劳动和社会保障局	安庆市劳动就业管理局
黄山市劳动和社会保障局	黄山市劳动就业服务局

参保登记　1999 年 3 月，按照《社会保险登记管理暂行办法》规定，安徽省明确县级以上劳动保障行政部门的社会保险经办机构主管社会保险登记。安徽省按照缴费单位只在一个社会保险经办机构办理社会保险登记，几项社会保险只进行一次登记的原则，规定社会保险登记工作，由负责养老保险业务的社会保险经办机构统一办理。1987 年，失业保险覆盖范围仅为国营企业，全省参保人数为 166 万人；1992 年，失业保险覆盖范围扩大到集体企业，全省参保人数为 207 万人；1999 年，失业保险覆盖范围再次扩大到事业单位及其职工，社会团体及其专职人员，民办非企业单位及其职工，全省参保人数为 345.8 万人；2005 年，全省参保人数达 358.4 万人。

1987—2005 年安徽省失业保险参保情况表

表 5-3-2　　单位:万人

年　度	参保人数
1987	166
1988	183.7
1989	198.9
1990	192.6
1991	211.3
1992	207
1993	214.3
1994	222.7
1995	209.3
1996	201.8
1997	220.8
1998	240.4
1999	345.8
2000	364.9
2001	375.6
2002	378.7
2003	380.8
2004	371
2005	358.4

2000—2005 年安徽省各市失业保险参保情况表

表 5-3-3　　单位:万人

年度 / 地市	2000 年	2001 年	2002 年	2003 年	2004 年	2005 年
总　计	364.9	375.6	378.7	380.8	371	358.4
合肥市	44.5	47.3	47.2	50.3	48.2	46.2
淮北市	27.7	27.8	28.1	27.9	27.5	26.9
亳州市	7.3	13	13.2	14.8	13.8	13.3
宿州市	20.1	20	20.2	20.5	20.1	19.7
蚌埠市	29.2	28.2	28.4	27	26.2	25.7

续表 5-3-3

地市＼年度	2000 年	2001 年	2002 年	2003 年	2004 年	2005 年
阜阳市	21.4	21.4	21.6	23.5	23	22.5
淮南市	35.4	35.2	35.5	34.4	33.3	31.8
滁州市	23.2	22.5	22	22.9	22.7	22.7
六安市	18.1	22	22.2	22.1	21.8	19.5
马鞍山市	21.7	21.7	21.9	21.3	20.4	20.5
巢湖市	16.4	17	17.2	17.4	17.8	17.3
芜湖市	22.5	22.3	22.5	23.5	22.5	22
宣城市	14.9	14.5	14.9	12.3	12.7	11.9
铜陵市	15.6	15.6	15.8	14.8	14.5	11.3
池州市	7	7.2	7.4	7.3	7	7
安庆市	28.9	29	29.3	31	29.2	30.3
黄山市	11	10.9	11.1	9.8	10.3	9.8

基金征缴　1986 年 11 月，省政府规定，失业保险经办机构负责筹集待业保险基金；2000 年 11 月，省政府颁布《安徽省社会保险费征缴暂行规定》（以下简称《暂行规定》），规定自 2001 年 1 月 1 日起，安徽省失业保险费由地方税务机关征收。2001 年 1 月，省地方税务局、省劳动保障厅、省财政厅、中国人民银行合肥中心支行印发《关于失业保险费征收交接工作有关问题的通知》，规定缴费单位在办理社会保险登记时和每年年初，必须向失业保险经办机构提供缴费人员名单和本单位职工工资总额，并于每月 20 日前向失业保险经办机构申报次月应缴失业保险费的数额。失业保险经办机构根据缴费单位申报情况，编制“失业保险费征收计划表”，于每月 26 日前提供给地税机关，同时书面通知缴费单位，缴费单位据以申报缴费。地税机关于每月 5 日前向当地失业保险经办机构提供上月缴费单位和个人缴费情况，同时提供《失业保险费征收清册》，以便失业保险经办机构及时汇总、核对失业保险费征缴情况。

1987—2005 年安徽省失业保险费征缴情况表

表 5-3-4　　单位：万元

年　度	征缴额（万元）
1987	1624
1988	1628
1989	1739

续表 5-3-3

年　度	征缴额（万元）
1990	2058
1991	2456
1992	2762
1993	4409
1994	5384
1995	9051
1996	11185
1997	11811
1998	15291
1999	35030
2000	44244
2001	50861
2002	54503
2003	61227
2004	68527
2005	77273

2000—2005 年各市失业保险费征缴情况表

表 5-3-5　　单位:万元

地市 \ 金融 \ 年度	2000 年	2001 年	2002 年	2003 年	2004 年	2005 年
总　计	44244	50861	54503	61227	68527	77273
合肥市	6484	8230	9567	11474	12184	14273
淮北市	4196	4858	5139	5300	6510	7323
亳州市	336	562	824	1124	1478	1682
宿州市	1364	1458	1718	2265	2319	1999
蚌埠市	4306	4596	4490	4473	4734	5106
阜阳市	2136	2783	2646	3004	3089	3316
淮南市	4683	5091	5023	5414	6124	7179
滁州市	2078	1726	2136	2487	2782	2869
六安市	1646	2117	2469	2465	2811	3882

续表 5-3-4

马鞍山市	4375	6768	5685	5955	7484	8939
巢湖市	1118	1519	1766	2060	2246	2379
芜湖市	3463	3161	3326	4078	4475	5203
宣城市	1064	1083	1304	1667	1600	1714
铜陵市	1849	2209	2424	2724	3166	2813
池州市	679	710	856	995	1483	1597
安庆市	3548	3116	3966	4532	4956	5850
黄山市	919	874	1164	1210	1086	1149

基金管理　1986年11月，安徽省政府规定，职工待业保险金由企业开户银行凭所在地市、县以上失业保险经办机构开具的待业保险基金缴纳通知单，按月代扣，转入失业保险经办机构在银行开设的“职工待业保险基金”专户。银行按城乡居民个人储蓄存款利率计息。职工待业保险基金免征各种税金和附加，年终结余转入下年使用。1993年11月，《安徽省企业职工待业保险基金财务管理暂行办法》规定，待业保险基金必须定期足额收缴、专户存储、专款专用；1997年3月，省财政厅、劳动厅印发《关于社会保障基金纳入财政专户管理有关问题的通知》，规定社会保障基金纳入财政专户管理。财政部门在银行开设“社会保障基金财政专户”，社保经办机构在银行开设“社会保障基金收入待解户”和“社会保障基金支出户”，收入待解户只收不支，支出户只支不收，实行收支两条线。2000年5月，省财政厅、劳动保障厅、地税局印发《安徽省社会保险基金财务制度实施细则》，规定年度终了前，经办机构应按照财政部门规定的表式、时间和编制要求，根据本年度预算执行情况和下年度基金收支预测，编制下年度基金预算草案；年度终了后，经办机构应按照财政部门规定的表式和填报要求编制基金财务报告。2000年11月，省政府《暂行规定》规定，地方税务机关征收的社会保险费，应直接缴入国库。国库应于社会保险费入库当日将地方税务机关开具的社会保险费专用票据有关联次分别反馈给地方税务机关和社会保险经办机构。国库应每隔5日将社会保险费金额划转到财政部门在国家商业银行开设的社会保障基金财政专户。2005年年底，失业保险基金财政专户存款为6亿元。

省级调剂金　1986—2005年，安徽省共筹集省级调剂金9116万元，其中市、县上缴省级调剂金8403万元；支出7203万元，其中调剂给市、县5438万元，省本级管理费支出223万元。2005年6月，省政府从再就业专项资金中安排9000万元，以借用的形式补充省级失业保险调剂金，帮助失业保险基金收支有缺口且地方政府全部自筹有困难的市、县按时足额发放失业保险金。

1987—2005 年安徽省失业保险省级调剂金收支情况表

表 5-3-6 单位:万元

年度	收入				支出			
	合计	下级上解收入	利息收入	占用费收入	合计	补助下级支出	管理费支出	其他支出
1987—1996	2964	2616	340	8	1357	1166	173	18
1997	350	250	100		288	225	33	30
1998	402	369	33		89	72	17	
1999	1736	1724	12		2436	1893		543
2000	2605	2555	50		2743	1877		866
2001	213	203	10		205	205		
2002	737	678	59		85			85
2003	28	6	22					
2004	59	2	57					
2005	22		22					
合计	9116	8403	705	8	7203	5438	223	1542

基金支出 1987—1992 年,安徽省失业保险基金支出为 3568 万元,其中失业保险金支出 172 万元,其他支出 3396 万元。其他支出包括宣告破产的企业职工和濒临破产的企业法定整顿期间被精简的职工在待业期间的医疗费、死亡丧葬补助费、供养直系亲属抚恤费、救济费;宣告破产的企业职工和濒临破产的企业法定整顿期间被精简而又符合离休、退休条件职工的离休、退休金;企业辞退的职工和终止、解除劳动合同的工人,在待业期间的待业救济金和医疗补助费;待业职工的转业训练费;扶持待业职工的生产自救费;待业职工和职工待业保险基金的管理费。

1987—1992 年安徽省失业保险基金支出情况表

表 5-3-7 单位:万元

年度	失业保险基金支出		
		失业保险金支出	其他支出
1987	151	2	149
1988	259	6	253
1989	262	14	248
1990	784	26	758
1991	902	36	866
1992	1210	88	1122

1993—1998年，安徽省失业保险基金支出为46396万元，其中失业保险金支出18283万元，其他支出28113万元。其他支出包括待业职工在领取待业救济金期间的医疗费、丧葬补助费，其供养的直系亲属的抚恤费、救济费；待业职工的转业训练费；扶持待业职工的生产自救费；待业保险管理费；经省、自治区、直辖市人民政府批准，为解决待业职工生活困难和帮助其再就业确需支付的其他费用。

1993—1998年安徽省失业保险基金支出情况表

表5-3-8　单位：万元

年　度	失业保险基金支出		
		失业保险金支出	其他支出
1993	3257	478	2779
1994	3868	1298	2570
1995	5142	1484	3658
1996	8292	3713	4579
1997	10814	4638	6176
1998	15023	6672	8351

1999—2005年，安徽省失业保险基金支出为443165万元，其中失业保险金支出252991万元，其他支出190174万元。其他支出包括领取失业保险金期间的医疗补助金；领取失业保险金期间死亡的失业人员的丧葬补助金和其供养的配偶、直系亲属的抚恤金；领取失业保险金期间接受职业培训、职业介绍的补贴；国务院规定或者批准的与失业保险有关的其他费用。

1999—2005年安徽省失业保险基金支出情况表

表5-3-9　单位：万元

年　度	失业保险基金支出		
		失业保险金支出	其他支出
1999	36215	5822	30393
2000	43177	9710	33467
2001	52953	19307	33646
2002	65739	36421	29318
2003	73875	49607	24268
2004	81870	61449	20421
2005	89336	70675	18661

失业保险金 1986年11月,安徽省政府规定,待业职工在离开原企业前,企业应与所在地市、县以上劳动行政主管部门所属劳动服务公司联系,办理有关转移手续,移交职工档案。待业职工离开原企业后,应持企业发给的证明及“劳动手册”等证件,向劳动服务公司办理职工待业登记手续,领取职工待业登记证。2000年9月,规定失业人员失业前所在单位,应将失业人员的名单自终止或解除劳动合同之日起7日内报经办机构备案,并按要求提供有关终止或解除劳动合同、参加失业保险及缴费情况等材料。失业人员在终止或解除劳动合同之日起60日内到经办机构按规定办理申领失业保险金手续。经办机构自受理失业人员领取失业保险金申请之日起10日内,对申领者的资格进行审核认定,对符合条件的失业人员按月发放失业保险金。1987—2005年,共支出失业保险金27亿元。

2000—2005年安徽省各市失业保险金支出情况表

表5-3-10 单位:万元

年度 地市	2000年	2001年	2002年	2003年	2004年	2005年
总　计	9710	19307	36421	49607	61449	70675
合肥市	2515	4176	6543	9257	13767	14049
淮北市	1631	2257	2543	2408	2766	3188
亳州市	41	110	53	227	1064	840
宿州市	56	149	383	679	949	1467
蚌埠市	1712	1472	2840	3314	3073	4733
阜阳市	28	159	286	466	799	944
淮南市	261	762	1380	1687	1667	5566
滁州市	104	278	933	2382	2840	3717
六安市	304	1093	1327	2103	3161	3570
马鞍山市	176	450	1726	3503	5505	6450
巢湖市	120	633	922	1413	3371	4764
芜湖市	1269	4919	9306	9401	7126	4838
宣城市	261	872	1908	2191	2750	2660
铜陵市	414	335	2270	3730	3298	2652
池州市	332	509	1347	1744	1870	1619
安庆市	341	794	2030	4122	6719	8470
黄山市	145	339	626	980	724	1148

经办机构管理费 1991年12月,省劳动局印发《安徽省国营企业职工待业保险

基金财务管理办法（暂行）》，规定管理费提取的具体比例。按照国家统一要求，社会保险经办机构具体承办失业保险工作，所需经费列入预算，由财政拨付。1999 年 4 月，省政府“通知”规定，县级以上劳动和社会保障行政部门所属的就业服务机构承担失业保险经办机构职责，具体经办失业保险工作，所需经费列入预算，由同级财政拨付。2000 年 9 月，省政府“规定”规定失业保险经办机构所需经费列入预算，由财政拨付。

1987—1999 年安徽省管理费支出情况表

表 5-3-11　　单位：万元

年　度	管理费支出
1987	145
1988	155
1989	163
1990	206
1991	194
1992	282
1993	510
1994	700
1995	830
1996	960
1997	1052
1998	954
1999	554
合 计	6705

农民合同制工人生活补助金　根据国家和省级有关规定，安徽省对被终止或解除合同的农民合同制工人发放生活补助金。农民合同制工人生活补助金由失业保险经办机构一次性发放。1999—2005 年，全省共发放农民合同制工人生活补助金 3047.8 万元。

2000—2005 年安徽省农民合同制工人生活补助金支出情况表

表 5-3-12　　单位：万元

年　度 / 金　融 / 地　市	2000 年	2001 年	2002 年	2003 年	2004 年	2005 年
总　计	36	177	245	192	244	2103
合肥市	0	24	18	18	18	1948

续表5-3-12

年度 金融 地市	2000年	2001年	2002年	2003年	2004年	2005年
淮北市	1	0	0	0	29	0
亳州市	0	1	1	2	8	4
宿州市	1	41	0	1	2	40
蚌埠市	0	0	0	0	0	4
阜阳市	0	0	0	0	0	17
淮南市	0	88	143	1	12	1
滁州市	2	1	12	88	108	61
六安市	19	0	3	3	6	3
马鞍山市	4	13	23	2	1	7
巢湖市	0	0	0	0	2	0
芜湖市	2	7	22	25	25	11
宣城市	7	0	1	12	15	0
铜陵市	0	0	1	0	15	0
池州市	0	1	1	2	0	1
安庆市	0	0	19	37	2	5
黄山市	0	1	1	1	1	1

调剂再就业服务中心费用 1998年6月，按照《中共中央、国务院关于切实做好国有企业下岗职工基本生活保障和再就业工作的通知》要求，安徽省决定在国有企业建立再就业服务中心，下岗职工进入再就业服务中心。再就业服务中心用于保障下岗职工基本生活和缴纳社会保险费用的资金来源中，三分之一通过社会筹集（包括从失业保险基金中调剂）解决。1998—2005年，全省共调剂再就业服务中心费用13.3亿元。

2000—2005年安徽省调剂再就业服务中心费用支出情况表

表5-3-13　　单位：万元

年度 金融 地市	2000年	2001年	2002年	2003年	2004年	2005年
总　计	23980	24771	22045	17009	10749	6873
合肥市	3916	2783	6230	4792	2720	0
淮北市	2180	2613	2257	1669	516	0
亳州市	118	50	20	0	0	24

续表5-3-13

年度 / 金融 / 地市	2000年	2001年	2002年	2003年	2004年	2005年
宿州市	559	410	517	285	278	100
蚌埠市	1984	1619	1113	0	0	0
阜阳市	619	1050	816	858	782	0
淮南市	4595	4200	4891	5041	4053	5466
滁州市	768	694	374	144	131	0
六安市	731	1712	697	280	97	0
马鞍山市	2778	4070	1500	2503	2000	1020
巢湖市	365	936	929	519	119	0
芜湖市	1999	1440	450	13	0	0
宣城市	220	111	22	48	0	0
铜陵市	1314	1311	1288	334	0	0
池州市	136	105	13	0	0	0
安庆市	1432	1432	872	476	33	263
黄山市	266	235	55	47	20	0

第四章 医疗保险

医疗保险是通过国家立法，按照强制性社会保险原则，及“以收定支，收支平衡，略有结余”的筹资原则，运用医疗资金，保证人们公平的获得适当医疗服务的社会保险制度。

第一节 劳保医疗

对象 新中国成立初，政务院修正公布的《中华人民共和国劳动保险条例》（以下简称《条例》）规定，劳保医疗的对象是：有工人职员一百人以上的国营、公私合营、私营及合作社经营的工厂、矿场及其附属单位，铁路、航运、邮电的各企业单位与附属单位，工、矿、交通事业基本建设单位和国营建筑公司的职工及其供养的直系亲属。1986年以后继续执行这一规定。1992年12月，省劳动局转发劳动部《关于试行职工大病医疗费用社会统筹的意见》，规定的统筹范围是：国营企业、县以上城镇集体所有制企业的在职职工和离退休职工（已进行离退休职工医疗费用统筹的除外），有条件的地区可以包括私营企业职工和外商投资企业的中方职工。

待遇 《条例》规定，实行劳保医疗的企业，工人与职员疾病或非因工负伤，应在该企业医疗所、医院或特约医院医治，如该企业医疗所、医院或特约医院无法医治时，应由该企业行政方面或资方转送其他医院医治，必须住院者，得住院医治。其诊疗费、、手术费、住院费及普通药费，均由企业行政方面或资方负担；贵重药费、就医路费及住院时的膳费由本人自理。

进入20世纪90年代后，为了抑制劳保医疗经费的超支，很多企业进行劳保医疗制度改革，实行医疗费个人与单位分担。淮北矿务局1992年10月出台《淮北矿务局劳保医疗制度改革暂行办法》规定，门诊医疗费，在职职工个人自负10%，离、退休人员个人不负担，精神病、恶性肿瘤患者个人不负担，职工供养直系亲属的医疗费按照国家劳保条例规定报销50%，其余个人自负；对住院医疗费，在职职工个人自负6%；离、退休人员个人不负担，精神病、恶性肿瘤、甲类传染病患者个人不负担，职工供养直系亲属的医疗费按照国家劳保条例规定报销50%，其余个人自负。同时，对医疗费个人自负部分实行部分封顶，即：对职工个人自负医疗费部分总额控制在每人每年不超过200元，对超过200元以上部分分别按原个人门诊、住院自负部分比例的30%、15%自负。1992年，实行职工大病医疗费用社会统筹的企业,统筹基金的开支范围和拨付原则为:统筹基金的开支范围,应以医学上划分大病的原则和看病所支付的医疗费用结合起来,一并考虑确定;统筹基金的拨付起点和拨付档次,视统筹基金的支付能力确定;企业职工供养的直系亲属的医疗是否纳入和如何纳入大病医疗费统筹问题,由各地根据实际情况研究确定;关于器官移植等医疗费用报销问题,仍按照各地区规定的负担比例办理。

资金来源　实行劳动保险的各企业行政方面或资方,须按月缴纳相当于各该企业全部工人与职员工资总额的3%,作为劳动保险金,专款专用,单独列账。劳保医疗经费的开支范围参照公费医疗经费开支范围,对国家规定的职业病和工伤的医疗则按职业病和工伤的有关规定执行。进入20世纪90年代,由于医疗费用的上涨,很多企业对劳保医疗费的提取比例进行上浮。淮北矿务局要求所属单位按8%的医药基金提成,全部由各单位自行掌握使用,一律由单位承包,实行目标责任制管理。大病医疗社会统筹基金的来源,在职职工可在税前福利基金中提取一部分,税后留利的福利基金(或奖励基金)提取一部分。离退休职工大病医疗费用在"营业外"项列支;个人适当缴纳一部分或看病时自负一部分费用。

管理　劳保医疗的管理由职工所在企业负责。淮北矿务局规定:在本局各医疗单位就诊,不论门诊或住院,由本单位医疗机构直接收取个人应负担的医疗费用,职工供养直系亲属全额现金收费,回单位按规定报销;出差、探亲、转诊的,必须凭就诊病历、医疗费收据及本人所在单位证明予以报销;自费药品一律不予报销(按安徽省享受公费、劳保医疗人员自费药品范围规定执行)。所属医疗机构要严格遵守因病施治原则,严格执行逐级转诊制度,对一些做CT、核共振、碎石机等昂贵高档特殊检查,使用贵重药品,要坚持从实际出发,从严控制,严格实行主治医生申请、科主任签字、业务院长审批制度,否则不予报销。

1992年,实行以县(市)为单位大病医疗费用社会统筹的,由劳动部门所属的社会保险管理机构负责组织管理。同时,对统筹基金的管理也明确提出要求:在试行大病统筹的地区,要建立健全职工的就诊、转诊、费用的使用申请和拨付、统筹基金的征集、管理和调整等规章制度,加强管理服务工作;统筹基金应由负责统筹管理的部门设立专户存储,统筹使用,不得挪作他用,年终结余,划转下年使用,并应接受财政、审计和工会部门的检查和监督。

第二节　公费医疗

对象　1986年公费医疗的对象,仍延用1963年12月省人民委员会批转省公医管委会《安徽省公费医疗预防实施管理办法》的规定,主要是各级党政机关、人民团体、各民主党派地方组织的在编人员;各级文化、教育、卫生、农业、林业、水利以及经济建设的事业单位在国家预算内开支的在编工作人员,以及国家预算给以差额补助的事业单位在编工作人员；县以上人民银行列入行政编制人员、工商联在编工作人员和属国家编制的基层税务人员，中央、省级企业财政驻厂员；高等学校在校学生，因病休学经批准保留学籍一年以内的高等学校学生；中央和华东驻安徽的各行政、事业单位，由国家预算开支工资的在编工作人员；经过县以上人事、组织部门批准，原国家财政拨款开支工资，因病休养编外人员和长期供养人员；经过各级编制委员会批准，原国家财政拨款开支工资待处理的超编工作人员；长期抚恤在乡二等乙级以上革命残废军人、革命残废军人教养院休养员、退休军官；根据国务院规定办理退休手续并取得县以上人民委员会人事部门发给退休人员证明书的原享受公费医疗退休人员；凡经县以上人事、组织部门审核批准保留干部身份，领有县以上机关发给的“保留干部身份回家劳动证明书”的原享受公费医疗人员；经县以上人事、组织部门批准暂列编外的老、弱、残职工，要求保留干部身份、水领工资、不办退休手续、领有证明的回乡或者回家的原享受公费医疗人员。

1989 年 8 月，卫生部、财政部《公费医疗管理办法》(以下简称卫生部、财政部《办法》)规定，属于享受公费医疗待遇的人员：各级国家机关、党派、人民团体由国家预算内开支工资的、在编制的工作人员；各级文化、教育、科学、卫生、体育、经济建设等事业单位由国家预算内开支工资的、在编制的工作人员；国家预算内开支工资的、属于国家编制的基层工商、税务人员；中华全国总工会、各级地方工会、产业工会在编的脱产人员，以及由县或城区以上工会领导机关举办、实行全额预算管理的事业单位在编制的工作人员；属于享受公费医疗单位的，经批准因病长期休养的编外人员，长期供养和待分配的超编制人员；受长期抚恤的在乡二等乙级以上革命残废军人和残废军人教养院、荣军院的革命残废军人；属于享受公费医疗单位的离退休人员，在军队工作没有军籍的退休职工；不享受公费医疗的行政事业单位的职工符合国务院退休办法，且退休后由民政部门发放退休金的人员；国家正式核准设置的普通高等学校（不含军事院校）计划内招收的普通本专科在校学生、研究生（不含委托培养、自费、干部专修科学生）和经批准因病休学一年保留学籍的学生，以及高等学校应届毕业生因病不能分配工作在一年以内者；享受公费医疗的科研单位招收的研究生；享受公费医疗的单位招收的在编制的合同制干部、工人（不含劳保福利实行统筹办法的合同制工人；中央和国务院规定享受公费医疗的其他人员。

待遇 1986 年，安徽省规定公费医疗预防经费开支范围为，因病治疗所需的医药、住院、注射、手术、理疗、化验、透视、拍片、输血、针灸、拔牙、补牙、推拿按摩、验光及定期的体格检查等费用，平产妇 7 天内住院医药（难产和产后患病例外），施行绝育、人工流产的医药、住院、手术等费用。

1989 年 8 月，国家就享受公费医疗待遇的人员的医疗报销费用和个人自费范围作出了规定。1994 年 1 月，省政府办公厅印发《关于转发省卫生厅等部门关于改革和加强公费医疗管理报告的通知》（以下简称省政府办公厅《通知》）规定，实行医疗费用与公费医疗享受者经济利益适当挂钩。根据安徽省职工的实际收入水平，挂钩的比例实行限额封顶,即一年内个人负担的医疗费用以不超过本人一个月的基本工资为限。个人负担的具体标准是:在职人员按工龄长短分别自负门诊医疗费用的10%～20%、住院医疗费用及大型仪器检查费用(指100元以上的单项检查项目)的5%;退休人员自负门诊医疗费用的5%、住院医疗费用及大型仪器检查费用的3%。老红军、离休人员和二等乙级以上革命残废军人,其个人负担部分全免。甲类传染病、精神病、癌症及因公负伤发生的医疗费用,不与个人挂钩。同时,要求各地合理确定公费医疗经费定额及超定额分担比例,应按照保证基本医疗需要和充分考虑财力可能的原则,根据上年实际开支水平,剔除不合理开支,综合考虑物价浮动等因素,由财政、卫生部门确定公费医疗经费的定额。

资金来源　1989年8月,卫生部、财政部《办法》规定,按规定应由国家负担的公费医疗经费在国家预算中单列一款。经费预算由各级财政部门安排,经由卫生部门拨付给公费医疗管理机构统一管理使用。中央驻地方单位的公费医疗,由当地公费医疗管理机构统一管理,所需经费由地方财政部门统筹安排。高等学校带工资的大学生,其医药费由原单位在有关经费中安排。

管理　1986年,安徽省沿用《关于改进公费医疗管理的办法》,按系统、分部门(单位)实行医疗费定额包干使用办法,超支不补,结余可结转下年度继续使用。各系统可根据本部门情况,制订具体管理办法。任何单位或个人到医院看病应当是谁看病谁给钱,或与医院订立合同,按月结清。

1994年1月,省政府办公厅《通知》对加强公费医疗管理提出要求,深入清理公费医疗享受范围和人数,杜绝非享受公费医疗人员享受公费医疗;严格执行统一的收费标准,制止乱收费;坚决纠正公费医疗中开"大处方""人情方""搭车开药"、出售非治疗性药品、进行不合理的医疗处置、检查等;实行定点医疗、转诊转院、检查监督等公费医疗管理制度,严肃查处违纪违法行为;加强医药生产、供应部门的统一管理,切实保证按国家计划和医疗需要组织生产和供应,努力提高药品质量,严格执行国家规定的价格政策,坚决制止搭配销售、搞异型包装等不正之风;各享受单位要加强管理,配合支持医疗单位管好公费医疗。同时,要求各地要进一步健全公费医疗管理机构,配备相应的专职管理人员。医疗单位承担公费医疗管理任务后,也要确定相应的管理机构或管理人员,强化管理。

1996年2月,省卫生厅、财政厅印发《安徽省公费医疗用药报销范围(试行)的通知》,自1996年4月1日起执行。用药报销范围所含中成药372种,西药11类474种。并明确规定,限三级医院使用的药品13种,限二级甲等以上医院使用的药品26种,按规定范围使用的药品14种。

第三节　基本医疗保险

改革试点　1994 年 4 月，国家经济体制改革委员会、财政部、劳动部、卫生部《关于职工医疗制度改革的试点意见》规定试点工作内容，包括职工医疗保险费用的筹集办法、建立社会统筹医疗基金和职工个人医疗账户相结合的制度、建立对职工个人的医疗费用制约机制、加强对医疗单位的有效制约、建立科学高效的管理和监督机制等。

铜陵市按照国家的文件精神，对城镇职工医疗保险制度进行探索，于 1995 年 7 月出台《铜陵市机关事业单位职工医疗保险试行办法》，建立医疗保险社会统筹和个人账户相结合的运行机制。主要内容包括：建立统筹的医疗保险费用筹集机制，医疗保险费由单位和职工个人共同缴纳；建立医疗保险社会统筹和职工个人医疗账户，按照个人积累与社会统筹互济相结合的原则，医疗保险基金由医疗保险社会统筹基金和个人账户资金两部分组成；建立对职工个人医疗费用的制约机制，职工患病所需医疗费用，先从个人账户中支付，个人账户不足支付时，则由职工（包括退休人员）自付到本人年工资总额的 5%，超过部分由医疗保险社会统筹基金支付，但单位和个人要负担一定比例；加强对医疗保险有关方面的制约和管理，实行定点医疗制度，对医患双方进行严格审查，接受社会检查监督。1995 年年底，铜陵全市参保单位 248 家，参保人数达 10112 人。1996 年 5 月，国务院办公厅转发国家经济体制改革委员会、财政部、劳动部、卫生部《关于职工医疗保障制度改革扩大试点的意见》（以下简称四部委《扩大试点意见》），将试点城市扩大到了 58 个。安徽省铜陵、淮北、芜湖市列入国务院扩大试点城市范围。安徽省三个试点城市根据省政府批复的实施方案，分别于 1997 年 1 月 1 日、5 月 1 日、1998 年 3 月 1 日正式启动实施。到 1999 年年底，铜陵、淮北、芜湖市的医疗保险参保人数分别达到 13358 人、22687 人、1300 人。

实施范围和对象　1999 年 7 月，省政府发布《安徽省实施城镇职工医疗保险制度改革的若干意见》（以下简称省政府《意见》），正式实施城镇职工基本医疗保险制度改革，规定城镇职工基本医疗保险制度的覆盖范围是：城镇所有用人单位，包括企业（国有企业、集体企业、外商投资企业、私营企业等）、机关、事业单位、社会团体、民办非企业单位及其职工。城镇个体经济组织业主及其从业人员，由统筹地区结合本地实际，逐步纳入基本医疗保险范围。同时规定：离休人员、老红军不参加医疗保险制度改革。继续保持他们的医疗待遇不变，医疗费用按原资金渠道解决，支付确有困难的，由同级人民政府帮助解决。二等乙级以上革命伤残军人的医疗待遇不变，医疗费用按原资金渠道解决，由医疗保险经办机构单独列账管理。医疗费支付不足部分，由当地人民政府帮助解决。职工因公（工）负伤和女职工生育、普通高校在校学生、职工供养直系亲属不纳入基本医疗保险范围，其医疗费用按现行规定解决。2001 年 4 月，经省政府常务会议研究同意，安徽省持有省委保健委颁发的“干部保健证”，且享受住院保健待遇的厅级干部和高级知识分子，在省直享受住院保健待遇人员医改实施办法出台之前，仍按原办法执行，医疗保障费用按原资金渠道解决。其在职人员个人应缴纳 2% 的基本医疗保险费也暂由单位负责征收和管理。同年 10 月，安徽省要求中央直属企事业单位，原则上应在 2001 年年底前全部参加当地的基本医疗保险。2003 年 7 月，安徽省出台规定，要求以国有企业下岗失业人员为重点，逐步将其他灵活就业人员纳入基本医疗保险范围。2004 年 7 月，省劳动保障厅、省军区联合发出通知，驻皖部队机关事业单位职工按照属地管理的原则，从 2004 年 10 月 1 日起参加所在统筹地区城镇职工基本医疗保险，统一执行统筹地区的基本医疗保险政策。其中驻合肥部队机关事业单位职工参加省级单位职工基本医疗保险。驻皖部队机关事业单位职工从 2004 年 10 月 1 日起向所在统筹地区医疗保险经办机构申报缴费，自 11 月 1 日起按当地规定享受基本医疗保险待遇。职工在参保缴费之前，其按国家和省规定可计算的连续工龄视同医疗保险缴费年限。2005 年 7 月，省军区政治部、军区后勤部、民政厅、财政厅、劳动保障厅、卫生厅联合印发《关于移交政府安置的军队离休退休干部及无经济收入家属、遗属和军队无军籍退休职工医疗保障、生活补助等有关问题的通知》，规定上述人群属地参加基本医疗保险。2000 年年底，全省城镇职工基本医疗保险参保人数为 129 万人；到 2005 年年底达 432.8 万人（其中：关闭破产企业退休人员 19.05 万人）。

1999 年 7 月，省政府《意见》规定，基本医疗保险费的筹集按照“以收定支、收支平衡”的原则，基本医疗保险费由用人单位和职工个人共同缴纳。用人单位缴费率为职工工资总额的 6% 左右，职工个人缴费率为本人工资的 2%（退休人员个人不缴费）。国有企业下岗职工的基本医疗保险费，包括单位缴费和职工个人缴费，由再就业服务中心按统筹地区上年度职工月平均工资的 60% 为基数缴纳，享受与统筹地区在职职工相同的医疗保险待遇。城镇集体企业下岗职工的基本医疗保险费缴纳的具体办法，由统筹地区根据实际情况确定。2002 年 10 月，省劳动保障厅印发《关于妥善解决困难企业职工、困难群体医疗保障问题的指导意见》规定，在坚持权利和义务相对应原则的基础上，针对不同情况，采取不同的筹资办法。对有部分缴费能力的困难企业，可按照适当降低单位缴费率，先建立统筹基金、暂不建立个人账户的办法，将其在职职工和退休人员纳入参保范围，享受统筹基金支付的基本医疗保险待遇；单位缴费按所在统筹地区上年度职工月平均工资为基数，缴费率由各地根据建立统筹基金的实际需要确定。对关闭、破产国有企业的退休人员（包括医疗保险制度改革前已关闭、破产的原国有企业退休人员），可按照当地退休人员的实际医疗费用水平和平均余命筹集医疗保险资金，所需资金从破产企业资产变现中提取，不足部分由企业主管部门或同级政府帮助解决；在按照以上办法落实医疗保险资金来源后，将关闭、破产国有企业的退休人员纳入到基本医疗保险范围，并实行资金单独列账管理，专项用于保障其医疗保险待遇。对仍在再就业服务中心的国有企业下岗职工，中心要继续按规定为其代缴基本医疗保险费；对出中心解除劳动关系或协议保留养老保险关系的人员，已经再就业并重新建立劳动关系的，应按规定继续参加基本医疗保险，对未实现再就业或采取灵活方式就业的，可参照当地个体经济业主的参保办法，由个人缴费参加基本医疗保险；对无任何缴费能力的困难企业职工以及按政策规定享受城市居民最低生活保障的人群，要积极争取由政府建立社会医疗救助制度的办法，解决其医疗保障问题；社会医疗救助基金可通过财政支持捐助等渠道筹集，各级政府开办的各类非营利性医疗机构应设立"特困病房""助困病床"等，向城镇特困人群提供较低费用的就医帮助；对劳动模范在医疗待遇方面应予以照顾，可采取分级负责管理的办法，保证其医疗待遇不降低，对已参加基本医疗保险的省部级以上劳动模范，除按基本医疗保险规定享受有关医疗待遇外，超出部分由其所在单位予以补助，未参加基本医疗保险的省部级以上劳动模范的医疗保障问题，由企业和企业主管部门负责解决。2000 年年底，全省城镇职工基本医疗保险基金收入 2.57 亿元；2005 年年底达 2.97 亿元。

1999 年 7 月，省政府《意见》规定，职工个人缴纳的基本医疗保险费全部计入个人帐户，用人单位缴纳的基本医疗保险费分为两部分，即用于建立统筹基金和划入个人帐户。划入比例一般为用人单位缴费的 30% 左右，最高不超过 35%。按 45 岁以下、45 岁以上、退休后三个年龄段，由统筹地区根据个人账户支付范围和职工年龄等因素确定。个人账户的本金和利息归个人所有，可以结转使用和继承。统筹基金主要支付住院时起付标准以上个人自付以外、最高支付限额以下医疗费用。个人账户主要支付门诊医疗费用，也可用于支付起付标准以下医疗费用及从统筹基金中支付时须个人自付的部分。

基金管理　1999 年 7 月，省政府《意见》规定，基本医疗保险基金纳入社会保障基金财政专户，实行收支两条线管理，专款专用。统筹地区医疗保险经办机构负责基本医疗保险基金的管理和支付，各级劳动保障和财政部门加强对基本医疗保险基金的监督管理，审计部门定期对医疗保险经办机构的基金收支情况和管理情况进行审计，统筹地区应设立由政府有关部门代表、用人单位代表、医疗机构代表、工会代表和有关专家参加的医疗保险基金监管组织，加强对基本医疗保险基金的社会监督。同年 11 月，转发中央部委《基本医疗保险费用结算管理意见》，规定各统筹地区要根据当地实际和基本医疗保险基金支出管理的需要，制定基本医疗保险费用结算办法。结算办法应包括结算方式和标准、结算范围和程序、审核办法和管理措施等有关内容。属于基本医疗保险基金支付的医疗费用，应全部纳入结算范围，一般由社会保险经办机构与定点医疗机构和定点零售药店直接结算。暂不具备条件的，可先由参保人员或用人单位垫付，然后由社会保险经办机构与参保人员或用人单位结算。2000 年 11 月，规定凡参加基本医疗保险的单位和个人（含退休人员），都要参加所在统筹地区的医疗救助，救助金主要用于参加基本医疗保险的人员在患大病、重病时，超过统筹基金最高支付限额的医疗费用。同年同月，省政府办公厅转发省劳动保障厅、财政厅、地税局《关于国家公务员医疗补助的实施意见》，规定医疗补助的范围是：国家行政机关工作人员和退休人员；参照国家公务员制度管理的党的机关工作人员和退休人员；参照国家公务员制度管理的人大常委会、政协机关、各民主党派和工商联机关、工会、共青团、妇联等群众团体机关以及列入参照国家公务员管理的其他单位机关工作人员和退休人员；依照国家公务员制度管理的事业单位的工作人员和退休人员；参照国家公务员制度管理的省委直属事业单位的工作人员和退休人员；审判机关、检察机关的工作人员和退休人员。医疗补助经费由地税部门负责征收，纳入财政专户，专款专用、单独建账、单独管理，与基本医疗保险基金分开核算。医疗保险经办机构负责医疗补助的经办工作，并严格执行有关规章制度、建立健全各项内部管理制度和审计制度。劳动保障部门要加强对医疗保险经办机构的考核与监督管理；财政部门要制定医疗补助经费的财务和会计管理制度，并加强财政专户管理，监督检查补助经费的分配和使用；审计部门要加强医疗补助经费的审计。2005 年 8 月，省劳动保障厅、财政厅、省地税局印发《进一步加强医疗保险基金征收和管理工作有关问题的通知》，规定医疗保险费统一由地税局部门向参保单位征收，加强医疗保险费征缴稽核和清理欠费，提高医疗保险基金征缴率；严格规范医疗保险业务管理程序，不断完善基本医疗保险费用结算办法；按照基本医疗保险的服务范围和标准以及“三个目录”的规定，对定点医疗机构、定点零售药店以及参保人员申报的费用进行审核和支付；针对分解住院、分解项目、挂床住院等行为，完善医疗保险协议管理指标，加强对定点医疗机构的年度考核和监督检查；各级经办机构要严格执行社会保险基金财务会计制度，规范基金财务管理和会计核算工作，统一和规范基金筹集、支付等环节的管理流程；要严格实行收支两条线管理办法，健全基本医疗保险基金监督机制，确保基本医疗保险基金安全完整。

服务管理　1999 年 10 月，省机构编制委员会办公室印发《关于省医疗保险管理体制及有关机构与人员编制问题的通知》，明确将省卫生厅承担的公费医疗、省体改委承担的医疗保险制度改革试点等职能划转到省劳动厅，在省劳动厅内设立医疗保险处，统一负责全省医疗保险行政管理工作。2000 年 1 月，省劳动厅、省机构编制委员会办公室、省人事厅印发《关于进一步加快理顺医疗保险管理体制工作的通知》，要求各地根据本地实际和医改工作的需要，结合机构改革工作的总体要求，尽快理顺医疗保险管理体制，成立医疗保险行政管理和经办机构。2005 年 8 月，省劳动保障厅发出通知，针对定点医疗机构普遍存在的分解住院、分解项目、挂床住院等欺诈行为，建立健全完善的监督机制，信誉评估机制。

定点管理　1999 年 7 月，省政府《意见》规定，基本医疗保险实行定点医疗机构（包括中医医院）和定点药店管理及年审制度。各级劳动保障行政部门根据有关规定对医疗机构和药店的定点资格进行审定，省属及中央驻皖部门、单位的定点医疗机构和定点药店资格审定由省劳动厅负责；统筹地区定点医疗机构和定点药店的资格审查由当地劳动保障部门负责。在资格审定的基础上，由统筹地区医疗保险经办机构根据职工的选择意向统筹确定各单位定点医疗机构和定点药店，并与之签订合同，明确各自的责任、权利和义务。引进竞争机制，确定若干个定点医疗机构和定点药店，让职工可在若干定点医疗机构中选择就医、购药，也可持处方在若干个定点药店选购药品。同年8月，省劳动厅、省医药管理局转发劳动保障部、国家药品监督管理局《关于印发城镇职工基本医疗保险定点零售药店管理暂行办法的通知》规定：愿意承担城镇职工基本医疗保险定点服务的零售药店，应向统筹地区劳动保障行政部门提出书面申请，并提供药品经营、人员职称、业务收支、物价检查等材料，劳动保障行政部门根据零售药店的申请及提供的各项材料，对零售药店的定点资格进行审查。统筹地区社会保险经办机构在获得定点资格的零售药店范围内确定定点零售药店，统发定点零售药店标牌，并向社会公布，供参保人员选择购药。同年10月，省劳动厅、省卫生厅印发《安徽省城镇职工基本医疗保险定点医疗机构管理实施细则》明确：原意承担城镇职工基本医疗保险定点服务的医疗机构，按要求填写《安徽省城镇职工基本医疗保险定点医疗机构申请书》和附有关申报材料，向统筹地区劳动保障行政部门提出书面申请。劳动保障行政部门根据医疗机构的申请及提供的各项材料对医疗机构进行审查。审查合格的发给定点医疗机构资格证书，向社会公布，供参保人选择。并将取得定点资格的医疗机构名单报省劳动厅和医疗机构主管部门备案。在获得定点资格的医疗机构范围内，参保人员提出个人就医的定点医疗机构选择意向，并填报“定点医疗机构选择意向表”，由所在单位汇总后，统一报送统筹地区医疗保险经办机构。医疗保险经办机构根据参保人的选择意向、兼顾定点医疗机构的服务能力和方便参保人就医及合理利用医疗卫生资源的原则，统筹确定定点医疗机构。2003年1月，省劳动保障厅印发《安徽省城镇职工基本医疗保险定点医疗机构医疗保险服务管理考核暂行办法》《安徽省城镇职工基本医疗保险定点零售药店医疗保险服务管理考核暂行办法》，规范定点医疗机构、定点零售药店的基本医疗保险服务管理。

用药范围、诊疗项目和服务设施管理　1999年11月，安徽省规定在国家和省、自治区、直辖市基本医疗保险药品目录出台之前，各地可继续执行当地原有的公费医疗用药范围或目录。转发劳动保障部、国家发展计划委员会、财政部、卫生部、国家中医药管理局印发的《基本医疗保险诊疗项目管理、医疗服务设施范围和支付标准意见》规定：国家文件所列基本医疗保险不予支付费用、支付部分费用的诊疗项目，以及规定以外的其他医疗服务设施项目，省里暂不作增加和调整，对基本医疗保险支付部分费用的诊疗项目，各统筹地区劳动保障行政部门制定具体的个人支付比例。2002年5月，经过省城镇职工基本医疗保险药品目录评审工作领导小组和咨询专家小组严格评审，并报劳动保障部批准，省劳动保障厅颁布《安徽省基本医疗保险药品目录》，自2002年7月1日起执行，规范了基本医疗保险用药管理工作。与1996年印发的安徽省公费医疗药品报销范围比较，西药增加54.8%，中成药增加85.98%，西药中合资及进口药品的比例也有所增加。同时，还包含了原省公费医疗用药范围82.2%以上的药品。2005年6月，经过临床医学、药学专家的多轮评审遴选，并报经劳动保障部审核批准，省劳动保障厅正式印发《安徽省基本医疗保险和工伤保险药品目录(2005年版)》,从2005年7月1日起执行,共2090个品种,与2002年版《药品目录》相比,西药品种增加了52.02%。中成药品种增加了108.72%。2005版目录在险种适用范围上从基本医疗保险扩大到了工伤保险,在保持用药水平相对稳定与连续的基础上,增加了新的品种,调出了少部分乙类品种。同时,调整了药品分类,对部分剂型进行归并,明确部分药品准予支付费用的限定范围。

第四节　保险经办管理

经办机构　1999年7月,安徽省政府印发《安徽省实施城镇职工医疗保险制度改革若干意见》(以下简称省政府《意见》),城镇职工基本医疗保险实行政事分开。劳动保障行政部门主要负责医疗保险有关政策、法规的制定;各级医疗保险经办机构主要负责贯彻落实医疗保险的政策、法规,负责基本医疗保险基金的管理和支付等具体经办工作。医疗保险经办机构的事业经费不得从基金中提取,由同级财政预算解决。1999年11月,安徽省机构编制委员会印发《关于成立安徽省医疗保险基金管理中心的通知》,安徽省医疗保险基金管理中心(以下简称:省医保中心)为省劳动保障厅直属县级事业单位,具有独立法人资格,列入全额拨款事业单位管理序列,负责省直机关、事业单位和中央驻肥单位及驻皖的铁路、电力行业职工基本医疗保险基金的管理和支付工作,开展参保单位及职工医疗保险的咨询和服务,并负责对市、地医疗保险经办机构的业务指导。核定省医保中心事业编制25名(含省公费医疗管理办公室并入的事业编制),其中领导职数3名,专业技术人员18名,管理人员2名,工勤人员2名。省医保中心成立后,省社会保险事业管理局经办管理的医疗、工伤、生育保险业务划转到省医保中心。2003年1月,省机构编制委员会办公室印发《关于同意省劳动和社会保障厅增加单列编制的批复》,重新核定省医疗保险基金管理中心全额事业编制18名。2004—2005年,省医保中心在人员满编的情况下,接收安置3名军队转业干部,省机构编制委员会办公室批准增加编制3名,到2005年省医保中心编制为21名。2004年4月,省劳动保障厅印发《关于省医疗保险基金管理中心内设机构的批复》,省医保中心内设机构为办公室、征缴计划科、基金管理科、医疗管理科、医疗基金结算科、稽核科、信息网络科。从2000年起,各市、县(区、市)相继成立医疗保险经办机构,到2002年,省本级及全省17个市级统筹地区和所有的县级统筹地区全部成立医疗保险经办机构。各市、县(区、市)医疗保险经办机构成立后,社会保险事业管理机构经办管理的医疗、工伤、生育保险业务相继划转到医疗保险经办机构。

社保登记与保险费征缴　1999年3月,安徽省劳动厅印发《关于贯彻实施社会保险登记管理暂行办法的通知》,规定按属地管理原则,由负责养老保险业务的经办机构统一办理社会保险登记;"社会保险登记证"由省劳动厅统一印制,由省社保局统一规定编码；对核发的“社会保险登记证”实行定期验证和换证。2000年11月，省政府颁布《安徽省社会保险费征缴暂行规定》（以下简称省政府《暂行规定》），凡是依法应参加社会保险，缴纳社会保险费的单位，都应该在规定的期限内到所在地社会保险经办机构进行社会保险登记。社会保险登记包括参保登记、变更登记、注销登记等内容。应参加社会保险的单位，无论参加一项保险，还是参加多项保险，都必须办理社会保险登记，领取社会保险登记证。参保单位只在一个社会保险经办机构办理社会保险登记，几项保险只进行一次登记。登记后又参加某项社会保险的，只在原登记表中说明，不必另外办理登记。医疗（工伤、生育）保险启动实施以后，医疗（工伤、生育）保险与养老、失业等保险分别在不同的经办机构具体经办，各险种参保覆盖的范围也有所不同。参加医疗（工伤、生育）保险的单位既便是已进行社会保险登记，也需在医疗（工伤、生育）保险经办机构办理参保申报，经办机构审核参保单位的申报材料，确认单位、参保人员、工资等相关信息。已经参保的单位，当参保申报登记的信息发生变化时，还需要按月向经办机构进行变更申请。

2000年11月，省政府出台规定，社会保险费由地方税务机关征收。医疗（工伤、生育）保险经办机构按月核定参保单位的参保人数、缴费人数、缴费工资、单位及个人的应缴费数额等，并于每月底，向地税部门提供各参保单位下月的征收计划，地税部门按经办机构提供的征收计划向参保单位征收保险费。征收的保险费首先进入国库；财政部门按月将国库内的保险费调拨至保险基金财政专户；医疗（工伤、生育）保险经办机构按月向财政部门提出下月的保险费用款计划，财政部门按计划将保险费从财政专户划拨到经办机构的支出户；经办机构从支出户支付参保人的各项保险待遇。城镇职工基本医疗保险自1999年启动实施后，全省参保人数和基金收入逐年增长。1999年参保人数为2.3万人，2005年为432.8万人。2000年基金收入为6851万元，2005年为297337万元。具体如下表。

1999—2005年安徽省城镇职工基本医疗保险参保人数统计表

表5-4-1　　　　单位：万人

单位 \ 金额 \ 项目		参保人数						
		1999年	2000年	2001年	2002年	2003年	2004年	2005年
01	全省	2.3	129.0	232.8	292.1	342.2	388	432.8
1	省直	—	17.9	19.7	19.8	20.7	21.2	22.2
2	合肥市	—	6.6	7.1	27.1	35.1	43.9	55.7
3	淮北市	—	5	22.3	23.7	27.2	29.9	33.2
4	亳州市	—	2.9	6.1	7.2	9.2	10.7	11.7
5	宿州市	—	8	11	11	14.7	17	18.6

续表 5-4-1

单位 \ 项目 金额		参保人数						
		1999 年	2000 年	2001 年	2002 年	2003 年	2004 年	2005 年
6	蚌埠市	—	13.3	18.1	22.1	26.6	29.5	31.6
7	阜阳市	—	4.3	10.1	14.5	20.2	22.8	24.1
8	淮南市	—	5.2	21.4	22.4	24.9	30.6	36.2
9	滁州市	—	8.2	14	16.4	18.3	21	23.3
10	六安市	—	9.6	13.4	16.1	18.4	20.1	21.3
11	马鞍山	—	—	16.4	23.9	26.4	27.3	28.3
12	巢湖市	—	8.8	11.1	12.2	13.9	15.4	16.3
13	芜湖市	—	10.4	15.6	17	19.2	24.2	27.7
14	宣城市	—	7	10	10.5	13	14.1	15.2
15	铜陵市	—	7.2	14.5	16.4	17.9	18.9	20.1
16	池州市	—	1.1	4.2	5.3	6.2	7.5	8.5
17	安庆市	—	6.2	8.7	17.1	19.2	22.4	26.3
18	黄山市	—	7.3	9.1	9.4	11.1	11.5	12.5

2000—2005 年安徽省城镇职工基本医疗保险基金收入情况

表 5-4-2 单位:万元

单位 \ 项目 金额		基金收入(万元)					
		2000 年	2001 年	2002 年	2003 年	2004 年	2005 年
01	全　省	6851	69469	107032	168740	224577	297337
1	省　直	—	9136	7459	9124	10484	12827
2	合肥市	—	6449	7755	30006	40054	57520
3	淮北市	—	2509	2927	6555	10875	9481
4	亳州市	—	1687	3189	4896	5821	6911
5	宿州市	—	2473	3514	5425	7030	12327
6	蚌埠市	—	7915	11404	14647	17588	19959
7	阜阳市	—	1744	4571	6662	8828	14121
8	淮南市	—	3074	4438	6606	8977	16952
9	滁州市	—	4314	8415	10055	12906	17128
10	六安市	—	4436	7222	10478	13696	17851
11	马鞍山	—	1054	6678	11723	16041	19563

续表 5-4-1

12	巢湖市	—	5720	6675	8237	9753	10340
13	芜湖市	—	4239	5216	7405	14707	18037
14	宣城市	—	3791	5434	6827	8683	10942
15	铜陵市	—	3192	5367	7737	9652	12614
16	池州市	—	597	2541	4098	5333	8563
17	安庆市	—	3628	8896	11736	17196	22890
18	黄山市	—	3511	5331	6523	6953	9311

个人账户管理 1999年7月，省政府规定，基本医疗保险基金由个人账户和统筹基金构成。职工个人按本人工资的2%缴纳的基本医疗保险费全部划入个人账户。用人单位缴纳的基本医疗保险费分为两部分，一部分用于建立统筹基金，一部分划入个人账户。划入个人账户的比例一般为用人单位缴费的30%左右，最高不超过35%，按45岁以下（含45岁）、45岁以上、退休后三个年龄段，由统筹地区根据个人账户支付范围和职工年龄等因素确定。退休人员（包括按国发〔1978〕104号文件规定的退职人员）个人账户以统筹地区上年度职工月平均工资或个人养老金为基数，按不低于职工个人缴费和单位缴费划入个人账户部分之和的比例，由单位缴费中划入。划入个人账户的具体比例由统筹地区根据实际情况测算确定。省医保中心负责具体经办的省直参保人员和合肥市参保人员个人账户划入比例是：45岁以下（含45岁）、45岁以上这两个年龄段分别是单位缴费平均工资的1%、1.5%；退休人员为合肥地区职工平均工资的4%。

安徽省分年度计入个人账户资金表

表 5-4-3 单位：万元

年度 / 数额 / 单位	计入个人帐户资金数额					
	2000	2001	2002	2003	2004	2005
全省	12734	33106	49468	74945	89866	122893
其中：省直	—	4998	3475	4082	4294	5245

省政府规定，基本医疗保险个人账户和统筹基金应分别核算，分开管理，不得相互挤占。各统筹地区都明确划分了统筹基金和个人账户的各自支付范围。个人账户主要用于支付小病、小额或门诊医疗费用，也可用于支付住院起付标准以下的医疗费用及从统筹基金中支付时个人须自付的部分。统筹基金主要支付大病、大额或住院时起付标准以上、最高支付限额以下个人自付部分以外的医疗费用。个人账户的本金和利息归个人所有，可以结转和继承。参保职工跨统筹地区流动进行医疗保险关系转移时，只转

移个人帐户的金额（本金和利息）。

省政府要求统筹地区要结合本地实际，确定个人账户的具体管理办法。医疗保险实施初期，可由医疗保险经办机构直接管理或通过银行储蓄管理，也可委托单位代管，委托单位代管的，要积极创造条件，逐步实现社会化管理。到2005年年底，安徽省除省直和合肥市采取钱账合一的银行储蓄方式管理外，其他统筹地区均由经办机构采用IC卡实行钱账分离的管理办法，即参保人在定点机构使用IC卡记账消费，定期由经办机构与定点机构统一结算。

2002年10月，省劳动保障厅《关于妥善解决困难企业职工、困难群体医疗保障问题的指导意见》规定，对有部分缴费能力的困难企业，按照适当降低单位费率，个人不缴费，先建立统筹基金、暂不建立个人账户的办法，将其在职职工和退休人员纳入参保范围，享受统筹基金支付的基本医疗保险待遇，解决参保人因患大病带来的医疗费用支付风险。单位缴费按所在统筹地区上年度职工月平均工资为基数，缴费率由各地根据建立统筹基金的实际需要确定。

住院医疗费用结算管理　1999年10月，省劳动厅、卫生厅印发《安徽省城镇职工基本医疗保险定点医疗机构管理实施细则》。规定参保人员应持医疗保险相关证件在定点医疗机构住院，定点医疗机构核实相关信息后，将其纳入医疗保险信息系统管理。出院时由定点医疗机构按医疗保险的政策规定与参保人结算发生的医疗费用，属个人支付的部分，由参保人直接支付给定点医疗机构；属医疗保险统筹基金支付的部分，由定点医疗机构向经办机构申报，经办机构审核后按约定结算办法向定点医疗机构拨付统筹医疗费用。

2001—2005年安徽省直参保人员住院及医疗费用支付情况表

表5-4-4　　单位：万元

年度	出院人次	医疗费用（万元）								
		总额	其中							
			统筹基金支付		个人支付					
							其中			
			小计	占总费用比例（%）	小计	占总费用比例（%）	自费费用	占总费用比例（%）	按比例分担费用	占总费用比例（%）
2001	3410	2092.02	1372.29	65.60	719.73	34.40	464.93	22.22	254.80	12.18
2002	5030	2968.26	2014.78	67.88	953.48	32.12	603.20	20.32	350.28	11.80
2003	6670	4289.12	2980.95	69.50	1308.17	30.50	834.48	19.46	473.69	11.04
2004	8580	5101.71	3531.72	69.23	1570.00	30.77	1025.73	20.11	544.27	10.67
2005	12105	6868.91	5106.49	74.34	1762.42	25.66	1018.68	14.83	743.74	10.83

1999年6月，国家出台规定，各统筹地区要根据当地实际和医疗保险基金支出管理的需要，制定基本医疗保险费用结算办法。基本医疗保险费用的具体结算方式，应根据经办机构的管理能力和定点医疗机构的不同类别确定。经办机构与定点医疗机构间采用何种结算方式，国家和省没有统一规定，由各统筹地区根据当地实际确定。安徽省各统筹地区经办机构与定点医疗机构之间结算方式不尽相同，主要有按服务项目结算、按出院人次定额结算、按人头付费结算、按总额预付结算等四种。

2001—2005年蚌埠市不同级别医院“出院人次”的定额标准表

表5-4-5 单位:元

年度 标准 （元）	2001年	2002年	2003年	2004年	2005年
三级医院	3400	3300	3200	3460	3460
二级医院	3000	3000	2900	3130	3130
一级医院	1800	1700	1200	1300	1300

2001—2005年安徽省直及合肥市不同级别医院“出院人次”的定额标准表

表5-4-6 单位:元

年度 金额 标准	2001年	2002年	2003年	2004年	2005年
三级医院	4294	4294	4294	4294	4294
二级医院	2801	2801	2801	2801	2801
一级医院	1867	1867	1867	1867	1867

参保人员因病情需要或特殊原因，经经办机构审核同意在非定点医疗机构就医发生的医疗费用，主要包括急诊抢救（先急诊抢救后到医疗保险经办机构备案）、转诊转院、异地居住就医发生的医疗费用。这部分费用先由本人垫付，出院后在规定的时间内到经办机构报销。经办机构按照医疗保险的有关规定对医疗费用进行审核，并以现金形式向参保人员支付应由基本医疗保险基金支付的部分。

2001—2005年安徽省城镇职工基本医疗保险基金支出表

表5-4-7 单位:万元

项目 金额 单位		基金支出				
		2001年	2002年	2003年	2004年	2005年
01	全省	40281	68114	116193	161903	232469
1	省直	6981	6399	7398	9092	11809

续表 5-4-7

单位 \ 金额 \ 项目		基金支出				
		2001 年	2002 年	2003 年	2004 年	2005 年
2	合肥市	5197	6613	16502	29650	56209
3	淮北市	1805	2360	4604	6657	8023
4	亳州市	808	1940	3480	4353	6173
5	宿州市	886	1818	3456	4626	6558
6	蚌埠市	3871	8384	13201	15512	18213
7	阜阳市	350	2195	4536	7210	10320
8	淮南市	1599	1190	3234	5131	10255
9	滁州市	1421	4701	7308	9067	12430
10	六安市	1547	3765	6821	9522	11676
11	马鞍山	86	2754	7459	10745	12414
12	巢湖市	2921	4017	5927	7274	8595
13	芜湖市	1433	2380	5026	8371	13710
14	宣城市	2191	3579	4906	6951	8528
15	铜陵市	2093	4234	5629	6885	9084
16	池州市	239	1503	2649	3809	5447
17	安庆市	4719	5897	9265	11335	15936
18	黄山市	2134	4385	4792	5713	7089

说明：不含封闭运行单位基金支出

定点协议管理　1999 年 7 月，省政府规定，基本医疗保险实行定点医疗机构管理，经办机构具体负责确定定点机构，并同定点机构签订服务协议，明确双方的责任、权利和义务。为便于规范协议内容，部、省经办机构制订了规范的协议文本，主要内容包括：服务人群、服务范围、服务内容、服务质量、医疗费（药费）用结算办法、医疗费用支付标准以及医疗费用（药费）审核与控制等。协议管理的主要措施有，利用信息系统进行管理、对医疗服务项目进行管理、对参保人员个人负担进行控制、费用结算控制等。

2001—2005 年安徽省直及黄山市定点医疗机构分布情况表

表 5-4-8　单位：个

年度 \ 数量 \ 分布	省直			黄山市		
	三级医院	二级医院	一级医院	三级医院	二级医院	一级医院
2001	8	18	8	1	3	0

续表 5-4-8

2002	8	18	12	1	4	7
2003	12	21	10	1	7	9
2004	12	22	15	1	7	12
2005	12	27	19	1	7	18

2001—2005 年马鞍山等三市定点药店分布情况表

表 5-4-9　　单位:个

分布 数量 年度	马鞍山市本级	蚌埠市本级	阜阳市本级
2001	12	21	3
2002	21	24	4
2003	25	37	6
2004	30	34	8
2005	37	29	12

第五章　工伤保险

工伤保险，是指劳动者在工作中或在规定的特殊情况下，遭受意外伤害或患职业病导致暂时或永久丧失劳动能力以及死亡时，劳动者或其遗属从国家和社会获得物质帮助的一种社会保险制度。

第一节　参保对象

1992 年省劳动局确定蚌埠市、潜山县、来安县为全省工伤保险制度改革试点。1996 年 8 月，劳动部印发《企业职工工伤保险试行办法》（以下简称《试行办法》）。1997 年 2 月，省政府据此发布《安徽省企业职工工伤保险暂行办法》（以下简称《暂行办法》），规定本省境内国有企业、城镇集体所有制企业、股份制企业、私营企业的职工以及外商投资企业中的中方职工均参加工伤保险。2003 年 4 月，国务院颁布《工伤保险条例》（以下简称《条例》）。2004 年 6 月，省政府据此发布《安徽省实施 < 工伤保险条例 > 办法》（以下简称《实施办法》），规定本省行政区域内的各类企业和有雇工的个体工商户应当参加工伤保险，为本单位全部职工或者雇工缴纳工伤保险费；本省行政区域内的各类企业的职工和个体工商户的雇工均有享受工伤保险待遇的权利。2005 年 12 月，劳动保障部、人事部、民政部、财政部印发《关于事业单位、民间非营利组织工作人员工伤有关问题的通知》，规定不属于财政拨款支持范围或没有经常性财政拨款的事业单位、民间非营利组织，参加统筹地区的工伤保险。2000 年，全省参加工伤保险 74 万人，到 2005 年，全省参加工伤保险人数达到 148.19 万人。2000 年至 2005 年全省职工工伤保险参保情况见图 5-5-1。

第二节　工伤范围及其认定程序

工伤范围　1987 年 11 月，中央多部委联合修订印发《职业病范围和职业病患者处理办法的规定》，职业病种类为 9 类 99 种。1997 年 2 月，省政府《暂行办法》规定，职工在下列情形负伤、致残或者死亡的，认定为工伤：从事本单位日常生产工作或者本单位负责人指定和同意的工作的；经本单位负责人同意或者安排，从事与本单位有关的科学试验、发明创造和技术改进工作的；虽未经本单位负责人指定或者同意，但在紧急情况下，因履行职责遭致人身伤害的，或者从事抢险救灾、救人等维护国家、社会和公众利益活动的；在生产环境中接触职业性有毒有害物质造成职业病的；在生产工作时间和区域内遭受不可抗拒的意外伤害的，或者因突发疾病造成死亡或者全部丧失劳动能力的；因公外出期间，发生非本人主要责任的道路交通事故的，或者遭受其他意外事故造成伤害或者失踪的，或者因突发疾病造成死亡或者全部丧失劳动能力的；在上下班规定时间和必经路线上，发生非本人主要责任的道路交通事故的；因公、因战致残的军人复员转业后旧伤复发的；法律、法规规定的其他情形。2002 年 4 月，卫生部、劳动保障部印发的《职业病目录》，将职业病种类扩大到 10 类 115 种。2003 年 4 月，国务院出台规定，职工有下列情形之一的，认定为工伤：在工作时间和工作场所内，因工作原因受到事故伤害的；工作时间前后在工作场所内，从事与工作有关的预备性或者收尾性工作受到事故伤害的；在工作时间和工作场所内，因履行工作职责受到暴力等意外伤害的；患职业病的；因工外出期间，由于工作原因受到伤害或者发生事故下落不明的；在上下班途中，受到机动车事故伤害的；法律、行政法规规定应当认定为工伤的其他情形。

认定程序 1991 年 3 月，国务院发布《企业职工伤亡事故报告和处理规定》规定，伤亡事故发生后，负伤者或者事故现场有关人员应当立即直接或者逐级报告企业负责人。企业负责人接到重伤、死亡、重大死亡事故报告后，应当立即报告企业主管部门和企业所在地劳动部门、公安部门、人民检察院、工会。企业主管部门和劳动部门接到死亡、重大死亡事故报告后，应当立即按系统逐级上报；死亡事故报至省、自治区、直辖市企业主管部门和劳动部门；重大死亡事故报至国务院有关主管部门、劳动部。轻伤、重伤事故，由企业负责人或其指定人员组织生产、技术、安全等有关人员以及工会成员参加的事故调查组，进行调查。死亡事故，由企业主管部门会同企业所在地设区的市（或者相当于设区的市一级）劳动部门、公安部门、工会组成事故调查组，进行调查。重大死亡事故，按照企业的隶属关系由省、自治区、直辖市企业主管部门或者国务院有关主管部门会同同级劳动部门、公安部门、监察部门、工会组成事故调查组，进行调查。事故调查组在查明事故情况以后，如果对事故的分析和事故责任者的处理不能取得一致意见，劳动部门有权提出结论性意见；如果仍有不同意见，应当报上级劳动部门的有关部门处理；仍不能达成一致意见的，报同级人民政府裁决。但不得超过事故处理工作的时限。伤亡事故处理工作应当在 90 日内结案，特殊情况不得超过 180 日。伤亡事故处理结案后，应当公开宣布处理结果。1990 年至 2001 年全省生产经营单位职工因工死亡事故和尘肺病发生情况分别见表 5-6-2、表 5-6-3。2004 年 6 月，省政府《实施办法》规定，单位发生伤亡事故，应及时报告统筹地区劳动保障行政部门，最长时间不超过 48 小时；用人单位遇有特殊情况，报经统筹地区劳动保障行政部门同意，工伤认定申请时限可以延长 30 日；跨统筹地区生产经营企业职工工伤认定，由统筹地区劳动保障行政部门负责，事故发生地劳动保障行政部门协助调查，也可由统筹地区劳动保障行政部门委托事故发生地劳动保障行政部门进行调查取证工作，认定结论由委托方出具。

工伤认定指标从2005年开始，正式纳入统计填报范围，全省受理工伤认定申请7341件，其中认定工伤7186件，视同工伤62件，不予认定工伤93件。当期不予受理工伤认定申请72件；行政复议48件，其中维持35件；行政诉讼17件，其中胜诉8件。

1990—2001年安徽省生产经营单位职工因工死亡事故统计表

表5-5-1

年度	合计		非矿		矿	
	起	人	起	人	起	人
1990	293	375	125	158	168	217
1991	351	465	153	187	198	278
1992	315	360	162	200	153	160
1993	412	512	218	247	194	265
1994	473	552	270	313	203	239
1995	461	662	225	256	236	406
1996	443	508	215	231	228	277
1997	365	590	134	165	231	425
1998	342	393	134	146	208	247
1999	351	431	164	186	187	245
2000	205	294	69	121	136	173
2001	255	304	106	128	149	176
总计	4266	5446	1975	2338	2291	3108

1990—2001年全省尘肺病发生情况统计表

表5-5-2　　单位：人

年度	当年新诊断尘肺	累计尘肺	当年尘肺死亡	累计尘肺死亡
1990	548	15428	227	3701
1991	640	16068	179	3928
1992	678	16744	305	4107
1993	472	17216	165	4412
1994	480	17696	245	4657
1995	528	18224	221	4878
1996	382	18606	186	5064
1997	500	19106	61	5125
1998	631	19737	142	5267

续表 5-5-2

1999	406	20143	82	5349
2000	301	20444	93	5442
2001	208	20652	30	5472

第三节　劳动能力鉴定

1989 年 4 月，民政部印发《革命伤残军人评定伤残等级的条件》规定，伤残等级分为四等六级。劳动能力完全丧失，日常生活需要专人照顾的，为特等；劳动能力基本丧失，日常生活大部分活动需要人扶助的，为一等；劳动能力大部丧失，日常生活活动受到较大影响，为二等甲级；劳动能力丧失近半，日常生活活动有一定困难的，为二等乙级；劳动能力和日常生活活动受到一定影响的，为三等甲级；劳动能力和日常生活活动稍有不便的，为三等乙级。

1992 年 3 月，劳动部、卫生部、全国总工会印发《职工工伤与职业病致残程度鉴定标准 < 试行 >》，规定伤残等级分为 10 级，1 级至 4 级为完全丧失劳动能力，5 级至 6 级为大部分丧失劳动能力，7 级至 10 级为部分丧失劳动能力。

1996 年 3 月，国家技术监督局印发《职工工伤与职业病致残程度鉴定》（GB/T 16180—1996），规定伤残等级分为 10 级，1 级至 4 级为完全丧失劳动能力，5 级至 6 级为大部分丧失劳动能力，7 级至 10 级为部分丧失劳动能力。

1997 年 2 月，省政府要求县级以上人民政府应成立劳动鉴定委员会，负责对因工负伤医疗终结的职工评定伤残等级，签发“因工伤残程度（等级）鉴定证书”。劳动鉴定委员会由工伤保险、卫生行政主管部门和工会、医疗机构等单位的有关人员组成，办公室设在工伤保险行政主管部门。职工因工致残医疗终结后 30 日内，由企业持原始病历记录、医疗终结结论及评残申请到所在地劳动鉴定委员会进行伤残程序的鉴定，鉴定职业病致残程序须附有职业病诊断权的医疗机构出具的职业病诊断书。劳动鉴定委员会应在收到企业评残申请后 30 日内，根据《职工工伤与职业病致残程度鉴定》，对伤残职工作出伤残程序（等级）鉴定结论，并签发《因工伤残程序（等级）鉴定证明书》。因工伤残职工或者因工死亡职工的亲属，对劳动鉴定委员会、工伤保险行政主管部门作出的工伤鉴定或者确定的工伤保险待遇提出异议的，可在 15 日内向其上级劳动鉴定委员会或者工伤保险行政主管部门申请复核。

2004 年 6 月，省政府《实施办法》规定，省和设区的市设立由劳动保障、人事、卫生行政部门和工会组织、经办机构的代表以及用人单位的代表组成的劳动能力鉴定委员会。省和 17 个市全部成立劳动能力鉴定委员会（见表 5-5-4），劳动能力鉴定委员会办公室设在同级工伤保险行政主管部门。

2005 年安徽省劳动能力鉴定委员会及医疗卫生专家库基本情况

表 5-5-3　　　　单位：人

省市名称	劳动能力鉴定委员会人数								医疗卫生专家人数
	总计	劳动保障行政部门	人事行政部门	卫生行政部门	工会	经办机构代表	用人单位代表	其他	
省	16	4	2	2	2	1	1	4	198
合肥市	8	3	1	1	1	1		1	408
淮北市	10	3	1	2	1			3	103
亳州市	11	4	1	2	1	2	1		27
宿州市	9	3	1	2	1	1	1		29
蚌埠市	12	3	2	2	2	1		2	161
阜阳市	10	3		2	2	1		2	290
淮南市	9	3	1	2	1	1	1		165
滁州市	9	3	1	2	1	1	1		101
六安市	11	5	1	2	1	1	1		108
马鞍山市	9	3	1	2	1	1	1		143
巢湖市	9	2	1	1	1	1	2	1	169
芜湖市	12	3	1	2	1	2	1	2	88
宣城市	12	3	1	2	1	1	1	3	78
铜陵市	13	3	2	2	2	1	1	2	225
池州市	8	3	1	1	1	1	1		31
安庆市	13	3	2	2	2	2	2		108
黄山市	10	3	1	2	1	2	1		82

劳动能力鉴定指标从 2005 年开始，正式纳入统计填报范围。当年全省劳动能力鉴定 8978 人次，其中 1—4 级 873 人，5—6 级 1470 人，7—10 级 2952 人，其他 3683 人；职业病 2807 人，其中 1—4 级 1705 人，5—6 级 619 人，7—10 级 162 人，其他 321 人。

第四节　工伤保险基金

基金构成　1986 年，安徽省劳动保险的各项费用，全部由实行劳动保险的企业行政方面或资方负担。1997 年 2 月，省政府《暂行办法》规定工伤保险基金来源：企业缴纳的工伤保险费；工伤保险基金的利息收入；按规定收取的滞纳金；法律、法规规定的其他资金。2004 年 6 月，省政府《实施办法》规定工伤保险基金由下列项目构成：用人单位缴纳的工伤保险费；工伤保险费滞纳金；工伤保险基金的利息；社会捐助；依法纳入工伤保险基金的其他资金。

基金筹集 1986 年，安徽省实行劳动保险的企业，其行政方面或资方须按月缴纳相当于各该企业全部工人与职员工资总额 3%，作为劳动保险金。1986 年以后继续执行这一规定。1997 年 2 月，省政府《暂行办法》规定，工伤保险基金由设区的市人民政府或者行署按照“以支定收、略有结余”的原则，根据行业的工伤风险类别和工伤事故及职业病的发生频率实行差别费率，按企业职工工资总额的 0.5% 至 1.5% 征收（见表 5-6-5），并作定期调整。企业缴纳的工伤保险费，由企业开户银行按月代为扣缴，转入所在地财政部门在银行开设的社会保障基金财政专户，并按其存期依照人民银行规定的同期城乡居民储蓄存款利率计息，所得利息并入工伤保险基金。2003 年 10 月，中央多部委联合发布《关于工伤保险费率问题的通知》，明确不同行业的工伤保险费率（见表 5-6-6）。2004 年 6 月，省政府《实施办法》规定，工伤保险费根据以支定收、收支平衡的原则，确定行业基准费率标准和费率浮动办法。行业基准费率标准由统筹地区人民政府确定；费率浮动办法由统筹地区劳动保障行政部门会同财政、地税、卫生、安全生产监督管理部门依照国家规定制定。用人单位的具体缴费率由统筹地区经办机构根据用人单位的工伤保险费使用、工伤发生率、工伤保险管理（工伤抢救、申报等）、安全生产管理及职业性健康检查等情况提出意见，报统筹地区劳动保障行政部门批准后执行。工伤保险基金实行设区的市统筹。实行全市统筹难度大的，经设区的市人民政府同意，报省政府批准，实行县（市）统筹。工伤保险基金存入社会保障基金财政专户。建立省、市两级工伤保险储备金。2000 年至 2005 年全省工伤保险基金收入情况见图 5-5-7。

安徽省工伤保险费缴费标准

表 5-5-4

分　类	行　业	缴费标准（按企业职工工资总额）%
一	商业、贸易、饮食服务、环卫	0.5
二	冷冻、自来水、盐场、橡胶、食品饮料、纺织、服装、酱料、制糖、制酒、制革、造纸、电子、包装、园林、工艺、医药、卷烟、粮食加工、印刷等其他轻工业	0.8
三	五金加工、交通运输、电力生产、邮电、印染、水电维修、建筑材料、家俱制造等	1
四	搬运起重、水泥制造、机械制造、制砖、水泥制品、金属结构、管道安装、煤炭、采掘、造船、锯木、塑料制品、电镀石灰等	1.2
五	冶金、建筑、采石、石油钻井、化工、烟花爆竹、钢铁、火柴、勘探、锅炉、矿山、煤气生产加工储存等	1.5

安徽省工伤保险行业风险分类表

表 5-5-5

分　类	行　业	缴费标准（按企业职工工资总额）%
一	银行业，证券业，保险业，其他金融活动，居民服务业，租赁业，商务服务业，住宿业，餐饮业，批发业，零售类业，仓储业，邮政业，电信和其他信息传输服务业，计算机服务业，软件业，卫生业，社会保障业，社会福利业，新闻出版业，广播、电视、电影和音像业，文化艺术业，教育、研究与试验发展，专业技术服务来，科技交流和推广服务业，城市公共交通业	0.5
二	房地产业，体育、娱乐业、水利管理业，环境管理业，公共设施管理业家用副食品加工业，食品制造业，饮料制造业，烟草制品业，纺织业，纺织服装、鞋、帽制造业，皮革、毛皮、羽毛（绒）及其制品业，林业、农业、畜牧业、渔业、林、牧、渔服务业，木、竹、藤、棕、草制品业，化学纤维制造业，医药制造业，通讯设备、计算机及其他电子，燃气生产和供应业，水的生产和供应业。木材加工业，家具制造业，造纸及纸品业，印刷业和记录媒介的复制，文教设备制造业，工艺品及其他制造业，电力、热力的生产和供应业体育用品制造业，通用设备制造业，专业设备制造业，交通运输设备制造业，电气机械及器材制造业，仪器仪表及文化、办公用机械制造业，非金属矿物制品业，金属制品业，橡胶制品业，塑料制品业，废弃资源和废旧材料回收加工业，房屋和土木工程建筑业，建筑安装业，建筑装修业，管道运输业，其他建筑业，地质勘查业，铁路运输业，道路运输业，水上运输业，航空运输业，装卸搬运和其他运输服务业	1
三	石油加工、炼焦及核燃料加工业，化学原料及化学制品制造业，黑色金属冶炼及压延加工业、有色金属冶炼及压延加工业、石油和天然气开采业，黑色金属矿采选业，有色金属矿采选业，非金属矿采选业，煤炭开采和洗选业，其他采矿业	1.5

基金支出　1986 年，安徽省职工工伤费用由各企业自行负担，费用在本企业劳动保险基金项目列支。1997 年 2 月，省政府《暂行办法》规定，工伤保险基金主要用于统筹项目规定的费用、事故预防费、重大事故调剂费、安全生产奖励费、工伤保险行政主管部门的管理费等。

1997—2003 年度合肥市工伤保险支出情况表

表 5-5-6

年　度	统筹项目规定的费用	事故预防费	重大事故调剂费	安全生产奖励费	工伤保险行政主管部门的管理费	其他有关费用
1997	19 万元	—	—	—	—	—
1998	30 万元	—	—	—	—	—
1999	184 万元	—	—	—	—	—
2000	209 万元	—	—	—	—	—
2001	262 万元	—	—	—	—	—
2002	276 万元	—	—	—	—	—
2003	517 万元	—	—	100 万元	—	—

1998—2003 年度淮北市工伤保险支出情况表

表 5-5-7

年　度	统筹项目规定的费用	事故预防费	重大事故调剂费	安全生产奖励费	工伤保险行政主管部门的管理费
1998	0.2 万元	—	—	—	0.54 万元
1999	11 万元	—	—	—	2 万元
2000	413 万元	—	—	6.4 万元	44 万元
2001	1240 万元	—	—	138 万元	114 万元
2002	1866 万元	—	—	35 万元	102 万元
2003	1511 万元	—	—	97 万元	103 万元

2004—2005 年度合肥市工伤保险支出情况表

表 5-5-8　　单位:万元

	按规定支付的工伤保险	职业康复治疗费	劳动能力鉴定费	工伤认定调查费	安全生产奖励费	法律、法规、规章规定的其他费用
2004	244					
2005	848				136	

2004—2005 年度淮北市工伤保险支出表

表 5-5-9　　单位:万元

	按规定支付的工伤保险	职业康复治疗费	劳动能力鉴定费	工伤认定调查费	安全生产奖励费	法律、法规、规章规定的其他费用
2004	4166				32	
2005	4343		23			

2004 年 6 月,省政府《实施办法》规定工伤保险基金用于下列项目:按规定支付的工伤保险待遇;职业康复治疗费;劳动能力鉴定费;工伤认定调查费;安全生产奖励费;法律、法规、规章规定的其他费用。

第五节　工伤保险待遇

待遇标准　1988 年 8 月,淮北矿务局印发《关于改善离退休、矽肺病职工和伤亡、病故职工遗属生活问题的暂行规定》,规定对患有三期矽肺病的离退职工,每月发给 51 元护理费;对患有二期矽肺病并需要住院治疗的职工,每月发给 36 元家属护理工工资;对于享受抚恤金的工伤死亡遗属,每人每月另发给 5 元生活补贴;职工工亡丧葬费,以

500 元包干给死者遗属。

1988 年 9 月，省劳动局印发《关于调整国营企业职工死亡抚恤待遇标准的通知》，对职工死亡抚恤待遇标准调整为：职工因工死亡，企业一次发给其直系亲属抚恤金为企业平均工资 6 个月；企业因工死亡职工的供养直系亲属抚恤费，按月发给生活困难补助费。

1990 年 7 月，淮北矿务局印发《关于给予死亡职工遗属抚恤、离退休和截瘫职工护理、低收入职工困难补助的暂行办法》，规定因工死亡职工供养直系亲属的生活困难补助费，在原发放标准基础上，每人每月补助 10 元；孤身一人的，每月增发 5 元。半瘫工伤职工护理费，每人每月增发 10 元；全瘫工伤职工护理费，每人每月增发 15 元。

1991 年 7 月，国务院印发《全民所有制企业招用农民合同制工人的规定》，规定农民工因工负伤，由企业给予免费医疗。医疗期间，该农民工原标准工资照发。医疗终结经医院证明，并经劳动鉴定委员会确认不能从事原工作的，送回农村妥善安置，由企业按下列办法发给因工致残抚恤费：一是完全丧失劳动能力的，按照城镇合同制工人的抚恤费标准，按月发给，直至死亡；二是大部分丧失劳动能力的，按照该农民工原标准工资的 70%，按月发给，直至死亡；三是部分丧失劳动能力的，根据其伤残程度一次性发给。农民工因工死亡的，由企业按照城镇合同制工人享受的同等待遇，发给其家属丧葬补助费和供养直系亲属抚恤费。农民工患职业病的，其医疗和生活待遇，与城镇合同制工人相同。

1994 年 2 月，淮北矿务局印发《关于我局国有企业死亡职工遗属生活困难补助和生活补贴标准的通知》，规定因工死亡职工的供养直系亲属，家住城市的每人每月 60 元；家住农村的每人每月 55 元；孤身一人的，可高于上述标准 10 元。因工死亡职工供养的城市户口遗属每户每月生活补贴标准为 37.5 元，农村户口遗属每户每月生活补贴标准为 15 元。

1994 年 7 月，铜陵有色金属公司印发《关于对公司工伤全残职工的护理费标准调整的通知》，规定对工伤全残职工的护理费标准调整为每月 80 元，特别严重者，每月发给护理费 100~130 元。

1996 年 5 月，铜陵有色金属（集团）公司印发《关于调整尘肺病人住院膳食补贴标准的通知》，规定标准提高到每人每天 8 元。

1997 年 2 月，省政府《暂行办法》规定，职工工伤医疗期间的各项医疗费全额报销，住院伙食补助费按所在地职工因公出差伙食费补助标准报销三分之二。经批准转外地治疗的，就医路费按所在地职工因公出差标准报销。职工工伤医疗期间，按其工伤前的标准支付其工资和其他补贴。职工工伤医疗终结或者评残后旧伤复发的，经所在地劳动鉴定委员会确认后，可继续享受工伤医疗待遇和医疗期间的工资待遇。职工工伤需要护理的，经所在地劳动鉴定委员会确认护理依赖等级（分为完全护理依赖、大部分护理依赖和部分护理依赖）后，按月分别发给所在地上年度职工月平均工资的 50%、40%、30%的护理费。职工工伤医疗终结后，经所在地劳动鉴定委员会认定需要安装假肢、假牙、假眼和配置拐杖、轮椅及其他康复器具的，按国内普及型给予安装、配置。

2004年6月，省政府规定，职工因工致残被鉴定为五级、六级伤残的，经本人提出，可与用人单位解除或者终止劳动关系，用人单位应支付一次性工伤医疗补助金和伤残就业补助金，停发伤残津贴。一次性工伤医疗补助金的标准：五级伤残为20个月的统筹地区上年度职工月平均工资，六级伤残为15个月；一次性伤残就业补助金的标准：五级伤残为35个月的统筹地区上年度职工月平均工资，六级伤残为30个月。职工因工致残被鉴定为七级至十级伤残的，劳动合同期满终止或者职工提出解除劳动合同的，由用人单位支付一次性工伤医疗补助金和伤残就业补助金。一次性工伤医疗补助金的标准：七级伤残为10个月的统筹地区上年度职工月平均工资，八级伤残为8个月，九级伤残为6个月，十级伤残为4个月；一次性伤残就业补助金的标准：七级伤残为20个月的统筹地区上年度职工月平均工资，八级伤残为15个月，九级伤残为10个月，十级伤残为5个月。享受一次性伤残就业补助金的职工，距法定退休年龄不足五年的，一次性伤残就业补助金按下列标准执行：不足两年的，按全额的60%支付；不足三年的，按全额的70%支付；不足四年的，按全额的80%支付；不足五年的，按全额的90%支付。伤残职工按规定办理退休手续的，一次性工伤医疗补助金和伤残补助金不予支付。

2004年12月，省劳动保障厅、省财政厅印发《关于调整企业工伤人员伤残津贴、生活护理费和供养亲属抚恤金有关问题的通知》，规定1997年4月1日以前发生的工伤，伤残职工本人月平均工资低于1996年度统筹地区职工月平均工资75%的，以统筹地区职工月平均工资75%为基数计发伤残津贴；生活护理费调整为2002年度统筹地区职工月平均工资 × 护理待遇率；因工死亡职工供养亲属抚恤金调整为2002年度统筹地区职工月平均工资 × 抚恤金待遇率。

2000—2005年度安徽省享受工伤保险待遇人数统计

表5-5-10　　单位：人

年　度	伤残人数	职业病人数	工亡人数	供养直系亲属人数
2000	759		61	
2001	2046	106	58	
2002	3059	197	71	557
2003	3872	9	49	1551
2004	3964	47	161	1130
2005	8978	2807	112	4802
合 计	22678	3166	512	8040

说明：以上表中数字来源于劳动保障部社会保险事业管理中心《中国社会保险年鉴》

支付渠道　1986年，安徽省工人与职员因工负伤，其全部治疗费、药费、住院费、住院时的膳费与就医路费，均由企业行政方面或资方负担。因工残废抚恤费或因工残废补助费由劳动保险基金按月付给。工人与职员因工死亡时，由该企业行政方面或资方发给丧葬费，另由劳动保险基金每月付给供养直系亲属抚恤费。工人与职员因工负伤致成残废完全丧失劳动能力退职后死亡时，由企业行政方面或资方付给丧葬费，劳动保险基金付给供养直系亲属抚恤费。

1997 年 2 月，省政府出台规定，工伤医疗费（包括挂号费、治疗费、药品费、住院费）、伤残抚恤金、伤残补助金、护理费、康复器具费、丧葬补助金、供养直系亲属抚恤金、工亡补助金等费用，实行社会统筹，由工伤保险行政主管部门支付，其中工伤医疗费由工伤保险行政主管部门和企业共同负担，工伤保险行政主管部门负担的部分不低于 70%，具体比例由设区的市人民政府或者行署确定。工伤医疗期间工资、就医路费（包括转外地就医的住宿费）、住院伙食补助费、易地安置费、易地安置交通费（包括住宿费、行李搬运费）以及其他费用暂不实行社会统筹，由企业支付。

2003 年 4 月，安徽省按照国家要求，用人单位依照本条例规定应当参加工伤保险而未参加的，由劳动保障行政部门责令改正；未参加工伤保险期间用人单位职工发生工伤由该用人单位按照本条例规定的工伤保险待遇项目和标准支付费用。

2004 年 6 月，省政府《实施办法》规定，工伤医疗费、残疾辅助器具费、生活护理费、一次性工亡补助金、一次性伤残补助金、一至四级伤残职工的伤残津贴、丧葬补助金、供养亲属抚恤金和法律、法规、规章规定的其他费用由工伤保险基金支付。停工留薪期护理费、停工留薪期工资福利待遇、统筹地区内住院治疗的住院伙食补助费、统筹地区外就医交通和食宿费、停工留薪期满后的住院治疗护理费差额部分、五级和六级伤残职工的伤残津贴、一次性工伤医疗补助金和伤残就业补助金以及法律、法规、规章规定的其他费用由用人单位支付。

第六节　保险经办管理

保险费征缴　1997 年 2 月，省政府印发《安徽省企业职工工伤保险暂行办法》（以下简称省政府《暂行办法》），从同年 4 月 1 日起施行。到 2001 年年底，8 个市实施工伤保险，参保人数 66.1 万人，基金收入 3702 万元；2003 年年底，增加到 11 个市，参保人数 68 万人，基金收入 4607 万元。2003 年 4 月国务院《条例》和 2004 年 6 月省政府《实施办法》颁布后，全省工伤保险参保人数和基金收入快速增长，2004 年年底，增加到 14 个市实施工伤保险，参保人数 102 万人，基金收入 7325 万元；2005 年年底，全省 17 个市全部实施工伤保险，参保人数 148.2 万人，基金收入 14789 万元。

2000—2005 年安徽省工伤保险参保人数情况

表 5-5-11 单位:万人

单位 \ 项目		参保人数					
		2000 年	2001 年	2002 年	2003 年	2004 年	2005 年
01	全　省	65	66.1	68.4	68	102	148.2
1	合肥市	—	11.2	12.8	12.7	21.8	23.4
2	淮北市	—	15.6	17.2	16.8	17.2	17.9
3	亳州市	—	—	—	0.2	1.9	2.2
4	宿州市	—	10.4	10.5	10.5	10.7	11
5	蚌埠市	—	—	0.4	0.9	2.9	6.4
6	阜阳市	—	—	—	—	—	4.1
7	淮南市	—	—	—	—	—	14.1
8	滁州市	—	—	—	—	0.9	4.6
9	六安市	—	6.7	6.6	6.4	8.8	7
10	马鞍山	—	—	—	—	10.5	14.1
11	巢湖市	—	—	—	—	1.5	3.2
12	芜湖市	—	0.2	0.1	0.1	3	8.2
13	宣城市	—	—	—	—	—	4.1
14	铜陵市	—	—	0.6	1.1	1.8	5.7
15	池州市	—	1	0.9	0.9	1.5	2.1
16	安庆市	—	17.4	16.2	15.6	16.7	17
17	黄山市	—	3.6	3.1	2.8	2.8	3.1

2000-2005 年安徽省工伤保险基金收入情况

表 5-5-12 单位:万元

单位 \ 金额 \ 项目		基金收入					
		2000 年	2001 年	2002 年	2003 年	2004 年	2005 年
01	全　省	2278	3702	3867	4607	7325	14789
1	合肥市		753	753	986	1156	1849
2	淮北市		2049	2060	2644	3857	4981
3	亳州市		—	3	8	51	38
4	宿州市		61	114	27	145	345

续表 5-5-12

单位		基金收入					
		2000 年	2001 年	2002 年	2003 年	2004 年	2005 年
5	蚌埠市	—	—	4	68	196	639
6	阜阳市	—	—	—	—	—	161
7	淮南市	—	—	—	—	—	1224
8	滁州市	—	—	—	—	5	90
9	六安市	—	136	149	80	669	468
10	马鞍山	—	—	—	—	26	1165
11	巢湖市	—	—	—	—	—	208
12	芜湖市	—	3	4	3	102	827
13	宣城市	—	—	—	—	—	198
14	铜陵市	—	—	78	134	260	694
15	池州市	—	9	9	92	44	179
16	安庆市	—	627	627	479	693	1502
17	黄山市	—	64	66	86	121	221

定点协议管理　1996 年 8 月，国家出台政策规定，工伤职工应当到工伤医疗合同医院进行治疗，紧急时可以到就近医院或者医疗机构救治。工伤职工需要转院治疗或者到外地就医的，由工伤合同医院提出意见，并须经工伤保险经办机构批准。2004 年 6 月，省政府出台办法，规定职工治疗工伤应当在签订服务协议的医疗机构就医，情况紧急时可以先到就近的医疗机构急救。安徽省开展工伤保险统筹地区的经办机构与当地具备条件的医疗机构和职业病防治机构签订协议，明确各自责、权、利，规定医疗服务的项目、服务范围、收费标准、费用定额、用药报销范围等事项。建立转诊制度，对确需转诊的，由协议医疗机构主治医师提出意见，报工伤保险经办机构核准。建立病历抽查制度，工伤保险经办机构在工伤职工医疗终结后对医疗费用进行审核，包括处方、病历、医嘱、票据凭证、收费价格等。对因不合理用药和提供过度服务等发生的费用，工伤保险基金不予支付。

待遇支付　工伤保险基金支付的待遇有工伤医疗待遇、伤残待遇、工亡待遇。其中，工伤医疗待遇主要包括工伤医疗费用、康复性治疗费用、辅助器具安装配置费用；伤残待遇主要包括一次性伤残补助金、伤残津贴、生活护理费；工亡待遇主要包括一次性工亡补助金、丧葬补助金、供养亲属抚恤金。由用人单位支付的待遇主要包括，住院伙食补助费以及转外地治疗的交通、食宿费；停工留薪期内的工资福利及陪护费用；五至六级伤残职工的伤残津贴；一次性工伤医疗补助金和伤残就业补助金。

工伤保险经办机构依据国家和当地工伤保险政策规定，要先对工伤保险待遇和其他支出费用进行审核，然后确定工伤保险基金支付的数额。工伤医疗（康复）费审核。依据工伤保险诊疗项目目录、药品目录、住院服务标准，进行审核；针对工伤职工的伤（病）情况、职业病病情、结合协议医疗机构的治疗方案及检查、治疗、药品等项目使用情况，进行合理性审核。对不合理的医疗费用，列为拒付费用，将审核结果及时反馈申报单位。对有疑问的，应提请稽核检查。辅助器具费审核。依据劳动能力鉴定委员会的认定意见、辅助器具安装配置限额标准和商业发票金额，对符合辅助器具项目和费用限额标准规定的，按实际发生额予以支付；超过费用限额标准的部分，不予支付。伤残待遇审核。依据工伤职工的劳动能力鉴定结论，审核伤残等级、护理等级及本人工资，按规定标准核定一次性伤残补助金、伤残津贴、生活护理费，将核定结果告知申报单位和工伤职工，同时建立工伤职工长期待遇档案。对于特殊人群，如农民工等本人自愿一次性领取伤残待遇的，依据政策规定标准核定一次性伤残待遇，同时终止工伤保险关系。工亡待遇审核。依据工亡职工的工伤认定结论，审核死亡证明材料，按规定标准核定一次性工亡补助金和丧葬补助金；审核工亡职工供养亲属的供养关系和收入情况证明，对符合供养条件的，核定供养亲属抚恤金标准，建立供养亲属档案。同时，将核定结果告知申报单位和供养亲属。工伤保险待遇调整。根据有关规定对享受工伤保险待遇人员的相关待遇进行统一调整时，核对相关信息，调整待遇并建立待遇调整档案。支付金额核定。审核参保单位、工伤职工、工伤职工家属等提供的相关证明，对办理退休的工伤职工，停发伤残津贴；对被判刑收监的，暂停工伤保险待遇；对死亡的停止工伤保险待遇；供养亲属丧失或暂时丧失供养条件的，停止或暂停供养亲属抚恤金；对少发放的做补发放处理；对工伤职工劳动能力鉴定结论发生变化的，调整工伤保险待遇。工伤职工、工伤职工家属、参保单位或协议医疗机构对结算金额有异议时，应及时复核并告知复核结果。确需调整的，保留复核及修改记录，并做调整支付。

2000—2005年安徽省工伤保险基金支出情况表

表 5-5-13　　　　单位：万元

单位 \ 金额 \ 项目		基金支出					
		2000年	2001年	2002年	2003年	2004年	2005年
01	全　省	1060	2033	2788	2792	5317	7252
1	合肥市	–	330	277	517	467	875
2	淮北市	–	1247	2004	1748	4133	4367
3	亳州市	–	–	–	5	21	38
4	宿州市	–	57	71	139	58	103

续表5-5-13

单位＼金额＼项目		基金支出					
		2000年	2001年	2002年	2003年	2004年	2005年
5	蚌埠市	–	–	–	24	63	119
6	阜阳市	–	–	–	–	–	–
7	淮南市	–	–	–	–	–	–
8	滁州市	–	–	–	–	–	8
9	六安市	–	67	68	68	140	214
10	马鞍山	–	–	–	–	–	333
11	巢湖市	–	–	–	–	–	19
12	芜湖市	–	–	–	–	41	184
13	宣城市	–	–	–	–	–	22
14	铜陵市	–	–	–	–	19	213
15	池州市	–	1	3	8	7	79
16	安庆市	–	289	325	249	302	600
17	黄山市	–	42	40	34	66	78

说明:由于资料不完整，2000年的基金支出只列出全省总数,各市没分列

2001—2005年合肥、淮北两市工伤保险基金分项支出情况表

表5-5-14　　单位:元

	年　度	合　计	工伤医疗待遇支出	伤残待遇支出	公亡待遇支出	其　他
合肥市	2001	330	104	73	–	153
	2002	277	–	–	–	277
	2003	517	141	90	23	263
	2004	467	136	68	18	245
	2005	875	428	225	33	189
淮北市	2001	1247	400	732	–	115
	2002	2004	657	1，108	112	127
	2003	1748	776	576	153	243
	2004	4133	1，279	2，508	344	2
	2005	4367	1，983	1，977	336	71

第六章　生育保险

生育保险由国家立法规定，在劳动者因生育子女而导致劳动力暂时中断时，由国家和社会及时给予物质帮助的一项社会保险制度。当前生育保险待遇主要包括两项，分别是生育津贴和生育医疗待遇，旨在于通过向职业妇女提供生育津贴、医疗服务和产假，帮助他们恢复劳动能力，重返工作岗位。

第一节　范围和对象

1986年，安徽省生育保险的实施范围和对象是：有工人职员一百人以上的国营、公私合营、私营及合作社经营的工厂、矿场及其附属单位，铁路、航运、邮电的各企业单位与附属单位，工、矿、交通事业的基本建设单位，国营建筑公司及其职工。1994年12月，国家印发《企业职工生育保险试行办法》（以下简称劳动部《试行办法》），规定实施范围和对象是城镇企业及其职工。1996年7月，根据劳动部《试行办法》，合肥市政府印发《合肥市企业职工生育保险暂行办法》（以下简称合肥市政府《暂行办法》），规定实施范围和对象是市区、郊区、蜀山新区、经济技术开发区区域内的国有企业、集体企业、股份制企业职工和三资企业的中方职工。至2005年年底，黄山、淮北、马鞍山、芜湖市相继出台生育保险办法，规定生育保险的实施范围和对象（见表5-6-1）。

安徽省部分辖市生育保险实施范围和对象

表5-6-1

市	实施时间	范围和对象
合肥市	1997年1月1日	市区、郊区、蜀山新区、经济技术开发区区域内的国有企业、集体企业、股份制企业职工和三资企业的中方职工。
黄山市	1998年10月21日	本市行政区域内的国有企业、城镇集体企业、股份制企业、私营企业的职工以及外商投资企业的中方职工。
淮北市	2000年12月1日	本市企业、自收自支事业单位、民办非企业单位及其职工。
马鞍山市	2005年1月1日	城镇机关、企事业单位、社会团体、民办非企业单位及其职工。中央、省属驻马单位按属地原则参加。
芜湖市	2005年10月1日	市及市辖（不含三县，下同）区国家机关和各类企业、事业单位、社会团体、民办非企业单位及其职工

第二节　资金来源

1986年,安徽省生育保险金包括在劳动保险金之中,实行全国统筹与企业留存相结合的基金管理制度。劳动保险金由企业行政或资方按该企业全部工人与职员工资总额的3%按月缴纳,其中30%上缴中华全国总工会,70%存于该企业工会基层委员会户内;企业的其他劳保开支,改在企业营业外列支。1994年12月,国家出台规定,生育保险根据“以支定收,收支基本平衡”的原则筹集资金,由企业按照其工资总额的一定比例向社会保险经办机构缴纳生育保险费,建立生育保险基金。生育保险费的提取比例由当地人民政府根据计划内生育人数和生育津贴、生育医疗费等项费用确定,并可根据费用支出情况适时调整,但最高不得超过工资总额的1%。企业缴纳的生育保险费作为期间费用处理,列入企业管理费用。职工个人不缴纳生育保险费。1996年7月,合肥市出台规定,企业按上年度工资总额的0.8%向市生育保险经办机构缴纳生育保险费,建立生育保险基金。企业缴纳的生育保险费作为期间费用处理,列入企业管理费用。此后,黄山、淮北、马鞍山、芜湖等市相继出台生育保险办法,明确生育保险的征缴费率(见表5-6-2)。

安徽省部分辖市生育保险征缴费率

表5-6-2

	生育保险征缴费率
合肥市	企业按上年度工资总额的0.8%
黄山市	企业按其基本养老保险费基数的1%
淮北市	用人单位上年度工资总额的1%
马鞍山市	用人单位按照本单位职工工资总额的0.8%,其中机关事业单位缴费费率为0.4%
芜湖市	用人单位上年度职工月平均工资总额的1 %

第三节　待遇标准

生育医疗费　1986年,安徽省按照国家统一规定,女工人与女职员怀孕,在该企业医疗所、医院或特约医院检查或分娩时,其检查费与接生费由企业行政方面或资方负担;产假期满(不论正产或小产)仍不能工作,经医院证明后,按疾病待遇规定处理;女工人与女职员或男工人与男职员的配偶生育时,由劳动保险基金项下发给生育补助费;平产妇7天以内住院接生、医药(难产和产后患病例外)费用和施行绝育、人工流产的医药、住院、手术等费用纳入公费医疗预防经费开支范围。1988年出台规定,女职工怀孕，在本单位的医疗机构或者指定的医疗机构检查和分娩时，其检查费、接生费、手术费、住院费和药费由所在单位负担；费用由原医疗经费渠道开支。1994年，安徽省女职工生育的检查费、接生费、手术费、住院费和药费由生育保险基金支付，超出规定的医疗服务费和药费（含自费药品和营养药品的药费）由职工个人负担；女职工生育出院后，因生育引起疾病的医疗费，由生育保险基金支付，其他疾病的医疗费按照医疗保险待遇的规定办理；女职工产假期满后，因病需要休息治疗的，按照有关病假待遇和医疗保险待遇规定办理；女职工生育或流产后，由本人或所在企业持当地计划生育部门签发的计划生育证明，婴儿出生、死亡或流产证明，到当地社会保险经办机构办理手续，领取生育津贴和报销生育医疗费。

生育津贴 1986年，安徽省女工人与女职员生育，产前产后共给假56天，难产或双生增加假期14天；怀孕不满7个月流产时，得根据医师的意见，给予30日以内的产假；产假期间（包括星期日及法定假日在内），工资照发；产假期满，因病需要继续休养者，按病假处理。1988年10月，安徽省规定，自该年9月1日起，不得在女职工怀孕期、产期、哺乳期降低其基本工资，女职工产假为90天，其中产前休假15天；难产的，增加产假15天；多胞胎生育的，每多生育一个婴儿，增加产假15天。女职工怀孕不满4个月流产时，应当根据医务部门的意见，给予15天至30天的产假；怀孕满4个月以上流产时，给予42天产假。产假期间，工资照发。1990年5月，印发《安徽省女职工劳动保护实施办法》规定，怀孕女职工在劳动时间内进行产前检查，应算作劳动时间，实行计件工资制的单位，应扣除或减少相应的劳动定额。女职工怀孕3个月内流产的，持本单位医疗、保健机构和县级医疗、保健机构证明，给予产假20至30天，3个月以上7个月以下流产的，给予产假42天，7个月以上按正常产假处理。女职工怀孕晚期工休假、流产假、产假期间，所在单位不得降低其基本工资，不得扣发其国家规定的各种政策性补贴。怀孕7个月以上和哺乳期的女职工经单位批准，可休长假一年。长假期间（产假、计划生育假除外）的工资不得低于本人基本工资的80%（不低于基本生活费）。1994年，按照国家政策规定，所有女职工生育按照法律、法规的规定享受产假。产假期间的生育津贴按照本企业上年度职工月平均工资计发，由生育保险基金支付。

计划生育待遇 1986年以来，安徽省计划生育待遇沿用《安徽省实行计划生育若干问题暂行规定》。女职工晚育，除按国家规定的生育假外，增加产假30天，独生子女的女职工在产假期内申领《计划生育光荣证》的，再增假30天，工资照发。1999年12月，省劳动厅、省计生委、财政厅、卫生厅转发劳动保障部、国家计生委、财政部、卫生部《关于妥善解决城镇职工计划生育手术费用问题的通知》，规定已经建立地方企业职工生育保险的地区，参保单位职工的计划生育手术费用可列入生育保险基金支付范围。没有建立企业职工生育保险的地区，在建立城镇职工基本医疗保险制度时，可以将符合基本医疗保险有关规定的参保单位职工计划生育手术费用纳入基本医疗保险统筹基金支付范围。没有参加生育保险和基本医疗保险的单位，职工计划生育手术费用仍由原渠道解决。属于职工计划生育手术并发症的治疗费用,由基本医疗保险基金支付,属于按照有关规定开支以外的必需费用,由用人单位解决。

第四节　保险经办管理

保险费征缴　1995 年 1 月,国家决定在全国部分省市试行企业职工生育保险试行办法。截至 2001 年年底,安徽省已有 4 个市实施职工生育保险,参保人数 20.5 万人,基金收入 675 万元。至 2005 年年底,实施的地市增加到 7 个市,参保人数 53.5 万人,基金收入 3409 万元。

2000—2005 年安徽省生育保险参保人数统计表

表 5-6-3　　单位:万人

单位 \ 金额 \ 项目		参保人数					
		2000 年	2001 年	2002 年	2003 年	2004 年	2005 年
01	全　省	23.8	20.5	23.3	23.9	37.6	53.5
1	合肥市	—	11.2	12.8	12.7	13.1	21.6
2	淮北市	—	1.2	1.2	1.8	2.3	2.5
3	亳州市	—	—	—	—	—	—
4	宿州市	—	—	—	—	—	—
5	蚌埠市	—	—	2.1	2.8	6.7	8
6	阜阳市	—	—	—	—	—	—
7	淮南市	—	—	—	—	—	—
8	滁州市	—	—	—	—	—	—
9	六安市	—	—	—	—	—	—
10	马鞍山	—	—	—	—	10.3	13.3
11	巢湖市	—	—	—	—	—	—
12	芜湖市	—	—	—	—	—	3.1
13	宣城市	—	—	—	—	—	—
14	铜陵市	—	—	—	—	—	—
15	池州市	—	—	—	—	—	—
16	安庆市	—	4.8	4.7	4.4	3.6	3.3
17	黄山市	—	3.3	2.5	2.2	1.6	1.7

2000—2005年安徽省生育保险基金收入统计表

表5-6-4

单位 \ 金额 \ 项目	基金收入(万元)					
	2000年	2001年	2002年	2003年	2004年	2005年
全省	689	675	927	1280	1587	3409
合肥市	—	472	721	940	1153	1842
淮北市	—	42	55	154	108	96
亳州市	—	—	3	—	—	—
宿州市	—	—	—	—	—	—
蚌埠市	—	—	4	112	151	690
阜阳市	—	—	—	—	—	—
淮南市	—	—	—	—	—	—
滁州市	—	—	—	—	—	—
六安市	—	—	—	—	—	—
马鞍山	—	—	—	—	19	553
巢湖市	—	—	—	—	—	—
芜湖市	—	—	—	—	—	15
宣城市	—	—	—	—	—	—
铜陵市	—	—	—	3	4	3
池州市	—	—	—	—	—	—
安庆市	—	90	84	6	71	88
黄山市	—	71	60	65	81	122

说明：由于资料不完整，2000年的基金收入只列出全省总的收入，各市没分列。铜陵市2000年前曾开展企业生育保险试点，由养老保险经办机构管理，后停止试点。2003年生育保险经办业务交由医疗保险经办机构管理，无参保人数，结余基金移交到医疗保险经办机构

定点协议管理 2005年以前，安徽省没有出台全省统一的生育保险办法。到2005年底，全省有7个市根据1994年12月劳动部《试行办法》，结合本地实际，制定具体办法，开展生育保险的统筹地区在当地的办法中都规定生育保险实行定点医疗制度。淮北市从2000年12月1日实施生育保险制度后，生育保险经办机构与定点医疗机构签订服务协议，实行定点协议管理。生育保险待遇支付，开展生育保险的统筹地区按照1994年12月劳动部《试行办法》和当地的具体办法支付参保人的生育保险待遇，各统筹地区的筹资水平、待遇水平、支付范围、支付标准、管理办法等都不尽相同。

从1997年1月1日起施行的《合肥市企业职工生育保险暂行办法》规定，生育保险基金按照“以支定收、收支基本平衡”的原则筹集，企业按上年度工资总额的0.8%向市社会保险机构缴纳，列入企业管理费用。生育保险费的提取比例根据费用支出情况适时调整。女职工享受生育保险待遇的条件是：符合《婚姻法》规定年龄结婚的；符合《安徽省计划生育条例》规定生育的；连续工龄在一年以上的。女职工生育或流产按以下规定享受产假：女职工生育假期三个月（其中产前15天）；女职工生育为难产的，延长产假15天；多胞胎生育的，每多生一个婴儿，延长产假15天；晚生（妇女24周岁以上）的初产妇，延长产假30天；在产假期间领取独生子女光荣证的，延长产假30天；女职工怀孕三个月以内流产的，应给予20天至30天产假；三个月以上七个月以下流产的，给予42天产假，七个月以上按正常产假处理（以上均包含法定节假日在内）。生育补偿范围及标准：女职工生育时的经济补偿主要包括生育津贴和生育医疗费。生育津贴主要是指产假期间应发的工资、奖金；生育医疗费主要是指女职工怀孕后，在本单位医疗机构或指定的医疗机构进行检查，所需的检查费和医药费以及分娩时的接生费、手术费、住院费、药费。生育津贴和生育医疗费总补偿标准为每人2800元；怀孕三个月以内流产的补偿500元；七个月以内流产的补偿800元。补偿费由市社会保险机构从生育保险基金中一次性拨付给企业，实行包干使用。女职工生育超出规定的医疗服务费和药费由职工个人负担。随着工资和医疗费的增长相应调整补偿标准。

1998年1月，合肥市劳动局印发《关于调整企业女职工生育补偿费的通知》规定：生育补偿标准分两项支付，即生育津贴和生育医疗费。生育津贴按本市上年度职工月平均工资核发。生育医疗费按病种分类，实行定额包干使用，顺产定额标准为1200元；难产定额标准为：助娩产1500元；剖腹产2500元。因生育引起的产后大出血、产后感染、产褥热三种疾病，由职工所在单位持原始病历、医药费发票及有关证件，经市社会保险事业管理局工伤生育科审核，医疗费在4000元以内的据实报销，超出部分报销90%。

2000—2005年安徽省生育保险基金支出情况表

表5-6-5

项目 金额 单位	基金支出(万元)					
	2000年	2001年	2002年	2003年	2004年	2005年
全　省	551	443	549	618	804	1425
合肥市	—	334	446	493	509	698
淮北市	—	25	29	45	131	74
亳州市	—	—	—	—	—	—
宿州市	—	—	—	—	—	—
蚌埠市	—	—	—	38	85	330
阜阳市	—	—	—	—	—	—
淮南市	—	—	—	—	—	—

续表 5-6-5

项目 金额 单位	基金支出(万元)					
	2000 年	2001 年	2002 年	2003 年	2004 年	2005 年
滁州市	—	—	—	—	—	—
六安市	—	—	—	—	—	—
马鞍山	—	—	—	—	—	257
巢湖市	—	—	—	—	—	—
芜湖市	—	—	—	—	—	—
宣城市	—	—	—	—	—	—
铜陵市	—	—	—	—	—	—
池州市	—	—	—	—	—	—
安庆市	—	45	33	6	45	24
黄山市	—	39	41	36	34	42

说明：由于资料不完整，2000 年的基金支出只列出全省总数，各市没分列。芜湖市 2005 年年底启动实施生育保险，当年无基金支出

2000 年 3 月，合肥市劳动局印发《关于完善我市生育保险制度的几项规定的通知》规定：生育津贴标准由原来以合肥市上年度职工月平均工资核发改为按本人上年度月平均缴费工资核发。能自然分娩而不愿自然分娩，并主动要求剖腹产的，生育补偿一律按平产标准支付。流产补偿的期限由原三个月以内调整为四个月以内。生育补偿仅限于持有计划生育光荣证的女职工；流产补偿仅限于生育一孩前的流产，并只能享受一次。享受生育保险待遇的对象必须是城镇户口的女职工，且所在单位参加了生育保险并按时足额缴纳保险费期限在一年以上。

第七章　社会保险基金监督与信息化管理

加大社会保险基金监督和信息化管理力度，是维护社会保险制度运行的长期任务，只有不断强化内外监管，才能最大程度地保证基金的安全完整，减少基金风险。

第一节　社会保险基金监督

机构与职能　1986年11月，省政府颁发《安徽省国营企业实行劳动合同制实施细则》，规定劳动合同制工人退休养老基金分别由企业和劳动合同制工人缴纳。劳动合同制工人的退休养老工作，由省、地、市、县劳动行政主管部门所属社会劳动保险机构负责管理。同时颁发的《安徽省国营企业职工待业保险实施细则》规定，本省境内的国营企业均按《国营企业职工待业保险暂行规定》和本细则实行职工待业保险制度。省、地、市、县（市辖区）劳动行政主管部门所属劳动服务公司应设立专管机构，负责做好待业职工的登记、建档、建卡、组织管理、筹集发放行业保险基金、转业训练、介绍就业、扶持和指导生产自救及自谋职业等工作。

1987年6月，省劳动局印发《关于转发劳动人事部〈关于退休养老基金和职工待业保险基金管理问题的通知〉的通知》，规定各级统筹管理委员会和主管职工待业救济的机构，要对这两项基金进行严格管理，严格按照规定项目和标准开支。任何单位和个人，都无权挪作它用。建议各级财政部门、审计部门和银行对此进行严格监督。

1992年9月，省政府发布《安徽省企业职工养老保险暂行规定》，规定省及市、县人民政府和行署应当成立养老保险基金委员会，负责对养老保险基金管理、使用的监督，协调解决养老保险基金征集、管理中的重大问题。养老保险基金委员会由政府主管领导任主任，劳动、财政、计划、审计、银行等部门和工会的负责人参加。养老保险基金和管理服务费实行预决算制度，并接受财政、审计、银行和工会的监督。

1998年7月，省政府办公厅印发《安徽省企业职工养老保险基金实行收支两条线管理实施细则（试行）》，规定企业职工基本养老保险基金实行收支两条线管理后，社会保险主管部门、社会保险经办机构、地税、银行、财政、审计等有关部门应按照各自的职责分工，加强对基本养老保险基金的管理和监督。社会保险主管部门负责审核社会保险经办机构编报的基本养老保险基金收支计划和决算草案，加强对基本养老保险基金管理情况的监督检查。

2000 年政府机构改革，省劳动保障厅新设综合计划与基金监督处，职责是组织制定全省社会保险基金监督办法，负责对各项社会保险基金的管理和运营情况实施监督；负责对有关机构承办补充养老保险、补充医疗保险业务进行资格认定，对其承办的补充保险基金实施监督；负责建立健全社会保险监督网络，管理社会保险基金监督举报系统；受理个人与单位社会保险基金收支方面的投诉举报，依法查处社会保险基金管理中的违纪违规案件。

2004 年 6 月，省劳动保障厅向省政府报送《关于成立安徽省社会保障监督委员会的请示》，建议按照《国务院关于印发完善城镇社会保障体系试点方案的通知》要求，加强社会保障行政监督和社会监督。建立由行政部门、用人单位、职工代表和专家等组成的社会保障监督委员会，依法对社会保障政策执行和基金管理情况进行监督，建立安徽省社会保障监督委员会。同年 7 月，分管副省长主持召开安徽省社会保障监督委员会预备会议，同意成立安徽省社会保障监督委员会。省社会保障监督委员会委员由省政府有关部门、用人单位、工会领导、职工代表和专家等组成。分管副省长任主任，省政府副秘书长、省劳动保障厅厅长任副主任，成员分别由省监察厅、省民政厅、省财政厅、省劳动保障厅、省商务厅、省审计厅、省卫生厅、省地税局、省工商行政管理局、省总工会、人行合肥中心支行分管负责人，安徽大学管理学院、安徽省立医院有关负责人，用人单位代表（江淮汽车集团公司），职工代表（马钢集团控股有限公司、淮北矿业集团有限责任公司朱庄矿），离退休人员代表（省电力公司）组成。下设办公室，办公室设在省劳动保障厅，负责监委会的日常工作。

省社会保障监督委员会是经省政府批准设立的行政监督和社会监督相结合的议事监督机构，负责组织、协调和指导全省各级社会保障监督委员会的工作，参与对全省社会保障政策执行情况和社会保障基金预决算、收支、管理、运营和结余情况实施监督，研究确定省社会保障监督委员会的章程、议事规则、职责等。

2005 年安徽省社会保险基金监督职能所在部门情况表

表 5-7-1

单　位	职能所在部门名称	单　位	职能所在部门名称
安徽省劳动保障厅	综合计划与基金监督处	六安市劳动保障局	工资计划与基金监督科
合肥市劳动保障局	综合计划与基金监督处	马鞍山市劳动保障局	基金财务科
淮北市劳动保障局	劳动工资与基金监督科	巢湖市劳动保障局	综合计划与基金监督科
亳州市劳动保障局	办公室	芜湖市劳动保障局	综合计划与基金监督科
宿州市劳动保障局	法规监督科	宣城市劳动保障局	劳动监察与基金监督科
蚌埠市劳动保障局	劳动工资与基金监督科	铜陵市劳动保障局	综合计划与基金监督科
阜阳市劳动保障局	基金监督科	池州市劳动保障局	综合计划与基金监督科

续表 5-7-1

单　位	职能所在部门名称	单　位	职能所在部门名称
淮南市劳动保障局	基金管理科	安庆市劳动保障局	仲裁和基金监督科
滁州市劳动保障局	劳动工资与基金监督科	黄山市劳动保障局	办公室

行政监督　1997 年 9 月，省劳动厅、财政厅《转发劳动部、财政部关于开展企业职工养老保险基金、失业保险基金财务检查的通知》，要求各级劳动、财政部门切实做好“两项基金”检查工作。检查内容：基金的筹集、发放、管理等是否符合国家有关政策规定，收入是否及时足额入账，以物抵费基金的物产管理是否安全完整、变现后是否并入基金，有无随意减免、截留与转移基金的行为，企业欠缴基金的记录是否完整。企业离退休人员离退休金及失业职工的失业救济金是否按规定按时足额发放，有无虚假冒领的情况。失业保险基金中的促进再就业费用提取、使用是否符合国家有关规定和财经制度有无违纪行为。管理服务费是否按规定提取，有无超标增提、预提情况。开支范围、项目标准是否符合国家财经制度和有关规定，有无违规违纪行为，有无未经批准擅自购买专控商品及建设楼堂馆所。固定资产管理是否账实相符。同年 12 月，省劳动厅《转发劳动部关于抓紧清理收回被挤占挪用的养老保险基金的紧急通知》，要求各地劳动部门和社会保险机构必须加快清理收回基金的进度，制定具体的清理措施和收回计划，并在 1998 年 3 月 31 日前全部追回。明确各地社会保险机构在本年 12 月 31 日前向省劳动厅报告以下事项：截至 1997 年 11 月底，本地曾被挤占挪用的养老保险基金的数额，并说明责任单位及挪用金额。已清理收回的被挤占挪用的基金数，分别说明未收回的原因。

1998 年 6 月，省劳动厅、审计厅《转发劳动和社会保障部、审计署关于对社会保险基金进行全面清查的通知》，要求各级劳动保障行政部门、社会保险管理机构组成工作组，负责指导清查工作。各级社会保险管理机构和就业服务机构负责清查的具体工作。各级审计机关负责提供 1996 年“两金审计”的审计决定、审计意见及必要的资料，并积极参加清查工作。清查内容分为两部分：一部分是国家审计部门 1996 年“两金审计”时审出的违纪金额，另一部分是“两金审计”时未查出以及“两金审计”后发生的社会保险基金违纪违规问题。

1999 年 4 月，省劳动厅《转发劳动和社会保障部关于抓紧回收挤占挪用社会保险基金的通知》，要求各级劳动保障部门要加强对回收工作的领导和组织协调，按照省劳动厅下达的回收计划，制定、下达本级和各县（市）回收计划指标，确保 9 月底前全部回收。从 4 月份开始建立回收月报制度。

2000 年 10 月，省劳动保障厅、财政厅联合向劳动保障部、财政部报送《关于全省社会保险基金清理检查情况的汇报》，报告社会保险基金管理中存在的主要问题，并提出建议。养老保险基金方面存在的问题:结余基金逐年减少,支撑能力明显下降;挤占挪用基金回收困难。失业保险基金方面存在问题:实物基金变现困难,借贷基金尚未完全回收。

2000年11月,省劳动保障厅印发《关于进一步加强社会保障资金管理的通知》,开展社会保障资金管理使用情况的自查自纠。检查内容:对国有企业下岗职工基本生活保障资金的去向和用途,养老、失业保险金的拨付、发放以及群众举报反映的问题要重点进行清查;对拨付到企业的社会保障资金跟踪了解使用情况;对资金使用过程中的审批手续是否完备,程序是否合法也要进行检查复核。对过去挤占挪用的社会保障资金,2000年度以前基本做到全部收回。要通过加强管理、严格监控等有效措施,坚决杜绝新的挤占挪用,对新发生的挤占挪用问题要严肃查处。要加大对欠费企业催缴督查力度,对改组改制、破产兼并企业,各级劳动保障部门要及时介入,通过资产变现等办法筹措资金归还欠费。要严格执行基金收支两条线规定,征收的基金全部纳入专户管理,自觉接受财政、审计机关的监督;要严格执行财务会计制度,进一步完善社会保障资金使用的审核、审批以及跟踪检查制度。

2001年6月,省劳动保障厅转发劳动保障部《社会保险基金行政监督办法》。同月,省劳动保障厅组织人员对各市纠正回收违规使用社保基金及基金非银行金融机构存款情况进行全面调查,印发《关于召开社保基金清理回收小型调查会的通知》,分南北两片召集会议,了解核实各市社保基金清理回收具体情况。同年9月,省劳动保障厅、财政厅共同对部分地区进行核查。同年11月,省劳动保障厅、财政厅联合向省政府报送《关于开展纠正回收违规使用社保基金工作的请示》,分析纠正回收工作存在的主要问题是地方政府重视程度不够;企业困难无力还款;固定资产变现困难;部分市、县无视禁令发生违纪。建议省政府以内部明传电报下发《关于抓紧纠正回收违规使用社保基金的通知》。省劳动保障厅决定,自10月起,各市按月汇总报送回收纠正挤占挪用社会保险基金报表。

2001年12月,省政府印发《关于抓紧纠正并回收违规使用社保基金的通知》(以下简称省政府《通知》),要求各级政府加强对纠正、回收违规基金工作领导。凡是纠正回收任务重的地区,要成立由政府主管领导牵头、劳动保障、财政等有关部门参加的工作班子,建立工作目标责任制。根据"哪一级政府或部门批准动用,哪一级政府和部门负责收回"的原则,对1998年4月以后新发生的挤占挪用基金必须坚决按照劳动保障部的要求,抓紧清理收回;1998年4月以前发生的挤占挪用基金,要严格按照政策规定分别予以收回和核销。对挤占挪用社保基金纠正回收工作明确规定如下:用于基建投资、委托放贷以及购买各类股票、企业债券的社保基金,应以确保基金安全完整为原则,由批准动用的部门负责回收基金及投资收益、利息、股息等。投资、贷款在短期内难以回收的,要通过法律程序追收。股票、债券款在短期内难以回收的,经当地政府批准,由同级财政部门设立专账进行管理,继续清理回收。用基金进行担保抵押的,均应立即撤销担保，提供担保的单位要抓紧追收。存入非银行金融机构的基金，必须按国家有关规定，转存国有商业银行。借给企业用于技术改造和生产自救的社保基金，应抓紧清理回收。用基金形成的办公用房、职工宿舍、离退休人员活动场所等固定资产，也应尽量通过变现、转让等方式归还基金。当时经政府批准，为企业离退休人员垫付的离退休费，为停产整顿企业职工送温暖、发放基本生活费占用的基金，按上述规定程序批准后转从基金中列支。

2002 年 6 月，省劳动保障厅印发《关于做好当前基金监管工作的通知》，要求各地按照省政府《关于抓紧纠正并回收违规使用社保基金的通知》的规定，务必在 10 月底以前全部完成违规违纪使用社保基金纠正回收工作，实行纠正回收工作月报制度。同年 9 月，根据省审计厅《关于安徽省 1999—2000 年度企业职工基本养老保险基金审计和审计调查的综合报告》，对全省各市以前年度挤占挪用社保基金未收回数字重新进行确认。同年 10 月，省劳动保障厅向 7 市、14 个县（区）劳动保障局下发《关于对养老保险基金使用管理存在问题的整改通知》，同时抄送同级政府和财政部门，要求在 10 月 31 日前，将问题、原因、整改措施和结果报省厅。同年 11 月，又向 2 个市政府发出《关于抓紧整改养老保险基金管理中存在问题的紧急通知》，要求市政府加强对纠正回收工作的协调督促。

2003 年 3 月，省劳动保障厅印发《关于对全省社保基金管理情况开展监督检查的通知》，检查范围是省本级及各市、县 2002 年度养老、医疗、失业保险基金的收支管理情况。检查内容是基金开户情况、基金收支管理使用情况、纠正回收工作进展情况。检查分为经办机构自查、各市抽查和省重点抽查。同年 9 月，省劳动保障厅重点抽查了 6 个市。

2004 年 3 月，省劳动保障厅印发《关于对全省社保基金使用管理情况开展监督检查的通知》，检查范围是省本级以及各市、县 2003 年度养老、医疗、失业保险基金的收支管理情况及预决算执行情况。检查内容是基金收支及使用情况、基金管理情况、纠正回收工作进展情况。同年 4 月，省劳动保障厅组织检查组，抽查 13 个市、县（区）。

2005 年 3 月，省劳动保障厅转发《劳动保障部办公厅关于进一步加强失业保险基金管理，认真开展自查自纠活动的通知》，要求各级劳动保障部门对 2004 年度失业保险基金征收、管理、使用情况进行自查自纠。重点是基金管理账户设置是否规范，基金是否按规定纳入财政专户管理；基金是否实行收支两条线管理，有无发生新的挤占挪用基金现象；是不按规定的标准程序发放失业保险金、医疗补助费等，有无扣发、少发、迟发失业保险待遇现象。有无扩大支出项目提高支付标准现象；历年欠费追缴情况；挤占挪用基金回收情况。同年 8 月，省劳动保障厅组织 4 个检查组，分别对 8 市、10 县（区）进行重点抽查。

企业年金监督　1995 年 12 月，劳动部印发《关于建立企业补充养老保险制度的意见》，明确建立企业补充养老保险，并对实施主体和条件、决策程序和管理组织、资金来源、记账方式和计发办法、供款方式和水平、享受条件和待遇给付、经办机构和委托程序、投资运营、基金转移都作出了具体规定。2002 年 3 月，劳动保障部办公厅印发《关于检查企业年金经办情况的通知》要求，对企业年金（2004 年 1 月 6 日劳动保障部《企业年金试行办法》将企业补充养老保险改为企业年金）经办情况进行专项检查。同年 4 月，省劳动保障厅根据劳动保障部统一部署，开展对全省企业年金经办情况检查。检查内容重点了解 2001 年度各类企业年金经办机构的管理运营情况，包括受托管理的企业数、职工人数、基金总量、投资分布、财务管理和个人账户管理情况，分类检查经办机构的基金投资方式和资产损益状况。同年 6 月，省劳动保障厅组织专人抽查黄山市休宁县社保局，实地查看该单位企业年金方面财务管理、个人账户建立及受托程序等工作情况。检查基本情况：2001 年年底，池州市贵池、黄山市休宁、淮北市杜集、安庆市桐城、岳西、潜山等 6 县（市、区）社保局、淮南、宣城、宿州 3 市社保局、铜陵有色公司等开展经办企业年金业务。全省共 70 家企业参保，其中国有企业 59 家，集体企业 8 家，其他单位 3 家；参保人数 36114 人，其中国有企业 35915 人，集体企业 185 人，其他单位 14 人。缴费比例分两种，一种按缴费工资 1%~15%，第二种是一次性趸缴。有 210 人一次性领取养老待遇 45.58 万元。2001 年，全省企业年金基金收入 417.7 万元，支出 45.58 万元，年末累计结存 2566.29 万元。企业运营为两种模式：第一种是由社保经办机构受托管理企业年金投资运营，实行统一管理，分账核算，资金专户存储，专款专用。全省基金收入 71.01 万元，支出 13 .6 万元，年末累计滚存结余 613.69 万元。结余资金分布状况：购买国债 38 万元，国有商业银行存款 77.04 万元，财政专户存款 498.65 万元。第二种是由企业自行管理。铜陵有色公司自办企业年金业务，参保 33560 人，当年基金收入 346.69 万元，支出 31.98 万元，滚存结余 1952.6 万元。

2004 年 2 月，劳动保障部印发《企业年金试行办法》。同月，劳动保障部、银监会、证监会、保监会印发的《企业年金基金管理试行办法》，两个办法于同年 5 月 1 日实施。2004 年 4 月，劳动保障部印发《关于开展企业年金清理检查工作的通知》，要求对企业年金管理情况进行全面检查。同年 5 月，省劳动保障厅印发《关于实施企业年金清理检查工作的通知》。清理检查对象：已经建立企业年金制度（即企业补充养老保险）的企业。清理检查内容：了解企业建立企业年金的实施方案和资金来源；清查企业年金基金总量、财产质量和财务管理情况；核查企业年金基金投资运营状况；核实企业年金基金财产的损益。。清理检查结果：截至 2004 年 3 月底，全省有 79 家企业共 13.95 万名职工参加企业年金并建立个人账户，其中国有企业 62 家，参保人数 13.35 万人，企业年金规模 10.44 亿元。委托各级社保经办机构管理基金 870.56 万元，企业自行管理基金 9.41 亿元，委托金融机构管理 0.95 亿元。企业年金基金存储运行结构：存入银行业金融机构存款 7.53 亿元，存入非银行业金融机构存款 0.11 亿元，购买国库券 0.5 亿元，购买商业团体保险 0.95 亿元，委托放贷 1.2 亿元，暂付款 0.15 亿元。企业年金缴费比例：企业缴费比例为工资总额的 1% ~ 20% 不等，个人缴费比例在 6% 以下。

1995 年 8 月，省政府印发《安徽省企业职工养老保险制度改革实施方案》，规定加强养老保险基金的监督。建立健全养老保险基金管理的规章制度,实行内部与外部相结合的双重审计制度。省、地(市)、县三级均设立由政府代表、企业代表、工会代表和离退休人员代表组成的社会保险监督委员会,加强对社会保险政策法规执行情况和基金管理工作的监督。同年8月,劳动部、审计署发布《社会保险审计暂行规定》,规定各级劳动行政部门负责对本级社会保险基金经办机构和劳动就业服务机构的审计监督。上级社会保险基金经办机构负责对下级社会保险基金经办机构的审计监督;上级劳动就业服务机构负责对下级劳动就业服务机构的审计监督。社会保险的内部审计监督,在本单位主要负责人的直接领导下实施。

1996年政府机构改革,省审计厅驻省劳动厅审计处成立。该处在省审计厅和省劳动厅领导下开展工作。职责是负责对省劳动厅直属事业单位的财务收支及经营活动进行审计,办理省审计厅、省劳动厅领导交办的审计事项。1997年1月,省审计厅驻省劳动厅审计处印发《关于开展养老保险和失业保险基金审计调查的通知》,对部分地(市)、县社保经办机构"两金"收、支、结存情况进行审计调查。1998年9月,省审计厅驻劳动厅审计处印发《关于对社会保险基金进行审计的有关通知》,同年10月至12月,分别对淮南市养老保险基金、滁州市全椒县养老、失业保险基金、安庆市、巢湖行署庐江县失业保险基金进行审计。审计内容:社会保险基金的预算、决算情况;社会保险基金的收支、结余情况;社会保险基金的内部控制制度情况;管理费的提取和使用情况。2000年,政府机构改革,省审计厅收回派驻省劳动保障厅审计机构及职能和人员。

2003年3月,省劳动保障厅印发《关于对全省社保基金使用管理工作实行目标责任管理的通知》,将确保基金安全完整纳入各市劳动保障工作目标责任考核体系,作为对党风廉政建设责任制的一项重要考核指标。目标责任管理的主要内容:严格执行《社会保险基金财务制度》,严禁违纪违规使用社保基金,确保不发生截留、挤占和挪用各项社保基金问题;强化社会保险扩面征缴,力争应缴尽缴,防止社会保险费流失;加强对各项社会保险待遇发放情况的监督,防止发生欺诈冒领现象;继续纠正回收以前年度违规使用的社保基金。对基金使用管理过程中发生违纪违规问题,造成基金损失和不良影响的,发生在市本级的予以"一票否决",取消评优资格,发生在所辖县(市)区,降低一个考核等次。省劳动保障厅将此纳入对各市劳动保障工作年终考核主要内容。在全省劳动保障系统年度工作考核中,由于基金监管不到位,2003年1个市被取消评优资格,1市被降低考核等级;2004年13个市被扣分;2005年4个市被扣分。

2001年6月,省劳动保障厅转发劳动保障部《社会保险基金监督举报工作管理办法》,规定县级以上各级劳动保障行政部门社保基金监督机构,负责具体承办举报受理和办理工作。明确举报受理范围及内容是公民、法人和其他社会组织对养老保险基金医疗保险基金、失业保险基金、工伤保险基金、生育保险基金收支、管理方面的违法违纪行为进行检举、控告。要求凡符合该办法受理范围的举报,监督机构应当自受理之日起30日内办结,情况复杂的可以适当延长,但最长不得超过60日。省劳动保障厅向社会公布了安徽省社会保险基金监督举报电话和通讯地址。

1998 年至 2005 年，全省共受理社会保险基金举报投诉案件 7 起，其中，由劳动保障部基金监督司转办案 4 起。举报内容涉及养老、失业保险基金和再就业资金。经查属实或部分属实 4 起，3 人受到行政处分。

2002 年 12 月，省劳动保障厅印发《关于铜陵市社保局彭军挪用社保基金等三起违法违纪案件情况的通报》，通报了彭某、段某某、杨某某、张某某、张某某等人的犯罪事实，同时要求各级劳动保障部门和广大干部职工一定要吸取教训，引以为戒。要牢固树立马克思主义的世界观、人生观、价值观，正确行使党和人民赋予的权力；要切实加强对干部的教育和管理，尤其是对党员干部要严格要求、严格管理、严格纪律、严格监督；要建立健全各项规章制度，强化社会保障基金的监督管理。强调各级劳动保障部门要加强对本系统、本部门基金管理工作的监督检查，严防违法违纪问题发生，确保社保基金的安全与完整。

第二节　信息化管理

机构和职能　1996 年 11 月，省机构编制委员会印发《关于印发安徽省劳动厅直属事业单位分类管理实施方案的通知》，批复成立安徽劳动信息中心，为厅直属事业单位，副县级建制，事业编制 5 人，其中主任、副主任各 1 名，专业技术人员 3 名。主要职能是负责全省劳动就业统计信息工作，开展信息咨询服务。

随着社会保险制度改革的深入发展，省劳动信息中心在原职能的基础上，增加了社会保险信息系统建设和维护管理等职能，主要包括：制定全省劳动和社会保障信息系统建设规划和实施方案，承担信息系统设计相关工作；制定全省劳动和社会保障信息系统标准、工作制度和技术规范，并组织实施；开展劳动和社会保障信息系统网络建设，组织上网信息资源并在网上发布有关信息；组织开发、推广应用劳动和社会保障业务应用系统软件；负责省级劳动和社会保障业务数据库的建设及数据维护；负责省级劳动和社会保障信息系统运行管理及系统安全保密工作；开展信息调查和分析预测，提供信息咨询服务和决策支持；开展厅内办公自动化的技术服务及工作人员的计算机培训；对全省各地劳动和社会保障部门信息系统建设提供技术指导和支持。

1997 年至 2002 年，省劳动信息中心实际在编人员 4 人，主要负责厅机关办公电脑的维护、省厅网站的建设和管理，以及指导各市开展信息系统建设。2001 年至 2003 年，省劳动信息中心人员分别调整到厅基金监督处、省社会保险事业管理局、省医疗保险基金管理中心、省农村社会保险资金管理中心工作。2003 年，根据金保工程建设需要，省厅将各经办机构技术人员集中办公，统一开展金保工程项目立项和相关筹备工作。

1999 年 6 月，成立省劳动保障厅信息化工作领导小组，由厅主要领导担任组长，统一协调、指导全省劳动和社会保障信息化建设应用工作。2003 年 8 月，成立省劳动保障厅金保工程建设领导小组，由分管厅领导担任组长，厅办公室、省社会保险事业管理局、省医疗保险基金管理中心、省职业介绍中心、省劳动信息中心等单位负责人为成员，领导小组负责全省金保工程建设的规划、组织、指导工作；领导小组下设办公室，办公室设在省劳动信息中心，负责日常具体工作。2004 年 4 月，增加就业、养老保险、医疗保险、失业保险、基金监督处负责人为领导小组成员。

2003 年之前，各市信息技术人员分散在社会保险、劳动就业等经办机构。2003 年，安徽省金保工程建设启动以后，根据金保工程建设需要，各市将分散在社会保险、劳动就业等经办机构的技术人员进行集中和统一管理。2004 年，合肥、蚌埠市劳动保障局成立信息中心，为局属事业单位，编制分别为 15 人和 13 人。2005 年，铜陵、黄山市成立信息中心，为局属事业单位，编制分别为 8 人和 4 人。芜湖、淮北、阜阳、宿州、六安市成立信息化工作临时管理机构，技术人员集中办公。根据金保工程建设需要，部分市相继成立金保工程建设领导小组，由局主要领导担任组长。省、市信息化管理机构情况见下表 5–7–2。

安徽省级、市级信息化管理机构情况表

表 5–7–2

单　位	信息中心成立时间	人员编制	金保工程建设领导小组成立时间
省劳动保障厅	1997 年 5 月	5	2003 年 8 月
合肥市劳动保障局	2004 年 1 月	15	2003 年 3 月
亳州市劳动保障局			2002 年 2 月
蚌埠市劳动保障局	2004 年 12 月	13	2004 年 6 月
阜阳市劳动保障局			2003 年 3 月
马鞍山市劳动保障局			2004 年 8 月
铜陵市劳动保障局	2005 年 11 月	8	2004 年 12 月
池州市劳动保障局			2005 年 7 月
黄山市劳动保障局	2005 年 8 月	4	

建设与应用　1996 年 11 月，省劳动厅建成信息中心机房，面积 40 平米，配置空调、网络交换机、微机服务器等设备，开展劳动就业信息统计工作，按季度编制《劳动就业信息简报》，定期发布全省职业介绍、劳务输出等劳动就业相关业务统计数据和工作动态。

1996 年，芜湖市率先探索建立养老保险管理信息系统，自行开发设计了养老保险管理软件，采用 C/S 技术架构，将养老保险前台业务逻辑处理和后台数据存储管理进行隔离划分，通过软件系统将全市参保人员基本信息录入统一后台数据库，实现参保登记、个人账户管理、基金征缴等基本功能，并于同年底向全市参保职工 9.68 万人发放了

“养老保险个人账户对账单”。

1996 年 12 月，省劳动厅在合肥举办失业保险管理软件操作培训班，为全省失业保险业务人员和计算机技术人员讲解失业保险管理软件基本功能和日常业务管理操作流程，要求各市实施应用由省统一组织开发的失业保险管理信息系统软件。经过培训，该软件率先在蚌埠市上线应用，实现包括失业人员基本信息管理、失业金发放、失业证领取等基本业务功能，当期办理失业职工登记 607 人，享受失业救济金 315 人。

1997 年 7 月，铜陵市自行开发设计了基于 C/S 体系结构的养老保险管理软件，在市本级投入正式运行，实现手工操作向信息化管理的转变，为信息录入、信息共享、信息交换提供方便。同年 12 月，安庆自行开发设计了市本级养老保险管理软件，并上线运行，为 31642 名离退休人员发放养老金，当期养老金发放额 1488 万元，纳入征缴计划参保人员 3.7 万人，养老保险费征缴额 190 万元。

1998 年 1 月，滁州市实施应用养老保险管理软件，在养老保险中心组建计算机网络，设立电子化业务服务窗口，联网办理养老保险日常业务，并实现养老保险基金财务管理和业务统计报表等综合功能，当期参保人数为 38869 人，离退休 6683 人，参保户数 438 户，全年养老金收入 3106 万元，支出 3017 万元。同年 3 月，蚌埠市实施应用养老保险管理软件，对全市参保人员个人账户发放对账单，同时将灵活就业人员纳入系统进行管理。同年 12 月淮南市自行开发设计并实施应用养老保险管理软件。

1998 年 12 月，国务院下发《关于建立城镇职工基本医疗保险制度的决定》，淮北、芜湖、铜陵市作为安徽省首批医疗保险试点城市，启动城镇职工基本医疗保险制度改革试点工作。同年年底，淮北市自行开发设计了医疗保险管理软件，实现参保单位和参保人员基础信息的录入查询、医疗保险基金征集、个人账户核定、个人账户年终结转、定点医疗机构结算等功能。全市纳入系统管理的参保单位 300 家，参保职工 2 万人，管理定点医疗机构 5 家，定点药店 3 家，月就诊人次近 2 万。

1999 年，芜湖市将灵活就业人员纳入养老保险信息系统管理，并将养老保险管理软件应用延伸到市辖 4 个区，统一了养老保险业务管理流程和后台数据项目标准。同年，滁州、芜湖市自行开发设计了失业保险管理软件，将失业保险中单位登记、职工参保、基数申报、缴费台账、失业保险金社会化发放等业务纳入计算机系统管理，通过和养老保险管理软件系统的衔接，实现养老保险、失业保险参保登记、关系变更以及基金征缴等业务的协同办理。

1999 年，“安徽劳动网”正式创建并对外公开发布，该网站由省劳动厅主办，省劳动信息中心承办，主要目的是传递、发布劳动保障政务信息，提供劳动保障业务领域政策、办事指南等相关下载，包括新闻动态、政策法规、办事指南、厅长信箱等板块或栏目。

2000 年 1 月开始，芜湖、铜陵、六安市相继实施建设医疗保险管理信息系统，实现参保登记、个人账户管理、基金征缴、基金财务管理、统计报表等基本业务功能，覆盖了基本医疗保险、生育保险、大病救助、公务员补助、离休人员管理、慢性病门诊结算、保健对象管理等功能，向全体参保人员发行了医疗保险 IC 卡和磁条卡，与定点医院、药店进行实时联网费用结算。

2000 年 10 月，合肥市在全省率先实施应用工伤保险和生育保险管理软件，将工伤保险参保登记、工伤认定、工伤待遇发放等日常业务纳入计算机系统管理，并实现生育保险参保登记、生育备案、生育津贴发放、定点医院管理、基金财务管理、统计报表等功能。至年底，共有 285 人通过软件系统进行工伤认定，有 109 人享受了工伤待遇，84 人享受了生育保险，通过系统直接报销生育医疗费 1.42 万元，完成 1.6 万元生育津贴的社会化发放。

2001 年，蚌埠、滁州、马鞍山、宣城、池州市医疗保险管理软件相继实施上线运行，实现单位及个人参保登记、个人账户管理、基金征缴、基金管理、报表统计、医保刷卡结算等功能，发行并启用医疗保险结算卡，参保人员可实时在定点医疗机构刷卡结算。

2002 年，阜阳市与安徽大学合作开发实施养老保险信息系统，该系统具有指纹采集和识别功能，被用于发放养老金的离退休人员生存状况调查，同年年底，阜阳市将该软件推广到所辖 5 县、4 区、35 个街道、190 个社区使用。该系统每年对离退休人员的具体情况进行一次电脑认证，避免了冒领、多领离退休人员养老金的现象。同年，马鞍山市启用基于劳动保障部核心平台软件标准的养老保险管理软件，实现参保登记、基金征缴、个人账户管理和退休待遇审核等功能，设计了通用财务软件接口模块，通过系统自动和第三方财务软件交换养老保险基金收支记账凭证信息，当年养老保险参保单位 1373 个，参保职工 15 万人，离退休人员 7.1 万人，养老金发放达 4195 万人。

2003 年 1 月，劳动保障部印发《关于确认投资建设劳动保障信息系统的通知》，要求各地向当地政府汇报，并按照国家金保工程一期项目建议书及投资测算参照标准进行工程建设投资测算，向国家计委和劳动保障部报送有关承诺劳动保障信息化建设资金，并同意将本地的劳动保障信息系统建设纳入国家金保工程。同月，省政府向劳动保障部、国家计委报送了《关于确认投资建设劳动和社会保障信息系统的函》，申请将安徽省劳动保障信息系统列入国家金保工程一期项目，按照劳动保障部制定的总体规划、标准规范和工程建设要求，由劳动保障厅负责组织实施，承诺筹措劳动保障信息系统一期工程建设所需经费 1.6 亿元。

2003 年 1 月，省直城镇职工基本医疗保险管理软件投入运行，满足了省医疗保险基金管理中心办理参保单位及个人资料库信息录入、基金的征缴、医疗费的审核、拨付、财务管理、统计分析等日常业务管理需求。系统服务对象包括医疗保险经办机构、参保单位和参保个人，同时为医疗保险经办机构及各级政府机构决策提供支持，为参保人员和社会公众提供查询服务。当期纳入该系统管理的省直参保职工 6.4 万人，离退休人员 2.4 万人。

2003 年 7 月，“安徽劳动网”改版升级为“安徽劳动保障网”。改版的原则是“宣传政策、正确引导；公开政务、梳理形象；提供信息，服务社会”，改版的思路是扩大版面、增加内容、实现互动。改版后的网站分为五大板块：发布工作动态的新闻板块、发布政策法规的政策板块、方便社会单位和个人办事的服务板块、便于沟通联系的互动板块、劳动社保业务为主的业务板块。

2003年8月，芜湖市劳动保障局、财政局、地税局、人民银行国库、商业银行共同设计搭建了“跨部门社会保险费征缴信息交换平台”，实现五个部门之间社会保险基金征缴核定信息、基金到账信息的实时传输和交换，替代了在此之前各部门之间相互传递业务数据使用的“数据拷贝”方式，改变养老保险、医疗保险、失业保险、工伤保险、生育保险各自征收方式为“一票征收”。

2003年10月，经过招标采购建设，省劳动保障厅办公自动化系统投入运行，该系统分为系统提示、工作计划、日常办公、资料文库、在线交流等模块，部署联结厅办公大楼内部各处室及厅下属事业单位，与互联网实行物理隔离。

2003年12月，根据劳动保障部在南昌召开的全国劳动保障信息化工作座谈会议精神和印发的《关于全面实施金保工程统一建设劳动和社会保障信息系统的意见》要求，省金保工程建设领导小组召开会议，决定启动省金保工程一期建设项目可行性研究报告的编制工作。经过三个月的工作，可行性研究报告编制完成，主要内容包括项目概述，项目建设背景及必要性，项目建设的可行性，需求分析，建设规模与建设内容，项目的招标方案，环保、消防、职业安全卫生和节能，项目组织机构与人员，项目实施进度，投资估算和资金筹措，效益分析等。

2004年3月，省劳动保障厅金保工程建设领导小组在合肥召开金保工程可行性研究报告编制工作座谈会，通报省金保工程一期建设项目可行性研究报告编制情况和内容，启动各市金保工程一期建设项目可行性研究报告的编制工作。同年6月底，各市完成可行性研究报告编制工作。

2004年6月，省社会保险事业管理局组织开发实施养老保险信息管理软件，用于行业养老保险省厅统一经办管理业务，配套开发了行业单位使用的行业申报软件。系统共管理了45万在职参保人员，17万离退休人员的养老保险数据，涵盖了参保登记、基金征缴、待遇支付、基金财务等业务。

2004年6月，省劳动保障厅邀请劳动保障部信息中心、兄弟省市，以及省财政厅、省发改委、省信息产业厅、省经济信息中心有关专家就安徽省金保工程统一应用软件开发实施工作思路进行研讨和论证；之后又召开会议征求本厅各业务处室、经办机构负责人、各市金保工程领导小组负责人、信息部门负责人以及相关技术专家的意见和建议；同时还召开会议听取社会保险核心平台前台支持服务商的建议，充分论证全省统一开发实施应用软件的技术可行性。同年7月，省劳动保障厅召开金保工程建设领导小组工作会议，在充分汲取各方意见的基础上，决定在劳动保障部“社会保险核心平台”二版和“劳动99软件”三版的基础上，结合安徽实际，按照五险合一的管理模式，统一开发设计全省劳动保障统一应用软件，在政策统一的前提下，允许市级软件实施过程中适当进行本地化调整和补充。

2004 年 7 月，省劳动保障厅数据中心机房建设项目公开招标采购，于同年年底建设完成并投入运行，该机房按照国家 A 类计算机机房标准设计，中心区域面积 270 平方米，包括防雷、防水、防火、恒温恒湿、机房配电、承重改造、综合布线、室内装饰等内容。

2004 年 8 月，按照劳动保障部社会保险管理中心的工作安排，各市开展养老保险 80 项基础数据的整理工作，全面清理养老保险历史数据，对缺项漏项部分进行重新核查、申报和校正，并通过省市数据专线，按月上传省劳动保障厅数据中心，汇总后上报劳动保障部。至年底，数据整理完成 90 %，整理人数达 340 万人，上传省厅数据量达 55%，各市养老保险记实率和准确度平均达到 90% 以上。

2004 年 9 月，合肥市在全省率先建成计算机专用机房，建设实施“五险合一”管理模式的社会保险管理信息系统，实现单位参保统一登记、缴费基数统一标准、社保关系统一变更、五险基金统一征缴、个人账户统一记账的管理目标，共有 5940 个单位、391289 人参加了养老保险，5827 个单位、381425 人参加了医疗保险，6852 个单位、409999 人参加了失业保险，2544 个单位、256533 人参加了工伤保险，2505 个单位、256008 人参加了生育保险。同年年底，市劳动保障局信息中心与各区级养老机构、街道、社区之间实现专网联结，将统一软件应用到所辖 3 县、7 区、47 个街道、244 个社区以及 253 家定点医疗机构、224 家定点药店，在社区网点开展养老金领取人员管理、养老金资格认证等服务，完成了覆盖全市的劳动保障四级网络建设。

2004 年 10 月，马鞍山市实施应用自行开发设计的生育保险管理软件，功能包括参保登记、个人账户管理、基金征缴、财务管理、统计报表等，扩充了原有的医疗保险管理软件数据接口，对医疗保险、工伤保险、生育保险统一进行缴费核定和基金征缴工作。当年 12 月，医疗保险参保单位 1129 个，参保职工 13.5 万人，基金收入 85207 万元；工伤保险参保单位 483 个，参保职工 50125 人，基金收入 47 万元；生育保险参保单位 484 个，参保职工 50260 人，基金收入 38 万元。同月，滁州市实施应用新版养老保险信息系统，该系统采用劳动保障部推出的社会保险核心平台二版系统的数据库结构，并新增了离退休指纹认证、提取养老保险 80 项联网监测数据等功能，通过系统转换，将参保人数为 50133 人，离退休 15292 人，参保户数 619 户养老保险业务数据纳入新系统管理。

2004 年 11 月，全省劳动保障信息化工作会议在合肥召开，会议部署了开展金保工程立项、省市数据中心建设、统一应用软件实施、省市县网络互联、推进联网应用等工作。会后，各市加快金保工程项目建设，在可行性研究报告报批的同时，多渠道协调落实项目建设资金，着手规划设计数据中心机房建设方案，申请筹建信息化管理机构，并按照“五险合一”模式整合经办机构，优化业务管理。

2005 年 5 月，省财政厅对省级金保工程一期建设项目及资金使用计划先后两次组织专家组进行论证，并征求劳动保障部的意见。同年 7 月，省财政厅《关于批复省级金保工程项目预算的函》，确定省级金保工程一期建设项目投资估算为 0.93 亿元。同月，省政府采购中心通过公开招标,确定沈阳东软软件股份有限公司为安徽省劳动保障统一应用软件实施项目的前台技术支持服务商。省劳动保障厅成立业务需求分析小组,调研、采集、汇总各地相关业务领域的需求,并进行分析论证,于年底完成全省统一应用软件需求分析报告编写工作。

2005年8月,省劳动保障厅、省财政厅联合印发《关于支持各市金保工程建设有关问题的通知》,明确在负责全省统一应用软件开发、省市联网、统一购买基础软件和技术服务、统一开展技术培训的基础上,省财政再安排部分专项资金,用于各市金保工程建设中关键设备的购置。要求各市根据金保工程统一规划和建设目标,结合省支持设备情况,积极落实配套建设资金,加快推进本地金保工程建设,确保省政府确定的重点工程项目完成。同月,省市数据线路项目、省市联网项目、系统数据库软件和中间件软件项目、省市视频会议系统项目通过省政府采购中心进行公开招标采购,确定了实施单位,由省厅金保工程建设领导小组办公室统一组织实施建设。同年10月,省市视频会议系统正式开通运行。

2005年9月,省金保工程一期建设项目可行性研究报告,获得了劳动保障部和省发改委的正式批复。同年年底,各市可行性研究报告相继获得了省劳动保障厅和各市发改委的正式批复,全省金保工程立项工作全部完成。

2005年10月,省劳动保障厅在合肥召开会议,向各市通报统一采购核心设备方案和相关问题,确定了支持各市关键设备主要型号、规格和数量。会后,组织编制了《安徽省劳动和社会保障厅金保工程小型机等硬件设备采购项目》招标技术需求,启动统一支持各市小型机等核心设备招标采购工作。

2005年11月,省政府办公厅向各市、县政府、省政府各部门、各直属机构转发省劳动保障厅《关于进一步加快实施金保工程的意见》,要求各地按照劳动保障事业发展的总体目标,以全省电子政务建设规划为指导,遵循统一规划、统一标准、统一指导、分步实施、分级负担、分级管理、网络互联、信息共享的原则进行建设。要以抓全省统一应用软件开发和实施为核心,扩大信息应用与共享,建成覆盖劳动保障领域主要业务,统一、高效、简便、实用的全省劳动保障信息系统。

2005年年底,全省17个市以及省劳动保障厅实施应用了养老保险、医疗保险管理软件,纳入信息系统管理的参保单位分别为27694户、22697户,参保职工分别为238万人、206万人,离退休人员分别为82万人、69万人;合肥、蚌埠、滁州、巢湖、芜湖、宣城、安庆市实施应用了失业保险管理软件,纳入信息系统管理的参保单位16478户,参保职工143万人,领取失业救济金人员11万人;合肥、淮北、蚌埠、滁州、马鞍山、巢湖、芜湖、池州、安庆市实施应用了工伤保险管理软件,纳入信息系统管理的参保单位8807户,参保职工79万人,领取工伤保险各类补贴人员7万人;合肥、蚌埠、马鞍山、芜湖市实施应用了生育保险管理软件,纳入信息系统管理的参保单位5171户,参保职工38万人,享受生育保险补助540人。全省共564家定点医院和794家定点药店和当地医保经办机构之间实现医疗费用实时联网结算。合肥、蚌埠、马鞍山、池州市通过市域网将社会保险服务功能延伸到基层社区服务平台，提供参保缴费情况查询和就业岗位登记、查询、失业金领取、养老金资格认证等服务。

第六篇　劳动保障法制

第一章　劳动保障立法和法制宣传教育

第一节　劳动保障立法

地方性法规　1997 年 6 月 7 日，安徽省第八届人民代表大会常务委员会第三十一次会议通过《安徽省劳动保护条例》，自 1997 年 7 月 1 日起施行，《安徽省劳动保护监察暂行条例》同时废止。《安徽省劳动保护条例》扩大了适用范围，适用于安徽省行政区域内的企业、个体经济组织和与之形成劳动关系的劳动者，与《中华人民共和国劳动法》的规定相一致；在劳动保护工作实行安全第一、预防为主的方针基础上，增加了"实行用人单位负责、行业管理、国家监察和群众监督的安全生产管理体制"；根据《中华人民共和国劳动法》、《中华人民共和国行政处罚法》等规定，设定了警告、罚款、责令停产停业等处罚。2004 年 6 月 26 日，安徽省第十届人民代表大会常务委员会第十次会议通过《安徽省劳动保护条例》修改决定，从 2004 年 7 月 1 日起施行。

1994 年 10 月 26 日，安徽省第八届人民代表大会常务委员会第十三次会议通过《安徽省实施 < 中华人民共和国矿山安全法 > 办法》，自 1994 年 10 月 26 日起施行。共 8 章 56 条，分总则、矿山建设的安全保障、矿山开采的安全保障、矿山企业的安全管理、矿山安全的监督和管理、矿山事故的调查和处理、奖励与处罚和附则。

1995 年 11 月 18 日，安徽省第八届人民代表大会常务委员会第二十次会议通过《安徽省劳动力市场管理条例》，自 1996 年 1 月 1 日起施行。这是安徽省在全国较早出台的有关劳动力市场管理方面的地方性法规，共 6 章 37 条，分总则、职业介绍、择业求职、招用人员、法律责任和附则。2001 年 11 月 22 日，安徽省第九届人民代表大会常务委员会第二十六次会议决定修订《安徽省劳动力市场管理条例》，修改后的条例共 7 章 49 条。根据行政许可清理要求，2004 年 6 月 26 日，安徽省人民代表大会常务委员会十届第十次会议决定修改《安徽省劳动力市场管理条例》，自 2004 年 7 月 1 日起施行。决定删除关于办理"外出人员就业登记卡"和"外地人员就业证"、用人单位通过大众传播媒介发布招用人员信息必须经劳动保障行政部门审核的规定，职业介绍机构组织职业招聘洽谈会不再需要劳动保障行政部门批准。

2004 年 2 月 20 日，省第十届人民代表大会常务委员会第八次会议通过《安徽省劳动合同条例》，自 2004 年 5 月 1 日起施行。共 8 章 59 条，分总则、劳动合同的订立、劳动合同的履行和变更、劳动合同的解除和终止、非全日制劳动合同的特别规定、经济补偿、法律责任和附则。条例注重保护劳动者合法权益，强化法定劳动标准，扩大劳动合同制度实施范围，对劳动者违约金约定作出限制性规定，细化劳动合同试用期的规定，增加劳动者随时解除劳动合同的情形，拓宽给予劳动者经济补偿的范围，明确违反劳动合同规定的法律责任。

政府规章　1986 年，安徽省颁发《安徽省国营企业实行劳动合同制度实施细则》《安徽省国营企业招用工人实施细则》《安徽省国营企业辞退违纪职工实施细则》和《安徽省国营企业职工待业保险实施细则》。1990—1997 年，安徽省政府先后发布《安徽省女职工劳动保护实施办法》《安徽省最低工资规定》《安徽省企业劳动争议处理办法》《安徽省企业职工工伤保险暂行办法》《安徽省劳动监察规定》。2000—2004 年，安徽省政府先后颁布《安徽省失业保险规定》《安徽省社会保险费征缴暂行规定》《安徽省社会保障资金审计监督办法》《安徽省实施 < 工伤保险条例 > 办法》，分别废止《安徽省国有企业职工待业保险补充规定》《安徽省企业职工工伤保险暂行办法》等规章。

1997 年 12 月 25 日，省政府发布《安徽省政府关于废止〈安徽省全民所有制工业企业承包经营审计暂行办法〉等规章的决定》，自 1998 年 1 月 1 日起施行，其中涉及 4 项劳动保障政府规章。2001 年 12 月 28 日，省政府发布《安徽省政府关于废止 2000 年底以前发布的部分省政府规章的决定》，其中涉及 4 项劳动保障政府规章。

1998 年宣布废止的部分劳动保障政府规章

表 6-1-1

序号	规章名称	发布机关和日期
1	安徽省违反劳动保护法规经济处罚办法（试行）	1986 年 4 月 30 日省政府皖政〔1986〕29 号文件
2	安徽省实施 < 国营企业劳动争议处理暂行规定 > 细则	1988 年 6 月 27 日省政府皖政〔1988〕38 号文件
3	安徽省乡镇企业劳动保护管理暂行办法	1988 年 11 月 25 日省政府皖政〔1988〕75 号文件
4	安徽省国营企业职工待业保险补充规定	1992 年 7 月 20 日省政府令第 35 号

2001 年宣布废止的部分劳动保障政府规章

表 6-1-2

序号	规章名称	发布机关和日期
1	安徽省全民所有制企业临时工管理实施细则	1991 年 12 月 27 日省政府令第 29 号
2	安徽省企业职工养老保险暂行规定	1992 年 9 月 15 日省政府令第 37 号
3	安徽省劳动就业服务企业管理实施办法	1992 年 10 月 18 日省政府令第 39 号
4	安徽省外商投资企业中方职工养老保险暂行办法	1995 年 1 月 27 日省政府令第 59 号

第二节　法制宣传

法制资料

《劳动工资文件选编》 1974年至1987年，先后编印《劳动工资文件选编》1—10册，由省劳动局办公室统一编印。1986年编印的《劳动工资文件选编》第9册，主要收集了国家和本省发布的有关工资政策、法令、规定等文件；1987年编印的《劳动工资文件选编》第10册，主要收集了国家和本省发布的劳动工资计划和劳动管理方面的政策、法令、规定等文件。

《工资工作文件选编》 分上、下册，由省企业工资改革办公室、省劳动工资研究所编印。收集了1985年至1986年国家和省关于工资政策和工工资制度改革方面的文件。

《劳动保障政策法规选编》 1—5册由省劳动厅政策法规处编印；第6册由省劳动保障厅政策法规处编印。"选编"依时间为序，按照就业、职业培训、劳动关系调整、工资、社会保险、劳动争议处理、劳动监察等分类，共收集了1994年至2001年期间有关劳动和社会保障的法律、法规、规章和规范性文件。

《劳动制度改革文件专辑》 由省劳动局计划管理处编印。收集了国家和省发布的关于劳动制度改革方面政策、法令、规定等文件。

《劳动保障法规知识》 本书系省人大常委会组织编纂的《经济法规知识丛书》分册，分上篇、下篇和附录，上篇为基础知识，下篇为法律法规，附录为名词解释，内容涉及就业、劳动合同和集体合同、工作时间和休息休假、工资、女工和未成年工保护、职业技能开放、社会保险、劳动争议处理、劳动保障监察等方面。安徽人民出版社2002年6月出版。

《劳动工资管理与劳动争议处理实用手册》 第1—3册名为《劳动争议处理与劳动监察实用手册》，第4—5册更名为《劳动合同管理与劳动争议处理实用手册》，由省劳动争议仲裁委员会办公室编印，收集了1986年至1999年5月国家和省颁布的劳动法律、法规、规章和规范性文件。第6—10册更名为《劳动工资管理与劳动争议处理实用手册》，由省劳动保障厅劳动工资与仲裁处编印，收集了1999年6月至2005年国家和省制定的就业、社会保障、劳动关系、劳动工资等方面的政策文件。

《养老保险文件汇编（特殊工种专辑）》 由省劳动保障厅养老保险处编印，收集了1958年至2001年共110多个文件。在编排体例上，按照行业分类，分成综合、机械、冶金、电子、兵器等23类，同一类文件按时间顺序进行排列，同时对相近行业进行合并。

《企业职工基本养老保险文件汇编》 共分1—4册，由省劳动保障厅养老保险处编印。收集了1951年至2003年国家和省制定的养老保险法律、法规、规章及规范性文件，按照离休、退休、待遇计算、企业改制、行业统筹、事业单位改革等分类，依照时间顺序进行收集整理，已废止的文件也一一列出，力图使读者对中国企业职工养老保险政策发展的延续过程有比较系统的了解。

《劳动保障监察实用手册》 由省劳动保障厅劳动保障监察处编印,收集了国家和省有关劳动保障方面的法律、法规、规章和规范性文件。

《医疗保险制度改革文件资料选编》 由省城镇职工医疗保险制度改革办公室编印,收集了国家和省有关城镇职工医疗保险制度改革方面的政策法规。

宣传活动 1994年7月,安徽省劳动厅印发《关于学习宣传<劳动法>意见的通知》,具体部署劳动法的学习宣传活动。同年8月,省人大召开学习宣传劳动法座谈会,省人大、省政府有关领导出席,省直有关单位和部分企业负责人参加会议。省劳动厅、省总工会、省委宣传部、省经委、省妇联、中国安利人造革有限公司、江淮律师事务所等部门、单位分别发言,各自结合实际,提出学习宣传劳动法的意见,省人大、省政府领导在讲话中提出明确要求。同年10月,省劳动厅、省总工会联合开展劳动法咨询日活动,当日接待咨询500人次,发放劳动法等宣传资料1300份。在《安徽日报》开辟劳动法知识讲座专栏12期,在省厅自办的《安徽劳动》《培训天地》《安徽劳动安全卫生》等刊物宣传有关劳动法律、法规和政策,刊登领导在有关会议上的讲话和学习宣传劳动法的文章。

1995年8月,省人大常委会主任会议专门听取省劳动厅关于贯彻实施《劳动法》情况和下一步工作意见的汇报,充分肯定了一年来学习宣传、贯彻实施《劳动法》所做的工作和取得的成效,同时对下一步工作提出具体的要求。省劳动厅印发《关于进一步开展学习宣传、认真贯彻实施<劳动法>的通知》,各行署、市、县劳动局和省直有关部门继续认真学习宣传劳动法,加快制定劳动法配套政策,加强劳动监察工作。

1996年11月,省劳动厅转发劳动部《关于开展<劳动法>实施两周年宣传活动的通知》,自1996年12月中旬至1997年1月中旬,在全省集中开展劳动法实施两周年宣传活动。各行署、市劳动局重视这次宣传活动,制定宣传计划和方案,安排人员和经费,深入贯彻实施劳动法,以企业为重点,提高企业经营者对实施劳动法重要性的认识,同时使每一个劳动者了解、遵守和正确运用劳动法。

2000年5月21—26日,全省开展一次社会保险宣传周活动。此项活动由省劳动保障厅统一组织,各级劳动保障部门按计划实施,各新闻单位配合做好社会保险政策法规和有关宣传周活动的宣传报道工作。活动主题为"社会保险,造福社会",主要内容是宣传国务院《社会保险费征缴暂行条例》《失业保险条例》《关于建立城镇职工基本医疗保险制度的决定》和养老、失业、医疗保险政策。活动方式以公益广告、新闻发布、电视专题和咨询讲座等形式,通过报纸、电视、电台以及街头宣传,介绍社会保险政策法规。

2004年11月,省劳动保障厅印发《关于开展维护农民工劳动保障权益普法宣传活动的通知》,在全省范围内开展一次维护农民工劳动保障权益普法宣传活动。各地采取举办法规政策咨询活动、商请新闻媒体进行系列宣传报道、免费发放《农民工维权手册》等形式,开展多样的普法宣传活动。11月19日,全省劳动保障系统统一开展主题为"改善农民工进城就业环境,切实维护农民工的合法权益"的宣传咨询活动。省劳动保障厅暨合肥市劳动保障局在合肥联合开展的宣传咨询活动持续3个小时,共接待咨询近1000人次，发放劳动法、《农民工维权手册》《安徽省实施<工伤保险条例>办法》等宣传品2000余册，现场受理投诉30余起。

法制竞赛 1994年10月12日，安徽省劳动厅、省总工会联合印发《关于组织参加<劳动法>知识竞赛的通知》，在全省范围内组织开展劳动法知识竞赛活动。同年10月19日，成立安徽省劳动法知识竞赛组委会，省人大常委会副主任兼省总工会主席、分管副省长为名誉主任，省劳动厅厅长、省总工会第一副主席为主任，省劳动厅、省总工会分管领导为副主任，委员由省直有关部门和企业工会负责人组成。组委会下设办公室，办公室设在省劳动厅政策法规处。竞赛分初赛、复赛两个阶段。初赛由各地、市劳动局、总工会组织实施，初赛后，各地、市产生一个代表队参加省里复赛。此项活动于同年11月底前全部结束。省里于同年12月11日至12日在合肥举行复赛。复赛采取笔试和现场问答形式，17个代表队通过一轮淘汰赛，选出前6名参加决赛。决赛设一等奖1名，二等奖2名，三等奖3名。通过决赛，马鞍山市代表队获一等奖，合肥市和宿县地区代表队获二等奖，淮北市和六安、滁州地区代表队获三等奖。

2002年6月，安徽省劳动保障知识电视大奖赛决赛在合肥市举行。经过初赛选拔，蚌埠、淮北、芜湖、黄山、巢湖市和省劳动保障厅代表队获得决赛资格。经过比赛，蚌埠市代表队获一等奖，省劳动保障厅和黄山市代表队获二等奖，淮北、巢湖、芜湖市代表队获三等奖。

2004年7月5日是劳动法颁布十周年纪念日，同年7月5日至9月20日，省劳动保障厅、省劳动保障学会开展"纪念《劳动法》颁布十周年劳动保障知识竞赛"活动。9月20日，经竞赛评选委员会办公室成员现场抽奖和公证人员的现场公证，并报请评委会领导批准，确定3人获一等奖，6人获二等奖，9人获三等奖。获奖名单公布在2004年第10期《安徽劳动保障》及安徽省劳动和社会保障厅网站。

第三节 法制教育

普法教育 1996年8月，安徽省劳动厅印发《全省劳动系统开展法制宣传教育的第三个五年规划》，对安徽省劳动系统第三个五年法制宣传教育工作的指导思想、目标与任务、教育对象、基本要求、方法与步骤等作出了明确规定。省厅成立"三五"普法领导小组，办公室设在政策法规处。各级劳动部门加强对"三五"普法工作的组织领导，把法制宣传教育工作纳入工作计划，建立法制宣传教育工作责任制，配备专人负责普法工作。

1997年3月，省劳动厅转发劳动部办公厅《关于劳动系统1997年普法教育工作安排的通知》，结合安徽省实际，明确当年普法教育的学习目的与基本要求、重点掌握的法律法规、培训任务的安排以及具体的考核验收办法等内容。

1998年9月，省劳动厅转发劳动部办公厅《关于1998年劳动和社会保障系统"三五"

普法教育工作安排的补充通知》,提出学习的内容除部普法办通知中所列法规、规章外,安徽省增加《安徽省统一企业职工基本养老保险制度实施方案(试行)》《中共安徽省委、省政府关于切实保障下岗职工基本生活和大力做好再就业工作的通知》《安徽省企业职工工伤保险暂行办法》等规章、规范性文件的学习内容。

1999年12月,省劳动厅印发《关于认真做好1999年全省劳动保障系统"三五"普法考核工作的通知》,各级劳动保障部门积极组织广大干部、职工参加法律知识学习,认真做好对各类用人单位的普法教育。考核试卷分A、B卷,试卷A用于劳动保障系统工作人员,试卷B用于企事业单位的劳资管理人员和职工。考核由各行署、市劳动(社保)局组织实施,其内设的法制工作机构或承担法制工作的机构具体承办。

2000年4月,省劳动保障厅按照省人大常委会办公厅《关于组织各级人大常委会开展"三五"法制宣传教育执法检查的通知》要求,对"三五"法制宣传教育情况进行自查的基础上,向省人大法工委专题汇报了"三五"普法宣传教育情况。同年6月,省劳动保障厅向各市、行署劳动(保障)局印发《全省劳动保障"三五"普法教育工作总结验收指导意见》,提出总结验收的指导思想和原则、主要内容和基本标准、方法和要求。

2001年8月,省劳动保障厅印发《全省劳动保障系统开展法制宣传教育的第四个五年规划》。明确提出安徽省劳动保障系统第四个五年规划法制宣传教育工作的指导思想、总体目标、主要任务和宣传教育对象。规划把宪法、基本法律和社会主义市场经济法律,劳动保障法律、法规和规章及规范性文件,与劳动保障依法行政工作有关的法律、法规和规章,与世界贸易组织相关的法律法规作为学习内容。规划还明确提出第四个五年普法工作的步骤和方法、组织领导和保障措施。

2002年4月,省劳动保障厅转发劳动保障部普法办《关于2002年劳动和社会保障法制宣传教育工作要点的通知》,明确全省劳动保障系统2002年法制宣传教育工作的指导思想和工作目标、学习内容,并提出具体的工作要求。

2003年3月,省劳动保障厅转发劳动保障部普法办公室《关于做好2003年劳动和社会保障法制宣传教育工作意见的通知》,要求各地联系本地实际,研究制定本地区"四五"普法和2003年年度工作计划。决定建立全省劳动保障系统"四五"普法工作联系点制度,将淮北、蚌埠、六安、芜湖、安庆五个市劳动保障局作为"四五"普法工作联系点。各市劳动保障局积极研究探索新形势下法制宣传教育的方法措施,在继续运用常规做法抓好法制宣传教育工作的基础上,重点研究普法形式的创新。

2005年4月,省劳动保障厅转发劳动保障部办公厅《关于做好2005年劳动和社会保障法制宣传教育工作意见的通知》,要求各市劳动保障局提高认识,加强领导,结合实际制定出切实可行的年度实施方案和"四五"普法检查验收方案。在继续抓好系统内部学习贯彻国务院《全面推进依法行政实施纲要》和《中华人民共和国行政许可法》的基础上,重点做好《安徽省劳动合同条例》《工伤保险条例》和《劳动保障监察条例》

等法规的宣传工作，切实维护劳动者特别是农民工的合法权益。

法制培训 1994 年 9 月，安徽省劳动厅在黄山市举办 3 期劳动法培训班，培训的主要内容是分专题宣讲劳动法的条文。培训的对象是各行署、市、县劳动局长、副局长，省直有关单位的劳资干部以及部分企业的管理人员，共培训 278 人。

1996 年 6 月，省劳动厅在潜山县举办 2 期行政处罚法培训班。培训的主要内容是宣讲行政处罚法中关于行政处罚的种类和设定、处罚主体资格、处罚的管辖和适用、处罚的程序和执行等。参加培训的人员为各行署、市、县劳动局政策法规、劳动监察、劳动保护、锅炉压力容器安全监察机构负责人，共 184 人参加培训。

1998 年 7 月，省劳动厅在合肥市举办 2 期劳动行政执法人员资格认证培训班。参加培训的人员为各行署、市、县劳动局局长、副局长，铜陵、芜湖、淮北、阜阳、亳州市社保局局长、副局长，政策法规、劳动监察、职业安全卫生监察、矿山安全监察、锅炉压力容器安全监察机构正副职，共 236 人参加培训。

1999 年 8 月，省劳动厅举办机关全体职工及厅直属事业单位科以上干部参加的《行政复议法》和社会保险法律法规知识专题讲座。由一位副厅长和有关处室负责人宣讲。讲座分三个专题，分别是行政复议法、《社会保险费征缴暂行条例》和《失业保险条例》、国务院关于建立城镇职工基本医疗保险制度的决定及安徽省实施城镇职工医疗保险制度改革的若干意见。

1999 年 9 月，省劳动厅在黄山市举办行政复议法和劳动保障法制培训班。培训的主要内容是宣讲《行政复议法》和贯彻落实全国劳动保障法制工作座谈会精神。参加培训人员为各行署、市劳动局，铜陵、芜湖、淮北、阜阳、亳州市社会保障局分管领导和法制工作机构负责人。

2002 年 11 月，省劳动保障厅在潜山县举办全省劳动保障系统“四五”普法骨干培训班，就劳动就业和劳动关系调整、养老和医疗保险制度改革方面的法律法规及行政处罚法、行政复议法和行政诉讼法等法律法规进行了重点培训。培训对象是各级劳动保障部门负责法制宣传教育的科室负责人或相关工作人员、各用人单位人力资源（劳资）部门负责人，共有 235 人参加培训。

2003 年，省劳动保障厅决定每年在厅内不定期举办劳动保障政策法规讲座。2003 年安排就业和再就业、劳动关系、养老保险、医疗保险、德国社会保险制度等 5 个专题讲座，分别由厅机关相关处室主要负责人和有关专家教授担当主讲人。每讲安排 1~2 人主讲，同时鼓励与会人员现场提问，增强讲座的互动性和实效性。

2004 年 4 月，省劳动保障厅在黄山市举办贯彻《安徽省劳动合同条例》培训班，培训的主要内容是宣讲《安徽省劳动合同条例》的立法背景及指导思想、基本内容及特点，有关劳动合同的劳动争议处理及企业工资分配等。培训对象是各级劳动保障部门有关人员、企业主管部门及企业分管劳动人事负责人、劳动人事管理人员、工会工作人员等。共培训 410 人。

2004年7月,根据劳动保障部与美国劳工部签署的中美劳动法合作项目的安排,省劳动保障厅与美国劳工部委托的非政府组织亚洲基金会,签署了中美劳动法合作项目协议。项目明确2004年8月31日至2007年8月31日,在安徽省开展劳动法律宣传培训试点,具体由省劳动保障厅组织实施。项目的宗旨是提高外出务工人员的劳动法律意识,帮助掌握维权技巧;项目的内容包括对已经外出或即将外出(指初二、高二和技校生)的务工人员进行劳动法律培训和宣传咨询;项目的目标是创新劳动法律培训和宣传咨询的形式,建立此类活动的试点,从而形成能够在中国被推广、被复制的模式。

第二章　劳动保障监察

第一节　监察机构和队伍

机构建设　1990 年 4 月，省政府发布《安徽省女职工劳动保护实施办法》，规定各级劳动部门负责对本办法执行情况进行监督检查，对违反本办法的，按国家和省有关规定进行处理。1993 年 9 月，劳动部、全国总工会联合发布《关于切实保障职工合法权益的通知》，规定各级劳动行政部门要建立健全劳动监察工作制度，结合日常工作经常深入企业，对其执行劳动法律、法规情况进行监察，及时纠正和处理违反劳动政策法规行为。1993 年 11 月，省劳动局、省总工会在转发时要求各级劳动行政部门和工会组织要加强对本地区企业贯彻执行国家和省劳动政策法规情况的监督检查，及时纠正和处理违反劳动政策法律、法规的行为，切实保障企业职工的合法权益。1994 年，省劳动厅明确劳动争议仲裁处负责劳动监察工作。1994 年 12 月，滁州市率先成立劳动监察大队。1995 年 2 月，省劳动厅印发《关于抓紧建立劳动监察机构全面开展劳动监察工作的意见》，要求各地抓住机构改革的时机，尽快把劳动监察机构建立起来。已建立专门劳动监察机构的地方，充实劳动监察人员；已进行机构改革但没有建立专门劳动监察机构的地方，应向当地政府汇报，积极争取增设劳动监察机构；还没有机构改革的地方，应建立劳动监察机构，如不能一步到位，应先把劳动监察机构的牌子挂起来，选调政治、业务素质好的干部担任劳动监察员。1995 年合肥、铜陵市设立劳动监察科。1996 年，省政府《关于印发 < 安徽省劳动厅职能配置内设机构和人员编制规定 > 的通知》规定，设立劳动监察处。1996 年 11 月省劳动厅劳动监察处设立。1997 年 5 月，阜阳市成立副县级劳动监察大队。1997 年 9 月，省政府颁布《安徽省劳动监察规定》（以下简称《监察规定》），规定监察机构就劳动用工、劳动合同、工作时间、工资分配、职业技能开发、社会保险和职工福利等事项进行监察。到 1997 年年底，全省已建立专门监察机构 92 个，有 12 个地级市和 36 个县（市、区）设立专门监察机构。1998 年 2 月，省劳动厅在合肥召开全省劳动监察工作会议，要求各地积极争取地方编制部门批准设立劳动监察大队，同时在劳动部门内部调剂解决一部分力量加强劳动监察工作，劳动监察执法办案经费要予以保证。1998 年 4 月，省劳动厅制定《安徽省劳动监察工作三年规划（1998—2000 年）》（以下简称《三年规划》），要求建立健全劳动监察工作网络，省劳动部门建立劳动监察总队，地、市、县建立劳动监察大队，乡镇劳动管理机构建立劳动监察队。2001 年 4

月，省政府《关于大力促进就业工作若干问题的通知》(以下简称《通知》，要求各地要切实加强劳动保障监察队伍建设，省、市、县都要建立适应劳动保障工作需要的专职劳动保障监察执法队伍。2002年3月，省编办批准省劳动保障投诉中心成立，与监察处合署办公，增加3名编制。同年7月，省劳动厅下发《关于切实做好劳动保障监察工作的通知》，要求在市、县、区机构改革中，未成立劳动监察机构的市和未成立监察大队的县（市、区）力争在年底前建立相应的机构。2002年，铜陵、蚌埠、淮南市成立副县级监察支队，至2002年年底全省已有11个设区的市设立监察支（大）队。截至2005年年底，全省有14个设区的市成立劳动保障监察支(大)队，其中有5个市为副县级机构。县（市、区）有40个为行政专门机构，9个为合署行政机构，50个独立的监察大队。

队伍建设　1994年11月，劳动部印发《劳动监察员管理办法》，规定各级劳动行政部门根据工作需要配备专、兼职劳动监察员，专职监察员是劳动行政部门专门从事劳动监察工作的人员，兼职劳动监察员是劳动行政部门非专门从事劳动监察工作的人员，负责与其业务有关的单项监察。1995年5月，省劳动厅在转发劳动部《劳动监察员管理办法》中要求各县（市、区）应配备专职监察员2~4名，地、市应配备专职监察员3~5名。1997年9月，省政府《监察规定》明确监察员享有权利：进入用人单位和劳动场所进行检查；查阅、调阅、复制与监察事项有关的资料、文件；询问有关人员，了解有关情况；通知用人单位就有关监察事项作出说明；依法责成用人单位停止或纠正违反劳动法律、法规、规章的行为等。劳动监察员实施现场监察，必须两人以上，并出示监察证。1998年4月，省劳动厅《三年规划》要求省、省辖市劳动监察机构专职劳动监察员应不少于10人，行署、县劳动监察机构应不少于5人。2002年7月，省劳动保障厅《关于切实做好劳动保障监察工作的通知》规定，各地在组建劳动保障监察队伍时要把政治素质高、业务能力强、具备较高学历的年轻同志充实到机构中来。

安徽省监察员队伍建设经历了由兼职为主（主要是仲裁员兼任），到专职、兼职联合执法，再到主要由专职执法的发展过程。专职监察员从1996年50名、1997年321名，到2002年411名、2005年567名。

监察员培训　1997年9月，安徽省政府出台《监察规定》，明确劳动监察员须经国家或省劳动行政部门培训、考核。考核合格者由所在地劳动行政部门任命，报上一级劳动行政部门备案，由省劳动厅核发“中华人民共和国劳动监察证”。2005年1月，劳动保障部《监察工作意见》要求加强劳动保障监察机构执法能力建设，通过举办学习条例培训班、专题研讨和典型案例分析等形式，提高监察员的业务素质和办案能力。

1995年4月、7月，省劳动厅仲裁处在含山县举办两期劳动监察员培训班，有140名专、兼职监察员参加培训。1997年10月，省劳动厅监察处在合肥市举办两期劳动监察员培训班，共培训220名专、兼职监察员。1998年至2005年省劳动保障厅分别在黄山、六安、潜山、宿松、合肥、广德、蚌埠等地举办劳动监察员培训班，共对1070名专兼职监察员进行有关法律、法规、规章和劳动保障业务知识以及实际办案能力培训，提高监察员综合素质。

法律监督员 1998 年 4 月，省劳动厅《三年规划》要求在企业聘请劳动监察协理员。2000 年 12 月，省劳动保障厅印发《关于建立劳动保障监察协理员制度的通知》(以下简称《协理员制度》，明确劳动保障监察协理员是劳动保障行政部门根据劳动保障工作需要在有关部门（单位）聘请义务协助开展劳动保障监察工作的兼职人员，主要从政府有关部门、司法机关、工会组织、街道、乡镇等部门的有关工作人员，以及大中型企业的劳资干部中聘任。聘请劳动保障法律监督员应由所在单位推荐人选，经劳动保障监察机构审核后，报劳动保障行政部门领导批准。经批准聘任的劳动保障法律监督员要经过劳动保障部或省劳动保障厅劳动保障法律与监察知识培训，并经考试合格，由省劳动厅颁发劳动保障法律监督员证。部分地方以其他名义聘请的劳动保障法律监督人员，在续聘时应使用劳动保障法律监督员称谓，统一颁发劳动保障法律监督员证。省劳动保障厅于 2002 年 5 月予以转发，规定全省劳动保障监察协理员统一更名为劳动保障法律监督员。2005 年 1 月，劳动保障部《监察工作意见》规定，各地充分发挥工会、妇联、共青团等组织法律监督作用。

2001 年 6 月，省劳动保障厅和省总工会联合在潜山县举办劳动保障法律监督员培训班。2002 年 6 月、2003 年 10 月又分别和省妇联、团省委在合肥联合举办劳动保障法律监督员培训班。到 2005 年年底，各级劳动保障部门共聘请 1230 名劳动保障法律监督员。

监察协理站 1998 年 4 月，省劳动厅《三年规划》要求在行业管理部门和大型企业中建立劳动监察协理站。2000 年 12 月，省劳动保障厅《协理员制度》规定各地根据工作需要，在自愿的基础上可在行业或大型企业（集团）建立劳动保障监察协理站，协理站可设在企业劳动工资或社保管理机构中，不作为常设机构，一般配备 3 名以上协理员。经省劳动保障厅批复，蚌埠铁路分局、中铁四局集团，于 1998 年 7 月和 2001 年 2 月设立劳动监察协理站。2004 年 8 月，省劳动保障厅和蚌埠铁路协理站联合在江苏连云港市举办铁路系统劳动保障法律监督员培训班，共培训 62 名学员。中铁四局集团先后选派 50 多人次参加省劳动保障厅举办的法律监督员培训班。两协理站承担系统内部企业劳动保障年审初审和投诉举报案件前期查处。

第二节　执法检查

专项执法检查 1994 年 3 月 10 日至 6 月 30 日，省劳动厅组织开展劳动用工大检查，检查范围是城镇各类企业，重点是私营企业和外商投资企业。全省抽调 3630 人参加，检查各类企业 4197 家。共清退童工 37 人，责令补签劳动合同 1.5 万份，补发工资 938 万元，补缴社会保险费 270 万元。

1995 年 10 月 15 日至 12 月 10 日，省劳动厅组织开展用人单位遵守劳动法情况大检查，共检查各类企业790家，涉及职工318万人，查处违法案件1058件，清退童工7人。

1996年8月15日至9月30日开展劳动监察执法期活动，围绕劳动关系建立、工资支付、工作时间、女职工特殊劳动保护等当时较为突出的问题，对侵权行为较为严重的一些行业、企业和地区集中力量进行检查，纠正违法行为。共有21459家企业进行自查，其中抽查各类企业1046家，涉及职工363万人，共查处各类违法案件1631件，清退童工4人。

1997年5月，省劳动厅组织开展劳动监察执法月活动，共有852名专兼职监察员参加检查，检查2756户用人单位。共纠正361户用人单位劳动违法行为，其中清退童工8人，责令补签劳动合同2.2万份，责令补发工资376万元。

1998年9月30日至10月30日，省劳动厅组织对社会保险和国有企业下岗职工基本生活保障的执法监察活动，共抽调229人参加，抽查企业425家，涉及职工298283人，督促22家企业参加社会保险，补缴社会保险费434万元，责令34家未按时足额发放下岗进中心职工基本生活费企业限期改正，涉及职工8424人。

1999年4月1日至6月30日，省劳动厅开展“千人万户行、监察促参保”社会保险征缴执法大检查活动。全省抽调1676人参加，检查各类用人单位43787户，涉及职工217万人。各级监察机构共立案查处违法案件144件，督促新增参加养老保险13683户，缴纳养老保险费9507万元，涉及职工52.47万人，督促新增参加失业保险13570户，缴纳失业保险费5479万元，涉及职工70.83万人。

2001年，省劳动厅联合省总工会、省妇联，开展劳动保障法律监督检查、调研活动。为配合此次活动，在《安徽商报》推出题为“关注自身权益、积极参加竞赛”的劳动保障法规有奖知识竞赛。报社累计发行试卷逾20万份，回收试卷4万多份。同时《安徽日报》、安徽电视台等7家省级媒介组成“维护劳动者权益江淮行”采访团，赴淮北、滁州、铜陵、合肥四市进行联合报道。采访团前后历时一周，在各家媒介上先后多角度多侧面发稿40余条。

2002年9月，安徽省开展劳动保障监察执法月活动，共检查用人单位6972户，涉及劳动者60万人，查处违法案件4437件，清退童工107人，取缔非法职业中介91户，补发工资1950万元，督促补缴社会保险费7159万元。

2003年7月1日至9月30日，开展劳动用工执法大检查活动。全省抽调1389人参加，共检查用人单位11329户，涉及劳动者人数120.47万人，查处各类劳动保障违法案件1987件，全省共责令补签劳动合同14.59万份，清退童工96人，取缔非法职业中介机构61户，责令用人单位支付劳动者工资761万元，督促补缴社会保险费1.5亿元。

2004年5月1日至7月30日，省劳动保障厅联合公安、建设、国资、工商、交通、水利、总工会、共青团、妇联等部门，开展贯彻《安徽省劳动合同条例》和维护农民工合法权益专项执法检查，共抽调2426人参加，检查用人单位28591户，涉及劳动者人数135.27万人，查处各类劳动保障违法案件5593件，责令补签合同20.92万份，清退童工36人，责令补发工资 2755 万元，责令补缴社会保险费 8715 万元。

2005 年 2 月 1 日至 3 月 31 日，省劳动保障、公安、工商、人事等部门联合开展清理整顿劳动力市场秩序的专项执法检查活动。全省抽调 1860 人参加，检查各种类型职业中介机构 2482 个，对 1852 个非法从事职业介绍活动的组织和个人进行清理整顿，其中：当场关闭 695 个无照经营户，对 330 个有照无证经营户责令限期补证，对 827 个以信息服务为名从事职业介绍的经营户，责令其限期整改。同年 6 月 1 日至 7 月 30 日，开展规范劳动用工执法大检查工作，共抽调 1343 人参加，检查用人单位 1.66 万户，涉及职工 110 万人，立案查处 3622 件案件，责令补签劳动合同近 14 万份，清退童工 28 人，责令支付工资 1579 万元，责令补缴社会保险费 2511 万元。

农民工工资清欠　2003 年 9 月，劳动保障部、建设部联合下发《关于切实解决建筑业企业拖欠农民工工资问题的通知》（以下简称《清欠通知》），要求各级劳动保障和建设部门加强协调，积极配合，定期对建筑业企业工资支付情况进行监督检查，对查出拖欠和克扣工资的建筑业企业，责令及时补发，不能立即补发的，责令制定清欠计划限期补发。2003 年 11 月，省劳动保障厅、省建设厅转发《清欠通知》，规定全省各级劳动保障和建设部门从 2003 年 12 月 1 日至 2004 年 1 月 10 日，开展农民工工资支付情况专项执法检查活动。检查范围是各类用人单位支付农民工工资情况。重点检查使用农民工较多的建筑施工、制衣、餐饮服务行业及各类经济开发区、私营工业区和个体工商户。2003 年 12 月，省政府办公厅下发《关于切实解决拖欠农民工工资问题的通知》，要求各级政府切实加强领导，明确工作目标，制定工作方案，组织专门力量，把清欠工作抓紧抓好，确保 2003 年当年发生的拖欠农民工工资要在 2004 年春节前全额支付，2003 年前发生的拖欠要支付 70% 以上。到 2004 年春节前，全省共检查用人单位 7385 户，查处拖欠农民工工资单位 3751 户，涉及农民工 39.4 万人，查出拖欠农民工工资金额 8.67 亿元，责令补发 7.77 亿元，占拖欠总额 89.67%，其中 2003 年拖欠金额为 5.42 亿元，补发 5.41 亿元，占 99.89%。

2004 年 2 月，省劳动保障厅印发《关于继续做好解决拖欠农民工工资问题的通知》，要求各地在解决过去拖欠的同时要建立长效机制，遏制新的拖欠的发生。并决定对全省清欠工作实行周报告、月通报制度。即要求各市将清欠农民工工资情况于每周四中午 12 时前用传真形式报省劳动保障厅，省劳动保障厅按月通报各市的清欠进度并在网上发布。2004 年 6 月，省政府印发《关于建立长效机制防止拖欠工程款和农民工工资的通知》，明确建筑业企业在承担建筑工程时，应办理农民工工资支付信用担保手续，担保金额不得少于当年应付工资总额的 30%，或按照工程造价的 2% 缴纳工资支付保障金。2004 年 11 月，省劳动保障厅、省建设厅联合印发《安徽省建设领域农民工工资支付保障暂行办法》，规定建筑业企业（包括各类总承包企业、专业施工企业、劳务分包企业）要向企业所在地劳动保障行政部门办理支付保障手续，进皖建筑业企业向工程所在地劳动保障行政部门办理支付保障手续。主要形式是劳动保障部门在商业银行开设农民工工资支付保障金专户，由施工企业按工程造价的2%向专户存入农民工工资支付保障金。2004年12月1日至2005年春节前，省劳动保障厅、省建设厅、省总工会联合在全省开展农民工工资支付情况专项检查活动，进一步清理各种拖欠农民工工资行为。到2004年年底，全省累计清理拖欠农民工工资9.91亿元，2003年前发生拖欠基本清理完，2004年新拖欠的农民工工资也做到发现一起查处一起，责令补发一起。

2005年10月至2005年年底，省劳动保障、建设、工会等部门联合开展进城务工人员工资支付情况检查活动。全省抽调1527人参加，共检查用人单位15750户，其中建筑施工单位6254户，加工制造单位3570户、宾馆餐饮服务单位2478户、商业零售单位1703户，涉及农民工94.37万人。清理拖欠农民工工资3900多万元。2005年全省共清欠农民工工资8600万元，同时各地都建立农民工工资保障制度，已督促施工企业缴纳工资保障金4000多万元。

日常巡视检查　1997年3月，省劳动厅印发《1997年劳动监察工作目标管理计划》要求全省专职监察员要主动巡查10000户用人单位，并根据各市专职监察员人数分解巡查数。1998年4月，省劳动厅《三年规划》要求1998至2000年，全省专职监察员年巡查企业分别达到20户、30户、40户。2001年起，省劳动厅在全省劳动保障监察系统推行目标管理，要求专职监察员人均年度巡查达50户以上目标任务，并制定“日常巡查用人单位登记表”和各级劳动保障监察机构的巡查进度，为此省劳动保障厅监察处还每季度通报一次各市的巡查进度。

举报投诉专查　1997年3月，省劳动厅印发《1997年劳动监察工作目标管理计划》中要求查处违法案件的结案率在90%以上。1997年9月，省政府《监察规定》明确劳动行政部门对控告、举报、和发现的违法行为，经审查符合有明确的当事人；有具体的违反劳动法律、法规和规章的行为；属于本级管辖范围应予立案。1998年4月，省劳动厅《三年规划》要求从1998年起，查处劳动违法案件的结案率要达到95%以上。2001年4月，省政府通知要求建立完善投诉举报制度，向社会公布举报监督电话，及时受理举报案件。

通过受理投诉举报并立案查处，及时发现和纠正违法案件。但随着所有制形式的多样化和劳动关系的复杂化，投诉举报案件逐年大幅增加，1999年全省立案查处群众举报案件1312件，结案率96.76%；2000年1291件，结案率93.47%；2001年1400件，结案率95.27%；2002年1123户，结案率96.8%；2003年2042件，结案率为97.1%；2004年4154件，结案率97.59%；2005年4542件，结案率96.31%。

劳动年度审查　1997年9月，省政府《监察规定》明确年审是劳动监察方式之一，年审具体办法由省劳动厅制定。1997年11月，省劳动厅印发《安徽省劳动年度审查暂行办法》，规定年审起止时间为每年1月1日至4月30日，内容是在劳动部规定的基础上增加用人单位遵守招用人员规定情况；职工培训制度建立和执行情况；职业培训和职业技能鉴定机构遵守有关法律、法规和标准情况；职业介绍机构遵守职业介绍规定情况等。年审程序是用人单位向监察机构申领年审报告书和年审手册；用人单位根据要求进行自查，如实填写年审手册及有关表格并报送，监察机构依法审查。监察机构通过审查年审单位报送的资料和上门实地检查等方法，分别给年审单位书面通知其合格或不合格，年审合格的单位发给年审合格证，不合格的，责令限期改正，并予以复查，对逾期改正或整改不合格的，依法予以处罚。对连续三年年审合格的用人单位，通过逐级申报授予“安徽省劳动管理信得过单位”称号，劳动行政部门对用人单位年审情况应在当地报纸上公布。1999 年，省劳动厅将中央在皖金融、保险、邮电、铁路等行业纳入年审范围。2001 年 2 月，省劳动保障厅印发《关于授予安徽叉车集团公司等 224 个单位“安徽省劳动保障管理信得过单位”称号的决定》，对连续三年年审合格，并在劳动合同履行、社会保险费缴纳、用工行为规范等方面取得显著成绩的 224 家企业，经地方劳动保障行政部门审查、推荐，省劳动行政部门审核和在《安徽日报》公示后，授予“安徽省劳动保障管理信得过单位”称号。

1998—2005 年安徽省单位年审情况

表 6-2-1 单位：个

1998 年	1999 年	2000 年	2001 年	2002 年	2003 年	2004 年	2005 年
9488	12000	15500	18000	19000	18275	20632	22052
省劳动保障管理信得过单位			224	196	136	122	

诚信评价 2004 年 9 月，省劳动保障厅印发《安徽省企业劳动保障诚信评价暂行办法》，明确各级监察机构按管辖范围负责企业诚信评价工作的实施，企业诚信评价按 A、B、C 三个等级标准进行。被评为 A 级的企业，由市以上劳动保障行政部门在当地主要新闻媒体向社会公示，连续三个被评为 A 级的企业，可逐级申报“安徽省劳动保障诚信示范企业”，3 年内免于年审和日常巡查，在专项执法检查中以自查为主。被评为诚信 B 级的企业，仍按照规定常规管理和监察。被评为 C 级企业，要对其劳动合同、工资支付、社会保险等情况进行重点监控。2005 年 1 月，省劳动保障厅印发《关于做好 2005 年劳动保障诚信评价和年度书面审查工作的通知》，指出诚信评价和建立守法诚信档案都是以年审为必经程序，通过年审工作促进诚信评价工作的顺利进行。各地要在年审的基础上，尽可能地扩大诚信评价的覆盖面，原则要求对辖区内 10 人以上的用人单位进行诚信评价和年审，有条件的市、县、区可以扩大到辖区内所有的用人单位，将采集到的数据编入相关的数据库，建立用人单位劳动保障守法诚信档案。三年内获得“安徽省劳动保障管理信得过”称号的单位，符合条件的可直接定为 A 级诚信企业，2005 年的“安徽省劳动保障诚信示范企业”在已经获得“安徽省劳动保障管理信得过单位”称号的单位中评选认定，按照用人单位申报、设区的市劳动保障行政部门审查、省劳动保障厅复核并公示的步骤进行。

2005年是对用人单位进行诚信评价和建立守法诚信档案的第一年，全省共对22052家用人单位进行诚信评价，涉及劳动者人数212万人。共评出诚信示范企业151家，诚信A级企业3189家，诚信B级企业15373家，诚信C级企业3339家。

第三章　劳动争议处理、劳动保障行政复议与信访

第一节　劳动争议处理机构

劳动争议调解委员会　1988年6月，省政府颁布《安徽省实施 < 国营企业劳动争议处理暂行规定 > 细则》，规定国营企业应当设立劳动争议调解委员会（以下简称调解委员会）。国家机关、事业单位、社会团体需要并具备条件的，也可以设立调解委员会或调解小组。调解委员会或调解小组的办事机构设在工会委员会，根据需要配备专职或兼职工作人员。调解委员会或调解小组成员的名单应报当地仲裁委员会备案。1989年4月，省劳动、工会、经委等部门联合印发《安徽省国营企业劳动争议调解委员会工作规则》（以下简称《工作规则》），规定已成立工会组织的集体所有制企业、私营企业和乡镇企业（包括租赁企业、承包企业）可以参照执行，建立调解委员会。

1995年12月，省政府颁布《安徽省企业劳动争议处理办法》，规定企业可以设立调解委员会。设有分厂（分公司、分店）的企业，可以在总厂（总公司、总店）和分厂（分公司、分店）分别设立调解委员会。没有建立工会的企业，可以由所在地地方工会或者行业工会负责召集职工大会，推举产生调解委员会职工一方的代表。企业应当支持调解委员会的工作，并在物质上给予帮助。有条件的乡镇根据工作需要，可以设立劳动争议调解小组。1996年5月，省劳动厅、省经贸委、省总工会联合印发《安徽省企业劳动争议调解委员会组织及工作规则》，规定本省境内的各类企业及乡镇，应设立调解委员会。设有分厂（或分公司、分店）的企业，应在总厂（总公司、总店）和分厂（分公司、分店）分别设立一级调解委员会和二级调解委员会。调解委员会的工作接受企业所在地劳动争议仲裁委员会、总工会指导。调解委员会职责主要是宣传贯彻劳动法律、法规和政策，对企业职工进行法制教育、做好劳动争议预防工作，调解本企业发生的劳动争议，督促检查争议双方当事人履行调解协议，做好劳动争议调解情况统计上报工作。

1988—2005 年安徽省劳动争议调解委员会组建情况表

表 6-3-1

年　份	建立劳动争议调解委员会（个）	劳动争议调解委员会人数（人）			
			职工代表（人）	企业代表（人）	工会代表（人）
1988	1241	7830	3722	1940	2168
1989	1673	9452	4280	2089	3083
1990	2330	12760	5742	3306	3712
1991	2984	18210	8315	4300	5595
1992	3420	20331	9750	4562	6019
1993	4333	23657	10265	6651	6741
1994	2979	32480	16186	7051	9243
1995	3386	27041	12327	7540	7174
1996	4004	32672	15008	8916	8748
1997	4445	37131	17170	10973	8988
1998	6309	44266	21030	11054	12182
1999	5804	21798	9812	6130	5856
2000	6891	25335	12377	6003	6955
2001	5264	23740	11885	5882	5973
2002	4325	21738	8354	6054	7330
2003	2997	14084	4517	6046	3521
2004	2945	13866	4511	4734	4621
2005	3065	14464	5107	5851	3506

劳动争议仲裁委员会　1986 年 11 月，省编制委员会、省财政厅、省劳动局联合印发《关于建立劳动争议仲裁和社会劳动保险专门机构等有关问题的通知》，下达全省劳动争议仲裁编制 414 名。省、地、市、县分别设立劳动争议仲裁委员会（以下简称仲裁委员会）；其办公室设在劳动局，人员列行政编制（省 5 人，省辖市 5~7 人，地、县及地辖市 3~5 人）（详见表 6-3-2）。1987 年 9 月，省劳动局成立劳动争议仲裁办公室，仲裁办下设信访、仲裁两个科。1987 年年底，全省地、市、县全部建立劳动仲裁机构，配备 183 人，占定编人数的 44.2%。

1988 年 8 月，省政府决定成立安徽省劳动争议仲裁委员会（以下简称省仲裁委员会），由省劳动局一名副局长任主任，省总工会一名副主席、省经委一名副主任为委员。省仲裁委员会办公室设在省劳动局。到年底，安徽成为全国 13 个组建省级仲裁委员会的省（自治区、直辖市）之一。1994 年 7 月，省政府决定调整省仲裁委员会成员：省劳动局局长任主任，省总工会一名副主席、省经委一名副主任为副主任，省劳动局仲裁办、省总工会法律顾问处各一名负责人为委员。1998 年 7 月，经省政府同意，省仲裁委员会成员调整为：省劳动厅厅长任主任，省劳动厅一名副厅长、省总工会一名副主席、省经贸委一名副主任为副主任，省劳动厅劳动争议仲裁处、省总工会法律工作部、省经贸委企业处各一名负责人为委员。2004 年 3 月，经省政府同意，省仲裁委员会成员调整为：省劳动保障厅厅长任主任，省劳动保障厅一名副厅长、省总工会一名副主席、省企业联合会 / 省企业家协会一名副主席为副主任，省劳动保障厅劳动工资和仲裁处、省总工会法律工作部、省企业联合会 / 省企业家协会有关机构各一名负责人为委员。

1997 年，安徽省劳动厅部署开展劳动争议处理制度恢复十周年纪念活动，评选了先进集体和先进个人，并为从事劳动争议处理工作十周年的人员颁发荣誉证书。1997 年年底，全省建立仲裁委员会 113 个。到 2005 年年底，全省建立仲裁委员会 125 个（详见表 6–3–3）。

1986 年安徽省各级劳动争议仲裁机构编制名额

表 6–3–2　　单位：人

地　区	编制名额	地　区	编制名额	地　区	编制名额
省本级	5	合肥市	7	长丰县	4
肥西县	5	肥东县	4	淮南市	7
凤台县	5	淮北书	7	濉溪县	5
芜湖市	7	芜湖县	5	繁昌县	4
青阳县	3	南陵县	4	蚌埠市	7
五河县	4	固镇县	4	怀远县	4
马鞍山市	6	当涂县	5	铜陵市	5
铜陵县	3	安庆市	5	阜阳地区	5
阜阳市	5	阜阳县	5	临泉县	5
界首县	4	太和县	5	亳州市	5
颍上县	4	阜南县	4	涡阳县	5
利辛县	4	蒙城县	4	安庆地区	5
岳西县	3	怀宁县	5	潜山县	4
太湖县	3	枞阳县	5	望江县	4
宿松县	5	东至县	5	贵池县	5
桐城县	5	六安地区	5	六安市	5
六安县	4	霍邱县	5	霍山县	4

续表 6-3-2

地　区	编制名额	地　区	编制名额	地　区	编制名额
寿县	5	金寨县	4	舒城县	5
宿县地区	5	宿州市	3	宿县	5
萧县	5	砀山县	5	灵璧县	4
泗县	4	滁县地区	5	滁州市	5
定远县	5	天长县	4	嘉山县	5
凤阳县	5	全椒县	5	来安县	4
徽州地区	4	黄山市	3	屯溪市	5
歙县	5	黟县	3	休宁县	3
绩溪县	3	石台县	3	祁门县	4
旌德县	3	宣城地区	4	宣城县	5
宁国县	5	郎溪县	3	广德县	4
泾县	5	巢湖地区	4	巢湖市	5
无为县	5	庐江县	5	和县	4
含山县	5				

安徽省劳动争议仲裁委员会机构成立情况表

表 6-3-3　　单位:个

地　区	省级	合肥	蚌埠	芜湖	淮南	马鞍山	安庆	宿州	阜阳	黄山	滁州	淮北	铜陵	宣城	六安	巢湖	池州	亳州
数　量	1	10	9	8	8	2	11	6	9	8	9	5	6	8	9	6	5	5
合　计	125																	

组织规则　1988 年 6 月,安徽省政府《实施细则》规定省、地、市、县按规定设立仲裁委员会。市辖区设立或不设立仲裁委员会,由市人民政府决定。各级仲裁委员会由同级劳动行政机关、总工会、经委负责人各一人组成。

1995 年 12 月,省政府规定省、地、市、县及市辖区设立仲裁委员会。仲裁委员会依法独立行使劳动争议仲裁权。各级仲裁委员会向同级人民政府负责并报告工作。各级仲裁委员会由同级劳动行政部门、工会、经贸委(计经委)的代表 5 人以上、9 人以下单数组成。仲裁委员会主任由劳动行政部门负责人担任。仲裁委员会的设立及委员的确认和更换,必须报同级人民政府批准。省仲裁委员会负责对本省调解员、仲裁员的培训、考核、资格认定和发证工作。同年 12 月,省机构编制委员会办公室、省劳动厅下发通知,要求劳动行政部门应建而未建劳动争议处理机构的,抓紧建立;已建立劳动争议处理机构的,做好完善工作。要求各级充实加强劳动争议处理人员队伍,劳动争议处理工作为政府行政职能,应使用行政编制。

1998年4月,省劳动厅、省仲裁委员会印发《安徽省县（市、区）劳动争议仲裁委员会乡镇办事处组织及工作规则》,规定办事处为乡镇所在地县（市、区）劳动争议仲裁委员会设立的派出机构,同时,也是乡镇劳动争议调解机构。办事处的设立,由所在地县(市、区)劳动争议仲裁委员会报同级人民政府批准。办事处由乡镇劳动服务站(所)的代表、乡镇工会的代表(未设工会的,可由职工代表参加)和乡镇企业管理部门的代表组成。办事处主任一般由乡镇劳动服务站(所)的负责人担任,并可以设副主任一至二人。办事处的具体人选,由乡镇人民政府提出,报所在地县(市、区)劳动争议仲裁委员会任命。

办事机构 1987年7月国务院《暂行规定》和1988年6月省政府《实施细则》规定劳动行政机关的劳动争议处理机构为仲裁委员会的办事机构。仲裁委员会的办事机构可以根据仲裁委员会的授权处理劳动争议。1995年12月,省政府出台规定,劳动行政部门设立的劳动争议处理机构为仲裁办事机构,负责仲裁委员会的日常工作,仲裁办事机构应配备适应仲裁工作需要的专职仲裁员。2005年年底,安徽省125个仲裁委员会全部设立办事机构,负责日常工作。

实体化建设 2003年,安徽省劳动保障厅于开始部署推进全省劳动仲裁机构实体化建设工作。2004年2月,全省劳动保障工作会议要求加快推进劳动争议仲裁机构实体化建设。同年6月,省机构编制委员会办公室印发《关于同意成立省劳动争议仲裁院的批复》,省劳动争议仲裁院正处级建制、定编6人、依照国家公务员制度管理,主要职责是对全省劳动争议处理机构进行业务指导,具体负责处理在合肥省、部属单位劳动争议案件,负责受理全省有重大影响和跨省、省辖市劳动争议案件以及其他相关工作。省劳动争议仲裁院作为继浙江省劳动争议仲裁院之后全国第二个成立的省本级劳动争议仲裁院。2005年12月,合肥市批准成立副县级建制、定编10人、依照国家公务员制度管理的合肥市劳动争议仲裁院。

仲裁员和仲裁庭 1995年12月,省政府《办法》规定仲裁委员会处理劳动争议,实行仲裁员、仲裁庭制度。仲裁委员会处理劳动争议,实行一案一庭制。仲裁庭由仲裁员3人或5人组成,其中首席仲裁员1名。首席仲裁员由仲裁委员会委托仲裁办事机构负责人指定。仲裁委员会主任或者委员参加仲裁活动,由其担任首席仲裁员。仲裁庭设书记员1名。对事实清楚,案情简单的劳动争议,由仲裁办事机构负责人指定一名专职仲裁员独任处理。1999年11月,省仲裁委员会、省劳动厅印发《安徽省兼职劳动仲裁员管理办法》,规定兼职仲裁员聘期为2年。兼职仲裁员处理劳动争议时,除外出调查取证外,均应在仲裁委员会办公地点进行。每人每年度独立办案不少于2件。仲裁委员会对聘任的兼职仲裁员实行年度考核制度。兼职仲裁员聘任期满时,由仲裁委员会根据其工作情况决定是否续聘。2005年年底,安徽省仲裁庭面积近2000平方米;

全省各级仲裁委员会配备专职仲裁员341人,占1986年全省仲裁机构定编414名的82%;全省各级仲裁委员会聘请兼职仲裁员637人(详见表6-3-4)。

安徽省各级劳动争议仲裁委员会仲裁员情况表

表6-3-4　　单位:人

内容 地区	专职仲裁员(人)	兼职仲裁员(人)
省本级	6	14
合肥市	15	11
蚌埠市	18	36
芜湖市	25	100
淮南市	30	无
马鞍山市	5	27
安庆市	24	42
宿州市	12	30
阜阳市	28	37
黄山市	36	120
滁州市	42	79
淮北市	8	11
铜陵市	18	10
宣城市	17	46
六安市	10	30
巢湖市	16	21
池州市	9	7
亳州市	22	16
合　计	341	637
总　计	978	

说明:以上数字统计时间截至2005年年底

第二节　劳动争议案件处理

企业调解　调解范围。1987年7月国务院《暂行规定》和1988年6月省政府《实施细则》规定,国营企业行政与职工因履行劳动合同发生的争议,国营企业行政与经劳动行政机关批准招用并签订劳动合同的临时工、季节工、农民轮换工,因履行劳动合同发生的劳动争议,当事人可以向企业调解委员会申请调解。经二级调解委员会调解不成的劳动争议，当事人可以向一级调解委员会申请调解。1993 年 7 月国务院《条例》和 1995 年 12 月省政府《办法》规定，劳动争议发生后，当事人应当协商解决；不愿协商或者协商不成的，可以向本企业调解委员会申请调解。1996 年 5 月省《调解委员会组织及工作规则》规定，调解委员会依法调解下列劳动争议：因企业开除、除名、辞退职工和职工辞职、自动离职发生的争议；因执行国家和省有关工资、社会保险福利、培训、劳动保护等法律、法规和政策等发生的争议；因履行劳动合同和劳动合同变更、解除、转移、续订及终止发生的争议；因执行国家和省有关离休人员待遇的规定发生的争议；因事实劳动关系而发生的争议；法律、法规和规章规定的应当调解的其他劳动争议。

调解原则和时限。1987 年 7 月国务院《暂行规定》、1988 年 6 月省政府《实施细则》、1993 年 7 月国务院《条例》和 1995 年 12 月省政府《办法》规定，调解委员会进行调解，必须遵守当事人双方自愿的原则，调解时限为 30 日。1996 年 5 月省《调解委员会组织及工作规则》规定调解应遵循以下原则：贯彻合法、公正、及时调解的原则；坚持同争议当事人双方民主协商的原则；尊重争议当事人申请仲裁和提起诉讼的原则。

调解效力。1987 年 7 月国务院《暂行规定》、1988 年 6 月省政府《实施细则》、1993 年 7 月国务院《条例》和 1995 年 12 月省政府《办法》规定，经调解达成协议的，制作调解协议书，双方当事人应当自觉履行。当事人对发生法律效力的调解书，逾期不履行的，另一方当事人可以申请人民法院强制执行。1988—2005 年，全省各级调解委员会受理劳动争议 67056 件、调解成功 36611 件（详见表 6-3-5）。

1988—2005 年安徽省各级劳动争议调解委员会劳动争议受理、调解情况表

表 6-3-5

内容 年份	当年受理劳动争议数(件)		劳动者当事人数（人）		结案数（件）	调解成功数（件）
		其中集体争议数(件)		其中集体争议当事人数（人）		
1988	2573	93	3596	1116	2393	2057
1989	1846	165	3248	1567	1699	1483
1990	2105	189	4184	2268	1790	1544
1991	2677	305	8912	6540	1987	1667
1992	2338	257	6823	4742	2117	1843
1993	2966	467	12477	7704	2320	2030
1994	5458	946	13040	8260	3979	3550
1995	3494	534	22492	14747	2835	2357
1996	2811	893	17364	12040	1995	1642
1997	2597	620	10789	6656	2336	1556

续表 6-3-5

内容 年份	当年受理劳动争议数(件)		劳动者当事人数(人)		结案数(件)	调解成功数(件)
		其中集体争议数(件)		其中集体争议当事人数(人)		
1998	4788	1675	29797	15630	4357	3466
1999	3331	697	8210	5576	2631	2418
2000	2866	824	11910	9868	2370	1731
2001	3527	734	14540	11010	3314	2677
2002	6042	521	12033	6512	5317	1583
2003	6647	170	9637	3160	5520	1686
2004	5633	212	10086	4665	4562	2605
2005	5357	133	5357	1064	3774	716
合　计	67056	9435	204495	123125	55296	36611

仲裁　一次裁决制度和先行调解原则。自 1987 年 7 月国务院《暂行规定》施行，即确立了“仲裁劳动争议,实行一次裁决制度”。一次裁决制度形成劳动争议案件处理的“一裁两审”基本格局:当事人对仲裁裁决、决定不服的,可以向县级基层人民法院起诉;对县级基层人民法院判决、裁定不服的,可以向中级人民法院上诉。1995 年 12 月省政府《办法》规定,仲裁庭审理劳动争议案件,应当先行调解。

受案范围。1987 年 7 月,国务院《暂行规定》规定为国营企业行政与职工之间发生的因履行劳动合同发生的争议;因开除、除名、辞退违纪职工发生的争议。除此之外的劳动争议适用或者不适用本规定,由省、自治区、直辖市人民政府确定。国家机关、事业单位、社会团体因履行劳动合同发生的劳动争议,可以比照执行。

1988 年 6 月,省政府《实施细则》规定为国营企业行政与职工之间发生的因履行劳动合同发生的争议;因开除、除名、辞退违纪职工发生的争议。国营企业行政与经劳动行政机关批准招用并签订劳动合同的临时工、季节工、农民轮换工,因履行劳动合同发生的劳动争议。国家机关、事业单位、社会团体和县以上集体所有制单位以及中外合资、中外合作经营企业发生的劳动争议,除国家另有规定的以外,参照处理。同年 12 月,省劳动局印发“关于安徽省《实施细则》若干问题的解答意见”,规定私营企业和个体工商户招收工人发生的劳动争议,仲裁委员会应予受理。

1993 年 7 月国务院《条例》和 1995 年 12 月省政府《办法》规定为因企业开除、除名、辞退职工和职工辞职、自动离职发生的争议;因执行国家有关工资、保险、福利、培训、劳动保护的规定发生的争议;因履行劳动合同发生的争议;法律、法规规定应当依照本条例处理的其他劳动争议。国家机关、事业单位、社会团体与本单位工人之间,个体工商户与帮工、学徒之间，发生的劳动争议，参照执行。

管辖范围。1988 年 6 月，省政府《实施细则》规定，市、县仲裁委员会受理本地区发生的劳动争议；地区仲裁委员会受理所在地直属单位发生的劳动争议；省仲裁委员会受理所在地省直单位、中央部属单位发生的劳动争议，以及它认为应当受理的其他劳动争议。省仲裁委员会可以指定地、市、县仲裁委员会受理有关的劳动争议。劳动争议的当事人双方（企业行政与职工）不在同一地区的，其劳动争议由职工当事人工资关系所在地的仲裁委员会受理。

1993 年 10 月，劳动部《办案规则》规定，县级仲裁委员会认为有必要，可以将集体劳动争议报请市（地、州、盟）仲裁委员会处理。1994 年 12 月，劳动部《集体合同规定》规定，地方各类企业和不跨省（自治区、直辖市）的中央直属企业因签订集体合同发生争议的处理，由省（自治区、直辖市）劳动行政部门确定管辖范围。全国性集团公司、行业性公司以及跨省（自治区、直辖市）的中央直属企业因签订集体合同发生的争议，由国务院劳动行政部门指定有关省（自治区、直辖市）劳动行政部门受理，或由国务院劳动行政部门组织有关方面协调处理。

1995 年 12 月，省政府《办法》规定，市、县仲裁委员会管辖本行政区域内发生的除上级及市辖区仲裁委员会管辖范围以外的劳动争议；市辖区仲裁委员会管辖本行政区域内区属企业发生的劳动争议；地区仲裁委员会管辖所在地直属企业、中央、部队驻皖企业、省属企业发生的劳动争议；省仲裁委员会管辖在全省具有重大影响和跨省、地、省辖市的劳动争议，以及它认为应当受理的其他劳动争议。仲裁委员会发现受理的劳动争议案件不属于自己管辖的，应当移送有管辖权的仲裁委员会，受移送的仲裁委员会应当受理。受移送的仲裁委员会认为受移送的案件不属于自己管辖的，应报请上一级仲裁委员会指定管辖，不得自行移送。仲裁委员会之间因管辖权发生异议，应当协商解决。协商不成的，由最先收到申诉书的仲裁委员会报请共同的上一级仲裁委员会指定管辖。

1996 年 2 月，省劳动厅印发《关于中央、省直驻肥单位劳动合同管理及劳动争议处理有关问题的通知》规定，中央、省直驻肥单位发生的劳动争议由省劳动仲裁机构处理。同年 10 月，省劳动厅、省总工会印发《安徽省集体协商和集体合同暂行办法》规定，省、中央、部队在合肥地区的直属企业集体合同的管理和履行集体合同发生的争议案件，由省劳动厅和省仲裁委员会管辖。

申诉时效。1987 年 7 月，国务院《暂行规定》规定，当事人向仲裁委员会申请仲裁，应当提交书面申请。因履行劳动合同发生的争议，当事人应当从争议发生之日起 60 日内，或者从调解不成之日起 30 日内，向仲裁委员会提出。因开除、除名、辞退违纪职工发生的劳动争议，当事人应当自企业公布处理决定之日起 15 日内向当地仲裁委员会提出。

1995 年 12 月，省政府《办法》规定，当事人申请仲裁，应当自劳动争议发生之日起60日内向有管辖权的仲裁委员会提出书面申请。当事人因不可抗力或者有其他正当理由超过规定的申请仲裁时效的除外,但最长不得超过1年。

仲裁时限。1988年6月,省政府《实施细则》规定,仲裁委员会受理的劳动争议,应当在60日内结案。因案情复杂,需要延长结案时间的,须经当地人民政府批准。1993年7月,国务院《条例》规定仲裁庭处理劳动争议,应当自组成仲裁庭之日起60日内结束。案情复杂需要延期的,经报仲裁委员会批准,可以适当延期,但是延长的期限不得超过30日。同年10月,劳动部《办案规则》规定仲裁庭处理劳动争议,应从组成仲裁庭之日起60日内结案。案情复杂需要延期的,报仲裁委员会批准后可适当延长,但最长延期不得超过30日。对于请示待批,工伤鉴定,当事人因故不能参加仲裁活动,以及其他妨碍仲裁办案进行的客观情况,应视为仲裁时效中止,并需报仲裁委员会审查同意。仲裁庭再次处理劳动争议案件,应当自组成仲裁庭之日起30日内结案。仲裁庭处理集体劳动争议,应当自组成仲裁庭之日起15日内结束。案情复杂需要延期的,经报仲裁委员会批准,可以适当延期,但是延长的期限不得超过15日。

仲裁效力。1995年12月,省政府《办法》规定当事人对仲裁不服的,可以在收到仲裁决定书之日起15日内向人民法院起诉;期满不起诉的,裁决书即发生法律效力。当事人对发生法律效力的裁决书,应当依照规定的期限履行。一方当事人逾期不履行的,另一方当事人可以申诉人民法院强制执行。

不当行政被告。1988年10月,最高人民法院《关于审理劳动争议案件诉讼当事人问题的批复》规定,劳动争议当事人不服仲裁委员会的仲裁决定,向人民法院起诉,争议的双方仍然是企业与职工。双方当事人在适用法律上和诉讼地位上是平等的。此类案件不是行政案件。人民法院在审理时,应以争议的双方为诉讼当事人,不应把仲裁委员会列为被告或第三人。1998年8月,劳动保障部《关于劳动争议仲裁委员会不当行政被告的通知》规定,当事人对仲裁委员会作出不予受理通知书不服提出行政诉讼的,人民法院不应受理。

指导监督。1995年12月,省政府《办法》规定,上级仲裁委员会负责指导、监督下级仲裁委员会工作。仲裁委员会主任发现本委员会已经发生法律效力的裁决确有错误,认为需要重新审理的,应提交本仲裁委员会决定。上级仲裁委员会发现下级仲裁委员会发生法律效力的裁决确有错误的,有权指定原仲裁委员会重新处理。重新处理期间,裁定中止原裁决的执行。1997年4月,省劳动厅印发《安徽省劳动仲裁费和劳动合同鉴证费管理办法》,规定上级劳动争议仲裁部门有权对下级劳动争议仲裁部门"两费"管理与使用情况进行监督检查。

案件处理。1989年12月,省劳动局、省仲裁委员会印发《安徽省劳动仲裁工作目标管理办法》,把案件处理列为劳动仲裁工作目标管理重要内容。1993年10月,劳动部《办案规则》规定,仲裁委员会的办事机构负责劳动争议案件受理的日常工作。仲裁委员会可以授权其办事机构负责立案审批工作。1994年6月,劳动部印发《劳动争议仲裁委员会仲裁文书样本》，制作 34 种仲裁文书样本以推动各地仲裁委员会办案规范化。1997 年 9 月，省劳动厅印发《仲裁庭开庭审理劳动争议程序》：查明当事人到庭情况并宣布仲裁纪律；首席仲裁员宣布开庭及询问其他事项；仲裁庭调查；仲裁庭辩论；仲裁庭调解；仲裁庭裁决；由首席仲裁员宣布闭庭。2004 年 9 月，省劳动保障厅、省仲裁委员会印发《关于劳动争议案件受理和处理有关问题的通知》，规定仲裁委员会依法受理的因社会保险、企业改制等引发的劳动争议案件，在审理完毕后，要将仲裁裁决书抄送劳动保障监察机构。若用人单位不服仲裁裁决起诉到人民法院，而人民法院依据有关规定不予受理或驳回起诉的，劳动保障监察机构要按照劳动保障监察有关规定予以处理，以确保此类争议得到妥善处理。2005 年 3 月，省劳动保障厅、省仲裁委员会印发《安徽省劳动争议处理证据规则》，对劳动争议仲裁证据的收集、提供、认定等作出具体规定。

1987—2005 年，全省各级仲裁委员会依法受理劳动争议案件 19727 件，其中集体争议案件 1828 件；涉及劳动者 86710 人，其中集体争议案件当事人 64356 人（详见表 6-3-6）。2000—2005 年，全省各级仲裁委员会审结劳动争议 13897 件，其中仲裁调解 4561 件、仲裁裁决 6334 件、其他方式结案 3002 件，案外调解劳动争议 2400 件，不服仲裁裁决向法院起诉的 2085 件。

1987—2005 年安徽省各级劳动争议仲裁委员会案件受理、处理情况表

表 6-3-6

内容 数量 年份	上年结转案件数（件）	当年立案受理劳动争议案件数（件）		劳动者当事人数（人）		结案数（件）
			其中集体争议案件数（件）		其中集体争议当事人数（人）	
1987	0	45	0	45	0	45
1988	0	124	0	124	0	93
1989	31	267	0	267	0	259
1990	39	241	0	241	0	211
1991	69	149	2	185	25	141
1992	77	183	13	643	443	181
1993	79	328	16	602	263	281
1994	126	288	26	886	589	273
1995	141	432	57	2175	1425	413
1996	160	623	71	2654	2327	610
1997	173	881	89	4486	3546	810
1998	244	980	102	6796	5775	1001

续表 6-3-6

内容 数量 年份	上年结转案件数（件）	当年立案受理劳动争议案件数（件）		劳动者当事人数（人）		结案数（件）
			其中集体争议案件数（件）		其中集体争议当事人数（人）	
1999	223	1080	82	4245	3086	1046
2000	257	1257	140	7557	6196	1240
2001	274	1762	173	6811	5029	1752
2002	284	2250	214	11127	7564	2158
2003	376	2575	251	11187	8172	2519
2004	432	3157	316	15022	11414	3124
2005	465	3105	276	11657	8502	3104
合计	3450	19727	1828	86710	64356	19261

第三节　劳动保障行政复议

根据国务院《行政复议条例》规定，省劳动局于 1993 年 12 月 30 日印发《关于加强劳动法制工作意见的通知》，决定成立安徽省劳动行政复议机构，设在省劳动局政策法规处，具体承办劳动行政复议应诉工作。

1999年4月29日，第九届全国人大代表大会常务委员会第九次会议审议通过的《中华人民共和国行政复议法》，扩大了行政复议范围，赋予当事人对规范性文件的监督权。省劳动厅对行政复议和应诉法律文书进行规范，建立劳动保障行政复议和行政应诉案件统计制度。1999 年 9 月 14 日，劳动保障部办公厅印发《关于印发劳动保障部门行政复议和行政应诉文书式样的通知》，统一行政复议和应诉法律文书式样。同年 11 月 19 日，劳动保障部办公厅印发《关于建立劳动保障行政复议和行政应诉案件统计制度的通知》，建立劳动保障行政复议和行政应诉案件统计制度，确定半年报和年报制度，统一报表格式，制发《劳动保障部门行政复议案件统计表》和《劳动保障部门行政应诉案件统计表》。省劳动厅对上述两个文件予以转发，要求各地认真执行。自 1999 年开始，省劳动厅实行劳动保障行政复议和行政应诉案件统计半年报和年报制度，每年 7 月 20 日前报送半年报表，次年 1 月 20 日前报送上一年度全年报表，同时报送劳动保障部法制司和省政府法制办公室。1998 年至 2005 年期间，全省劳动保障系统受理行政复议案件数分别为 3 件、5 件、7 件、12 件、25 件、45 件、91 件、118 件，案件数量呈逐年上升趋势。

2005 年 11 月 22 日，省劳动保障厅举行首次行政复议案件听证会。听证会内容为申请人周某某、刘某某、刘某、戴某某 4 名中国电子物资安徽公司退休人员不服被申请人合肥市劳动保障局作出的退休审批和退休待遇核定而发生的行政争议，由省劳动保障厅养老保险处一名工作人员担任听证员，政策法规处两名工作人员分别担任听证主持人和书记员，行政复议申请人周某某、刘某某、刘某、戴某某、被申请人合肥市劳动保障局和第三人中国电子物资安徽公司参加听证会。听证会按照《安徽省行政复议听证程序规定》中的程序进行，行政复议当事人当庭进行陈述、举证、质证，听证员听取当事人各方意见。在听证会查明事实的基础上，省劳动保障厅作出行政复议决定书，决定撤销被申请人作出的职工退休审批意见，并要求被申请人在 30 日内对申请人的待遇重新核定，从纳入社保统一发放时执行。

省劳动厅于 1999 年 10 月 29 日印发《关于废止部分劳动和社会保障规范性文件的通知》，对废止的 53 件规范性文件目录予以公布；省劳动保障厅于 2001 年 11 月 15 日印发《关于废止部分劳动和社会保障文件的通知》，对废止的 230 件文件目录予以公布。

第四节　来信来访处理

工作机构　1989 年 10 月以前，局办公室设立信访科，配置 3~4 人，负责来访接待和来信处理工作。1989 年 11 月由局办公室划归至厅仲裁办公室。仲裁办配专人负责来访接待和来信处理工作。2001 年 5 月信访接待职能由厅仲裁办划转到厅办公室，厅办公室专门设立信访接待室，配备专门人员负责来访接待工作和来信处理工作。

工作程序　“群众来信”是指信件、传真、电子邮件、电话记录；“群众来访”是指以走访的形式反映有关问题。

建立群众来信来访登记交办制度　厅信访室（各处室、单位收到的群众来信统一交厅信访室）收到群众来信（包括传真、电子邮件、电话等形式）后，应仔细阅读，领会来信意图并摘要登记；对来厅上访人员统一办理登记，由信访接待人员询问有关情况，了解上访人员具体要求，并按照下列程序办理。

对重要、紧急的来信来访，厅信访室及时提出拟办意见，送厅办公室负责人审核后报厅领导阅批。

咨询法律政策、对劳动保障行政部门制定和执行有关法律政策及工作提出意见和建议的群众来访，信访接待人员能够当场答复的，可以当场答复。上访人员对厅信访室的解答提出需要作进一步了解要求的或涉及具体业务工作信访室难以明确答复的，由厅信访室联系，相关处室（单位）派员到厅信访室协助接待、处理。

属于厅受理范围的信访事项。对群众来信，由厅信访室提出拟办意见送厅办公室负责人审核后报分管厅领导批准，向信访人下发《受理告知书》，履行送达手续；对群众来访，厅信访室能够当场受理的信访事项，厅信访室应当当场书面答复，不能当场书面答复的，根据来访内容提出拟办意见送厅办公室负责人审核后报分管厅领导批准，并在收到信访事项之日起 15 日内告知信访人,厅信访室受理群众来访,应当向信访人出具《受理告知书》并履行送达手续。

厅信访室根据来信来访内容认为需要由有关处室(单位)办理的,信访室填写交办单,由厅办公室负责人确定承办处室(单位)并报分管厅领导批示后,交有关处室(单位)办理;厅领导批阅的群众来信、厅领导信访接待日受理的案件,由信访室摘录登记,填写交办单,根据有关厅领导批示,交有关处室(单位)办理,承办处室(单位)在 15 日内提出意见交厅信访室。涉及两个以上处室(单位)的,由厅信访室牵头,协办处室(单位)在 15 日内提出意见,交厅信访室汇总;对不属于本处室(单位)业务范围的,在接到交办单后 2 日内退厅信访室改办。一般信访案件在 30 日内办结,情况复杂的须在 60 日内办结;到期无法办结的,经请示有关厅领导同意,可延长 30 日,并告知信访人延期理由。由厅信访室直接处理的信访事项,厅信访室负责提出拟办意见,送厅办公室负责人审核后报分管厅领导或作出批示的厅领导、接待的厅领导批示,并制作处理意见书,并加盖厅信访专用章,在 7 日内送达。由有关处室(单位)协办的信访事项,厅信访室根据协办处室(单位)的意见提出拟办意见,送厅办公室负责人审核后报分管厅领导或作出批示的厅领导、接待的厅领导批示,并制作处理意见书、加盖信访专用章,在 7 日内送达。申请复查、复核的群众来信来访按照上述程序办理。

需将来信来访事项转交下级劳动保障部门处理的,厅信访室应在收到信访事项后 7 日宁日办理转送手续,并同时告知信访人。需要反馈结果的,应在转送通知书中明确相关要求,如反馈的时间、处理的过程及意见等。

不属于厅受理的来信来访事项,厅信访室在收到信访事项后 15 日内提出拟办意见送厅办公室负责人审核后报分管领导批准,制作《不予受理通知书》,并加盖厅信访专用章,在 7 日内送达。

对重复来信或来信中姓名(名称)、住址及内容等不清的,厅信访室登记后,一般可留存;对重复来访、来访内容不清、不愿意登记姓名(名称)、住址的,厅信访室登记后,可给予口头解答。

对于 5 人以上的集体上访,由信访室安排有关处室(单位)负责人予以接待处理,涉及两个以上处室(单位)的,由相关处室(单位)负责人共同接待处理。对人数较多、反映问题涉及面广的群体性上访,需要提请厅领导接待的,信访室登记接谈后,及时向有关领导报告,预约访谈时间,由分管厅领导或由厅长指定有关厅领导接待,有关业务处室负责人或有关县、市劳动保障局参加。

对来厅上访老户或缠访、闹访、异常访的,厅信访室应通知相关市县劳动保障部门派员接回处理,情节严重的,可依法予以处理。

建立群众来信来访催办制度 有关处室(单位)对交办信访事项未在规定时限内办结的,厅信访室及时发出《催办单》,承办处室要作出书面说明,报作出批示的厅领导,由厅领导决定是否延期办理及如何办理。

建立群众来信来访办理情况通报制度　厅办公室对全厅办理信访事项每季度通报一次，以进一步增强承办处室（单位）的责任意识。同事每月上旬将上一月信访事项办理情况由厅信访室汇总报厅领导。对劳动保障部和省信访局转办的信访事项按上述程序和制度办理。

建立信访情况分析制度　厅信访室定期将信访中反映的热点、难点等问题进行综合分析，以供领导决策参考。

建立厅领导干部接待日制度　对一些疑难信访案件，由信访室预约接访时间，每周安排一次。

建立信访事项档案管理制度　厅信访室负责做好信访档案的分类、整理、立卷、保存、移送工作。信访档案可分为专卷档案和普通档案。办理过文稿的，归专卷档案；登记窗口直接处理或接谈后未办理文稿的，归普通档案。对不予受理，不需要办理的重复信访，无参考价值、内容不清的以及其他不需要办理的信访事项，一般可留存，集中存放，报批准后每年销毁一次。

处理方式　当场直接答复。来访人咨询法律、法规、政策的，当场直接答复告之；同时定期开展劳动保障法规政策宣传活动，利用电台、电视、报刊进行宣传，把政策交给群众，争取职工的理解支持。对劳动保障行政部门制定的执行有关法律、法规、政策及工作提出意见和建议的群众来访，当场直接答复，向有关上级行政部门、本部门及其处室反映。

催办制度。督促处室（单位）县、市劳动保障局及时有效地办好交办的信访事项，对有关处室（单位）县、市劳动保障局对交办的信访事项要在规定时限内办结的，厅信访室及时发出“催办单”，承办处室（单位）县、市劳动保障局要作出书面说明，报作出批示的厅领导，由厅领导决定是否延期办理及如何办理。

建立群众来信来访办理情况通报。通报厅办公室以劳动保障简报形式对全厅及17个地市办理信访事项每季度通报一次，以增强承办处室（单位）县、市劳动保障局的责任意识。

建立信访统计汇报制度。没月上旬将上一个月信访情况及信访事项办理情况由厅信访室汇总厅领导对劳动保障和省领导及省信访局专转办的信访事项也按月按季进行通报并及时向劳动保障部、省领导、省信访局汇报办理的结果。

建立信访情况分析和隐患排查制度。厅领导每月召集厅信访室和有关处室对信访情况进行分析和隐患排查，对信访事项中反映的热点、难点隐患等问题进行综合分析和预测，供领导决策参考，特别是对信访的隐患排查分析，找出影响企业不稳定导致员工上访的因素，尤其是对规模群体性上访，认真制定处置集体访和越级访的预案工作，加大劳动监察执法力度，做到早发现、早报告、早控制、早解决。

建立厅领导干部解放日制度。厅领导接访日时间为每周五下午，原则上由厅领导轮流担任，直接接待来访群众，与来访群众当面对话交流，倾听来访者的诉求及对劳动保障工作建议与要求解答和解决来访群众反映的问题。实行首办负责制，由第一次接待的厅领导负责包案明确责任单位和责任人，跟踪督查、协调处理，对疑难信访案件采取上门回访和带案下访等形式，直到问题解决到位和来访群众息诉罢访。

建立信访事项档案管理制度。对信访档案进行分类、整理、立卷、保存、移交，完善信访工作的登记、转办、统计、回档制度，做到信访事项事事有交代、件件有去处。

建立信访工作考核和责任追究制度。厅将信访来访办理工作纳入各处室（单位）、市劳动保障局岗位目标责任制、进行年终考核，作为评优奖励的标准之一。对违反《信访条例》、《安徽省劳动保障信访工作规定》造成严重后果的，按照规定予以处理。

动态信息　1986 年至 1990 年经过政策和查处违纪案件，信访反映的主要是职工保险福利和劳动力管理方面的问题。1991 年至 1994 年信访反映的主要是企业转换经营机制、安置富余人员，劳动制度改革，实行全员劳动合同制出现的问题。1995 年至 2000 年信访反映的主要是贯彻落实劳动法，养老制度改革，职工进中心等问题。仅 1999 年接待来访次数 10624 次，涉及职工人数 208050 人，其中集体访 415 次，涉及人数 13105 人，养老保险涉及人数 10377 人，受理信访件数 1393 人，涉及职工人数 16568 人，养老保险涉及件数 640 件。2000 年制定并实行厅长接待日制度，2001 年至 2005 年，信访反映的主要是企业改制，员工身份转换，养老保险制度方面的问题信访量居高不下，2001 年 8525 件次，2002 年 8353 件次，其中接待群众来访 6675 人次，集体来访 86 批次，处理群众来信 1678 件，20 人以上联合信 136 件，及时完成了省委省政府省信访局交办的 23 件 20 人以上联名信的处理工作。对省石化供销总公司等 42 个省属企业单位不稳定因素进行排查并提出化解的办法建议。2003 年 7016 件次，其中集体访 99 批次，20 人以上联名信 80 件，仅信访办到省委省政府信访局配合处理群众集体访 42 次，并对重复上访老户进行专项治理。2004 年 8584 件次，其中来访 6827 人次，集体访 145 批 1516 人；来信 1757 件，20 人以上集体联名信 239 件，信访总量比 2003 年增加 22.34%，配合省委省政府信访局处理群众访 259 批，涉及职工 7770 人，及时查处省信访局交办的 22 件信访案件，出每周《信访专报》22 期，2005 年 7789 件次，其中来访 5692 人次，集体访 98 批 995 人，来信 2097 件，20 人以上集体联名信 250 件，接待咨询电话 3200 多次，厅领导接待日接待上访群众 253 批 473 人次。

进入 21 世纪后，企业改革进入攻坚阶段，群众来信来访及集体访量大，为明确信访职责，规范信访工作，使之有序，切实做好信访工作，维护社会稳定，2000 年 8 月 1 日，根据有关要求，厅成立紧急重大情况报告处理工作领导小组，建立紧急重大情况逐级报告制度。2001 年 4 月 30 日厅长办公会议，决定成立“省劳动保障厅信访工作领导小组”，明确一名分管厅领导任组长，有关处室负责人为成员，下设“信访接待办公室”，隶属于厅办公室，明确信访接待室的主要职责，配备三人具体负责日常接待工作。2001 年 9 月 3 日，颁发《安徽省劳动保障信访工作暂行办法》，规定信访工作程序、制度及应注意事项。2001 年 12 月 30 日，印发《关于进一步加强劳动保障信访工作的通知》，要求各市劳动社保局及本厅处室（单位）进一步加强劳动保障信访工作。

为了进一步落实两个确保，切实维护劳动保障系统和厅属企事业单位社会稳定工作，2002年5月23日，厅党组研究决定成立维护稳定领导小组，厅长任维稳领导小组组长，下设维稳办公室。2003年7月根据省委省政府信访局要求成立以分管副厅长为组长，有关业务处室负责人为成员的集中整治工作领导小组，下设信访整治办公室，负责接收上访专项整治处理工作，并上报了集中整治方案。2004年7月，颁布《安徽省劳动保障信访工作责任制度》，明确规定信访工作的基本原则、工作职责、工作管理制度、责任追究制度、考核评比制度。

2004年5月12日，印发《厅长"信访接待日"规则》，明确规定厅长接待日内容、范围、程序、方式、责任等。6月2日，印发《关于处置群众集体来访及突发性事件的工作预案》，同时成立厅处置集体上访及突出事件领导小组。厅长任领导小组组长，下设综合组、现场处置组、政策研讨组三个工作组，分别由分管副厅长任组长，明确规定处置群众集体来访及突发性事件的工作指导思想、编制依据、适用范围、组织领导和工作职责、处置基本程序、具体处置办法及督办、善后、应急保障等。

2004年制定接访工作人员各项守则，要求接访工作人员的"态度热情一点，说话和气一点，倾听耐心一点，解释细致一点，办理快速一点，服务周到一点"，同时制定来访者须知及对来访者的温馨提示"请坐下、喝杯茶、静下心、慢慢说、别生气、多谅解"。为贯彻落实国务院《信访条例》，修改了《安徽省劳动保障信访工作暂行办法》，印发《安徽省劳动保障信访工作规定》和《安徽省劳动保障信访复查复核工作规则》。2005年9月12日，分别印发《安徽省劳动保障厅领导干部接待日规则》《安徽省劳动保障厅信访事项办理规则》，通过上述文件印发，进一步明确信访工作的指导思想、基本原则、工作程序、工作方法、考核和责任追究。

对在一段时间内信访量大，群众反映比较集中的问题和可能出现不稳定因素，及时写成分析报告，提出解决问题具体措施办法，供领导同志参考，为解决劳动保障工作出现的问题制定完善劳动保障法规政策，提供参考。如2002年5月8日，以《当前劳动保障工作若干突出问题及其处理意见》一文指出劳动保障工作在养老保险、医疗保险、国企下岗职工基本生活保险方面以及劳动关系处理存在18个突出问题，并指出其产生的主要原因，即政策不完善、改革不配套、工作不到位、资金不落实等，并提出具体处理意见，上报省领导参考。除此之外，还采用《送阅材料》《每周信访专报》形式，及时把信访动态等送给领导及有关部门参考。在原省劳动局编印的《劳动情况》和省劳动保障局编印的《劳动保障简报》中，不定期选登信访情况，与各地交流，供领导参考。

第七篇　劳动保障行政机构

第一章 省级机构

第一节 机构沿革

安徽省劳动局 1986年，省劳动局内设10个处室，分别是办公室、政治处、计划管理处、工资处、保险福利处、城镇就业处、技工培训处、劳动保护安全监察处、锅炉压力容器安全监察处、矿山安全监察处，职工编制80人。1988年3月，安徽省政府批准省安全生产委员会单独设立办公室，办公室挂靠在省劳动局，职工编制10人。1988年8月，成立省劳动争议仲裁委员会，办公室设在省劳动局，编制5人。1990年年底，并设机关党委，职工编制118人，1991年6月，增设政策法规处。

安徽省劳动局同时设12个直属事业单位，分别是省劳动服务公司、省社会保险事业管理局、省直属机关劳动服务公司、省劳动工资研究所、省锅炉压力容器检测中心站、省劳动保护科学研究所、省劳动保护安全卫生检测中心站、省劳动保护宣传教育中心、省淮南锅炉技工学校、省劳动局电大工作站、省劳动局大楼管理所、省劳动局锅炉检修所。1991年10月，省直属机关劳动服务公司并入省劳动服务公司，增挂省劳务输出中心牌子。1992年3月，省劳动局锅炉检修所更名为省劳动局槽车检修站。1992年10月，成立省矿山安全卫生检测站。1993年12月，成立省职业介绍中心。

安徽省劳动厅 1994年4月，省劳动局更名为省劳动厅。1996年政府机构改革，省劳动厅内设机构调整，计划管理处与工资处合并；政治处改称人事教育处，城镇就业处改称就业处，技工培训处改称职业技能培训处，劳动保护安全监察处改称职业安全卫生监察处；增设劳动监察处。调整后全厅内设13个处室，分别为办公室、政策法规处、劳动监察处、劳动争议仲裁处、保险福利处、计划工资处、职业技能培训处、就业处、职业安全卫生监察处、矿山安全监察处、锅炉压力容器安全监察处、省安全生产委员会办公室、人事教育处，并设机关党委，职工编制92人。直属事业单位在此期间也进行了调整，撤销省劳动工资研究所、省劳动局电大工作站、省劳动局大楼管理所；省劳动服务公司更名为省就业服务局，省锅炉压力容器检测中心站更名为省锅炉压力容器检测所，省技工教学研究室更名为省职业技能培训教学研究室，同时挂省职业技能鉴定中心牌子；增设省劳动信息中心；在机关招待所、大楼等管理的基础上，组建厅机关服务中心。调整后省劳动厅设11个直属事业单位，分别为省劳动就业服务局、省职业介绍中心、省社会保险事业管理局、省劳动保护科学研究所、省锅炉压力容器检测所、省劳动厅槽车检修站、省劳动安全卫生检测检验中心站（省矿山安全卫生检测站）、省劳动保护宣传教育中心、省职业技能培训教学研究室（职业技能鉴定中心）、省淮南锅炉技工学校、省劳动信息中心、厅机关服务中心等。1999 年 11 月，增设省医疗保险基金管理中心。

安徽省劳动和社会保障厅　2000 年政府机构改革，在省劳动厅的基础上，组建省劳动和社会保障厅。内设机构调整，撤销职业安全卫生监察处、矿山安全监察处、锅炉压力容器安全监察处、省安全生产委员会办公室、保险福利处；劳动监察处改称劳动保障监察处，职业技能培训处改称培训处；劳动争议仲裁处与计划工资处合并为劳动工资与仲裁处；增设综合计划与基金监督处、养老保险处、失业保险处、医疗保险处、农村社会保险处、离退休工作处。调整后内设 12 个处室，分别为办公室、政策法规处、劳动保障监察处、综合计划和基金监督处、劳动工资与仲裁处、就业处、培训处、养老保险处、失业保险处、医疗保险处、农村社会保险处、人事教育处，并设离退休工作处和机关党委、纪检（监察）机构。编制 56 名。2004 年 12 月，增设工伤保险处。

直属事业单位进行调整，撤销省劳动保护科学研究所、省锅炉压力容器检测所、省劳动保护安全卫生检测中心站（省矿山安全卫生检测站）、省劳动保护宣传教育中心；增设省农村养老保险基金管理中心。调整后省劳动和社会保障厅设 9 个直属事业单位，分别为省就业服务局、省职业介绍中心、省社会保险事业管理局、省医疗保险基金管理中心、省农村养老保险基金管理中心、省职业技能培训教学研究室（职业技能鉴定中心）、省劳动厅槽车检修站、省劳动信息中心、厅机关服务中心。2004 年 6 月，增设省劳动争议仲裁院。

第二节　管理职能

安徽省劳动局　1986 年，省劳动局内设 10 个处室：办公室、政治处、计划管理处、城镇就业处、技工培训处、工资处、保险福利处、劳动保护安全监察处、矿山安全监察处、锅炉压力容器安全监察处。各处室、单位承担的业务职责如下：

办公室：负责局领导政务活动；局年度工作计划、总结、报告文稿起草；文秘、文电处理、机要档案管理；省劳动工作会议及有关业务会议组织工作；局内工作关系协调和对外联络接待；局行政、财务、基本建设管理；办理省人民代表大会和省政治协商会议有关劳动工作的提案、议案。

政治处：负责局机关和所属单位人事和工资福利管理；承办机关和所属单位人员调配、人事档案管理；省劳动系统业务人员培训教育和劳动安全专业技术职务任职资格评审；局机关和所属单位离休退休人员管理服务工作。

计划管理处：负责汇总编制、上报下达全省劳动工资计划并组织实施、监督检查；管理企事业单位、机关单位工人招收、调配和军队转业干部家属安置；拟定劳动制度改革方案、实施办法，组织推动劳动制度改革，管理定员定额、职工劳动纪律、职工奖惩及劳动工资统计工作。

城镇就业处:负责劳动就业的统筹规划和管理;拟定有关劳动就业法规、政策并组织实施;拟定劳动服务公司、就业前培训、劳务市场、待业保险管理办法并监督实施;协调有关部门研究制定农村劳动力向城镇转移的政策,与有关部门共同管理省内人员境外就业和境外人员到皖就业工作。

技工培训处:负责规划、指导全省技工学校、学徒培训、在职工人技术培训工作;拟定工人技术等级标准、岗位培训规则、考核评审办法和技师评定聘任办法并组织实施;组织指导教材编写、师资培训和教学方法研究。

工资处:负责拟定全省企业工资工作政策、法规和工资调整、工资改革方案并组织实施;审核各地区、部门的工资总额同经济效益挂钩方案并监督检查执行情况;管理企业职工工资性津贴、补贴;指导企业内部工资分配。

保险福利处:负责管理全省企业职工社会保险和职工福利工作;拟定企业职工社会保险制度和福利制度改革方案并组织实施;协调企业和国家机关、事业单位的社会保险工福利政策。

劳动保护安全监察处:负责对企业劳动保护和职业安全卫生、女工和未成年工保护、工时、休假等地方性法规草案并组织实施和监督检查;参与重点建设工程“三同时”的审查和验收;负责劳动保护和职业安全卫生卫生统计、分析;参与重大事故调查处理。

矿山安全监察处:负责矿山安全法规的实施和监督检查;对矿山安全和职业卫生实行国家监察;审查矿山设计,参与矿山投产验收工作;指导对矿长实行矿山安全卫生资格审查工作;统计分析矿山事故和职业病情况,提出预防措施;参与矿山重大事故的调查处理。

锅炉压力容器安全监察处:负责贯彻执行国家有关锅炉压力容器安全生产的法规政策和标准,制定地方性有关条例和实施细则并组织实施和监督检查;对锅炉压力容器的设计、制造、安装、使用、检验、修理、改造及进出口实行国家监察;参与有关锅炉压力容器事故的技术分析和调查处理;评估和认定有关检测检验机构。

1988年8月,成立省劳动争议仲裁委员会,办公室设在省劳动局。其职责是负责管理全省劳动争议处理工作;组织指导全省劳动合同鉴证工作;参与调解、仲裁重大劳动争议案件,依法调处劳动纠纷;负责劳动争议仲裁员的管理和仲裁庭建设工作;处理劳动信访工作。

1988年3月,省政府批准省安全生产委员会单独设立办公室,办公室挂靠省劳动局。其职责是负责贯彻省安全生产委员会决议,督促成员单位执行决议并报告执行情况;负责安全生产委员会日常工作,安排会议及重要活动,定期交流信息和召集联络员会议;负责建立省级专家组,为重大事故调查和评估安全生产聘任专家;编辑出版《安全生产简报》。

安徽省劳动厅 1994年4月,省劳动局更名为省劳动厅。1996年政府机构改革,省劳动厅职能由侧重管理国有企业的劳动工作转向综合管理全社会的劳动工作，建立统一、开放、有序的劳动力市场；由主要运用计划指标、行政审批手段管理劳动力，转向主要运用经济与法律手段，通过市场机制和必要的行政干预，实现劳动力资源的合理配置；由直接对企业劳动工作实施微观管理转向以宏观预测、规划、调控为主，加强协调指导、监督检查和社会服务。同时加强劳动关系调节、工资总额的宏观调控和管理以及安全生产、社会保险等综合管理工作。对地区、部门下达指令性劳动工资计划及统一的企业工资标准等职能进行相应的取消、下放和调整。各处室、单位承担的业务职责如下：

办公室：协助厅领导组织管理机关工作，协调机关各处室的工作关系；制定厅机关各项工作制度，起草有关文件和报告；负责会议组织、文电处理、保密、档案及机关行政事务管理等工作。

政策法规处：贯彻执行国家劳动法律、法规，规划和组织起草、修订地方劳动法规、政策；开展综合性调研；负责行政复议和行政诉讼案件处理；负责劳动法制宣传教育和监督检查。

劳动监察处：拟定劳动关系调整的法规、政策，依法对用人单位和劳动者执行劳动法律、法规行为进行监察；指导地、市、县劳动监察工作。

劳动争议仲裁处（对外称“安徽省劳动争议仲裁委员会办公室”）：负责全省劳动争议处理工作，组织指导全省开展劳动合同鉴证工作，参与调解劳动关系，仲裁重大劳动争议案件；组织建立劳动争议仲裁员、仲裁庭制度，依法调节各种劳动纠纷；负责接待处理有关群众来信来访工作。

保险福利处：综合管理全省城镇企业职工社会保险工作（包括养老、失业、医疗、工伤、生育等）；负责管理企业职工福利工作；组织推动社会保险服务体系建设；制定企业离退休人员社区管理服务政策。

计划工资处：预测全省劳动事业发展趋势，制定中长期发展规划和年度计划并组织实施；监测全省劳动经济运行状况，制定宏观调控政策、措施并组织实施；制定全省企业职工收入分配政策、法规和改革方案并组织实施；管理企业工资总额，制定经营者收入管理办法，指导企业内部分配；负责制定劳动者最低劳动报酬标准并监督实施；负责全省劳动工资统计工作。

职业技能培训处：制定并组织实施全省职业技能开发总体规划、政策和法规；综合管理全省职业技能培训、考核、鉴定和发证工作以及全省技工学校和职业技能培训机构评估认定工作；规划和指导社会劳动力就业前培训工作。

就业处：制定城乡劳动就业、劳动力市场规划和政策法规并组织实施；制定企业富余人员安置政策并组织实施；负责全省城乡劳动力资源开发利用和就业工作；协调指导全省和区域性劳动力流动工作；负责全省劳动就业经费统筹的有关工作；负责全省劳动力境外就业和境外人员来皖就业审批以及驻外使馆工勤人员选派工作；审核新建国有企业定员定额标准。

职业安全卫生监察处:贯彻执行国家职业安全卫生法律、法规,制定地方性职业安全卫生政策、法规、规划并组织实施和监督检查;综合管理全省职业卫生安全工作,行使国家监察职权;负责特殊行业、特种设备、安全防护品和特种作业人员的安全认证工作;综合分析职工伤亡事故和职业病危害情况,提出预防和控制对策,并参与重大伤亡事故调查处理工作;参加国家和省重点工程项目的审查和验收工作;评估和认定有关检测检验机构。

矿山安全监察处:综合管理全省矿山安全卫生监察工作,履行《中华人民共和国矿山安全法》和其他法律、法规规定的监督职责;制定地方性矿山安全法规、标准和矿山安全监察工作制度,并对贯彻执行有关法律、法规情况进行监督检查;负责重大矿山事故的调查、审理工作;研究分析全省矿山安全和矿山职业危害状况,提出相应对策;指导矿山安全卫生检测检验工作。

锅炉压力容器安全监察处:贯彻实施国家颁布的有关法规、政策和标准,制定有关地方性条例和实施细则并组织实施和监督检查;对锅炉压力容器、压力管道等特种设备的设计、制造、安装、使用、检验、修理、改造等环节和进出口进行监督检查,行使国家监察职权;参与有关重大事故的技术分析和调查处理;监督和认可有关检测检验机构。

省安全生产委员会办公室:综合管理和协调指导全省安全生产工作,组织制定全省安全生产规划,研究分析和预测全省安全生产形势,提出相应对策措施;受省政府委托,承担组织和参与全省境内的特别重大交通事故的调查、处理工作;组织对重大事故隐患进行评估并督促整改;开展和推动多种形式的安全生产宣传教育和培训工作。

人事教育处:负责厅机关和直属事业单位的人事机构编制管理工作;编制并组织实施厅机关和各级劳动部门公务员培训规划。

安徽省劳动和社会保障厅 2000年3月,在省劳动厅基础上组建省劳动和社会保障厅,为主管劳动和社会保障工作的省政府组成部门。职能调整如下:划入职能:机关、事业单位工作人员社会保险职能、公费医疗管理职能、医疗保险制度改革试点职能、农村社会保险职能;划出职能:安全生产综合管理、职业安全监察、矿山安全监察、职业卫生监察、特种设备安全监察职能;增加职能:承担国务院下放并批准实行养老保险行业统筹的10个部门和单位所属企业的养老保险管理职能;转变的职能:不再对企业招用职工进行审批,改为依据劳动力市场管理法规和劳动合同制度进行管理。不再审核省新建国有企业定员标准,改为重点调控企业的工资总额和工资水平。不再制定企业职工奖惩方面的行政规章,改为制定适合于各类企业惩处职工的基本准则,作为企业制定内部规章制度以及处理劳动关系的依据。职业介绍、职业技能鉴定、职业技能竞赛的组织实施,职业技能标准的拟定和职业技能培训教材的组织编写工作、劳动定员定额标准的拟定工作交由社会中介组织承担。各处室、单位承担的业务职责如下:

办公室:协助组织管理厅机关日常工作,协调机关各处室的工作关系;制定工作制度、工作计划并负责监督检查;负责会议组织、公文审核、文电处理、机要文档、保卫、保密、信访等工作；负责汇集提供劳动和社会保险政务信息、宣传报道等工作；负责厅机关财务和直属单位国有资产管理工作。

政策法规处：贯彻国家劳动和社会保险法律、法规，制定安徽省劳动和社会保险立法规划和年度计划，研究拟定劳动和社会保险地方性法规草案和行政规章；承办厅机关法律事务，处理劳动和社会保险行政复议和行政诉讼案件；负责处理社会保险行政争议案件；负责依法行政的执法监督、普法工作及劳动和社会保险法律宣传、咨询工作。

劳动保障监察处：监督检查劳动和社会保险法律、法规的执行情况，依法行使国家劳动监督检查权；制定劳动和社会保险监督检查工作规范并组织实施，指导和监督市、县劳动和社会保险监督检查机构的工作；受理举报投诉并组织查处，参与查处重大违反劳动和社会保险法律法规的案件；负责省属在肥企业的年审工作。

综合计划与基金监督处：组织编制全省劳动和社会保障事业发展规划和年度计划；负责劳动和社会保险统计工作；对社会保险基金预、决算提出审核意见；负责涉及劳动和社会保险事业国际援助、贷款的有关事项；贯彻执行国家关于社会保险基金监督的法律、法规；拟定全省社会保险经办机构的管理制度和发展规划；组织制定全省社会保险基金监督办法，建立健全社会保险监督网络，组织监督各项社会保险基金的管理和运营；建立并管理社会保险基金监督举报系统，受理投诉举报，查处基金管理中重大违纪案件；对有关机构承办补充养老保险、补充医疗保险业务进行资格认定，对其承办的补充保险基金实施监督。

劳动工资与仲裁处（省劳动争议仲裁委员会办公室）：研究拟定劳动关系调整的有关政策，负责劳动合同和集体合同管理；组织处理劳动关系方面有重大影响的群众性突发事件；研究拟定地方性劳动争议仲裁法规，建立和完善劳动争议处理制度；负责政策性安置和调配工作；参与省级劳动模范评定工作；贯彻落实企业职工工时制度、休息休假制度和女工、未成年工的特殊劳动保护政策；拟定企业职工工资的宏观管理政策、措施，提出调节收入分配的政策建议；拟定企业工资指导线的有关政策和企业职工最低工资标准并监督检查；综合协调外商投资企业的劳动工资政策；拟定国有企业经营者工资收入政策，审核省属企业的工资总额和主要负责人的工资标准。

就业处：研究拟定促进全省城乡就业规划和基本政策，制定劳动力市场发展规划和管理规则并监督实施；制定就业服务事业发展规划和促进劳动就业服务企业发展政策，实施再就业工程；负责省级就业经费的使用管理工作；规范再就业服务中心和职业介绍机构的管理办法；负责对全省就业服务机构的业务指导和监督检查；制定农村剩余劳动力开发就业、跨地区有序流动的政策和措施；按照规定负责境外公民到皖就业和介绍出境就业管理及驻外机构工勤人员的选派工作；负责企业下岗职工分流安置、基本生活保障有关政策的拟定，并督促实施。

培训处：拟定全省职业技能培训规划、政策和管理规则并监督实施；负责全省职业技能培训、考核、鉴定等工作；研究拟定全省技工学校、就业训练中心、社会力量举办的职业技能培训机构、职业技能鉴定机构发展规划和管理规则；研究拟定职业技能鉴定办法，组织实施劳动预备制度和职业资格证书制度；研究拟定技师、高级技师考评办法并组织实施；研究拟定职业技能人才表彰、奖励办法和职业技能竞赛政策；拟定失业人员、企业下岗职工再就业培训的规划、政策并组织实施；指导技工学校和就业训练中心等职业技能培训机构的师资队伍建设；制定职业培训教材建设规划和评估认定制度。

养老保险处：贯彻执行国家养老保险方面的方针、政策和法律、法规；研究拟定养老保险地方性法规、政策和改革方案并组织实施；拟定基本养老保险费率、个人账户确定和基金征缴、管理政策并监督实施；研究拟定基本养老保险待遇项目和给付标准；拟定养老保险省级调剂金征缴、管理、调剂给付办法；研究拟定中央在皖 10 个行业所属企业基本养老保险实施办法；研究拟定死亡职工遗属待遇和非因工伤残职工待遇政策；认定符合国家规定可以提前退休的特殊工种，研究拟定有关企业职工提前退休政策；承办国家规定由省级劳动和社会保障部门负责的企业职工提前退休和行业统筹企业职工退休审批工作；研究拟定补充养老保险基本政策和管理规则；研究拟定养老保社会化管理服务事业发展规划并组织实施；研究拟定机关、事业单位人员基本养老保险统一管理的规划和政策；负责对养老保险经办机构的业务指导和监督检查。

失业保险处：贯彻执行国家有关失业保险的方针、政策和法律、法规；研究拟定失业保险地方性法规、政策发展规划并组织实施；拟定失业保险基金征缴政策、待遇项目和给付标准；研究拟定失业保险升级调剂金征缴、管理、调剂给付办法；研究拟定失业人员登记、管理制度和失业保险金稽核办法；研究拟定失业人员登记管理政策、规则；研究拟定失业人员疾病、生育和死亡的有关待遇政策；负责对失业保险经办机构的业务指导和监督检查。

医疗保险处（省劳动能力鉴定委员会办公室）：贯彻落实国家关于职工基本医疗保险的有关政策，制定全省医改的具体规划意见并组织实施；拟定医疗、工伤、生育保险费率确定办法、基金征缴政策、待遇项目和给付标准；研究拟定医疗、工伤、生育保险费用社会统筹、医疗保险个人帐户管理政策；拟定工伤保险行业差别费率；拟定医疗、工伤、生育社会保险基金管理政策、规则；研究拟定基本医疗保险、工伤医疗和生育医疗的药品、诊疗项目、医疗服务设施范围和支付标准；组织拟定定点医院、药店的管理办法及费用结算办法，负责省属及中央驻皖部门、单位的定点医疗机构、药店资格审定和年审工作；研究拟定与基本医疗保险相配套的政策措施及管理办法；负责职工工伤、职业病认定及其伤残等级鉴定工作；组织拟定职工因工、非因工劳动能力鉴定实施办法，研究拟定劳动鉴定机构、鉴定人员管理规则；研究拟定城镇企业职工疾病、工伤停工治疗和生育期间的待遇政策和标准；拟定补充医疗保险的政策和规则；负责对医疗保险经办机构的业务指导和监督检查。

农村社会保险处：研究拟定农村养老保险的基本政策和发展规划并组织实施；研究拟定农村养老保险费用筹集办法、待遇项目、给付条件和给付标准；研究拟定农村养老保险基金管理制度和经办机构的管理规章；研究拟定农村养老保险社会化管理服务的规划和政策并组织实施；负责对农村社会保险经办机构的业务指导和监督检查。

人事教育处：负责厅机关和直属事业单位的机构编制、人事管理工作；拟定全省劳动和社会保障系统干部教育培训规划、计划并组织实施；管理挂靠的社团组织。

2004 年 12 月，增设工伤保险处，其职责是研究拟定全省工伤保险政策和发展规划；指导全省工伤保险制度建设；拟定全省工伤保险定点医疗机构、定点药店、定点康复机构的管理办法。

安徽省劳动保障机构领导班子成员更迭表

表 7-1-1

<table>
<tr><th>机构名称</th><th>职　务</th><th>姓　名</th><th>任职时间</th></tr>
<tr><td rowspan="12">中共安徽省劳动局党组
安徽省劳动局</td><td rowspan="3">党组书记、局长</td><td>邓泽民</td><td>1986.01—1987.03</td></tr>
<tr><td>胡文化</td><td>1989.03—1991.12</td></tr>
<tr><td>朱　旗</td><td>1991.12—1994.04</td></tr>
<tr><td rowspan="3">党组副书记、副局长</td><td>胡文化</td><td>1986.01—1989.03</td></tr>
<tr><td>朱　旗</td><td>1990.04—1991.12</td></tr>
<tr><td>尹国媛</td><td>1994.02—1994.04</td></tr>
<tr><td rowspan="5">党组成员、副局长</td><td>梁开勇</td><td>1986.01—1988.04</td></tr>
<tr><td>吕文光</td><td>1986.01-1994.02</td></tr>
<tr><td>马洪波</td><td>1990.01-1994.04</td></tr>
<tr><td>尹国媛</td><td>1990.02-1994.02</td></tr>
<tr><td>孙广福</td><td>1992.08-1994.04</td></tr>
<tr><td>副厅级调研员</td><td>任国才</td><td>1992.06-1993.02</td></tr>
<tr><td rowspan="10">中共安徽省劳动厅党组
安徽省劳动厅</td><td rowspan="2">党组书记、厅长</td><td>朱　旗</td><td>1994.04-1998.04</td></tr>
<tr><td>谢　群</td><td>1998.04-2000.03</td></tr>
<tr><td rowspan="2">党组副书记、副厅长</td><td>尹国媛</td><td>1994.04-1995.08</td></tr>
<tr><td>陈宜家</td><td>1995.10-2000.03</td></tr>
<tr><td>党组成员、副厅长</td><td>马洪波</td><td>1994.04-1996.01</td></tr>
<tr><td>党组成员、副厅长</td><td>孙广福</td><td>1994.04-2000.03</td></tr>
<tr><td>党组成员</td><td>尹家田</td><td>1995.06-2000.03</td></tr>
<tr><td>党组成员、副厅长</td><td>郑兴法</td><td>1995.10-2000.03</td></tr>
<tr><td>党组成员</td><td>夏邦文</td><td>1997.07-2000.03</td></tr>
<tr><td>助理巡视员</td><td>桑朝和</td><td>1997.07-2000.03</td></tr>
</table>

续表 7-1-1

机构名称	职　务	姓　名	任职时间
中共安徽省劳动和社会保障厅党组 安徽省劳动和社会保障厅	党组书记、厅长	谢　群	2000.03–2003.03
		宣　林	2003.03–2005.12
	党组副书记、副厅长	孙广福	2000.03–2003.03
	党组成员、副厅长	郑兴法	2000.03–2002.12
	党组成员、副厅长	邱　诚	2000.03–
	党组成员、巡视员	孙广福	2003.03–
	党组成员	马学明	2000.03–
	党组成员、巡视员	陈宜家	2003.03–2005.07
	党组成员、副厅长	吴　健	2001.04–
	党组成员、副厅长	陈晓玲	2001.12–
	党组成员、副厅长	戴　毅	2003.10–
	党组成员、助理巡视员	刘光明	2004.05–
	助理巡视员	尹家田	2000.03–2001.01

第二章　省辖市（地）、县级机构

第一节　省辖市（地）级机构

地、市实行机构改革后，劳动行政部门管理职能和业务职责得到明确界定。地、市劳动局设劳动计划、工资、保险福利、就业安置、技工培训、劳动保护、锅炉压力容器安全监察等业务科，部分地、市劳动局还设有矿山安全监察科。地级劳动局编制 30 ~ 35 人，市劳动局编制 35 ~ 40 人。1986 年，地、市成立劳动争议仲裁委员会，办公室设在劳动局，编制 3 ~ 7 人。以合肥市为例，1986 年，合肥市劳动局设立办公室、信访科、技工培训科、安全监察科、锅炉安全监察科、工资科、劳动保险科、劳动争议仲裁委员会办公室、计划管理科、劳动调配科、财务科，编制 45 人。下设直属事业单位：市锅炉压力容器检验所、市劳动服务公司、市劳动局技工学校、市劳动安全卫生检测站、市劳动局电大辅导站、市社会劳动保险事业管理所。1997 年 3 月，合肥市进行机构改革，明确市劳动局为政府组成部门，并重新确定了职能配置、内设机构和人员编制，共设 11 个处（室），分别为办公室、劳动监察处、劳动争议仲裁处（市劳动争议仲裁委员会办公室）、就业处、计划工资处、职业技能培训处、职业安全卫生监察处（市安全生产委员会办公室）、锅炉压力容器安全监察处、保险福利处（市劳动能力鉴定委员会办公室）、组织人事处、审计处，编制 60 人。2002 年 8 月，合肥市进行机构改革，在市劳动局的基础上，组建市劳动和社会保障局，并重新确定了职能配置、内设机构和人员编制。内设处室 11 个，分别为办公室（信访接待处）、政策法规处、综合计划与基金监督处、劳动和社会保障监察处（市劳动保障投诉中心）、劳动争议仲裁处（市劳动争议仲裁委员会办公室）、就业处（市再就业办公室）、培训处、养老和失业保险处、医疗工伤和生育保险处（市劳动能力鉴定委员会办公室）、农村社会保险处、组织人事处，编制 43 人。下设直属事业单位：市社会保险征缴中心、市企业养老保险管理中心、市医疗保险管理中心、市机关事业养老保险管理中心、市劳动和社会保障计算机信息管理中心、市就业服务管理中心、市劳动和社会保障监察支队、市失业保险管理中心、市职业技能鉴定指导中心、市劳动和社会保障局技工学校、市劳动和社会保障局生活服务中心。

为适应“撤地建市”工作需要，地区行政公署（简称行署）劳动局更名为省辖市劳动局。以六安行署为例，2000 年 3 月，六安行署劳动局更名为六安市劳动局，内设办公室、劳动监察科、劳动争议仲裁科、计划工资科、就业科、职业技能培训科、职业安全卫生监察科、锅炉压力容器安全监察科，编制24人。

1995年至1997年，铜陵、阜阳、淮北、芜湖四个市劳动局划出社会保障职能，组建社会保障局，为市政府组成部门，内设办公室、养老保险科、失业保险科、医疗保险科、工伤保险科，编制15～20人。2002年政府机构改革，上述市劳动局和社会保障局合并，组建劳动和社会保障局。

第二节 县级机构

县（市、区）机构改革以后，县级劳动行政部门管理职能和业务职责得到明确界定。县级劳动局内设劳动计划管理、工资福利、就业培训、安全监察等业务股，编制15～20人。以濉溪县为例。1986年，濉溪县劳动局内设内设4个股室：办公室（人秘股）、计划调配股、工资股、安全监察股，编制13人。下辖县劳动服务公司。1987年成立县劳动保险所。1988年增设保险福利股，1991年成立劳动争议仲裁委员会办公室。1992年，成立县安全生产委员会办公室。1993年成立县监察大队、县技工学校。1998年，县劳动服务公司更名为县劳动就业管理局。2002年政府机构改革，在县劳动局的基础上，组建劳动和社会保障局，将农村养老保险、事业单位工作人员社会保险管理职能划入劳动保障局，同时将锅炉、压力容器及特种设备综合管理、职业安全卫生综合管理、矿山安全卫生综合管理、全县安全生产综合管理职能划出。内设办公室（离退休干部工作股）、社会保险股（县劳动鉴定委员会办公室）、社会保障监察股、仲裁工资股（劳动争议仲裁委员会办公室）、就业培训股（县职业技能鉴定中心），编制16人。下设直属事业单位：县社会保险事业管理所、县劳动就业管理局、县职工医疗保险管理中心、县劳动监察大队、县技工学校。2004年县农村养老保险办公室移交到县劳动和社会保障局。

1991年肥东县撤销县劳动人事局，分别组建县劳动局和县人事局，县劳动局编制20人。1992年，肥西县撤销县劳动人事局，分别组建县劳动局和县人事局，县劳动局编制22人。1998年，长丰县撤销县劳动人事局，分别组建县劳动局和县人事局，县劳动局编制17人。县劳动局内设办公室、监察股、仲裁办、劳动安全保护监察股、就业股、计划工资股、培训股。2002年政府机构改革，在县劳动局的基础上，组建劳动和社会保障局，内设法规监察股、社会保险股、就业培训股、工资仲裁股，编制13–15人。

重要文献辑存

中共安徽省委安徽省人民政府
关于大力做好下岗失业人员再就业工作的通知

皖发〔2002〕18号

各市、县委，各市、县人民政府，省直各单位，各大学：

为认真贯彻落实《中共中央、国务院关于进一步做好下岗失业人员再就业工作的通知》（中发〔2002〕12号）精神，切实做好全省就业特别是下岗失业人员再就业工作，现就有关问题通知如下。

一、把促进再就业工作摆到更加突出的位置

扩大就业，促进再就业，关系改革发展稳定的大局，关系人民群众的生活，关系国家的长治久安，不仅是重大的经济问题，也是重大的政治问题。各级党委、政府和各有关部门要从维护改革发展稳定大局的高度，将这项工作作为一项长期的战略任务和重大的政治任务，作为全面贯彻"三个代表"要求的重大实践，作为"加快发展、富民强省"的重要措施，提高认识，加强领导，切实抓紧抓好。在研究经济社会发展规划时，要把就业问题统筹考虑。要坚持市场导向的就业机制，实施积极的就业政策，多渠道开发就业岗位，努力改善就业环境，支持自谋职业和自主创业，鼓励企业特别是非公有制经济组织吸纳更多的人员就业，帮助困难群体就业。当前及今后一个时期，在巩固"两个确保"的同时，重点做好有劳动能力和就业愿望的下岗失业人员的再就业工作。各级党政主要负责同志必须亲自抓、负总责。要把促进再就业目标任务纳入政府及有关部门重点工作目标责任管理体系，层层分解，落实责任，认真考核，严格奖惩。各有关部门要各负其责，加强协调配合，群策群力，共同做好再就业工作。要加强思想政治工作，充分发挥基层党组织在促进再就业工作中的重要作用。

二、采取积极措施大力开发就业岗位

解决下岗失业人员再就业问题的前提和基础在于增加就业岗位。各地要多渠道拓宽就业门路，努力创造出更多的就业岗位。

加快经济发展，增强对就业的拉动作用。结合经济结构调整，在注重发展高新技术产业，提高经济竞争力的同时，充分考虑就业因素，重视发展具有比较优势的劳动密集型产业和中小企业。进一步调整所有制结构，优化投资环境，大力发展非公有制经济。支持广大下岗失业人员自谋职业和自主创业，鼓励国有大中型企业主辅分离，兴办经济实体，安置富余人员。

大力发展第三产业，尤其要积极发展各类服务业，结合社区基础设施建设和居民生活服务，努力新增社区就业岗位，开发面向机关、事业单位后勤保障和公共管理服务的就业岗位。大力发展劳务派遣、就业基地等组织形式，积极推行非全日制、临时性、季节性和弹性工作等灵活多样的就业方式，鼓励下岗失业人员多途径、多形式实现再就业。

在重点做好下岗失业人员再就业工作的同时，也要认真抓好城镇新成长劳动力就业和农村富余劳动力转移工作。鼓励外出务工人员返乡创业，带动当地就业增长。

三、努力增加对促进再就业的资金投入

各级政府要按照中发〔2002〕12号文件要求，加大财政对社会保险补贴、岗位补贴、小额贷款担保和贴息、再就业培训补贴、职业介绍补贴、社区劳动和社会保障工作经费、劳动力市场信息网建设经费等项支出。各级财政部门要努力克服困难，积极调整财政支出结构，将促进再就业资金列入预算。严格控制和压缩一般性开支，优先保证再就业和社会保障等重点支出。要多渠道筹措再就业资金，从预算外收入、财政增收、国有资产变现及出让土地使用权收入中切出一块，用于充实、扩大再就业资金。要确保再就业资金到位，专款专用，不能虚列预算或列而不支。

省、市、县级财政原来安排用于国有企业下岗职工基本生活保障的资金规模不减，在确保下岗职工基本生活的前提下，根据工作需要，调整一部分用于促进再就业工作。

四、进一步加大对促进再就业工作的政策扶持力度

各地和省有关部门要按照中发〔2002〕12号文件和本通知规定的税费减免扶持对象、适用范围、免税税种和免费范围，认真落实好各项扶持政策。

（一）鼓励下岗失业人员自谋职业和自主创业

1. 对下岗失业人员从事个体经营（国家限制的行业除外）的，3年内免征营业税、城市维护建设税、教育费附加和所得税，并免收属于管理类、登记类和证照类的所有各项行政事业性费用。省有关部门和各市人民政府要明确免收的项目，并向社会公布，严禁任何形式的集资、摊派和乱收费。各类中介机构对下岗失业人员从事个体经营涉及的各种服务性收费，只能按照最低标准收取，严禁强制服务和强行收费。

2. 为下岗失业人员自谋职业和自主创业提供小额贷款扶持。各市都要建立下岗失业人员贷款担保基金，确定担保机构。贷款按照个人自愿申请、社区推荐、劳动保障服务机构审查、担保机构承诺担保、商业银行核贷的程序进行。贷款额度一般掌握在2万元左右。贷款期限最长不超过2年，到期确需延长的，可申请展期1次。贷款利息按同期中国人民银行公布的贷款利率确定，对从事微利项目的，由财政据实全额贴息，展期不贴息。担保最高限额为担保基金的5倍，期限与贷款期限相同。各国有商业银行、股份制商业银行、城市商业银行和有条件的城市信用社，都要开办此项贷款业务，并要简化手续，提供开户和结算便利。对下岗失业人员合伙经营和组织起来就业的，可根据人数和经营项目扩大贷款规模。

（二）鼓励服务型企业吸纳下岗失业人员

1. 对现有的服务型企业（国家限制的行业除外）新增加的就业岗位，当年招用下岗失业人员达到职工总数30%以上，并与其签订3年以上期限劳动合同的，经劳动保障部门认定，税务机关审核，3年内免征企业所得税；超过20%不足30%的，3年内减半征收企业所得税；20%以下的适当减征企业所得税。

2. 对新办的服务型企业（国家限制的行业除外），当年新招用下岗失业人员达到职工总数30%以上，并与其签订3年以上期限劳动合同的，经劳动保障部门认定，税务机关审核，3年内免征企业应缴纳的营业税、城市维护建设税、教育费附加和企业所得税；当年新招用下岗失业人员不足30%的，按1 ∶ 3的比例减征企业所得税，即新招用人员占职工总数每1个百分点相应减征企业所得税3%.

（三）鼓励国有大中型企业分流安置富余人员

对国有大中型企业通过主辅分离和辅业转制分流安置本企业富余人员兴办经济实体（国家限制的行业除外）以及关停企业重组转产，凡符合下列各项条件的，经经贸部门会同国有资产管理部门审查，劳动保障部门认定，税务机关审核，3年内免征企业所得税：

1. 利用原企业的非主业资产、闲置资产或关闭破产企业的有效资产；

2. 独立核算、产权清晰并逐步实现产权主体多元化；

3. 吸纳原企业富余人员达到30%以上；

4. 与安置的职工变更或签订新的劳动合同。

五、认真落实社会保险补贴和岗位补贴

各地、各有关部门要抓紧摸清本地各类服务型企业新增岗位、社区公益性岗位和国有企业大龄下岗失业职工等情况，落实社保和岗位补贴资金，制定具体补贴办法，对相关下岗失业人员实施社会保险和岗位补贴。

（一）对各类服务型企业新增岗位新招用国有企业下岗失业职工，并与其签订3年以上期限劳动合同的，经劳动保障部门审核后，按招用人数提供为期3年的社会保险补贴。

（二）对原属国有企业男性50周岁以上、女性40周岁以上就业困难的下岗失业人员（以下简称大龄就业困难对象）在社区公益性岗位就业的，给予社会保险补贴。补贴标准按单位应为所招人员缴纳的养老保险费和失业保险费之和计算，个人应缴的养老保险费和失业保险费仍由本人负担。社会保险补贴资金从各市再就业资金中列支。已协议保留养老保险关系的国有企业下岗职工不享受此项社会保险补贴政策。

（三）各地对在社区公益性岗位就业的大龄就业困难对象，要确保其工资收入不低于当地企业职工最低工资标准。同时，可根据实际情况为他们提供适当比例的岗位补贴，具体补贴标准由各市人民政府确定，资金由同级财政负责解决。有关社会保险补贴和税费减免政策暂定执行到2005年底。

各地要严格掌握扶持政策的对象范围。各级劳动保障部门负责为符合条件人员免费核发《再就业优惠证》，作为享受扶持政策的凭证。要加强对证件发放和使用的管理和监督。对出租、转让和伪造《再就业优惠证》的行为,要依法严肃处理。对采取各种形式骗取国家资金和优惠政策的企业和个人,要严肃查处,情节严重的依法追究刑事责任。

六、加快建立健全再就业工作服务体系

加快劳动力市场建设,建立公共就业服务制度。今年全省要在80%以上的县(市、区)建成适应再就业工作需要的劳动力市场,有条件的市要将劳动力市场信息网向所属的县(市、区)、街道、社区延伸,尽快形成全省统一的信息网络及其公开发布系统。各级公共职业介绍机构,要为下岗失业人员开设专门窗口,提供求职登记、职业指导、职业介绍、培训申请、技能鉴定申报、档案管理、接续社会保险关系等“一站式”服务。

各地要根据劳动力市场需求及其变化和产业结构调整的要求,充分利用现有的社会教育培训资源,继续组织实施“三年四十万”再就业培训计划,以技能培训为重点,有针对性地开展多层次、多形式的再就业培训,努力提高下岗失业人员的就业能力和培训后的再就业率。开展创业培训,为具备开业条件的人员提供项目咨询论证、开业指导、资金信贷、跟踪扶持等项服务,重点培养一批自主创业带头人。对为下岗失业人员提供培训的各类培训机构的培训效果进行科学评估,根据评估结果给予他们培训资金补贴。

各市要尽快建立起市、区、街道、社区的就业和社会保障服务体系。当前特别要加强街道社区服务机构建设,各城市街道要设立就业和社会保障事务所,由街道负责人兼任所长,并按管辖人口的多少配备3名左右工作人员,事业编制,列入财政全额供给。街道就业和社会保障事务所要在每个社区居委会聘用1至2名专管员,专门承担本社区下岗失业人员再就业、企事业单位退休人员管理服务以及城市居民最低生活保障工作,其工资和工作经费由市、区政府及街道统筹解决。

加强再就业基础工作。进一步完善就业统计指标体系,为科学决策提供可靠依据。建立城镇劳动力抽样调查制度,掌握就业状况及其变化趋势。建立失业预警机制,及时采取措施缓解就业矛盾。

七、继续做好“两个确保”等社会保障及就业援助工作

要继续按照“三三制”原则筹措落实下岗职工基本生活保障资金。进一步依法扩大社会保险参保范围,努力实现社会保险全覆盖;加强社会保险费征缴,认真做好社会保险稽核工作,确保养老保险、失业保险征缴率达到90%以上;加快养老保险市级统筹步伐,增强基金的调剂使用功能,进一步巩固“两个确保”成果,确保不发生新的拖欠。

继续积极稳妥地做好国有企业下岗职工出中心向失业保险并轨工作。对年龄偏大出中心后再就业确有困难的国有企业下岗职工,继续实行协议保留养老保险关系的办法;对出中心的下岗职工和企业新裁减人员,要按规定及时为他们提供失业保险,符合条件的,纳入城市居民最低生活保障;对协议期满暂时无法解除劳动关系的下岗职工,各级政府和企业要继续运用现有各类资金渠道筹措的资金保障其基本生活。

各地在坚持国有企业改革方向,推进企业减员增效的过程中,要妥善做好职工分流安置和基本生活保障工作。实施政策性关闭破产的企业，职工安置方案必须经职工代表大会讨论通过，并报当地政府企业兼并破产和职工再就业工作协调小组审核批准。凡职工安置方案未经职工代表大会通过、社会保障办法不明确、保障资金不落实的，一律不得进入关闭破产程序。正常生产经营企业成规模裁减人员，减员方案应经企业职工代表大会充分讨论。凡不能依法支付解除劳动合同的经济补偿金并妥善解决企业拖欠职工债务的，一律不得裁减人员。今后国有企业一次性裁员超过 200 人或超过本企业职工总数 20%以上的，要事前向当地政府报告。

各地要按属地管理原则，将中央、省属企业的再就业工作纳入当地的再就业工作规划，统筹安排落实。企业主管部门也要切实负起责任，配合做好下属企业的再就业工作。

进一步加强城市居民最低生活保障工作。将所有符合条件的城市贫困居民都纳入保障范围，做到“应保尽保”。对未参加养老、失业保险且停产多年的城镇集体企业退休人员和下岗职工，直接纳入最低生活保障范围，按规定享受最低生活保障待遇。各地要抓紧确定当地的特困标准，继续按照省劳动保障厅等五部门《关于对国有企业下岗职工中特困户给予有关收费减免照顾的通知》（皖劳字〔1998〕31 号）要求，对特困群体在医疗、住房、子女入学、水电煤气等方面予以具体实际的救助。

深入开展再就业援助行动。要把大龄就业困难人员作为重点援助对象，各市、县（市、区）都要拿出一批由政府投资开发的公益性岗位，安排他们再就业。城市社区开发的就业岗位也要优先安排这类人员就业。要高度重视和关心残疾职工再就业工作，促进残疾下岗职工和失业人员实现再就业。

八、努力营造有利于促进再就业的良好社会环境

各地要充分利用各种舆论宣传工具，大力宣传全国再就业工作会议精神和再就业的各项方针政策，宣传抓再就业工作的好做法，宣传自谋职业和自主创业的好典型，引导下岗失业人员转变择业观念，鼓励企业吸纳更多的下岗失业人员。

各级政府和有关部门要切实转变职能，改革行政审批程序，各级政务服务中心应设立专门窗口，由有关行政审批部门参加，为下岗失业人员开业等提供“一条龙”服务。要加强劳动合同管理，督促各类用人单位与招（聘）用人员依法签订并切实履行劳动合同，严禁任何单位违规解除与职工的劳动合同。要加大劳动保障监察执法力度，重点查处各类企业招（聘）用人员不签订劳动合同、滥用试用期、拖欠和克扣工资、拒缴社会保险费等违法行为。进一步清理整顿各类职业中介机构，严厉打击非法职业中介和各类欺诈行为。要根据工作需要，进一步充实劳动保障监察执法队伍，并保证工作经费。

各市在城市规划建设和整顿市容时，要统筹安排解决好下岗失业人员自谋职业和自主创业的经营场地，充分用好管好现有的“再就业一条街”。各地要在市区繁华地段和集贸市场划出一块或拿出部分摊位，安排下岗失业人员从事个体经营。有条件的地方，要为他们提供相对集中的生产经营培育性场所。

九、切实加强对再就业工作的督促检查

各市、各有关部门要按照省政府关于实行扩大就业目标责任管理的要求，紧紧围绕全省就业再就业工作目标，集中力量抓好各项扶持政策的落实，确保就业再就业工作任务完成。要建立再就业工作情况报告制度，将新增就业岗位、再就业政策落实和困难群体就业安置等情况，每半年向省政府报告一次。建立再就业政策投诉举报制度，公布举报电话，及时受理下岗失业人员的投诉，限时办理办结。要将落实再就业政策情况作为政风评议的重要内容，公开接受群众和社会监督。要经常组织开展自查活动，及时发现并认真解决存在的突出问题。省政府每年对再就业工作情况进行专项督查和全面考核，对成绩突出的予以表彰，对没有完成目标任务的，年度考核一律不予评优，对差距较大的予以通报批评，对因工作不力造成严重后果的，要严肃处理，并追究有关负责人和相关人员的行政责任。

中共安徽省委　安徽省人民政府

2002 年 11 月 12 日

关于进一步做好全省劳务输出工作的通知

皖办发〔2003〕18 号

各市、县委，各市、县人民政府，省直各单位，各大学：

为进一步做好新时期特别是当前生产救灾形势下的全省劳务输出工作，经省委、省政府同意，现就有关工作通知如下。

一、进一步提高对劳务输出工作重要性的认识

农村富余劳动力向非农产业和城镇转移，是加快农业和农村经济结构调整、促进农民就业、增加农民收入的重要途径，是提高农民综合素质，开发农村人力资源的迫切需要，是统筹城乡经济社会发展，加快工业化、城镇化、现代化进程的必然要求，也是发挥我省比较优势，实现加快发展、富民强省，全面建设小康社会目标的重要举措。各级党委、政府要进一步统一思想，提高认识，把做好劳务输出工作与促进农业和农村经济结构调整、加快农民脱贫致富紧密结合起来，与推进工业化、城镇化和就业再就业工作紧密结合起来，按照“公平对待、合理引导、完善管理、搞好服务”的原则，充分调动和发挥社会各方面的积极性和主动性，共同做好我省劳务输出工作。

二、千方百计扩大劳务输出规模

今后一个时期，我省劳务输出工作的方针是：“扩大规模、提高质量、培育主体、搞好服务、引导创业”。具体目标是：从 2003 年起，全省每年新增外出务工人员 35 万，逐步增加农民外出务工收入占农民纯收入的比重，到 2007 年，全省常年在外务工人员达到 800 万以上，组织培训农村富余劳动力 120 万人以上。

在继续鼓励和引导农村富余劳动力就近就地转移的同时，进一步扩大对经济发达地区以及中部大城市的劳务输出；结合国家实施西部大开发战略，积极开辟向西部地区转移劳动力的新渠道；通过开展对外承包工程、到国（境）外兴办企业等途径，努力开拓国（境）外劳务市场。

各地、各有关部门要简化农民进城务工手续，取消对农民进城务工的职业工种限制，允许企业自主使用农民工；取消专为农民工设置的登记项目，逐步实行暂住证一证管理。在办理农民进城务工手续时，除按规定收取的证书工本费外，不得收取其它费用。同时，要积极创造条件，做好残疾人劳务输出工作。

大力发展农村职业教育，认真抓好外出务工人员就业前的职业技能培训。鼓励和支持各级各类职业培训机构开展针对性强、实用性广、灵活多样的职业技能培训。贫困地区要把扶贫开发与劳务输出工作结合起来，安排一部分扶贫资金专门用于贫困户子女外出务工前的职业技能培训。大力推行职业资格证书制度，对经过培训鉴定合格的外出务工人员，应及时颁发相应的职业资格证书。

加大督促检查工作力度，维护进城务工人员的合法权益。所有用人单位必须与进城务工人员依法签订劳动合同，并明确工资支付标准、支付项目、支付形式及支付时间等内容。用人单位解除劳动合同，要依法支付经济补偿金。对不与进城务工人员签订劳动合同或不履行劳动合同的用人单位，要责令其纠正。用人单位对进城务工人员合法利益造成损害的，要责令其赔偿；造成严重后果的，要依法严肃处理。要主动做好到省外务工人员的跟踪服务工作，积极协调输入地有关部门妥善处理各种劳务纠纷，帮助外出务工人员解决工作和生活中遇到的困难和问题。

加快劳动力市场建设步伐，尽快实现省、市、县劳动力市场信息联网。充分发挥公共职业介绍机构在提供务工信息和就业服务等方面的主渠道作用，加强与输入地的联系和合作，建立相对稳固的劳务用工基地。同时，以市场为导向，通过政策引导、部门推动、中介机构运作等方式，培育发展各种形式的劳务输出组织。要加强劳动力市场监管，规范职业中介行为，坚决取缔非法劳务中介，严厉打击欺诈行为，切实维护劳动力市场秩序。

三、认真落实促进劳务输出的各项政策措施

多渠道筹集劳务输出所需资金。各级财政要加大对劳务输出工作的资金投入。财政投入主要用于劳动力市场建设和信息网络建设。各地还可以利用外资、社会闲散资金等多方面投入，开展劳务输出工作。

切实加强乡镇劳务输出服务机构建设。各地要按照《中共中央、国务院关于进一步做好下岗失业人员再就业工作的通知》(中发〔2002〕12号)和省委办公厅、省政府办公厅《关于全面推进企业退休人员社会化管理服务工作的通知》(皖办发〔2003〕15号)要求，积极推进劳动保障机构建设，在劳务输出工作任务重的乡镇设立或确定负责劳动保障事务的机构，明确专人负责劳务输出和劳动保障等工作。具体由当地党委、政府根据实际情况决定。

不断完善土地流转政策。要在稳定土地承包关系、坚持土地承包期再延长30年不变的前提下，积极探索土地流转的途径和办法，切实解决外出务工人员家庭承包地抛荒和农业税费尾欠等问题。在依法、自愿、有偿、规范的前提下，通过代耕、转包、租赁、置换、土地入股等方式，促进土向种植大户集中，发展适度规模经营。严格执行国家和省农村税费改革政策，不允许在规定承担的费用之外，向外出务工人员加收其他任何费用。

建立并逐步规范务工人员社会保险关系。用人单位招用农村进城务工人员，要依法为其办理参加社会保险手续，按规定缴纳养老、失业、工伤和基本医疗保险费。务工人员在不同单位就业期间缴纳养老保险费的年限合并计算，与用人单位终止或解除劳动关系后，养老保险关系按政策规定办理，需转移的按规定转移，愿意一次性支取的，经本人申请可以将基本养老保险个人账户中个人缴费部分一次性支付给本人，同时终止养老保险关系。参加基本养老保险的务工人员，达到法定退休年龄时，按规定享受基本养老保险待遇。参加失业保险的务工人员，终止或解除劳动关系后，按规定发给一次性生活补助金。参加工伤保险的务工人员，在就业期间因工负伤的，按规定享受工伤保险待遇。参加基本医疗保险的务工人员，在就业期间患病，按规定享受基本医疗保险。要加强与输入地劳动保障部门的联系和协调，为跨省、市流动就业人员建立社会保险关系。

妥善解决外出务工人员子女入学问题。要切实保障外出务工人员子女接受义务教育的权利。我省各输入地政府应采取措施，积极接收务工人员子女在当地全日制公办中小学入学，并在入学条件、收费标准等方面与当地学生一视同仁，对家庭经济困难的学生要酌情减免费用。要在确保安全和师资合格的前提下适当放宽办学标准、简化审批办法，鼓励和扶持社会力量兴办民工子弟学校，将其纳入当地教育发展规划和体系统一管理，并在教学管理、师资配备、安全防范等方面给予支持和指导。劳务输出地政府和教育

部门要积极主动地与输入地尤其是省外输入地政府和教育部门协调，为外出务工人员子女就学或社会力量外出办学提供便利条件，对在输入地学校和经教育主管部门批准的民工子弟学校就读学生的学籍应予承认，对民工子弟学校教师的职称评定等问题要给予关心和公平对待。

鼓励和扶持外出务工人员返乡创业。对外出务工人员返乡创办服务型企业的，凡当年新招用城镇下岗失业人员达到企业职工总数 30%以上，并与其签订 3 年以上期限劳动合同，经有关部门认定、审核，3 年内免征企业营业税、城市维护建设税、教育费附加和企业所得税；当年新招下岗失业人员不足 30%的，3 年内可按计算的减征比例减征企业所得税。各地要结合实际，制定鼓励和扶持外出务工人员返乡创业的具体措施。

四、切实加强对劳务输出工作的组织领导

各地要成立党政负责同志牵头的农村劳务输出工作领导小组，并明确办事机构，统一负责劳务输出工作的组织指导和统筹协调工作，及时研究解决劳务输出工作中的重大问题，形成党委、政府统一领导，劳动保障部门规划协调，相关部门通力协作、齐抓共管的工作机制。各地要把劳务输出工作列入经济社会发展长远规划和年度发展计划，纳入政府工作目标考核范围，逐级下达目标任务，层层明确责任。各有关部门要按照工作分工，进一步转变作风，增强服务意识，加强协调配合，抓好工作落实。劳动保障部门要制定劳务输出发展规划，建立完善就业服务信息网络，督促用人单位与务工人员签订劳动合同，依法处理劳务纠纷，切实维护外出务工人员的合法权益。农业部门要积极落实外出务工人员承包土地流转政策，引导鼓励外出务工人员返乡创业。发展计划部门要把劳务输出纳入国民经济和社会发展规划，加强宏观协调。计生部门要及时为外出务工人员办理流动人口《婚育证明》，主动协助输入地计生部门做好流动人口计划生育

管理与服务工作。教育部门要为外出务工人员子女就学或社会力量外出办学提供便利条件。建设部门要鼓励建筑劳务人员组建劳务公司成建制输出，并做好跟踪服务和管理工作。外经贸部门要积极推动对外劳务合作，鼓励和促进外经企业开发利用好我省的劳务资源。组织部门要加强对劳务输出工作中党建工作的指导，积极探索加强外出务工人员中党员教育、管理的有效途径和办法。外出人员中党员人数较多且相对集中的地方，要建立党组织或临时党组织。共青团、妇联等群团要做好外出青年、妇女思想教育和管理工作。司法行政部门要在外出务工人员中加强法律知识宣传教育，积极为外出务工人员提供法律援助和法律服务。公安部门要做好外出务工人员的户籍管理和治安管理工作。交通部门要加强民工流动高峰期的道路交通管理，为外出务工人员往返提供便利，特别要确保春运期间民工往返安全。统计部门要配合劳动保障部门做好农村劳动力转移的统计工作。各级宣传部门和新闻单位要尽可能免费提供各种务工信息，加强对劳务输出、返乡创业等方面的宣传报道，树立安徽民工的良好形象，营造外出务工光荣、返乡创业光荣的社会氛围。

中共安徽省委办公厅　安徽省人民政府办公厅

2003 年 8 月 26 日

安徽省下岗失业人员小额担保贷款实施细则

第一条　为帮助下岗失业人员自主创业，支持安徽省再就业工程的实施，按照省再就业工作领导小组的部署，根据中国人民银行、财政部、国家经贸委、劳动和社会保障部《下岗失业人员小额担保贷款管理办法》，结合安徽省实际，特制定本细则。

第二条　下岗失业人员小额担保贷款（以下简称小额担保贷款）是指对下岗失业人员个人发放的用于自谋职业、自主创业的短期资金需要的贷款。

第三条　本办法适用于辖区的国有独资商业银行、股份制商业银行、地方商业银行、城乡信用社等金融机构。

第四条　小额担保贷款的对象：

（一）自谋职业，从事个体经营的下岗失业人员；

（二）自主创业，合伙经营和组织起来就业的下岗失业人员。

第五条　申请小额担保贷款的下岗失业人员必须同时具备下列条件：

（一）年龄在60周岁以内，身体健康；

（二）无不良信用记录或其他经济违法行为；

（三）持有《再就业优惠证》；

（四）经工商行政管理部门核准登记并获得营业执照；

（五）有固定的经营场所；

（六）贷款项目符合国家法律法规、市场前景看好，具有一定的盈利能力和偿债能力；

（七）担保机构确认必要的反担保措施。

第六条　小额担保贷款按下列程序办理：

（一）社区推荐，街道初审，劳动保障局审核

申请人自愿向户籍所在社区提交小额担保贷款书面申请，社区劳动保障工作机构对下岗失业人员办理身份确认手续，对具备第五条的，填写《小额担保贷款推荐书》（见附表1）并签署推荐意见，交街道劳动保障事务所初审，初审合格签署初审意见。市或县（区）劳动保障局审核，在《小额担保贷款推荐书》上签意见，受理时间不得超过一周。

（二）担保机构核保

经市或县（区）劳动保障局同意，申请人向当地政府指定的担保机构申请贷款担保，并提供担保机构需要的相关资料。担保机构自收齐所需资料之日起，在一周内按有关程序进行审核，符合条件的填制《小额贷款担保调查审批表》（见附表2），出具担保函。

（三）贷款申请审查与发放

申请人持上述资料及担保机构出具的担保函向与市或县（区）担保机构有合作协

议的商业银行申请贷款，贷款银行自收到贷款申请及符合条件的资料之日起，应在一周内给予答复，对符合条件的及时办理贷款手续。

第七条　申请人应按照《小额担保贷款推荐书》和《借款合同》的用途使用小额担保贷款，不得挪作他用。贷款银行应当对资金的用途进行监督、审查，对挪作他用的资金应当提前收回。

第八条　小额担保贷款的额度最高不超过 2 万元，具体数额根据项目的资金需求和自有资金的情况核定。对产品有市场、有效益、守信用、合伙经营的，可根据下岗再就业人数，适当扩大贷款规模，但不得超过 8 万元。

第九条　小额担保贷款期限根据实际情况，由借贷保三方商定，最长不超过两年。还款方式主要有分期还贷、一次还贷、具体由借贷保三方商定。

第十条　小额担保贷款到期时，借款人确因经营发展需要未能还款要求展期的，应向担保机构提出展期申请，经担保机构审查同意继续提供担保的，贷款银行可办理展期手续。展期的期限不得超过一年。

第十一条　小额担保贷款利率按照中国人民银行公布的贷款利率水平确定，不得向上浮动。

第十二条　从事微利项目的小额担保贷款由中央财政据实全额贴息，展期不贴息。具体贴息贷款的微利项目由市或县（区）财政局、劳动保障局根据《下岗失业人员小额担保贷款管理办法》规定的范围确定项目，在《小额担保贷款推荐书》相关栏目注明。具体贴息办法参照财政部、中国人民银行、劳动保障部《关于印发 < 下岗失业人员从事微利项目小额担保贷款财政贴息资金管理办法 > 的通知》（财金〔2003〕70 号）执行。展期贷款及不符合贴息条件的小额担保贷款，由借款人按银行规定支付利息。

第十三条　下岗失业人员小额担保基金委托政府出资的中小企业信用担保机构或其他信用担保机构运作。尚未建立中小企业信用担保机构的市，由市财政局会同经贸委、劳动保障局报当地政府批准后可成立担保机构。受托运作的信用担保机构应建立小额贷款担保基金专户，小额贷款担保基金的运作与信用担保机构的其他业务必须分开，单独核算，为下岗失业人员小额贷款提供担保。小额贷款担保的借款人到期不能履行还款义务，由市或县（区）担保机构用小额贷款担保基金代偿。贷款到期不能归还至担保机构履行代位清偿责任之间的期限，最长不得超过三个月，具体代偿时间由贷款银行与担保机构商定。这期间，小额担保贷款质量考评情况不纳入商业银行不良贷款考核体系。担保机构履行代位清偿责任后，可以向被担保人追偿。

第十四条　小额贷款担保基金专户储存于同级财政部门指定的商业银行，封闭运行。小额贷款担保基金除履行担保赔偿责任外，不得挪作他用。小额贷款担保基金在贷款担保责任未解除前不得抽回。

第十五条　市或县（区）担保机构不得向被担保人收取担保手续费。担保费按年不超过贷款本金 1%的标准，由同级财政拨付。

第十六条 小额贷款担保责任总余额不得超过小额贷款担保基金余额的 5 倍，具体倍数由市（区）担保机构和经办银行商定。

第十七条 贷款银行办理的小额担保贷款不良率达到 20%时，应停止发放新的贷款，担保基金代偿清偿降低贷款不良率后，可恢复办理小额担保贷款业务。

第十八条 受托运作小额贷款担保基金的信用担保机构，所担保的贷款在出现下列情况之一时，可以按约定对贷款银行承担代偿责任：

（一）被担保自然人死亡且合法继承人无力履行偿债责任的；

（二）被担保人依法宣告破产的；

（三）对于逾期（含展期后逾期）无法收回的贷款，贷款银行在 15 日内向担保机构提出《要求代偿通知书》，担保机构查实后按照与经办行协议的期限承担代偿责任。

第十九条 受托运作小额贷款担保基金的信用担保机构，所担保的贷款有下列情况之一时，不承担代偿责任：

（一）贷款银行在贷款逾期 15 日内未将贷款逾期情况书面通知担保机构的；

（二）贷款银行与被担保人未经担保机构书面同意，协议变更主合同的；

（三）未经担保机构书面同意，贷款银行允许被担保人转让债务的；

（四）未经担保机构书面同意，贷款银行擅自延长贷款期限或擅自同意贷款展期的；

（五）依据《担保法》有关条款规定担保人不须承担保证责任的。

第二十条 单个经办银行小额担保贷款代偿率达到 20%时，担保机构暂停对该行的担保业务。经担保机构与该行协商采取进一步的风险控制措施并报经同级财政部门商经贸、劳动保障部门批准后，再恢复担保业务。

第二十一条 小额贷款担保基金年度代偿率最高限额为 20%，限额内小额贷款担保基金自身无法承担的代偿损失，由同级财政部门审核后予以弥补。

第二十二条 借款人获得贷款后，由街道劳动保障事务所、担保机构和经办银行对其贷款项目的实施情况进行跟踪管理，提供相应的服务工作，并建立借款人信用记录。发现信贷风险时，及时采取应对措施，避免资金损失。

第二十三条 借款人应当诚实守信，严格履行约定的义务，自觉接受相关机构的监督。恶意逃废贷款债务的，一经发现，将依法追究借款人、保证人相应的责任。

第二十四条 各贷款银行和担保机构按月编制小额担保贷款执行情况报表，逐级报送省劳动保障厅、财政厅、人民银行合肥中心支行。报表内容包括小额担保贷款余额、银行放贷情况、贷款还本情况和逾期贷款追索情况。

第二十五条 各市按月定期组织召开劳动保障局、财政局、人民银行市中心支行、经贸委、经办银行、担保机构参加的联席会议，及时沟通信息，协调工作，研究解决有关问题，完善有关制度和办法，防范和控制风险，更好地开展小额担保贷款业务。

第二十六条 本实施细则自发文之日（2003 年 7 月 10 日）起施行，本细则与《管理办法》有抵触的，按《管理办法》执行。各市可根据当地实际制定操作规程。

安徽省劳动和社会保障厅关于印发《创业培训指导意见》的通知

劳社字〔2003〕50号

各市劳动保障局：

为贯彻落实中共中央、国务院中发〔2002〕12号文件和省委、省政府皖发〔2002〕18号文件精神，进一步指导与推动我省创业培训和创业促进工作，我们根据劳动保障部有关要求，在总结我省部分城市创业培训工作经验基础上，研究制定了《创业培训指导意见》，现印发给你们，请结合实际，抓紧研究制定本地区创业培训实施方案，认真组织实施。

今年，我省各市都要开展创业培训工作。合肥、芜湖、马鞍山、蚌埠、安庆五个全国社区就业重点联系城市要进一步扩大创业培训规模，发挥示范带头作用，率先培养一批创业带头人。有条件的县也应积极开展创业培训工作。

各市创业培训实施方案、工作协调指导组名单、认定的首批创业培训基地名单应于8月底前报省厅备案。各市在实施创业培训工作中遇到问题，请及时与省厅联系。

二〇〇三年七月四日

创业培训指导意见

一、指导思想

创业培训是对具有创业意向和创业条件的人员进行系统的创业意识、创业知识和创业技能的培训，并对他们在企业（包括社会服务组织）开办、经营过程中给予一定的政策、业务指导与服务，目的是通过对企业创办者的培训、引导和扶持，提高其创业心理、管理、经营等素质，成功创办企业，在解决自身就业问题的同时，创造和增加社会就业岗位，带动更多的人实现就业和再就业。创业培训工作以提高学员创业能力为中心，以落实优惠政策、促进创业活动为重点，构建培训、咨询、指导、服务工作平台，整体推动创业促进工作。

二、主要任务

通过培训使学员进一步树立创业意识和竞争意识，掌握创业所必备的工商、税务、金融、劳动、企业经营等方面的相关知识和创办各类新经济组织的方法，增强经营管理能力和市场决策能力。同时，通过开展政策咨询和跟踪服务，提高创业成功率，充分发挥创业培训促进就业的倍增效应，形成以培训促创业，以创业带动就业的新机制。

三、培训对象

创业培训以扶持下岗失业人员创办小企业为主，兼顾社会各阶层人士的创业要求。下列人员均可报名参加创业培训：

（一）有自主创业意愿并具备一定创业条件的下岗失业人员及社会各类人员；

（二）已创办企业并具有一定企业经营能力，且有发展现有企业意愿，希望接受创业培训的人员。

四、培训资质

创业培训实行培训机构资质认定制度。凡自愿承担创业培训任务，有适应教学需要的场地、设施，管理制度健全，有能胜任创业培训的师资队伍的各类院校均可申请创业培训资质。符合条件的院校由所在地省辖市劳动保障行政部门认定为创业培训基地。认定程序和办法按照省劳动保障厅《关于、进一步做好再就业培训定点机构资质认定工作的通知》(劳社秘〔2003〕168号)的规定执行。各地在认定创业培训基地时应优先考虑符合条件的经济、管理类大专院校。

五、培训模式

创业培训可结合实际采用不同的培训模式。目前有以下两种培训模式可供选择：

（一）劳动保障部创业培训试点模式(创业培训教学计划见附件1)。

（二）国际劳工组织开发的创业培训(SYB)模式(SYB项目课程教学计划见附件2)；

鼓励各地结合实际自主开发创业培训课程，积极探索创业培训新模式。自主开发的创业培训课程须报省劳动保障厅认可后方能实施。

六、师资与教材

创业培训师资可以是培训机构自有人员，也可以特邀成功创业的个体工商户和私营企业主以及从事过企业经营管理工作等人员组成的专家自愿团，担任培训和咨询任务。创业培训师资上岗前应当接受省或市劳动保障部门组织的相关培训，取得《创业师资培训结业证书》。

创业培训教材可选用劳动保障部与国际劳工组织合作编写并修改的新版《创办你的企业(SYB)》或部编《企业创办者培训指南》等。

七、考核发证

创业培训结束后，由所在地省辖市劳动保障部门组织考核。考核内容包括知识和技能两部分。技能部分主要考核学员创业计划书的制定。

考核合格者由省辖市劳动保障部门颁发省劳动保障厅统一印制的《创业培训合格证书》。创业培训合格证书可作为申请小额担保贷款的有效证明之一。

八、创业项目开发

通过新闻媒体宣传收集信息和项目、引进中央电视台《激情创业》栏目创业案例、向社会募集、利用社区劳动保障工作机构开发、与大专院校或专利部门合作开发等，多渠道开发有市场前景适合下岗失业人员创业的项目。特别是社区创业项目,如社区餐饮业、零售业、居民服务业、信托服务业、租赁服务业及其他便民利民的新兴行业领域的项目。对经过论证的创业项目,应优先推荐给创业培训的学员。

九、指导与扶持

组织创业咨询专家队伍,采取门诊式、集中答疑、上门服务、网上服务等多种形式,指导学员进行市场调查,完善创业计划书,指导学员解决开业过程中遇到的困难和问题。劳动保障部门要会同有关部门帮助创业培训学员解决自主创业的经营场地问题,协助担保机构和银行对申请贷款的创业培训学员做好资质审定、项目评估及相关审核工作,帮助其办理贷款申请手续。要依据国家有关规定,协助税务、工商等部门,按照学员创办企业的类型或自谋职业的实际情况,为学员办理税费减免有关手续。对创业培训学员创办企业吸收下岗失业人员就业的,根据国家有关规定:帮助其落实相关税费减免优惠政策。

十、跟踪服务

建立创业培训学员档案,跟踪了解其创业进展及运营情况,提供持续的咨询和服务。建立创业者接待中心或在报纸或互联网上开辟创业专版,对小企业经营发展中遇到的共性问题,组织专家进行专门培训或指导。与创业者联谊会保持密切联系,沟通创业信息,帮助开展结对扶助活动。

十一、培训经费

城镇就业转失业人员和国有企业下岗职工参加创业培训免收培训费。社会其他人员参加创业培训,按我省职业培训收费标准给予适当减免。创业培训基地开展创业培训按省财政厅、省劳动保障厅《安徽省下岗失业人员再就业培训补贴管理暂行办法》(财社〔2003〕457号)给予培训经费补贴,并根据培训效果和学员成功创业情况给予奖励。创业培训基地开展创业培训前应将培训实施计划及成本预算报当地劳动保障和财政部门核定。

十二、组织领导

各地劳动保障部门要主动向当地党委、政府汇报,建立劳动保障、财政、工商、银行、税务、城建等相关部门组成的创业培训协调指导小组,明确各部门的职责和任务,为下岗失业人员创业或自谋职业提供"一站式"服务。劳动保障部门内部要成立由局领导牵头,培训、就业等相关部门参加的工作领导机构,负责创业促进工作的整体规划、综合管理、组织实施、政策落实和效果评估等项工作。同时,要建立由有关专家组成的创业培训咨询委员会,负责创业培训的指导和咨询服务工作。

十三、工作要求

创业培训是开发与创造就业岗位,促进就业与再就业的有效途径。各级劳动保障部门要高度重视创业培训工作,大胆探索,积极实践。要积极争取当地政府的重视和各有关部门的配合,切实落实相关政策,做好创业培训的相关支持性、后续性服务工作。

要求实效，树典型，多宣传，营造创业氛围。要注意总结与积累创业培训工作经验，研究探讨创业培训内在规律，把握各阶段、各环节质量，确保创业培训目标的实现。

安徽省劳动力市场管理条例

（2004年6月26日安徽省第十届人民代表大会常务委员会第十次会议通过）

总　则

第一条　为发展和规范劳动力市场，保护劳动者和用人单位的合法权益，促进就业，根据《中华人民共和国劳动法》和有关法律、行政法规，结合本省实际，制定本条例。

第二条　本条例适用于本省行政区域内劳动者求职就业、用人单位招用人员、职业介绍机构从事职业介绍活动。

第三条　本条例所称用人单位，是指各类企业、个体经济组织及与劳动者建立劳动合同关系的国家机关、事业单位、社会团体。

第四条　劳动力市场应当遵循平等竞争、双向选择、公开公正、诚实信用的原则。

第五条　各级人民政府应当加强对劳动力就业工作的领导，积极培育和发展劳动力市场，建立、健全就业机制，完善就业服务体系，开展职业教育和职业培训，促进劳动力资源的开发、利用和合理配置。

第六条　各级人民政府劳动保障行政部门应当积极组织开展公共就业服务，发展多种类型职业介绍机构，为劳动者就业和用人单位招用人员服务。

第七条　县级以上人民政府劳动保障行政部门主管本行政区域内劳动力市场的管理工作。工商、公安、财政、物价、税务、民政等部门应当在各自职责范围内对劳动力市场进行监督管理。劳动保障行政部门和工会组织依法维护劳动者合法权益。

第八条　对违反本条例的行为，任何组织和个人都有权检举、控告。

求职就业

第九条　劳动者年满十六周岁，有劳动能力，符合法律规定条件，可以通过职业介绍机构介绍或直接联系用人单位等渠道求职。

第十条　劳动者求职时应出示本人身份证件，如实介绍本人情况。

第十一条　劳动者就业前，应当接受必要的职业教育或职业培训。初中、高中毕业生就业前应参加劳动预备制培训。

从事国家规定须持证上岗的职业、工种的，必须先经过培训，取得相应的职业资格证书。

第十二条　在法定劳动年龄内，有劳动能力且有就业要求的城镇失业人员，应到当地县级以上人民政府劳动保障行政部门举办的职业介绍机构办理失业登记。

失业登记办法由省劳动保障行政部门另行规定。

招用人员

第十三条 用人单位依法享有用人自主权，可以通过下列途径招用人员：

（一）委托职业介绍机构；

（二）参加劳动力交流洽谈活动；

（三）利用劳动力市场信息网络发布招用信息；

（四）通过大众传播媒介发布招用信息；

（五）法律、法规规定的其他途径。

第十四条 用人单位向社会公开招用人员，应当发布招用人员简章。招用人员简章包括下列内容：

（一）用人单位基本情况；

（二）招用人员数量、工种和录用条件；

（三）用工形式、用工期限；

（四）劳动报酬和社会保险福利待遇；

（五）劳动保护和劳动条件；

（六）依法应当发布的其他内容。

用人单位委托职业介绍机构招用人员，应当出示单位介绍信、营业执照（副本）或其他法人登记文件、经办人身份证件和招用人员简章。

用人单位应当定期向当地劳动保障行政部门报告空岗情况，并接受空岗调查。

第十五条 用人单位招用港澳台人员和外籍人员，依照国家有关规定办理。

第十六条 用人单位招用人员，除国家规定不适合从事的工种或者岗位外，不得以性别、民族、种族、宗教信仰为由拒绝录用或者提高录用标准。

第十七条 用人单位录用人员后，应当自录用之日起与被录用人员依法签订劳动合同，三十日内到当地劳动保障行政部门办理录用备案手续和就业登记。

劳动合同可以约定试用期，试用期包括在劳动合同期限内，劳动合同期限在六个月以下的，试用期不得超过十五日；在六个月以上一年以下的，试用期不得超过三十日；在一年以上两年以下的，试用期不得超过六十日；在两年以上的，试用期最长不超过六个月。用人单位对同一个被录用人员只能试用一次。

合同期间支付劳动者的工资不得低于当地最低工资标准。

用人单位与职工终止或者解除劳动关系后，应当于七日内到当地劳动保障行政部门办理备案手续。

第十八条 用人单位应当依法为被录用人员办理社会保险手续，并接受劳动保障行政部门的监督检查。

第十九条　用人单位不得有下列行为：

（一）提供虚假招聘信息；

（二）非法招用未满十六周岁的未成年人；

（三）招用无合法证件的人员；

（四）向求职人员收取招聘费用；

（五）向被录用人员收取保证金或抵押金等；

（六）扣押被录用人员的身份证等证件；

（七）委托未取得职业介绍许可证的机构招用人员；

（八）与职业介绍机构串通，从事骗取财物等违法活动；

（九）其他违法行为。

职业介绍

第二十条　职业介绍机构分为非营利性职业介绍机构和营利性职业介绍机构。

非营利性职业介绍机构包括公共职业介绍机构和其他非营利性职业介绍机构。

公共职业介绍机构，是指劳动保障行政部门举办的，承办公共就业服务职能的公益性服务机构。其他非营利性职业介绍机构，是指由劳动保障行政部门以外的其他政府部门、企业事业单位、社会团体和其他社会力量举办的，从事非营利性职业介绍活动的服务机构。

营利性职业介绍机构是指由法人、其他组织和公民举办的，从事营利性职业介绍活动的服务机构。

第二十一条　设立职业介绍机构应当具备下列条件：

（一）有机构名称、明确的业务范围、机构章程和管理制度；

（二）有与开展业务相适应的固定场所、办公设施和开办资金；

（三）有三名以上取得劳动保障行政部门颁发的职业介绍资格证书的专职从业人员；

（四）法律、法规规定的其他条件。

第二十二条　职业介绍实行行政许可制度。申请设立职业介绍机构必须报县级以上人民政府劳动保障行政部门批准。

劳动保障行政部门在接到开办职业介绍机构申请后，应当自接到申请之日起三十日内审核完毕。对符合条件的，应予以批准，发给职业介绍许可证。不予批准的，应当说明理由。

开办非营利性职业介绍机构，按国家有关规定办理登记。开办营利性职业介绍机构，到工商行政管理机关办理注册登记。

职业介绍许可证由省人民政府劳动保障行政部门统一监制。

第二十三条 职业介绍机构可以从事下列业务：

（一）为求职者介绍用人单位；

（二）为用人单位和居民家庭推荐求职者；

（三）开展职业指导、咨询服务；

（四）收集、发布职业供求信息；

（五）根据国家有关规定，从事互联网职业信息服务；

（六）组织职业招聘洽谈会；

（七）具备相应资格的，从事劳动力跨省流动就业中介服务；

（八）经劳动保障行政部门核准的其他服务项目。

第二十四条 非营利性职业介绍机构的有偿服务项目，其收费标准实行政府指导价，由省人民政府劳动保障行政部门提出建议，报同级价格主管部门确定。

营利性职业介绍机构的收费标准，参照国家有关规定自主确定，并接受当地物价部门监督。

第二十五条 职业介绍机构不得有下列行为：

（一）超出核准的经营范围；

（二）提供虚假信息；

（三）介绍求职者从事法律、法规禁止从事的职业；

（四）为无合法证照的用人单位或者无合法证件的求职者提供职业介绍；

（五）违法为未满十六周岁的未成年人介绍职业；

（六）以暴力、胁迫、欺诈等方式进行职业介绍；

（七）擅自增加收费项目或者提高收费标准；

（八）向求职者收取押金或者扣押求职者证件；

（九）伪造、涂改、租借、转让职业介绍许可证；

（十）其他违法行为。

第二十六条 职业介绍机构应当在服务场所悬挂职业介绍的合法证照，标明服务内容、收费项目及标准，公示从业人员工号、照片，公布当地劳动保障行政部门的投诉举报电话、物价部门的监督电话。

第二十七条 劳动保障行政部门对职业介绍机构实行年度审验制度。审验结果由省和设区的市的人民政府劳动保障行政部门向社会公告。

职业介绍机构变更名称、地址等或者停办的，应到原审批部门和登记机关依法办理有关手续。

第二十八条 职业介绍机构应当保存完整的职业介绍资料和收费凭证，并接受劳动保障行政部门的监督检查。

第二十九条 设立外商投资职业介绍机构以及职业介绍机构从事境外就业中介服

务的，按照国家有关规定办理手续。

公共就业服务

第三十条　公共就业服务是指劳动保障部门提供的公益性就业服务，包括职业介绍、职业指导、就业训练、社区就业岗位开发服务和其他服务。

第三十一条　公共职业介绍机构免费提供下列服务：

（一）向求职者和用人单位提供劳动保障政策法规的咨询服务；

（二）向失业人员和残疾人、退出现役的军人及其他特殊服务对象提供职业指导和职业介绍；

（三）推荐需要培训的失业人员和特殊服务对象参加免费或部分免费的培训；

（四）在服务场所公开发布劳动力市场工资指导价位信息、当地岗位空缺信息、职业供求分析信息和职业培训信息；

（五）办理失业登记，就业登记，录用和终止、解除劳动关系备案等项事务；

（六）劳动保障行政部门指定的其他有关服务。

第三十二条　公共职业介绍机构经县级以上人民政府劳动保障行政部门批准，可以接受劳动者和用人单位的委托，从事劳动保障事务代理业务。

有条件的城市，劳动保障行政部门应当依托市、区公共职业介绍机构，建立综合性服务场所，集中为用人单位和劳动者提供服务。

第三十三条　劳动保障行政部门应当鼓励和支持发展多种类型的职业培训机构，组织培训机构为失业人员和特殊服务对象提供免费或部分免费的培训。

第三十四条　公共职业介绍机构提供免费服务所需费用，劳动力市场信息网络建设和运行维护费用，以及对失业人员免费培训的补贴费用，从各级财政安排的就业经费中列支。

对失业人员领取失业保险金期间接受职业培训、职业介绍的补贴，按有关规定从失业保险基金中支出。

各级人民政府劳动保障行政部门应根据财政部门的预算编制要求，编制本级就业经费年度预算，报同级财政部门审核，经批准后执行。

法律责任

第三十五条　无职业介绍许可证从事职业介绍的，由县级以上人民政府劳动保障行政部门责令停止，可并处以 10000 元以下罚款；有违法所得的，没收违法所得，可处以 30000 元以下罚款。

第三十六条　职业介绍机构有第二十六条第一项、第二项、第三项、第四项、第八项、第九项规定的行为的，由县级以上人民政府劳动保障行政部门责令改正，并可处以10000元以下罚款；有违法所得的，没收违法所得，并可处以30000元以下罚款；情节严重的，吊销其职业介绍许可证。

职业介绍机构违反第二十六条第五项规定的，由县级以上人民政府劳动保障行政部门处以1500元至3000元的罚款。

第三十七条　职业介绍机构未悬挂职业介绍许可证、标明服务内容、公示从业人员工号、照片，公布当地劳动保障行政部门的投诉举报电话的，由县级以上人民政府劳动保障行政部门责令改正；拒不改正的，可处以1000元以下罚款。

第三十八条　职业介绍机构未明示项目及收费标准、公布价格监督电话或者增加收费项目、超过规定标准收费的，由县级以上人民政府物价部门依法处罚。

第三十九条　职业介绍机构以暴力、胁迫、欺诈等方式从事职业介绍的，由县级以上人民政府劳动保障行政部门责令改正，并可处以10000元以下的罚款；有违法所得的，没收违法所得，并处以5000元以上30000元以下罚款；情节严重的，吊销职业介绍许可证，违反治安管理的，由公安机关依法处理；构成犯罪的，依法追究刑事责任。

第四十条　用人单位违反本条例，有下列行为之一的，由县级以上人民政府劳动保障行政部门责令改正，并可处以1000元以下罚款：

（一）提供虚假招聘信息的；

（二）招用无合法证件人员的；

（三）向求职者收取招聘费用的；

（四）向被录用人员收取保证金、抵押金等；

（五）扣押被录用人员身份证等证件的。

用人单位非法招用未满十六周岁的未成年人的，责令改正，并按每招用一名未成人处以3000元至5000元罚款；情节严重的，由县级以上人民政府工商行政管理部门吊销其营业执照。

用人单位未按规定办理用工备案、就业登记的，责令限期补办；拒不补办的，可处以1000元以下罚款。

第四十一条　用人单位故意拖延不订立劳动合同的，由劳动保障行政部门责令改正，补订的劳动合同生效时间从录用之日起计算；对劳动者造成损害的，应当承担赔偿责任。

用人单位支付劳动者工资低于当地最低工资标准的，由劳动保障行政部门责令改正，并可以责令支付赔偿金。

第四十二条　违法刊发、播放招用人员广告的，由县级以上人民政府工商行政管理部门责令改正，依法处罚。

第四十三条　用人单位和职业介绍机构违反本条例规定，给当事人造成损害的，应当承担赔偿责任；构成犯罪的，依法追究刑事责任。

第四十四条 当事人对行政处罚决定不服的,可以依法申请行政复议或者向人民法院提起诉讼。

第四十五条 劳动保障行政部门或者有关部门及其工作人员在劳动力市场管理工作中有下列行为之一的,对其主管人员和直接责任人员依法给予行政处分;构成犯罪的,依法追究刑事责任:

(一)违反规定发放就业证、卡的;

(二)无正当理由对应许可、批准的事项不予批准,逾期不作答复,也不说明理由的;

(三)对违反本条例的行为不查处或者不及时查处的;

(四)未履行应尽的监督管理职责的;

(五)其他违法行使职权的。

附 则

第四十六条 通过人才服务机构求职就业、招用人员,以及人才服务机构从事职业介绍的管理办法,由省人民政府另行制定。

第四十七条 本条例具体应用中的问题,由省人民政府劳动保障行政部门负责解释。

第四十八条 本条例自公布之日起施行。

安徽省按比例安排残疾人就业办法

（2004年5月24日省政府第13次常务会议通过）

第一条 为了保障残疾人的劳动权利，根据《安徽省实施〈中华人民共和国残疾人保障法〉办法》和有关规定，制定本办法。

第二条 县级以上残疾人联合会受本级人民政府委托，负责按比例安排残疾人就业的行政管理和行政执法工作。同级财政、税务、统计、劳动保障、民政和工商行政管理等部门应依照各自职责予以配合。

第三条 有本省常住户口、符合中国残疾人实用评定标准、符合法定就业年龄、本人有就业要求、有一定劳动能力、生活能自理的无业残疾人，为按比例安排就业的对象。

第四条 省残疾人联合会应在省劳动保障行政主管部门的指导下，建立健全劳动能力评定制度，完善就业服务机制，加强残疾人职业技能培训，指导残疾人就业。

第五条 本省行政区域内的国家机关、社会团体、企业、事业单位和其他社会组织（以下统称用人单位）按不低于本单位上一年度从业人员总数的1.5%的比例安排残疾人就业。用人单位上一年度从业人员总数，以当地县级以上统计部门认定的统计数据为准。已在用人单位从业的伤残职工，经县级以上残疾人联合会认定，符合中国残疾人实用评定标准的，计入本单位按比例安排残疾人就业比例。用人单位应在每年3月31日前，将本单位上一年度从业人员总数的统计报表和残疾职工名册报当地县级以上残疾人联合会。

第六条 用人单位录用残疾人，在同等条件下，优先录用本单位职工的残疾人亲属。用人单位录用残疾人，应依法与残疾人签订劳动合同，为残疾职工办理社会保险。用人单位辞退残疾职工、解除与残疾职工的劳动合同，应依法办理，并报当地县级以上残疾人联合会备案。

第七条 用人单位安排残疾人就业，应根据残疾人知识、能力及生理、心理障碍等情况，安排适当的工种和岗位；在晋升、晋级、培训、职称评定、劳动报酬、生活福利、社会保险等方面，不得歧视残疾人。

第八条 未安排残疾人就业和安排残疾人就业未达到规定比例的用人单位，按年度交纳残疾人就业保障金。每少安排一名残疾人，按当地县级以上统计部门统计的上一年度本地区从业人员年平均劳动报酬标准交纳残疾人就业保障金。用人单位安排残疾职工差额不足一人的可免予安排，但需按差额比例计算并交纳残疾人就业保障金。

第九条 县级以上残疾人联合会和县级以上地方税务机关按照分级征收的原则负责残疾人就业保障金征收工作。残疾人联合会负责征收国家机关、社会团体、事业单位和其他社会组织应交纳的残疾人就业保障金；地方税务机关负责征收企业应交纳的残疾人就业保障金。县级以上残疾人联合会负责每年对用人单位上一年度按比例安排残疾人就业情况进行审查,对未安排残疾人就业和安排残疾人就业未达到规定比例的用人单位,应在每年的6月30日前核定其上一年度应交纳的残疾人就业保障金数额,并发出《残疾人就业保障金交款通知书》。用人单位应自收到交款通知书之日起30日内向残疾人联合会或地方税务机关交纳残疾人就业保障金。市、县(市、区)残疾人联合会或地方税务机关代上一级残疾人联合会或地方税务机关征收的残疾人就业保障金，60%划入本级残疾人就业保障金财政专户，40%划入上一级残疾人就业保障金财政专户。

第十条　残疾人就业保障金分级征收的具体规定由省残疾人联合会会同省地方税务机关制定。

第十一条　国家机关、社会团体、事业单位交纳残疾人就业保障金,从单位经费中列支,企业、其他社会组织从管理费用中列支。

第十二条　收取残疾人就业保障金,统一使用省财政厅印制的《残疾人就业保障金专用票据》。

第十三条　残疾人就业保障金专项用于下列开支:

(一)补贴残疾人职业培训费用;

(二)有偿扶持残疾人集体从业、个体经营;

(三)经同级财政部门批准,适当补助残疾人劳动就业服务机构经费开支;

(四)经本级人民政府批准,奖励安排残疾人就业有突出贡献的单位和个人;

(五)用于有利于残疾人就业的其他开支。

第十四条　残疾人就业保障金的使用和管理,按财政部有关规定执行。县级以上残疾人联合会应建立、健全残疾人就业保障金的财务管理制度,加强收支管理,接受财政、审计部门的检查和监督。

第十五条　用人单位在规定期限内未交纳或未足额交纳残疾人就业保障金的,由县级以上地方税务机关或受本级人民政府委托的县级以上残疾人联合会给予警告,责令其限期交纳;逾期仍不交纳的,可依法处以500元以上1000元以下罚款,并按日加收应交纳残疾人就业保障金总额万分之五的滞纳金。

第十六条　用人单位对处罚决定不服的,可以依法申请行政复议或提起行政诉讼。逾期不申请行政复议不提起行政诉讼又不履行处罚决定的,作出处罚决定的机关可以依法申请人民法院强制执行。

第十七条　残疾人联合会、地方税务机关以及政府有关行政部门的工作人员,在征收、使用和管理残疾人就业保障金的工作中,违反本办法及国家和省有关规定的,依法给予行政处分;构成犯罪的,依法追究刑事责任。

第十八条　本办法自2004年7月1日起施行。1996年3月27日省政府发布的《安徽省按比例安排残疾人就业办法》同时废止。

安徽省国营企业实行劳动合同制实施细则

第一条　根据国务院《国营企业实行劳动合同制暂行规定》(以下简称《暂行规定》),结合我省实际情况,制订本细则。

第二条　本省境内的国营企业（以下简称企业）在国家劳动工资计划指标内招用常年性工作岗位上的工人,除国家另有规定者外,均按《暂行规定》和本细则实行劳动合同制。

第三条　企业招用劳动合同制工人应按《暂行规定》第二章的规定办理招用手续。劳动行政主管部门应将录用的劳动合同制工人名单通知企业主管部门和有关单位。

第四条　企业和被招用劳动合同制工人必须按照《暂行规定》第八条所列内容,签订书面劳动合同。

根据自愿原则,合同当事人要求公证的,可办理公证手续。劳动合同期满后,如生产（工作）需要,经双方协商同意,可以续订。企业对在本单位连续工作满二十年,或在本单位连续工作满十五年,女工年满四十周岁、男工年满四十五周岁的劳动合同制工人,除按《暂行规定》第十二条、第十三条规定解除劳动合同或本人不愿再续订劳动合同者外,应优先续订劳动合同。

第五条　对不符合《暂行规定》和本细则要求,或违反国家劳动政策、法规的劳动合同,劳动行政主管部门有权要求合同双方修订或认定其无效。

第六条　具有下列情况之一的,经双方当事人协商同意,可以变更劳动合同的相关内容:

（一）因国家政策、法规修改需要相应修改合同内容的;

（二）企业经上级批准转产、调整生产任务的;

（三）其他情况变化的。

第七条　具有下列情况之一的,劳动合同制工人可以跨市、县转移工作单位:

（一）军人或干部的配偶和子女按规定随迁的;

（二）父母年老多病,身边无人照顾的;

（三）夫妻长期分居两地的。

劳动合同制工人转移工作单位,应解除与原单位订立的劳动合同,至接收单位重新签订劳动合同。

劳动合同制工人转移工作单位的具体办法,由省劳动局另行制定。

第八条　企业可以根据《暂行规定》第十二条的规定解除劳动合同,但应事先征求本企业工会的意见。

第九条　具有下列情况之一的，劳动合同制工人可以解除劳动合同：

（一）经市、县以上劳动保护监察部门或工业卫生管理部门确认，企业劳动安全卫生条件恶劣，严重危害职工身体健康的；

（二）企业不能按照合同规定支付劳动报酬的；

（三）经企业同意，参加县以上人事部门招干考试被录用，或自费考入高、中等学校学习的；

（四）本人因不可抗拒的原因而无法履行合同的；

（五）企业不履行合同，或者违反国家政策、法规，侵害工人合法权益的。

第十条　企业对解除劳动合同的工人，应出具证明，介绍到本人户口所在地劳动行政主管部门所属的劳动服务公司办理待业登记手续。企业由此造成的缺员名额，在保证生产需要的前提下，可由同级劳动行政主管部门在当年内统一安排使用。

第十一条　劳动合同制工人擅自离职的，劳动行政主管部门所属劳动服务公司不发待业救济金和医疗补助费，两年内不予介绍就业。

第十二条　劳动合同制工人的工资标准为：

（一）从事技术工种的，培训期两年，第一年每月二十九元（不含付食品补贴，下同），第二年每月三十三元。学制不满三年的职业（技术）学校（班）毕业生和经过六个月以上对口就业技术培训的人员，培训期可以缩短为一年，待遇按培训期第二年执行；从事普通工种的，试用期为三至六个月，工资按本企业固定工人的一级工资标准支付；

（二）培训期或试用期满后，由企业考核，按本企业同工种、同岗位原固定工人的定级工资水平予以定级；

（三）学制满三年的职业（技术）学校（班）毕业生，见习期为一年。见习期间和见习期满后，执行技工学校毕业生的工资标准；

（四）重新就业后仍从事原工种的，经考核合格按原工资等级支付工资；改变工种的，试用三至六个月，工资按不低于二级工的工资标准或按比原工资低一级的工资标准支付。试用期满后，结合原工作年限和原工资水平等，由企业考核定级。

第十三条　劳动合同制工人的保险福利待遇低于本企业原固定工人的部份，用工资性补贴予以补偿。工资性补贴的幅度，为劳动合同制工人标准工资的15%。

第十四条　劳动合同制工人患病或非因工负伤的停工医疗期为：连续工龄在两年以下的，三个月；两年至五年的，六个月；五年至十年的，九个月，十年至十五年的，十二个月；十五年至二十年的，一年零六个月；二十年以上的，两年。

第十五条　医疗期超过三个月的，复工时，应先试用两个月。试用期内再次停工医疗的，其停工医疗期应累计计算。医疗期满后不能从事原工作的，可改做其他工作；不宜改做其他工作的，可以解除劳动合同。解除劳动合同时，由企业按其在本单位的实际工作时间，每满一年发给一个月的本人标准工资，作为医疗补助费，但发放数额最高不超过六个月的本人标准工资。

第十六条　劳动合同制工人的退休养老基金分别由企业和劳动合同制工人缴纳。企业缴纳的数额为劳动合同制工人工资总额的 18%，由企业开户银行按月代为扣缴，转入当地劳动行政主管部门所属社会劳动保险机构在银行开设的“退休养老基金”专户。逾期不缴者，按日加收 1%的滞纳金。劳动合同制工人缴纳的数额为本人标准工资的 3%，由所在单位按月在工资中扣除，统一向当地劳动行政主管部门所属社会劳动保险机构缴纳。

第十七条　劳动合同制工人符合国家规定退休条件的，应予退休。缀纳退休养老基金满十年的，享受本企业原固定工人的退休待遇，缴纳退休养老基金不满十年的，发给一次性生活补助费。其计算办法是，缴纳退休养老基金年限每满一年，发给两个月的本人退休前一年的月平均标准工资。

第十八条　劳动合同制工人的退休养老工作，由省、地、市县劳动行政主管部门所属社会劳动保险机构负责管理。市、县社会劳动保险机构可按实收的退休养老统筹基金总额的 3%提取管理费，其中自留 2.5%的，省辖市交省 0.5%，县（市）交省 0.3%、交地区 0.2%。此项经费，用于工作人员的工资、福利和办公费用。

第十九条　国家机关、事业单位和社会团体招用工人，可比照《暂行规定》和本细则办理。

第二十条　本细则自一九八七年十月一日起施行，由省劳动员负责解释。

安徽省人民政府批转省劳动厅关于我省企业全面实行劳动合同制意见的通知

皖政〔1994〕67号

各行署，各市、县人民政府，省政府各部门、各直属机构：

省人民政府同意省劳动厅《关于我省企业全面实行劳动合同制的意见》，现批转给你们，请认真贯彻执行。执行过程中遇到的问题，请及时报告省劳动厅。

安徽省人民政府

一九九四年十月八日

关于我省企业全面实行劳动合同制的意见

为了认真贯彻实施《中华人民共和国劳动法》，建立和维护适应社会主义市场经济的劳动制度，促进企业全面转换经营机制，在1996年底以前使我省所有企业基本上全面实行劳动合同制，特提出如下意见：

一、范围和对象

劳动合同制是指企业与职工通过签订劳动合同这种法律形式，明确双方的权利和义务，依法确定劳动关系。

实行劳动合同制的范围和对象是：本省境内国有企业、集体企业、外商投资企业、乡镇企业、股份制企业和私营企业中的全体人员，还包括国家机关、事业组织、社会团体中依照国家规定应当签订劳动合同的人员。

在企业内部，实行劳动合同制的对象为全体职工，即企业干部、固定工人、劳动合同制工人以及其它在职人员。对新录用、调入和统一分配到企业的人员，包括国家政策性安置的大、中专毕业生、城镇复员退伍军人、军队转业干部等，均实行劳动合同制。企业实行劳动合同制后，原劳

动合同制工作合同期未满的，经双方协商同意后，可变更原劳动合同的内容，也可重新签订劳动合同。

二、方法步骤

总的要求是，在1996年底以前，全省所有企业基本上全面实行劳动合同制。具体工作分为三个阶段进行：

第一阶段:统一思想,提高认识。要组织广大职工学习社会主义市场经济的理论和国务院关于劳动制度改革的有关文件,明确实行劳动合同制的重要性、迫切性和有关方针、政策,提高职工群众的思想认识。

第二阶段:制定方案,组织实施。在做好企业定编定员、制定岗位标准的基础上,提出实行劳动合同制的方案。然后,对企业内部的所有人员进行培训和考核,择优上岗。

第三阶段:总结经验,完善措施。主要是总结实施过程中的经验和不足,发现问题,及时解决,并农步完善改革配套措施。

三、有关政策

（一）实行劳动合同制的企业,在内部取消所有制界限及干部、工人身份界限,统称为企业职工。

（二）国有企业中原使用的集体所有制身份人员（不包括临时工）不受“混岗”时间和本人年龄的限制,通过考核合格的,与企业签订劳动合同,成为企业职工,劳动部门不另行办理转制审批手续。这部分人成为企业职工后,在本企业的工龄连续计算,凡是没有参加社会保险的,企业有及时为他们补办在本企业工作期间的养老保险、失业保险等手续。国有企业职工因工作需要,派到非国有企业工作的,应与原工作单位签订劳动合同。

（三）新建企业招（聘）用的人员,一律实行劳动合同制。

（四）企业职工可在不同所有制之间合理流动。职工转移出企业,随原干部身份的可按档案身份介绍外,其余均按照劳动合同制职工身份介绍,同时,办理养老等保险转户手续。

（五）取消劳动合同制工人 15%的工资性补贴。过去,劳动合同制工人的保险福利待遇低于固定工,因而国家相应规定劳动合同制工人享受本人标准工资 15%的工资性补贴。企业实行劳动合同制后,企业职工都享受相同的保险福利待遇,这项补贴予以取消。

（六）对老、弱、病、残职工要适当保护。

1、对男年满 50 周岁、女年满 45 周岁的原固定工,企业应妥善安排其上岗,并签订无固定期限合同。

2、对因工负伤、致残和患职业病的职工,企业应按照国家及省有关政策规定,安排其从事力所能及的工作,并照顾安排好基本生活和医疗保健。

（七）劳动者在同一用人单位连续工作满十年以上,当事人双方同意续延劳动合同的,如果劳动者提出订立无固定期限的劳动合同,应当予以订立。

（八）对国家政策性安置到企业的复员退伍军人、军队转业干部和大中专毕业生,企业应与他们签订劳动合同,并给予 6 个月的适用期（含国家对这些人员现行规定的见习期、试用期、熟练期等）。在适用期内,享受国家规定的工资福利待遇。适用期满后,经考核合格者,再确定其工作岗位。

（九）企业要建立健全竞争机制。企业内部，对所有岗位均实行平等竞争，择优上岗。符合从事管理工作条件的工人，可以到管理岗位上工作；管理人员未被聘任的，可以当工人，实行在什么岗位享受什么工资待遇，易岗易薪。

（十）实行劳动合同制的企业，为安置富余人员而新办的企业，可以另行核增工资总额；老企业实行减人不减工资总额。

（十一）企业与职工应在平等自愿、协商一致的基础上以书面形式签订劳动合同。劳动合同依法订立即具有法律效力。当事人必须履行劳动合同规定的义务，享受合同规定的权利。企业的法人代表应与其任命、聘任的主管部门签订劳动合同。劳动合同期限可分为有固定期限、无固定期限和以完成一定的工作任务为期限。劳动合同的内容除《中华人民共和国劳动法》规定的必备条款外，当事人可以协商约定其它内容。

（十二）企业与劳动者签订的劳动合同需经所在地的劳动行政部门鉴证并备案。劳动合同鉴证的有关规定，按劳动部《关于颁发〈劳动合同鉴证实施办法〉的通知》（劳力字［1992］54号文件）规定执行。劳动关系双方因履行劳动合同发生争议时，按国家和省处理劳动争议的有关规定办理。

四、基本要求

（一）妥善安置企业富余职工。实行劳动合同制后，企业可能会出现一定数量的富余职工。对于这部分人，企业可组织他们发展第三产业和多种经营，也可以采取停薪留职、放长假、厂内提前退休等办法。对要求辞职的，可允许办理辞职手续。凡参加待业保险的企业实行劳动合同制后而产生的富余人员，劳动部门按照不超过职工总数1%的比例，经当地待业保险机构登记转入社会待业，并积极帮助他们尽快重新就业。

（二）发动并依靠广大职工群众积极参与改革，充分发挥各级工会组织和职代会的作用。企业的改革方案和重要决策，要提高职代会讨论通过后再组织实施。

（三）坚持改革的综合配套。各级要把劳动制度改革纳入本地区整个经济体制改革的规划，统筹安排，使劳动制度改革与企业转换经营机制、建立现代企业制度等改革相配套。同时，在推行劳动合同制过程中，要积极培育和发展劳动力市场，切实搞好工资分配制度和社会保障制度改革的配套工作。

五、加强领导

各级政府要把推行全员劳动合同制列入重要议事日程。各级劳动部门要作为一件大事来抓，抽调专门人员，尽快制定实施方案，认真组织实施。各有关部门要密切配合，搞好协调，以确保实行劳动合同制工作的顺利开展。

安徽省最低工资规定

（安徽省人民政府令第 57 号）

第一条 为了维护劳动者的合法权益，保障劳动者个人及其家庭成员的基本生活，根据《中华人民共和国劳动法》和国家有关规定，结合本省实际，制定本规定。

第二条 本规定适用于本省行政区域内的企业、个体经济组织（以下简称用人单位）和与之形成劳动关系的劳动者。

国家机关、事业组织、社会团体和与之建立劳动合同关系的劳动者依照本规定执行。

第三条 本省最低工资标准，由省人民政府确定，报国务院备案。

各级劳动行政部门负责本省行政区域内最低工资制度的施行。

第四条 本省最低工资标准，应根据劳动者及其赡养人口的最低生活费用、社会平均工资、劳动生产率、城镇就业状况和经济发展水平等因素确定。

本条前款所列举的各项因素发生变化，或者本省行政区域内劳动者生活费用价格指数累计变动较大时，本省最低工资标准可以调整，但每年至多调整一次。

第五条 最低工资标准一般按月确定，也可按周、日、时确定。各种单位劳动时间的最低工资标准可以互相换算。

实行计件工资或者提成工资等分配方式的，应当进行合理折算，其相应的年算额不得低于按时、日、周、月确定的相应的最低工资标准。

第六条 行署、市人民政府可按高于或者低于省定标准 10%的幅度，拟定本行政区域最低工资标准，报省人民政府批准后发布实施。

第七条 最低工资应以货币形式按时（至少每月一次）支付，不得以实物或者有价票证、证券充抵；

第八条 下列各项不作为最低工资的组成部分：

（一）加班加点工资；

（二）中班、夜班、高温、低温、井下、有毒有害等特殊工作环境、条件下的津贴；

（三）国家法律、法规和政策规定的劳动者保险、福利待遇。

第九条 用人单位必须将政府对最低工资的有关规定告知本单位的劳动者。

第十条 劳动者由于本人原因在法定工作时间内未提供正常劳动的，不适用本规定。

第十一条 劳动者在法定休假日和婚丧假期间以及依法参加社会活动期间，用人单位应当依法支付工资。

第十二条　濒临破产进行法定整顿，或者生产经营状况发生严重困难的用人单位，经所在行署、市劳动行政部门审核，报行署、市人民政府批准，并报省劳动行政部门备案，可暂不执行本规定。

经批准暂不执行最低工资标准的用人单位，应按国家和本省有关规定发给劳动者基本生活费。

第十三条　劳动者与用人单位因执行最低工资发生争议，按国家及本省有关劳动争议处理规定处理。

第十四条　用人单位违反本规定，克扣或者无故拖欠劳动者工资的，由县级以上劳动行政部门责令其限期补发所欠工资，并从本单位应支付工资日期的第 10 日起，每日按所欠工资额的 1%向劳动者支付赔偿金。

第十五条　当事人对行政处罚决定不服的，可以依照《中华人民共和国行政诉讼法》和《行政复议条例》规定，申请行政复议或者提出诉讼。

当事人逾期不申请复议或者不起诉的，又不履行处罚决定的，由作出处罚决定的劳动行政部门申请人民法院强制执行。

第十六条　本规定所称提供正常劳动，是指劳动者完成了预先订立的劳动合同规定的劳动任务。

第十七条　乡镇企业和与之形成劳动关系的劳动者暂不执行本规定。

第十八条　本规定由省劳动行政部门负责解释。

第十九条　本规定自一九九五年一月一日起施行。

安徽省劳动合同条例

（2004年2月20日安徽省第十届人民代表大会常务委员会第八次会议通过）

总　则

第一条　为了调整劳动关系，维护劳动合同当事人的合法权益，根据《中华人民共和国劳动法》和有关法律、行政法规，结合本省实际，制定本条例。

第二条　本省行政区域内的企业、个体工商户、民办非企业单位以及国家机关、事业单位、社会团体等用人单位（以下统称用人单位），与劳动者形成或者建立劳动合同关系的，适用本条例。

第三条　劳动合同是劳动者与用人单位确立劳动关系、明确双方权利和义务的协议。

建立劳动关系应当订立书面劳动合同，法律、法规另有规定的除外。

第四条　订立和变更劳动合同，应当遵循平等自愿、协商一致、诚实信用的原则。

劳动合同的订立、履行、变更、解除、终止，不得违反法律、法规的规定。

第五条　县级以上人民政府劳动保障行政部门负责对本行政区域内劳动合同制度的实施进行监督管理。有关行政部门按照各自职责，依法做好劳动合同制度实施的监督工作。

第六条　工会应当依法为劳动者提供劳动合同方面的指导、帮助，对用人单位违反本条例规定侵犯劳动者合法权益的，有权要求其处理。

企业联合会、工商业联合会等社会团体和群众团体应当督促用人单位与劳动者签订和履行劳动合同。

劳动合同的订立

第七条　劳动合同订立前，劳动者有权了解用人单位的规章制度、劳动条件、劳动报酬等情况，用人单位应当如实说明，并提供相关资料。对可能产生职业病及其他危害的岗位，用人单位应当向劳动者履行如实告知的义务。应用人单位要求，劳动者应当如实说明居民身份、健康状况、知识技能、工作经历等情况，并提供相关资料。

第八条　劳动合同文本，可以由用人单位提供，也可以由用人单位和劳动者共同拟定。提倡使用劳动合同规范文本。

劳动合同应当用中文书写，需要时也可以同时用外文书写。劳动合同的外文文本和中文文本不一致的，以中文文本为准。劳动合同由劳动者与用人单位法定代表人、负责人或者其代理人签字、盖章，注明日期。劳动合同由劳动者和用人单位各执一份。

第九条 用人单位不得强制劳动者集资、入股，不得向劳动者收取财物作担保，不得扣押劳动者的证件，不得收取培训费、工装费等其他费用。

第十条 劳动合同应当载明用人单位的名称、住所和劳动者姓名、性别、年龄、身份证号码，并具备以下内容的条款：

（一）劳动合同期限；

（二）工作内容和工作时间；

（三）劳动保护和劳动条件；

（四）劳动报酬；

（五）社会保险；

（六）劳动纪律；

（七）劳动合同终止的条件；

（八）违反劳动合同的责任。

除前款规定的内容外，当事人可以在劳动合同中约定职业技能培训、保守商业秘密等其他内容。

第十一条 劳动合同自双方当事人签字、盖章之日起生效。当事人对劳动合同生效的期限和条件另有约定的，从其约定。

第十二条 劳动合同当事人可以根据岗位技能的要求协商约定试用期，但试用期最长不得超过6个月。试用期包含在劳动合同期限内。劳动合同期限在6个月以内的，不得约定试用期；劳动合同期限在6个月以上1年以下的，试用期不得超过15日；劳动合同期限在1年以上2年以下的，试用期不得超过30日；劳动合同期限在2年以上5年以下的，试用期不得超过60日。

劳动者试用期间的劳动报酬不得低于当地的最低工资标准。

同一用人单位对同一劳动者只能试用一次。

第十三条 劳动者应当保守用人单位商业秘密。用人单位可以在劳动合同或者保密协议中与涉密的劳动者就解除劳动合同的提前通知期作出约定，提前通知期不得少于30日。

第十四条 对负有保守用人单位商业秘密义务的劳动者，用人单位可以在劳动合同或者保密协议中约定劳动者在本单位或者离开单位后的一定期限内不得自行生产同类产品，不得经营或者为他人经营与原用人单位同类业务或者有竞争关系的业务。所约定的期限最长不得超过3年，法律、法规另有规定的除外。劳动合同当事人有上述约定的，应当同时约定在终止、解除劳动合同时给予劳动者一定的经济补偿。

第十五条 劳动合同当事人可以在劳动合同中约定违约金。约定违约金应当遵循公平、合理的原则。

劳动者具有下列情形之一的,方可对其违约金作出约定:

(一)违反劳动合同期限约定的;

(二)违反保守商业秘密约定的;

(三)法律、法规规定可以对劳动者约定违约金的其他情形。

第十六条 劳动合同约定的劳动条件和劳动报酬等,不得低于集体合同的规定;低于集体合同规定的,按照集体合同的规定执行。

集体合同按照有关法律、法规及国家有关规定签订。

第十七条 有下列情形之一的,劳动合同无效:

(一)违反法律、法规的;

(二)采取欺诈、胁迫的手段订立的。

劳动合同部分无效的,如果无效部分不影响其余部分效力,其余部分仍然有效。

第十八条 劳动合同的无效,由劳动争议仲裁委员会或者人民法院确认。

第十九条 劳动合同被劳动争议仲裁委员会或者人民法院依法确认无效,劳动者已经提供劳动的,用人单位应当支付劳动报酬,依法缴纳社会保险费。

第三章 劳动合同的履行和变更

第二十条 劳动合同当事人应当全面履行劳动合同。

第二十一条 劳动者按照用人单位要求,履行了劳动义务,但尚未订立劳动合同的,其劳动报酬、劳动条件、社会保险和其他福利待遇不得低于集体合同的规定;没有集体合同的,不得低于国家规定的劳动标准。

第二十二条 有下列情形之一的,劳动合同中止履行:

(一)用人单位和劳动者协商一致的;

(二)劳动者被依法限制人身自由的;

(三)因不可抗力致使劳动合同暂时无法履行的;

(四)法律、法规规定的其他情形。

中止履行的情形消失,仍具备履行条件的,劳动合同继续履行,法律、法规另有规定的除外。

第二十三条 变更劳动合同,应当经双方当事人协商一致,并采用书面形式。

劳动合同的解除和终止

第二十四条 经劳动合同当事人协商一致,劳动合同可以解除。

第二十五条 劳动者要求解除劳动合同的,应当提前30日以书面形式通知用人单位。用人单位与劳动者就劳动者要求解除劳动合同提前通知期另有约定的除外。

第二十六条　用人单位有下列情形之一的,劳动者可以随时解除劳动合同:

(一)在试用期内的;

(二)以暴力、威胁或者非法限制人身自由的手段强迫劳动者劳动的;

(三)侮辱、体罚、殴打、非法搜查和拘禁劳动者的;

(四)用人单位未按照国家规定和劳动合同约定支付劳动报酬或者提供劳动安全、卫生条件的;

(五)用人单位拒不为劳动者缴纳社会保险费的;

(六)法律、法规规定劳动者可以随时解除劳动合同的其他情形。

第二十七条　有下列情形之一的,用人单位可以解除劳动合同,但应当提前30日以书面形式通知劳动者本人:

(一)劳动者患病或者非因工负伤致残,在规定的医疗期满后不能从事原工作,也不能从事用人单位另行安排的与其身体状况相适应的工作的;

(二)劳动者不能胜任工作,经过培训或者调整工作岗位仍不能胜任工作的;

(三)劳动合同订立时所依据的客观情况发生重大变化,致使劳动合同无法履行,当事人又不能就变更劳动合同达成协议的。

第二十八条　劳动者有下列情形之一的,用人单位可以随时解除劳动合同:

(一)在试用期内被证明不符合录用条件的;

(二)严重违反劳动纪律或者用人单位依法制定的规章制度,依法或者依照劳动合同约定可以解除劳动合同的;

(三)严重失职或者营私舞弊,对用人单位利益造成重大损害的;

(四)被劳动教养或者被追究刑事责任的;

(五)法律、法规规定用人单位可以随时解除劳动合同的其他情形。

第二十九条　已建立工会的用人单位依据本条例第二十七、第二十八条规定解除合同的,应当将解除劳动合同的理由通知本单位工会。工会认为用人单位违反法律、法规和有关合同约定,要求用人单位重新作出决定的,用人单位应当研究工会的意见,并将处理结果通知工会。其中依据本条例第二十七条规定解除劳动合同应当提前30日通知工会。

第三十条　用人单位濒临破产、生产经营发生严重困难,或者资本、生产经营结构发生重大变化,确需裁减人员的,应当提前30日向工会或者全体劳动者说明情况,听取工会或者劳动者的意见,经向劳动保障行政部门报告后,可以裁减人员。

用人单位依据前款规定裁减人员后,在6个月内又录用人员的,应当优先录用符合条件的被裁减人员。

第三十一条　有下列情形之一的,劳动合同终止:

(一)劳动合同期满的;

（二）当事人约定的劳动合同终止条件出现的；

（三）用人单位破产、解散、被撤销的；

（四）劳动者退休、退职的；

（五）劳动者死亡，或者被人民法院宣告失踪、死亡的。

（六）法律、法规规定的其他情形。

第三十二条 劳动者有下列情形之一的，用人单位不得依据本条例第二十七条、第三十条、第三十一条第（一）项、第（二）项的规定解除或者终止劳动合同：

（一）患职业病或者因工致残被鉴定为一级至六级伤残的；

（二）患病或者负伤，在规定的医疗期内的；

（三）疑似职业病或者疑似严重传染性疾病患者在诊断或者医学观察期间的；

（四）女职工在孕期、产期、哺乳期内的；

（五）法律、法规规定的其他情形。

劳动合同期满或者当事人约定的劳动合同终止条件出现，但劳动者有前款第（二）项、第（三）项、第（四）项、第（五）项情形之一的，劳动合同顺延至所列情形消失。

第三十三条 劳动者患职业病或者因工致残，被鉴定为七级至十级伤残，劳动合同期满终止或者劳动者本人提出解除劳动合同的，由用人单位支付一次性工伤医疗补助金和伤残就业补助金。

劳动者患职业病或者因工致残，被鉴定为五级、六级伤残的，保留与用人单位的劳动关系。

经劳动者本人提出，可以与用人单位解除或者终止劳动合同，由用人单位支付一次性工伤医疗补助金和伤残就业补助金。

劳动者患职业病或者因工致残，被鉴定为一级至四级伤残的，保留劳动关系，退出工作岗位，享受国家和省规定的有关待遇。

工伤医疗补助金和伤残就业补助金，按照国家和省有关规定执行。

第三十四条 劳动合同解除或者终止，用人单位应当向劳动者出具解除或者终止劳动合同的证明书。

劳动者因解除、终止劳动合同而失业的，可以持解除、终止劳动合同证明书申请办理失业登记手续。

非全日制劳动合同的特别规定

第三十五条 非全日制用工是指以小时计酬为主、劳动者在同一用人单位一般平均每日工作时间不超过5小时，且每周工作时间累计不超过30小时的用工形式。

第三十六条 从事非全日制工作的劳动者，可以与一个或者一个以上用人单位建立劳动关系。用人单位与非全日制劳动者建立劳动关系，应当订立劳动合同。

非全日制劳动合同一般以书面形式订立。

劳动合同期限在30日以下的,可以订立口头协议;但劳动者提出订立书面劳动合同的,应当订立书面合同。

第三十七条　劳动者通过依法成立的劳务派遣组织派遣为用人单位、家庭或者个人提供非全日制劳动的,由劳务派遣组织与劳动者签订劳动合同。

第三十八条　非全日制劳动合同的内容由双方协商确定。非全日制劳动合同应当包括工作时间和期限、工作内容、劳动报酬、劳动保护和劳动条件等条款,但不得约定试用期。

第三十九条　非全日制劳动合同的任何一方均可随时通知对方终止劳动合同。双方另有约定的,从其约定。

第四十条　用人单位应当按时足额支付非全日制劳动者的工资。非全日制用工的小时工资标准由用人单位和劳动者协商确定,但不得低于当地非全日制用工小时最低工资标准。

第四十一条　非全日制用工的工资具体结算方式由用人单位和劳动者协商确定。非全日制用工工资的结算周期最长不得超过30日。

经济补偿

第四十二条　用人单位克扣或者拖欠劳动者工资以及拒不支付劳动者延长工作时间工资报酬的,除在规定的时间内足额支付劳动者工资报酬外,还应当按照国家规定支付经济补偿金,或者由劳动保障行政部门依法责令用人单位支付赔偿金。

第四十三条　用人单位低于当地最低工资标准支付劳动者劳动报酬的,除足额支付低于标准部分外,还应当支付相当于低于部分25%的经济补偿金,或者由劳动保障行政部门依法责令用人单位支付赔偿金。

第四十四条　违反本条例劳动合同试用期规定的,由劳动保障行政部门责令改正,并按本单位同岗位劳动者的工资标准支付不适当试用期期间的经济补偿金。

第四十五条　有下列情形之一的,用人单位应当根据劳动者在本单位工作年限,每满1年给予劳动者本人1个月工资收入的经济补偿;在本单位工作时间不满1年的,按照1个月工资标准支付经济补偿金:

(一)用人单位提出并经劳动合同当事人协商一致解除劳动合同的;

(二)劳动者不能胜任工作,经过培训或者调整工作岗位仍不能胜任工作,由用人单位解除劳动合同的;

(三)用人单位以暴力、威胁或者非法限制人身自由的手段强迫劳动,迫使劳动者解除劳动合同的;

(四)用人单位采取侮辱、体罚、殴打、非法搜查、拘禁等方式严重侵犯劳动者,迫使劳动者解除劳动合同的；

（五）用人单位未按照国家规定和劳动合同约定支付劳动报酬或者提供劳动安全、卫生条件，迫使劳动者解除劳动合同的；

（六）用人单位拒不为劳动者缴纳社会保险费，迫使劳动者解除劳动合同的；

（七）劳动者患病或者非因工负伤致残，在规定的医疗期满后不能从事原工作，也不能从事由用人单位另行安排的与其身体状况相适应的工作，由用人单位解除劳动合同的；

（八）劳动合同订立时所依据的客观情况发生重大变化，致使劳动合同无法履行，当事人又不能就变更劳动合同达成协议，由用人单位解除劳动合同的；

（九）用人单位裁减人员，与劳动者解除劳动合同的；

（十）用人单位破产、解散、被撤销，与劳动者终止劳动合同的；

（十一）法律、法规规定的其他情形。

有前款第（一）项、第（二）项规定情形之一的，补偿总额一般不超过劳动者 12 个月的工资收入；但当事人约定超过的，从其约定。

第四十六条　用人单位未按照本条例规定的标准给予劳动者经济补偿的，除足额支付经济补偿金外，还应当增加支付经济补偿金数额的 50% 额外经济补偿金。

第四十七条　用人单位未按照本条例规定提前 30 日通知劳动者解除劳动合同的，应当支付劳动者本人 1 个月工资的赔偿金。

劳动者未按照本条例规定提前 30 日通知用人单位解除劳动合同的，应当按照解除劳动合同前劳动者本人 1 个月工资的标准支付用人单位赔偿金。

第四十八条　劳动者患病或者非因工负伤致残，在规定的医疗期满后不能从事原工作，也不能从事由用人单位另行安排的与其身体状况相适应的工作，由用人单位解除劳动合同的，除按照规定支付经济补偿金外，还应当按照国家有关规定支付一定的医疗补助费。

第四十九条　本条例规定的计算经济补偿金和赔偿金的月工资标准，应当为解除或者终止劳动合同前劳动者本人 12 个月的平均工资；实际履行合同期限不满 12 个月的，按照实际履行期限的月平均工资计算。劳动者月平均工资低于本地职工最低工资标准的，按本地最低工资标准计算。

第七章　法律责任

第五十条　劳动合同当事人违反本条例规定和劳动合同约定或者由于一方当事人的原因导致劳动合同无效或者部分无效，给对方造成经济损失的，应当依法承担赔偿责任。

第五十一条　用人单位按照本条例规定应当与劳动者订立书面劳动合同而未订立

的，由劳动保障部门行政部门责令限期改正；逾期未改的，按照未签订劳动合同的人数每人300元至500元的标准处以罚款。故意使劳动者不知情或者强迫劳动者订立对其不利的劳动合同，或者由于用人单位的原因订立无效合同，给劳动者造成损害的，由劳动保障行政部门责令用人单位限期改正，并承担相应的赔偿责任。

第五十二条 尚未与原用人单位解除劳动合同，又与新的用人单位订立劳动合同，给原用人单位造成损失的，劳动者依法承担赔偿责任。

第五十三条 用人单位未按规定为劳动者办理社会保险和缴纳社会保险费的，由劳动保障行政部门责令限期补缴，并依照国务院《社会保险费征缴暂行条例》的规定予以处罚。

第五十四条 用人单位向劳动者收取培训费、工装费等其他费用，收取财物作为担保，扣押劳动者证件的，由劳动保障行政部门责令退还，并可处以1000元以下的罚款。

第五十五条 用人单位违反本条例第二十六条第（二）项、第（三）项规定的，由公安机关对责任人员依法予以处理；构成犯罪的，对责任人员依法追究刑事责任。

第五十六条 劳动保障行政部门工作人员滥用职权、玩忽职守、徇私舞弊，构成犯罪的，依法追究刑事责任；尚未构成犯罪的，依法给予行政处分。

第八章 附 则

第五十七条 劳动合同当事人发生劳动争议的，依照劳动争议有关规定处理。

第五十八条 本条例具体应用中的问题由省劳动保障行政部门负责解释。

第五十九条 本条例自2004年5月1日起施行。

安徽省人民政府关于印发实施城镇职工医疗保险制度改革若干意见的通知

第一章　总　则

第一条　为了实施国务院制定的《工伤保险条例》(以下简称《条例》),结合本省实际,制定本办法。

第二条　本省行政区域内的各类企业和有雇工的个体工商户(以下简称用人单位)应当依照《条例》和本办法规定参加工伤保险,为本单位全部职工或者雇工缴纳工伤保险费。

本省行政区域内各类企业的职工和个体工商户的雇工(以下简称职工),均有依照《条例》和本办法的规定享受工伤保险待遇的权利。

第三条　县级以上人民政府劳动保障行政部门负责本行政区域内的工伤保险工作。

劳动保障行政部门设立的经办工伤保险业务的社会保险经办机构(以下简称经办机构),具体承办工伤保险事务。经办机构所需业务经费由本级财政承担。

第四条　安全生产监督管理、卫生、财政、地税和其他有关部门在各自的职责范围内,做好工伤保险的有关工作。

政府及有关部门制定工伤保险的政策、标准,应当征求工会组织、有关部门和用人单位的意见。

第五条　用人单位应当建立健全安全生产责任制,预防工伤事故发生,避免和减少职业病危害。对工伤事故、职业病发生率在统筹地区同行业中属于较低的用人单位,可给予奖励。奖励办法由省劳动保障行政部门会同省财政部门制定。

第二章　工伤保险基金

第六条　工伤保险基金实行设区的市统筹。实行全市统筹难度大的,经设区的市人民政府同意,报省人民政府批准,实行县(市)统筹。

第七条　工伤保险基金由下列项目构成:

(一)用人单位缴纳的工伤保险费;

(二)工伤保险费滞纳金;

(三)工伤保险基金的利息;

（四）社会捐助；

（五）依法纳入工伤保险基金的其他资金。

工伤保险基金存入社会保障基金财政专户。

第八条　工伤保险费根据以支定收、收支平衡的原则，确定行业基准费率标准和费率浮动办法。

行业基准费率标准由统筹地区人民政府确定；费率浮动办法由统筹地区劳动保障行政部门会同财政、地税、卫生、安全生产监督管理部门依照国家规定制定。用人单位的具体缴费率由统筹地区经办机构根据用人单位的工伤保险费使用、工伤发生率、工伤保险管理（工伤抢救、申报等）、安全生产管理及职业性健康检查等情况提出意见，报统筹地区劳动保障行政部门批准后执行。

经营范围属跨行业的用人单位，按其主业确定所适用的行业费率标准。

第九条　工伤保险基金用于下列项目：

（一）按规定支付的工伤保险待遇；

（二）职业康复治疗费；

（三）劳动能力鉴定费；

（四）工伤认定调查费；

（五）本办法第五条规定的奖励费用；

（六）法律、法规、规章规定的其他费用。

第十条　建立省、市两级工伤保险储备金。储备金从征收的工伤保险费中提留，储备金总量达到工伤保险费年征缴额30%后，不再增加，其中的30%上解作为省级储备金。储备金用于重大事故的工伤保险待遇支付，市级储备金不足支付的，按一定比例分别由同级人民政府垫付、省级储备金支付。具体办法由省劳动保障行政部门会同省财政部门制定。

第十一条　工伤保险费的征缴管理按照国家有关规定和《安徽省社会保险费征缴暂行规定》执行。

用人单位应当将参加工伤保险的职工名单、缴费工资、缴费金额等情况在本单位公示。

第三章　工伤认定

第十二条　用人单位发生伤亡事故，应及时报告统筹地区劳动保障行政部门。最长时间不超过48小时。

第十三条　用人单位遇有特殊情况，报经统筹地区劳动保障行政部门同意，工伤认定申请时限可以延长30日。

第十四条　跨统筹地区生产经营企业职工工伤认定，由统筹地区劳动保障行政部门负责，事故发生地劳动保障行政部门协助调查；也可由统筹地区劳动保障行政部门委托事故发生地劳动保障行政部门进行调查取证工作，认定结论由委托方出具。

第十五条 提出工伤认定申请应当提交下列材料：

（一）工伤认定申请表；

（二）与用人单位存在劳动关系（包括事实劳动关系）的证明材料；

（三）医疗诊断证明或者职业病诊断证明书（或职业病诊断鉴定书）；

（四）因特殊原因受到伤害的证明材料

1. 公安机关或人民法院针对暴力伤害所作的证明材料或法律文书；

2. 交通事故处理部门针对交通事故所作的证明材料；

3. 民政部门或其他有关部门针对抢险救灾等维护国家利益、公共利益行为受到伤害所作的证明材料；

4. 劳动能力鉴定委员会确认旧伤复发的证明材料；

5. 其他有关单位或个人提供的意外伤害证明材料。

第十六条 职工或者其直系亲属申请工伤认定，用人单位不认为是工伤的，用人单位应自收到劳动保障行政部门通知之日起 15 日内提出举证材料。举证时间不计算在工伤认定时限内。

第四章 劳动能力鉴定

第十七条 省和设区的市设立由劳动保障、人事、卫生行政部门和工会组织、经办机构的代表以及用人单位的代表组成的劳动能力鉴定委员会。劳动能力鉴定委员会的组成人数应为单数。

第十八条 市劳动能力鉴定委员会承担以下任务：

（一）劳动功能障碍程度的初次鉴定和复查鉴定；

（二）生活自理障碍程度的初次鉴定和复查鉴定；

（三）停工留薪期的确认；

（四）停工留薪期满后仍需继续治疗的确认；

（五）工伤直接导致疾病的确认；

（六）康复性治疗的确认；

（七）旧伤复发的确认；

（八）配置辅助器具的确认；

（九）供养亲属劳动能力的鉴定；

（十）法律、法规、规章规定的其他鉴定和确认项目。

前款第三项至第八项情形需要通过专家鉴定才能确认的，由市劳动能力鉴定委员会组织专家鉴定。

第十九条 省劳动能力鉴定委员会承担单位或者个人不服市劳动能力鉴定委员会

的劳动功能障碍程度和生活自理障碍程度鉴定结论的再次鉴定,以及法律、法规、规章规定的其他鉴定。

第二十条　劳动能力鉴定委员会鉴定费用标准由省劳动保障行政部门提出意见,省物价部门会同省财政部门核定。

第二十一条　职工因工负伤经治疗至痊愈或者伤情处于相对稳定状态时,医疗机构应作出医疗结论,单位或个人应及时申请劳动能力鉴定。

第五章　工伤保险待遇

第二十二条　职工因工致残被鉴定为一级至四级伤残的,保留劳动关系,退出工作岗位,按《条例》第三十三条规定享受相关待遇。

在领取伤残津贴期间,用人单位和职工个人以伤残津贴为基数,按规定缴纳基本医疗保险费。扣除个人缴纳的基本医疗保险费后,伤残津贴实际金额低于当地最低工资标准的,由工伤保险基金补足差额。

第二十三条　职工因工致残被鉴定为五级、六级伤残的,按照《条例》第三十四条规定享受相关待遇,保留劳动关系,由用人单位安排适当工作,难以安排工作的,由用人单位按《条例》规定发给伤残津贴。在领取伤残津贴期间,用人单位和职工个人应以伤残津贴为基数,按规定缴纳各项社会保险费,扣除个人缴纳的各项社会保险费后,伤残津贴实际金额低于当地最低工资标准的,由用人单位补足差额。

职工因工致残被鉴定为五级、六级伤残的,经本人提出,可与用人单位解除或终止劳动关系,用人单位应支付一次性工伤医疗补助金和伤残就业补助金,停发伤残津贴。一次性工伤医疗补助金的标准:五级伤残为20个月的统筹地区上年度职工月平均工资,六级伤残为15个月;一次性伤残就业补助金的标准:五级伤残为35个月的统筹地区上年度职工月平均工资,六级伤残为30个月。

第二十四条　职工因工致残被鉴定为七级至十级伤残的,劳动合同期满终止或职工提出解除劳动合同的,由用人单位支付一次性工伤医疗补助金和伤残就业补助金。一次性工伤医疗补助金的标准:七级伤残为10个月的统筹地区上年度职工月平均工资,八级伤残为8个月,九级伤残为6个月,十级伤残为4个月;一次性伤残就业补助金的标准:七级伤残为20个月的统筹地区上年度职工月平均工资,八级伤残为15个月,九级伤残为10个月,十级伤残为5个月。

第二十五条　依照本办法第二十三条、第二十四条规定,享受一次性伤残就业补助金的职工,距法定退休年龄不足五年的,一次性伤残就业补助金按下列标准执行:

(一)不足两年的,按全额的60%支付;

(二)不足三年的,按全额的70%支付;

(三)不足四年的,按全额的80%支付;

（四）不足五年的，按全额的 90% 支付。

第二十六条　伤残职工按规定办理退休手续的，一次性工伤医疗补助金和伤残就业补助金不予支付。

第二十七条　职工以下工伤待遇由工伤保险基金支付：

（一）工伤医疗费；

（二）残疾辅助器具费；

（三）生活护理费；

（四）一次性工亡补助金；

（五）一次性伤残补助金；

（六）一至四级伤残职工的伤残津贴；

（七）丧葬补助金；

（八）供养亲属抚恤金；

（九）法律、法规、规章规定的其他费用。

第二十八条　职工以下工伤待遇由用人单位支付：

（一）停工留薪期护理费；

（二）停工留薪期工资福利待遇；

（三）统筹地区内住院治疗的住院伙食补助费；

（四）统筹地区外就医交通、食宿费；

（五）停工留薪期满后的住院治疗护理费差额部分；

（六）五级、六级伤残职工的伤残津贴；

（七）一次性工伤医疗补助金和伤残就业补助金；

（八）法律、法规、规章规定的其他费用。

第二十九条　职工因工外出期间或在抢险救灾中下落不明，后又重新出现或经人民法院撤销死亡结论的，其亲属已领取的工伤待遇应当退还。

第三十条　职工由劳动关系所在单位输出劳务期间受到工伤事故伤害的，由其劳动关系所在单位承担工伤保险责任。劳动关系所在单位应与用工单位约定工伤保险补偿办法。

已办理国内工伤保险的职工在其被派遣出境工作期间，发生工伤且获得境外赔偿的，不再支付其国内的工伤保险待遇；但境外赔偿低于统筹地区工伤保险待遇的，补足差额部分。

第三十一条　工伤职工经复查鉴定，伤残等级发生变化，从复查鉴定结论作出次月起，按新的鉴定结论支付相应工伤保险待遇；伤残等级高于前一次的，补足一次性伤残补助金的差额部分。

第三十二条　单位或工伤职工对市劳动能力鉴定委员会鉴定结论不服，申请省劳动能力鉴定委员会再次鉴定期间，工伤职工的工伤保险待遇按市劳动能力鉴定委员会的鉴定结论计算并支付，省劳动能力鉴定委员会的鉴定结论作出后，按省劳动能力鉴定委员会的鉴定结论计算。

第三十三条　伤残津贴、供养亲属抚恤金、生活护理费调整的办法由省劳动保障行政部门会同省财政部门制定。

第六章　工伤医疗管理

第三十四条　工伤保险实行定点医疗机构和定点辅助器具配置机构管理。定点医疗机构由统筹地区劳动保障行政部门认定并公告,定点辅助器具配置机构由省劳动保障行政部门认定并公告。

第三十五条　职工治疗工伤应当在具备资格并签订服务协议的医疗机构就医。情况紧急时可以就近抢救,待伤情稳定后应及时转入协议医疗机构治疗。职工治疗终结后应及时办理出院手续。

就近抢救治疗的,用人单位应在伤害发生后的5日内报告统筹地区经办机构,并补办有关手续。

第三十六条　职工治疗事故伤害所需费用,先由受伤职工所在单位垫付,经劳动保障行政部门认定工伤后,参加工伤保险的,由用人单位向经办机构申请结算;继续发生的医疗费用,由协议医疗机构与经办机构直接结算。

第三十七条　工伤职工或用人单位与经办机构结算医疗费时,须提供以下材料:

(一)工伤证明材料;

(二)医疗机构按规定出具的诊断证明、费用单据、费用清单和相关病案资料。

转往外地就医的,还应提供经办机构的批准件。

第三十八条　职工住院治疗工伤期间需要护理的,凭医疗机构证明,由所在单位按月支付护理费。护理费标准为统筹地区上年度职工月平均工资的80%。在医疗机构出具证明前,已领取的生活护理费不足规定标准的,由单位补足差额部分。

第三十九条　因下列情形发生的费用,工伤保险基金不予支付:

(一)未经批准在非协议医疗机构发生的工伤医疗费用;

(二)在非协议辅助器具配置机构发生的辅助器具配置费;

(三)工伤保险诊疗项目目录外、工伤保险药品目录外、工伤保险住院服务标准范围外的费用;

(四)与治疗工伤无关的医疗费用;

(五)法律、法规、规章规定不予支付的其他费用。

第七章　法律责任

第四十条　劳动保障行政部门工作人员有下列情形之一的,依法给予行政处分;情节严重，构成犯罪的，依法追究刑事责任：

（一）无正当理由不受理工伤认定申请，或者弄虚作假将不符合工伤条件的人员认定为工伤职工的；

（二）未妥善保管申请工伤认定的证据材料，致使有关证据灭失的；

（三）收受当事人财物的。

第四十一条 经办机构有下列行为之一的，由劳动保障行政部门责令改正，对直接负责的主管人员和其他责任人员依法给予纪律处分；情节严重，构成犯罪的，依法追究刑事责任；造成当事人经济损失的，由经办机构依法承担赔偿责任：

（一）未按规定保存用人单位缴费和职工享受工伤保险待遇情况记录的；

（二）不按规定核定工伤保险待遇的；

（三）收受当事人财物的。

第四十二条 用人单位、工伤职工或者其直系亲属、医疗机构、辅助器具配置机构违反本办法的，按照《条例》第五十八条和第五十九条的规定予以处罚。

第四十三条 任何单位和个人违反本办法规定，无理取闹、聚众闹事，违反治安管理的，由公安机关按照《治安管理处罚条例》的规定予以处罚；构成犯罪的，由司法机关依法追究刑事责任。

第八章 附 则

第四十四条 本办法实施前因工致残职工生活护理费、因工死亡职工供养亲属抚恤金，自 2004 年 1 月 1 日起，按《条例》标准计发，支付渠道不变。原待遇标准高于《条例》规定的，按原待遇标准执行，按本办法第三十三条调整的标准高于原标准时，按新标准执行。

第四十五条 2004 年 1 月 1 日前未参加工伤保险期间发生的工伤事故，伤残职工、死亡职工供养亲属的待遇支付，由各统筹地区逐步纳入统一管理。具体办法由各统筹地区制定。

第四十六条 有雇工的个体工商户参加工伤保险，各市可以根据本地实际情况，制定实施细则。

第四十七条 本办法应用中的问题由省劳动保障行政部门负责解释。

第四十八条 本办法自 2004 年 8 月 1 日起施行。1997 年 2 月 20 日省人民政府发布的《安徽省工伤保险暂行办法》（省人民政府令第 82 号）同时废止。

安徽省实施《工伤保险条例》办法

第一章　总　则

第一条　为了实施国务院制定的《工伤保险条例》(以下简称《条例》),结合本省实际,制定本办法。

第二条　本省行政区域内的各类企业和有雇工的个体工商户(以下简称用人单位)应当依照《条例》和本办法规定参加工伤保险,为本单位全部职工或者雇工缴纳工伤保险费。

本省行政区域内各类企业的职工和个体工商户的雇工(以下简称职工),均有依照《条例》和本办法的规定享受工伤保险待遇的权利。

第三条　县级以上人民政府劳动保障行政部门负责本行政区域内的工伤保险工作。

劳动保障行政部门设立的经办工伤保险业务的社会保险经办机构(以下简称经办机构),具体承办工伤保险事务。经办机构所需业务经费由本级财政承担。

第四条　安全生产监督管理、卫生、财政、地税和其他有关部门在各自的职责范围内,做好工伤保险的有关工作。

政府及有关部门制定工伤保险的政策、标准,应当征求工会组织、有关部门和用人单位的意见。

第五条　用人单位应当建立健全安全生产责任制,预防工伤事故发生,避免和减少职业病危害。对工伤事故、职业病发生率在统筹地区同行业中属于较低的用人单位,可给予奖励。奖励办法由省劳动保障行政部门会同省财政部门制定。

第二章　工伤保险基金

第六条　工伤保险基金实行设区的市统筹。实行全市统筹难度大的,经设区的市人民政府同意,报省人民政府批准,实行县(市)统筹。

第七条　工伤保险基金由下列项目构成:

(一)用人单位缴纳的工伤保险费;

(二)工伤保险费滞纳金;

(三)工伤保险基金的利息;

(四)社会捐助;

（五）依法纳入工伤保险基金的其他资金。

工伤保险基金存入社会保障基金财政专户。

第八条　工伤保险费根据以支定收、收支平衡的原则，确定行业基准费率标准和费率浮动办法。

行业基准费率标准由统筹地区人民政府确定；费率浮动办法由统筹地区劳动保障行政部门会同财政、地税、卫生、安全生产监督管理部门依照国家规定制定。用人单位的具体缴费率由统筹地区经办机构根据用人单位的工伤保险费使用、工伤发生率、工伤保险管理（工伤抢救、申报等）、安全生产管理及职业性健康检查等情况提出意见，报统筹地区劳动保障行政部门批准后执行。

经营范围属跨行业的用人单位，按其主业确定所适用的行业费率标准。

第九条　工伤保险基金用于下列项目：

（一）按规定支付的工伤保险待遇；

（二）职业康复治疗费；

（三）劳动能力鉴定费；

（四）工伤认定调查费；

（五）本办法第五条规定的奖励费用；

（六）法律、法规、规章规定的其他费用。

第十条　建立省、市两级工伤保险储备金。储备金从征收的工伤保险费中提留，储备金总量达到工伤保险费年征缴额30%后，不再增加，其中的30%上解作为省级储备金。储备金用于重大事故的工伤保险待遇支付，市级储备金不足支付的，按一定比例分别由同级人民政府垫付、省级储备金支付。具体办法由省劳动保障行政部门会同省财政部门制定。

第十一条　工伤保险费的征缴管理按照国家有关规定和《安徽省社会保险费征缴暂行规定》执行。

用人单位应当将参加工伤保险的职工名单、缴费工资、缴费金额等情况在本单位公示。

第三章　工伤认定

第十二条　用人单位发生伤亡事故，应及时报告统筹地区劳动保障行政部门。最长时间不超过48小时。

第十三条　用人单位遇有特殊情况，报经统筹地区劳动保障行政部门同意，工伤认定申请时限可以延长30日。

第十四条　跨统筹地区生产经营企业职工工伤认定，由统筹地区劳动保障行政部门负责，事故发生地劳动保障行政部门协助调查；也可由统筹地区劳动保障行政部门委托事故发生地劳动保障行政部门进行调查取证工作,认定结论由委托方出具。

第十五条　提出工伤认定申请应当提交下列材料:

(一)工伤认定申请表;

(二)与用人单位存在劳动关系(包括事实劳动关系)的证明材料;

(三)医疗诊断证明或者职业病诊断证明书(或职业病诊断鉴定书);

(四)因特殊原因受到伤害的证明材料

1.公安机关或人民法院针对暴力伤害所作的证明材料或法律文书;

2.交通事故处理部门针对交通事故所作的证明材料;

3.民政部门或其他有关部门针对抢险救灾等维护国家利益、公共利益行为受到伤害所作的证明材料;

4.劳动能力鉴定委员会确认旧伤复发的证明材料;

5.其他有关单位或个人提供的意外伤害证明材料。

第十六条　职工或者其直系亲属申请工伤认定,用人单位不认为是工伤的,用人单位应自收到劳动保障行政部门通知之日起15日内提出举证材料。举证时间不计算在工伤认定时限内。

第四章　劳动能力鉴定

第十七条　省和设区的市设立由劳动保障、人事、卫生行政部门和工会组织、经办机构的代表以及用人单位的代表组成的劳动能力鉴定委员会。劳动能力鉴定委员会的组成人数应为单数。

第十八条　市劳动能力鉴定委员会承担以下任务:

(一)劳动功能障碍程度的初次鉴定和复查鉴定;

(二)生活自理障碍程度的初次鉴定和复查鉴定;

(三)停工留薪期的确认;

(四)停工留薪期满后仍需继续治疗的确认;

(五)工伤直接导致疾病的确认;

(六)康复性治疗的确认;

(七)旧伤复发的确认;

(八)配置辅助器具的确认;

(九)供养亲属劳动能力的鉴定;

(十)法律、法规、规章规定的其他鉴定和确认项目。

前款第三项至第八项情形需要通过专家鉴定才能确认的,由市劳动能力鉴定委员会组织专家鉴定。

第十九条　省劳动能力鉴定委员会承担单位或者个人不服市劳动能力鉴定委员会

的劳动功能障碍程度和生活自理障碍程度鉴定结论的再次鉴定,以及法律、法规、规章规定的其他鉴定。

第二十条 劳动能力鉴定委员会鉴定费用标准由省劳动保障行政部门提出意见,省物价部门会同省财政部门核定。

第二十一条 职工因工负伤经治疗至痊愈或者伤情处于相对稳定状态时,医疗机构应作出医疗结论,单位或个人应及时申请劳动能力鉴定。

第五章 工伤保险待遇

第二十二条 职工因工致残被鉴定为一级至四级伤残的,保留劳动关系,退出工作岗位,按《条例》第三十三条规定享受相关待遇。

在领取伤残津贴期间,用人单位和职工个人以伤残津贴为基数,按规定缴纳基本医疗保险费。扣除个人缴纳的基本医疗保险费后,伤残津贴实际金额低于当地最低工资标准的,由工伤保险基金补足差额。

第二十三条 职工因工致残被鉴定为五级、六级伤残的,按照《条例》第三十四条规定享受相关待遇,保留劳动关系,由用人单位安排适当工作,难以安排工作的,由用人单位按《条例》规定发给伤残津贴。在领取伤残津贴期间,用人单位和职工个人应以伤残津贴为基数,按规定缴纳各项社会保险费,扣除个人缴纳的各项社会保险费后,伤残津贴实际金额低于当地最低工资标准的,由用人单位补足差额。

职工因工致残被鉴定为五级、六级伤残的,经本人提出,可与用人单位解除或终止劳动关系,用人单位应支付一次性工伤医疗补助金和伤残就业补助金,停发伤残津贴。一次性工伤医疗补助金的标准:五级伤残为20个月的统筹地区上年度职工月平均工资,六级伤残为15个月;一次性伤残就业补助金的标准:五级伤残为35个月的统筹地区上年度职工月平均工资,六级伤残为30个月。

第二十四条 职工因工致残被鉴定为七级至十级伤残的,劳动合同期满终止或职工提出解除劳动合同的,由用人单位支付一次性工伤医疗补助金和伤残就业补助金。一次性工伤医疗补助金的标准:七级伤残为10个月的统筹地区上年度职工月平均工资,八级伤残为8个月,九级伤残为6个月,十级伤残为4个月;一次性伤残就业补助金的标准:七级伤残为20个月的统筹地区上年度职工月平均工资,八级伤残为15个月,九级伤残为10个月,十级伤残为5个月。

第二十五条 依照本办法第二十三条、第二十四条规定,享受一次性伤残就业补助金的职工,距法定退休年龄不足五年的,一次性伤残就业补助金按下列标准执行:

(一)不足两年的,按全额的60%支付;

(二)不足三年的,按全额的70%支付;

(三)不足四年的,按全额的80%支付;

（四）不足五年的，按全额的90%支付。

第二十六条 伤残职工按规定办理退休手续的，一次性工伤医疗补助金和伤残就业补助金不予支付。

第二十七条 职工以下工伤待遇由工伤保险基金支付：

（一）工伤医疗费；

（二）残疾辅助器具费；

（三）生活护理费；

（四）一次性工亡补助金；

（五）一次性伤残补助金；

（六）一至四级伤残职工的伤残津贴；

（七）丧葬补助金；

（八）供养亲属抚恤金；

（九）法律、法规、规章规定的其他费用。

第二十八条 职工以下工伤待遇由用人单位支付：

（一）停工留薪期护理费；

（二）停工留薪期工资福利待遇；

（三）统筹地区内住院治疗的住院伙食补助费；

（四）统筹地区外就医交通、食宿费；

（五）停工留薪期满后的住院治疗护理费差额部分；

（六）五级、六级伤残职工的伤残津贴；

（七）一次性工伤医疗补助金和伤残就业补助金；

（八）法律、法规、规章规定的其他费用。

第二十九条 职工因工外出期间或在抢险救灾中下落不明，后又重新出现或经人民法院撤销死亡结论的，其亲属已领取的工伤待遇应当退还。

第三十条 职工由劳动关系所在单位输出劳务期间受到工伤事故伤害的，由其劳动关系所在单位承担工伤保险责任。劳动关系所在单位应与用工单位约定工伤保险补偿办法。

已办理国内工伤保险的职工在其被派遣出境工作期间，发生工伤且获得境外赔偿的，不再支付其国内的工伤保险待遇；但境外赔偿低于统筹地区工伤保险待遇的，补足差额部分。

第三十一条 工伤职工经复查鉴定，伤残等级发生变化，从复查鉴定结论作出次月起，按新的鉴定结论支付相应工伤保险待遇；伤残等级高于前一次的，补足一次性伤残补助金的差额部分。

第三十二条 单位或工伤职工对市劳动能力鉴定委员会鉴定结论不服，申请省劳动能力鉴定委员会再次鉴定期间，工伤职工的工伤保险待遇按市劳动能力鉴定委员会的鉴定结论计算并支付，省劳动能力鉴定委员会的鉴定结论作出后，按省劳动能力鉴定委员会的鉴定结论计算。

第三十三条 伤残津贴、供养亲属抚恤金、生活护理费调整的办法由省劳动保障行政部门会同省财政部门制定。

第六章 工伤医疗管理

第三十四条 工伤保险实行定点医疗机构和定点辅助器具配置机构管理。定点医疗机构由统筹地区劳动保障行政部门认定并公告，定点辅助器具配置机构由省劳动保障行政部门认定并公告。

第三十五条 职工治疗工伤应当在具备资格并签订服务协议的医疗机构就医。情况紧急时可以就近抢救，待伤情稳定后应及时转入协议医疗机构治疗。职工治疗终结后应及时办理出院手续。

就近抢救治疗的，用人单位应在伤害发生后的5日内报告统筹地区经办机构，并补办有关手续。

第三十六条 职工治疗事故伤害所需费用，先由受伤职工所在单位垫付，经劳动保障行政部门认定工伤后，参加工伤保险的，由用人单位向经办机构申请结算；继续发生的医疗费用，由协议医疗机构与经办机构直接结算。

第三十七条 工伤职工或用人单位与经办机构结算医疗费时，须提供以下材料：

（一）工伤证明材料；

（二）医疗机构按规定出具的诊断证明、费用单据、费用清单和相关病案资料。

转往外地就医的，还应提供经办机构的批准件。

第三十八条 职工住院治疗工伤期间需要护理的，凭医疗机构证明，由所在单位按月支付护理费。护理费标准为统筹地区上年度职工月平均工资的80%。在医疗机构出具证明前，已领取的生活护理费不足规定标准的，由单位补足差额部分。

第三十九条 因下列情形发生的费用，工伤保险基金不予支付：

（一）未经批准在非协议医疗机构发生的工伤医疗费用；

（二）在非协议辅助器具配置机构发生的辅助器具配置费；

（三）工伤保险诊疗项目目录外、工伤保险药品目录外、工伤保险住院服务标准范围外的费用；

（四）与治疗工伤无关的医疗费用；

（五）法律、法规、规章规定不予支付的其他费用。

第七章 法律责任

第四十条 劳动保障行政部门工作人员有下列情形之一的，依法给予行政处分；情节严重，构成犯罪的，依法追究刑事责任：

（一）无正当理由不受理工伤认定申请，或者弄虚作假将不符合工伤条件的人员认定为工伤职工的；

（二）未妥善保管申请工伤认定的证据材料，致使有关证据灭失的；

（三）收受当事人财物的。

第四十一条　经办机构有下列行为之一的，由劳动保障行政部门责令改正，对直接负责的主管人员和其他责任人员依法给予纪律处分；情节严重，构成犯罪的，依法追究刑事责任；造成当事人经济损失的，由经办机构依法承担赔偿责任：

（一）未按规定保存用人单位缴费和职工享受工伤保险待遇情况记录的；

（二）不按规定核定工伤保险待遇的；

（三）收受当事人财物的。

第四十二条　用人单位、工伤职工或者其直系亲属、医疗机构、辅助器具配置机构违反本办法的，按照《条例》第五十八条和第五十九条的规定予以处罚。

第四十三条　任何单位和个人违反本办法规定，无理取闹、聚众闹事，违反治安管理的，由公安机关按照《治安管理处罚条例》的规定予以处罚；构成犯罪的，由司法机关依法追究刑事责任。

第八章　附　则

第四十四条　本办法实施前因工致残职工生活护理费、因工死亡职工供养亲属抚恤金，自2004年1月1日起，按《条例》标准计发，支付渠道不变。原待遇标准高于《条例》规定的，按原待遇标准执行，按本办法第三十三条调整的标准高于原标准时，按新标准执行。

第四十五条　2004年1月1日前未参加工伤保险期间发生的工伤事故，伤残职工、死亡职工供养亲属的待遇支付，由各统筹地区逐步纳入统一管理。具体办法由各统筹地区制定。

第四十六条　有雇工的个体工商户参加工伤保险，各市可以根据本地实际情况，制定实施细则。

第四十七条　本办法应用中的问题由省劳动保障行政部门负责解释。

第四十八条　本办法自2004年8月1日起施行。1997年2月20日省人民政府发布的《安徽省工伤保险暂行办法》（省人民政府令第82号）同时废止。

安徽省职业培训、职业介绍补贴使用管理试行办法

第一条　为充分发挥失业保险基金对失！比人员开展培训和促进再就业的作用，根据《安徽省失业保险规定》，制定本办法。

第二条　本办法所称职业培训、职业介绍补贴，是指从失业保险基金中用于失业人员职业培训、职业介绍的费用。

第三条　本办法所称失业人员，是指依法参加失业保险的单位中被终止：或者解除劳动关系，在失业保险经办机构办理失业保险金申领手续且有求职要求的人员。

第四条　在一个预算年度内，失业保险基余用于职业培训、职业介绍补贴的资金，原则上不超过统筹地区当年实际征收失业保险费总额的 1 2%。

第五条　失业保险经办机构在编制年度失业保险基金收支预算时，同时编制职业培训、职业介绍补贴年度收支预算和季度使用计划，经同级劳动保障行政部门和同级财政部门批准后执行。

在执行中，财政部门应根据实际情况，在预拨一个月的准备金至经办机构支出产后，按规定逐月审核掘实拨付。失业保险经办机构应按规定提供使用职业培训、职！少介绍补贴的凭证和说明。

第六条　失业人员经职业培训合格的，在一个失业期内町享受一次职业培训补贴，补贴标准为省辖市原则上不超过 300 元／人，县（市）原则上不超过 200 元／人；通过职业介绍机构介绍实现再就业的，一个失业期内可享受一次职业介绍补贴，补贴标准为省辖市原则上不超过 100 元／人，县（市）原则上不超过 50 元／人。各统筹地区可根据本地区失业保险基金中可用于职业培训、职业介绍补贴的资金总量和开展职业培训、职业介绍的人数等实际情况，确定当地职业培训、职业介绍补贴的具体标准。

第七条　为了有利于提高职业培训、职业介绍补贴资金的综合使用效益，维护广大失业人员享受职业培训和职业介绍的权利，各级劳动保障行政部门应按照公开、公平竞争的原则，确定职业培训和职业介绍机构。

失业人员可自愿选择经劳动保障部门批准的定点职业培训和职业介绍机构进行培训和求职。

第八条　失业人员按第，七条规定进行培训和求职的，培训合格和求职成功后，可以按以下办法享受职业培训、职业介绍补贴。

失业人员培训合格的，其职业培训补贴由失业保险经办机构拨付给职业培训机构；或由失业人员凭劳动保障部门统一发放的培训合格证到失业保险经办机构申领，同时

按规定缴纳培训费用。培训费用缺口由失业人员本人负担。

失业人员求职成功的,其职业介绍补贴由失业保险经办机构拨付给职业介绍机构;或由失业人员本人凭与用人单位签定的劳动合同等有关证明到失业保险经办机构申领,同时按规定缴纳职业介绍费用。职业介绍费用缺口由失业人员本人负担。

失业人员领取职业介绍补贴后,从领取之月起,停止享受其他失业保险待遇。

第九条　失业保险经办机构在支付失业人员职业培训、职业介绍补贴时,要认真审核失业人员的失业登记证件、职业培训合格证明和失业人员与用人单位签订的劳动合同复印件等有关材料。

第十条　为了促进下岗职工尽快实现再就业,统筹地区劳动保障部门对下岗职工开展职业培训、职业介绍的,可比照本办法执行。

第十一条　市级劳动保障行政部门可以根据本办法的规定,结合本地实际情况职业培训和职业介绍补贴使用的具体实施办法。

第十二条　本办法由省劳动和社会保障厅、省财政厅负责解释。

第十三条　本办法自印发之日（2001 年 10 月 30 日）起施行。

安徽省劳动监察规定

（省政府令第90号）

总 则

第一条 为贯彻实施劳动法律、法规、规章，维护劳动者的合法权益，促进经济发展和社会进步，根据《中华人民共和国劳动法》和有关法律、法规的规定，结合本省实际，制定本规定。

第二条 本规定适用于本省行政区域内的企业、个体经济组织（以下简称用人单位）。

对国家机关、事业组织、社会团体的劳动监察依照本规定执行。

第三条 本规定所称劳动监察，是指劳动行政部门对劳动法律、法规、规章的执行情况进行监督检查，对违反劳动法律、法规、规章的行为进行制止和纠正并依法予以处罚的行为。劳动安全卫生监察工作，按照国家和省有关规定执行。

第四条 劳动监察必须坚持以真实为依据，以法律为准绳，准确、及时地纠正和查处违反劳动法律、法规、规章的行为。

第五条 县级以上劳动行政部门主管本行政区域内的劳动监察工作。

县级以上工商行政管理、公安、财政、税务、物价等部门以及企业主管部门，应当在各自职责范围内协助劳动行政部门依法实施劳动监察。

第六条 任何单位和个人对违反劳动法律、法规、规章的行为，有权向劳动行政部门举报。各级劳动行政部门应当设立举报信箱和举报电话，并向社会公布。

劳动监察职责

第七条 劳动行政部门应当履行下列监察职责：

（一）宣传劳动法律、法规、规章和政策，督促用人单位贯彻执行；

（二）监察用人单位遵守劳动法律、法规、规章的情况，制止违反劳动法律、法规、规章的行为，并依法给予行政处罚；

（三）受理对违反劳动法律、法规、规章行为的举报；

（四）法律、法规、规章规定的其他监察职责。

第八条 县级以上劳动行政部门的劳动监察机构，具体负责劳动监察工作。劳动行政部门应当配备专职劳动监察员,并根据工作需要,配备兼职劳动监察员。

第九条　劳动监察员须经国家或省劳动行政部门培训考核,考核合格者由所在地劳动行政部门任命,报上一级劳动行政部门备案,由省劳动行政部门核发《中华人民共和国劳动监察证》。

第十条　劳动监察员履行劳动监察职责,享有下列权利:

(一)进入用人单位和劳动场所进行检查;

(二)查阅、调阅、复制与监察事项有关的资料、文件;

(三)询问有关人员,了解有关情况;

(四)通知用人单位就有关监察事项作出说明;

(五)依法责成用人单位停止或纠正违反劳动法律、法规、规章的行为;

(六)法律、法规、规章赋予的其他职权。

第十一条　劳动监察员履行劳动监察职责,应承担下列义务:

(一)严格依法办事,不得滥用职权、徇私舞弊;

(二)不得泄露案情;

(三)保守用人单位的商业秘密;

(四)为举报者保密;

(五)法律、法规、规章规定的其他义务。劳动监察员实施现场劳动监察,必须是两人以上,并出示行政执法证件。

劳动监察内容和方式

第十二条　劳动行政部门依照劳动法律、法规和规章的规定就劳动用工、劳动合同、工作时间、工资分配、职业技能开发、社会保险和职工福利等事项进行监察。

第十三条　劳动监察采取巡查、个案专查和年度审查的方式。劳动年度审查的具体办法由省劳动行政部门制定。

劳动监察管辖

第十四条　劳动监察实行地域管辖与级别管辖相结合的原则。

第十五条　地、市、县劳动行政部门负责本行政区域内除上级劳动行政部门管辖之外的劳动监察事项,管辖范围由行署、市人民政府确定。

第十六条　省劳动行政部门的管辖范围是:

(一)负责在本省的中央直属(含部队)企业、省直属企业以及在国家、省工商行政管理部门注册的其他各类企业的劳动监察工作;

(二)在全省有重大影响的劳动监察事项。

第十七条 上级劳动行政部门可以把自己管辖的监察事项委托下一级劳动行政部门办理；必要时，也可以直接办理下级劳动行政部门管辖的监察事项。

第十八条 劳动行政部门之间对管辖发生争议的，报请共同的上一级劳动行政部门指定管辖。

劳动监察程序

第十九条 劳动行政部门对举报和发现的违法行为，由劳动监察机构向用人单位发出劳动监察询问书，用人单位应在收到劳动监察询问书后10日内提出书面答复意见。

第二十条 劳动行政部门对控告、举报和发现的违法行为，经审查符合下列条件的，应当在7日内立案：

（一）有明确的当事人；

（二）有具体的违反劳动法律、法规和规章的行为；

（三）属于本级管辖范围。

第二十一条 违反劳动法律、法规和规章的行为，符合上述立案条件的，按下列程序处理：

（一）调查取证；

（二）审查并做出处理决定；

（三）制作处罚决定书；

（四）送达。

当事人在接受调查、审查过程中，可以陈述意见和申辩。

第二十二条 劳动监察案件应自立案之日起30日内结案，特殊情况不得超过60日。

第二十三条 劳动行政部门经过调查，认为违法行为事实不清、证据不足或依法不需要追究责任的，应当撤销案件，书面告知当事人。

第二十四条 劳动行政部门经过调查，认为当事人有违法行为，应责令其限期改正；应当给予行政处罚的，作出处罚决定，下达劳动行政处罚决定书。

第二十五条 上级劳动行政部门发现下级劳动行政部门作出的处罚决定不当的，有权责令作出处罚决定的劳动行政部门予以纠正。

法律责任

第二十六条 违反劳动法律、法规、规章的行为，法律、法规、规章已作出具体处罚决定的，依照法律、法规、规章的规定处罚。

第二十七条 用人单位非法招用未满16周岁未成年人就业的，由县级以上劳动行政部门责令改正,处以 1 万元以下罚款。

第二十八条　用人单位与劳动者订立的劳动合违法的,由县级以上劳动行政部门责令改正;拒不改正的,对用人单位处以 1 万元以下罚款。

第二十九条　违反职业培训有关规定,有下列行为之一的,由县级以上劳动行政部门给予处罚:

(一)职业技能培训机构管理混乱、教学质量低下的,责令其限期改正;逾期不改的;处以 1 万元以下罚款。

(二)用人单位使用未经过培训或未取得职业资格证书人员从事技术工种(岗位)工作的,责令其限期改正;逾期不改的,处以 1 万元以下罚款。

(三)职业技能鉴定机构违反规定乱发证件,滥收费的,责令改正,处以 1000 元以下罚款。

第三十条　用人单位拒不参加劳动年度审查的,由县级上劳动行政部门责令其补审。

第三十一条　用人单位无故不缴纳社会保险费的,应责令其限期缴纳;逾期不缴的,除责令其补交所欠款额外,可以按日加收所欠款额 2‰的滞纳金。滞纳金并入社会保险基金。

第三十二条　用人单位有下列行为之一的,由县级以上劳动行政部门予以警告,并处 1000 元以下罚款:

(一)无理阻挠劳动监察员依法行政劳动监察职权的;

(二)伪造、隐匿或毁灭证据的;

(三)拒绝提供有关资料的;

(四)拒绝执行劳动行政部门作出的整改决定的。

第三十三条　当事人对劳动行政部门作出的处罚决定不服的,可按照有关法律、法规的规定,申请行政复议或提起行政诉讼;逾期不申请行政复议,也不提起行政诉讼,又不执行处罚决定的,作出处罚决定的劳动行政部门可以申请人民法院强制执行。

第三十四条　劳动监察人员滥用职权、玩忽职守、徇私舞弊的,依法给予行政处分。

附则

第三十五条　本规定应用中的具体问题由省劳动行政部门负责解释。

第三十六条　本规定自 1997 年 10 月 1 日起施行。

安徽省企业劳动保障诚信评价暂行办法

第一条 为推动企业建立与社会主义市场经济体制相适应的自我规范、自我约束、自我激励、自我发展的劳动保障管理模式，营造良好的劳动用工环境，提高企业守法的信用意识，建立和谐稳定的劳动关系，促进经济发展和社会稳定，根据《劳动法》及相关劳动保障法律法规，制定本办法。

第二条 本办法适用于全省行政区域内的各类企业，包括国有企业、私营企业、中外合资企业、外资企业等。

第三条 企业劳动保障诚信评价是劳动保障行政部门依法行使国家劳动保障监察权，通过对企业遵守劳动保障法律法规情况实施监督检查，将企业遵守劳动保障法律法规的状况，评定为不同信用等级，并实行分类监管的制度。

第四条 县级以上劳动保障行政部门负责对企业劳动保障诚信评价工作的综合管理和指导。各级劳动保障监察机构按照劳动保障监察管辖范围具体负责企业劳动保障诚信评价工作的实施。

第五条 企业劳动保障诚信评价内容：

（一）招收、使用劳动者，以及劳动合同签订、履行、解除等情况；

（二）劳动者工作时间和休息休假情况；

（三）支付劳动者工资报酬和执行最低工资标准情况；

（四）履行社会保险登记、申报和缴费情况；

（五）执行女职工、未成年工劳动特殊保护规定和禁止使用童工规定情况；

（六）执行就业准入和持证上岗制度情况；

（七）依法建立劳动保障管理规章制度情况；

（八）遵守劳动保障法律、法规、规章的其它情况。

第六条 企业劳动保障诚信评价按A、B、C三个等级标准进行：

（一）劳动保障诚信A级企业标准：

1．连续三年劳动保障年审合格；

2．依法制订和执行本企业劳动保障规章制度；

3．严格执行招用人员规定，办理录用备案人数达100%；

4．劳动合同签订率达100%，并能依法履行、变更和解除、终止劳动合同；

5．执行国家工作时间、休息休假，以及女职工、未成年工特殊保护规定，无使用童工；

6．按月并不低于当地最低工资标准给提供正常劳动的劳动者发放工资；

7. 依法参加社会保险,各险种参保率均在100%,并按时足额缴费;

8. 国家规定实行就业准入的技术工种劳动者持证上岗率达100%;

9. 企业连续三年无投诉举报,或虽被投诉举报,经查实不构成严重劳动保障违法行为。

(二)劳动保障诚信B级企业标准:

1. 年度劳动保障年审合格或基本合格;

2. 企业劳动保障规章制度比较健全;

3. 执行招用人员规定,办理录用备案人数在80%以上;

4. 劳动合同签订率在80%以上,并能依法履行、变更和解除、终止劳动合同;

5. 执行国家工作时间、休息休假,以及女职工、未成年工特殊保护规定,无使用童工;

6. 按月并不低于当地最低工资标准给提供正常劳动的劳动者发放工资;

7. 依法参加社会保险,各险种参保率均在80%以上,并按时足额缴费;

8. 国家规定实行就业准入的技术工种劳动者持证上岗率在80%以上;

9. 年内被投诉举报的劳动保障违法行为在2起以下,并能够按照劳动保障监察指令依法改正。

(三)劳动保障诚信C级企业标准:

1. 未参加劳动保障年审查或劳动保障年审不合格的;

2. 本企业劳动保障规章制度不健全;

3. 未按规定招用人员,办理录用备案人数在80%以下;

4. 劳动合同签订率在80%以下,不能按规定履行、变更和解除、终止劳动合同;

5. 对国家工作时间、休息休假,以及女职工、未成年工特殊保护规定执行不到位,或有使用童工情况发生;

6. 未按月支付提供了正常劳动的劳动者工资,或工资支付低于当地最低工资标准;

7. 未按国家社会保险规定申报参加社会保险,或某一险种参保率在80%以下,或不能按时足额缴纳社会保险费;

8. 未按国家规定实行就业准入,国家规定的技术工种劳动者持证上岗率在80%以下;

9. 对年内查处的劳动保障违法行为未改正或未完全改正,以及改正后又有新的违法行为发生;

10. 年内因违反劳动保障法律法规,造成3起以上投诉举报,或引发劳动者集体上访、集体劳动争议等事件发生;

11. 未履行生效的劳动保障行政部门的行政处理或行政处罚决定。

第七条　企业劳动保障诚信评价实行动态管理。

(一)A级企业,年内发生一例违反劳动保障法律法规行为受到劳动保障行政部门行政处罚的，从受罚之日起降为B级；

（二）A级或B级企业，年内发生本办法第六条第（三）项所列情况之一的，从发现之日起降为C级；

（三）B级或C级企业，年内达到本办法第六条第（一）项或第（二）项标准的，次年分别评定升为A级或B级。

第八条 企业劳动保障诚信评价方法。企业劳动保障诚信评价工作，原则上每年开展一次，由劳动保障监察机构负责，劳动保障相关业务部门（机构）配合，按照初评、复评和综合评定的程序进行。综合评定由同级劳动保障行政部门“企业劳动保障诚信评价领导小组”研究决定。

第九条 企业劳动保障诚信评价的结果在当地劳动力市场公告，并通过互联网或新闻媒体向社会公示，实行分类管理。

（一）被评为劳动保障诚信A级的企业，由市以上劳动保障行政部门在当地主要新闻媒体上公告表彰。连续三年被评为A级企业的，可以逐级申报“劳动保障诚信示范企业”，由省劳动保障行政部门审查通过后，授予“安徽省劳动保障诚信示范企业”称号，3年内免于劳动保障年审和日常巡查，在专项执法检查中以自查为主。同时，企业诚信资料进入劳动保障行政部门的相关数据库，作为各类评先创优活动首选对象。

（二）被评为劳动保障诚信B级的企业，仍按照劳动保障法律法规的规定进行正常管理和执法监察。

（三）被评为劳动保障诚信C级的企业，劳动保障行政部门要对其劳动合同、工资支付、社会保险等执行情况进行重点监控，劳动保障监察机构每年不少于两次巡查。对连续两年评定为C级的企业，劳动保障行政部门将列为重点监督检查的企业目录，劳动保障监察机构每季度巡查一次，对其发生的劳动保障违法行为依法从重处罚。

第十条 加快劳动保障诚信评价工作基础建设。各级劳动保障行政部门要加强对企业劳动保障评价工作的领导，成立“企业劳动保障诚信评价领导小组”，要在劳动保障日常行政管理和监察执法工作中，要了解掌握企业遵守劳动保障法律法规的情况，结合金保工程建设，逐步推行企业劳动保障电子信息管理系统，建立企业劳动保障诚信数据库，为公正客观评价企业劳动保障诚信等级提供可靠的依据。

第十一条 各市劳动保障行政部门可根据本办法，结合本地实际制定具体实施意见。

第十二条 本办法从公布之日（2004年9月28日）起实施。

编纂始末

《安徽省志·劳动保障志（1986—2005）》编纂工作，始于2007年，按照工作需要，原省劳动和社会保障厅成立了编纂委员会，确定编辑人员，印发编纂工作方案，举办编纂培训班等。2009年，原安徽省人事厅、劳动保障厅正式组建为安徽省人力资源和社会保障厅。新厅成立后，厅党组十分重视，结合人员、机构变化情况，对编纂委员会成员进行了调整，按照既定的工作部署，组织力量全力推进志书编纂工作，明确了承编处室、单位的资料征集和志稿撰写等任务，并对编纂工作组织领导、方法步骤、人员分工、措施要求等进行了部署安排。

2010年，厅编辑室牵头组织相关承编处室赴淮南、六安等市和有关企业走访调研，通过座谈、调阅档案资料等形式，广泛搜集各地不同时期劳动保障政策法规和创新做法，获取了许多珍贵资料。同年11月，19个承编处室、单位中有10家完成初稿，并正式进行分纂阶段。

2011年，针对一些领域存在资料不全的问题，厅编辑室根据志书编纂需要，结合劳动保障工作实际，制定了《资料收集、整理和运用的办法》，并收集了1986—2005年综合性材料、专题资料和中国劳动保障年鉴、安徽年鉴，提供给承编处室、单位使用。各承编单位也积极与有关市、县联系，赴大型企业组织调研，补充完善编纂内容。截至12月底，共有14个承编处室、单位完成初稿，其中7家进入征求意见阶段。

2012年，厅编辑室和有关处室、单位安排专人重点对任务量较大的就业、职业能力建设、劳动关系3方面内容进行攻坚，并先后召开了养老保险、医疗保险等专题内审会，照片采集工作也在这期间正式启动。

2013年上半年，19个承编处室、单位的初稿在多次征求意见后又进行了两次较大修改。同年5月，完成近50万字的初稿，并送省地方志办公室初审同意。9月，印制志书整体内审稿，先后征求包括在职厅领导、处室主要负责人和老同志代表在内的40名同志意见，并将收集的意见及时归纳整理，修改后纳入志书评议稿。11月召开由部分长期在省劳动保障部门工作的老同志代表和省地方志办公室、省人大法工委法律专家、省档案局专家参加的志书评议会。根据评议会提出的意见，再次进行修改整理、补充完善。2014年3月经编委会审定，完成送审稿，报送省地方志办公室，根据方志出版社和省地方志办公室的审阅修改意见进行再次修改。2017年8月，省人力资源社会保障厅与省地方志办公室共同召开《安徽省志·劳动保障志》终审会，代表安徽省政府最终审定志稿，同意修改志稿后付梓出版。

《安徽省志·劳动保障志（1986—2005）》编纂成书，是省人力资源和社会保障厅党组关心重视、省地方志办公室帮助指导、省人社厅各处室单位大力支持及编辑人员辛勤劳动的结果。11 年来，省劳动保障志编纂委员会及办公室，严格按照编纂工作方案要求，认真组织，精心准备，一阶段一重点，一环扣一环，工作得到扎实开展。郑兴法、唐照全、金亚洙等老同志长期从事资料的整理和撰写，倾注了大量心血和汗水。安徽大学外语系傅悦对本志篇目进行了翻译。在此，特向包括以上同志在内的所有为《安徽省志·劳动保障志（1986—2005）》提供资料、给予帮助的单位和个人表示衷心感谢！

该志书基本反映了 1986—2005 年安徽省劳动保障工作实际情况。但由于工作牵涉面广、时间跨度长、人员变化大、资料缺失等原因，必然存在一些内容介绍不够清晰，工作反映不够全面，过程描述不够细致等不足，敬请批评指正。

《安徽省志·劳动保障志》编辑室

2018 年 8 月